Hugl
Qualitative Inhaltsanalyse und Mind-Mapping

nbf neue betriebswirtschaftliche forschung

Betriebswirtschaftlicher Verlag Dr. Th. Gabler GmbH, Postfach 15 46, 65005 Wiesbaden

Ulrike Hugl

Qualitative Inhaltsanalyse und Mind-Mapping

Ein neuer Ansatz
für Datenauswertung und
Organisationsdiagnose

GABLER

Die Deutsche Bibliothek – CIP-Einheitsaufnahme

Hugl, Ulrike:
Qualitative Inhaltsanalyse und Mind-Mapping :
ein neuer Ansatz für Datenauswertung und Organisationsdiagnose
/ Ulrike Hugl. - Wiesbaden : Gabler, 1995
(Neue betriebswirtschaftliche Forschung ; Bd. 151)
Zugl.: Innsbruck, Univ., Diss., 1994
ISBN 3-409-13194-9
NE: GT

Der Gabler Verlag ist ein Unternehmen der Bertelsmann Fachinformation.

© Betriebswirtschaftlicher Verlag Dr. Th. Gabler GmbH, Wiesbaden 1995
Lektorat: Claudia Splittgerber

Höchste inhaltliche und technische Qualität unserer Produkte ist unser Ziel. Bei der Produktion und Verbreitung unserer Bücher wollen wir die Umwelt schonen: Dieses Buch ist auf säurefreiem und chlorfrei gebleichtem Papier gedruckt.

Die Wiedergabe von Gebrauchsnamen, Handelsnamen, Warenbezeichnungen usw. in diesem Werk berechtigt auch ohne besondere Kennzeichnung nicht zu der Annahme, daß solche Namen im Sinne der Warenzeichen- und Markenschutz-Gesetzgebung als frei zu betrachten wären und daher von jedermann benutzt werden dürften.

Druck und Buchbinder: Strauss Offsetdruck, Mörlenbach
Printed in Germany

ISBN 3-409-13194-9

Das gläserne Tor

Zwischen Raumwelt und Traumwelt,
an der Grenze des Wachseins,
ist das gläserne Tor,
und zwei Engel mit Schwertern
und zwei Engel mit Lichtern
stehen gewaltig davor.
Denn sie wehren und wachen,
weil das Diesseits zum Jenseits
einst den Schlüssel verlor...

Die den Zugang erkunden
und die Schwelle erkämpfen,
die verwandelt das Licht,
daß ihr Schlaf wird zum Wachen
und ihr Traum wird zum Wirken
und zur Gnade die Pflicht.
Wie der Welt sie dienen,
sind sie Priester im Jenseits
auf dem Berg ihrer Sicht.

Ephides

Geleitwort

Mit der zunehmenden Öffnung der Betriebswirtschaftslehre in Richtung verhaltens-
wissenschaftlich orientierte, qualitative Fragestellungen, gewinnen empirische
Forschungsmethoden wie die qualitative Inhaltsanalyse und Mind-Mapping zunehmend
an Bedeutung. In den letzten Jahren gab es zwar immer wieder "Belebungsversuche" der
qualitativen Inhaltsanalyse, allerdings bewegten sich diese Beiträge meist in spezifischen
Forschungssegmenten der Psychologie, der Pädagogik und der Soziologie... Diese
Entwicklung ist von Forschungen der Betriebswirtschaftslehre, trotz immer regeren
Zuspruchs zu qualitativen Auswertungsfragen, weitgehend ausgeklammert geblieben. Es
besteht ein Manko hinsichtlich einer umfassenden, systematischen "Anleitung" zur
Auswertung komplexen sprachlichen Datenmaterials, aus der man einigermaßen klare
Auswertungs- bzw. Interpretationsregeln ableiten könnte. Hier setzt Frau Hugl in ihrer
Dissertation an: Sie verbindet theoretisch erarbeitete und reflektierte inhaltsanalytische
Techniken mit Mind-Mapping, einer qualitativen Form der Zusammenfassung und
Strukturierung von Daten in visualisierter Form, und stellt diesen absolut neuen Zugang
zu qualitativer Datenauswertung auf die empirische "Qualitätsprobe". - Dabei kann die
Darlegung des Mind-Mapping als "menschennähere" Form der Aufnahme, Wiedergabe
und Analyse von sozialen (organisationalen) Phänomenen interpretiert werden und
erscheint aufgrund der Defizite traditionell-linearer Aufzeichnungen als ein wichtiger
Beitrag zur qualitativen Dimension der Organisationsanalyse.

An Struktur und Prozeß der Arbeit fällt auf, daß sie"lebt", d.h. die Verfasserin bietet ein
Spiegelbild der Methode ihres eigenen Forschens und theoretischen und praxisbezogenen
Denkens und Arbeitens - die Arbeit zeugt insofern von einer hohen Authentizität. Das
spiegelt sich auch in der nicht-linearen (und daher wohl nicht-konventionellen) Form der
gesamten Arbeit und insbesondere auch in der hohen Symbolkraft (und die Phantasie des
Lesers anregenden Wirkung) der Aphorismen und Bilder, die einzelne Kernaussagen in
den theoretischen Teilen repräsentieren, wider. Es besteht ein hohes Maß an Konsistenz
sowohl zwischen den theoretischen Teilen, als auch zwischen Theorie und Fallstudie.

Möge dieser Arbeit eine intensive Resonanz von Wissenschaftlern und Praktikern
beschieden sein!

o. Univ.-Prof. Dr. Franz Strehl, MBA

Über diese Arbeit...

"In...Papieren liegt die große Klugheit des Papalagi.[1] Er muß jeden Morgen und Abend seinen Kopf zwischen sie halten, um ihn neu zu füllen und ihn satt zu machen, damit er besser denkt und viel in sich hat... Es ist das erste wonach der Papalagi greift, nachdem er den Schlaf von sich stieß. Er liest. Er bohrt seine Augen in das, was die vielen Papiere erzählen...die vielen Papiere bewirken eine Art Rausch oder Taumel... Der Papalagi überfüllt seinen Kopf mit solcher Papiernahrung. Sie liegt in jeder Hütte, man häuft ganze Truhen voll und jung und alt nagen dran, wie die Ratten am Zuckerrohr..."[2]

Kürzlich stieß ich auf diese Rede des Südseehäuptlings Tiuavii, der eine zeitlang in Europa gelebt hatte und nach seiner Rückkehr seinen Stammesmitgliedern von uns - 'der anderen Welt' - erzählte.

Auch diese Arbeit baut auf 'Papiernahrung' - hat Papiere als Ausgangspunkt, behandelt deren Entstehung und Aufbereitung und fokussiert, darauf basierend, auf ihre Auswertung...

Die Inhaltsanalyse als Analysemethode qualitativer 'Papiernahrung' scheint auf den ersten Blick im Kanon anderer Methoden empirischer Sozialforschung ein gewisses 'Mauerblümchendasein' einzunehmen. Jedenfalls liegt für sie - im Gegensatz zu anderen sozialwissenschaftlichen Forschungsmethoden - keine umfassende, systematische 'Anleitung' zur Auswertung komplexeren sprachlichen Materials vor, aus der man einigermaßen klare Auswertungs- bzw. Interpretationsregeln ableiten könnte. Dafür findet man - allerdings erst auf den zweiten Blick - gerade in den letzten Jahren, zahlreiche Einzelbeiträge, in denen die Inhaltsanalyse wiederbelebt wird. Diese Entwicklung ist (mit wenigen Ausnahmen, z.B. der computerunterstützten Inhaltsanalyse im Bereich der Kaufentscheidungsanalyse im Marketing) von Forschungen der Betriebswirtschaftslehre weitgehend ausgeklammert geblieben. Meilensteine, Entwicklungen und Trends der (qualitativen) Inhaltsanalyse werden in erster Linie von Pädagogen (in der Handlungsforschung), Soziologen (in der Ethnomethodologie) und Psychologen gesetzt. - Gleichzeitig finden jedoch im Bereich der Betriebwirtschaftlehre qualitative Forschungszugänge regen Zuspruch. Für die Auswertung dort gewonnener qualitativer Daten scheint es angebracht, auch über disziplinäre Grenzen hinweg in jene spezifischen

---

1   Papalagi (sprich: Papalangi) heißt Europäer.
2   UPN Volksverlag, 1973, S. 54

Forschungsgebiete zu blicken, die sich eingehender mit dem Thema beschäftigen. Gerade die in diesen Gebieten partiell auftauchenden 'anderen' und manchmal - vom Blickwinkel der Betriebswirtschaftslehre ausgehend - 'fremden' Zugänge, öffnen neue Wege und können vielleicht Beitrag für eine Fülle neuer assoziativer Forschungs-Netzwerke schaffen... (Ich denke in diesem Zusammenhang gerade an einen Beitrag von Mayrhofer, der das in der Sterbeforschung von Kübler-Ross erarbeitete Verlustmodell auf den Bereich des Outplacement übertrug.[3] - Zugegeben - ein ungewöhnlicher Zugang, den Verlust des Lebens mit dem Verlust der Arbeitsstelle zu verbinden - und trotzdem: Hier wird ein Modell interdisziplinär weitergesponnen, adaptiert, von anderen Forschern aufgegriffen, diskutiert, geprüft...)

Im Hintergrund jedes inhaltsanalytischen Arbeitens stellt sich die Frage nach eher (oder ausschließlich?) qualitativ oder quantitativ orientiertem Forschungsparadigma. Für deren Unterschied könnte als wesentlich gelten, daß bei der quantitativen Forschung davon ausgegangen wird, daß die zu untersuchende Sphäre sozialen Lebens bereits hinreichend bekannt und damit eine besondere Offenheit und Flexibilität nicht mehr erforderlich sei. Dieses und zahlreiche andere Argumente führen großteils zu einem Ausspielen methodologischer Positionen. Es kann jedoch weder ein Streit 'qualitativ versus quantitativ' - oberflächlich polemisch betrachtet: 'Geschichten versus Zahlen' - noch können Konvergenzbestrebungen, nach denen unvereinbare Ansätze, wenn schon nicht als austauschbar, so doch als komplementär betrachtet, zur Überwindung der Gegensätze qualitativ und quantitativ beitragen. Erhebt man die Wahl der Methode nicht zur Glaubensfrage, ist eine Versöhnung der beiden methodologischen Paradigmen auch nicht nötig, denn beide haben ihre Berechtigung und ihre Vorteile, die je nach spezifischer Lage des zu untersuchenden Phänomens, den einen oder anderen Forschungsansatz zum (inhaltsanalytischen) Zug kommen läßt.

Was war der Anlaß für diese Arbeit?

Literarische Beiträge zum Thema Inhaltsanalyse bewegen sich in den meisten Fällen in ganz spezifischen Forschungssegmenten und ihr Nachvollziehen in der praktischen Umsetzung scheitert im Regelfall an der holprigen Darstellung vollzogener Forschungsschritte und -hintergründe. - Als eine Ausnahme kann Mayring gelten: In seinem inhaltsanalytischen Ansatz versucht er ein Mehr an intersubjektiver Verständlichkeit anzubieten und gibt damit Anlaß, als Rahmen und Hintergrund für eine Reflexion seiner Techniken im theoretischen sowie empirischen Teil dieser Arbeit.

---

3   vgl. z.B. Mayrhofer, W., 1988

Mind-Mapping - vor einiger Zeit noch Insider-Tip für die Zusammenfassung und Strukturierung von Daten in visualisierter Variante - erfreut sich in jüngerer Zeit breiten Interesses und hat sich vielerorts zum Seminarfixpunkt der meisten Anbieter für Führungskräftetrainings gemausert. - Die konkrete Herausforderung Mind-Mapping in dieser Arbeit zu verwenden, lag einerseits im Versuch einer Integration von *'qualitativ (Mind-Mapping) in wiederum qualitativ (Inhaltsanalyse)'* und dem Umgang mit damit verbundener Unsicherheit als traditionellem Preis qualitativer 'Nischenforschung' - andererseits in der Beschäftigung mit seinem, wissenschaftlich noch sehr wenig aufgearbeiteten Hintergrund aus der Gehirnforschung.

In verschiedensten Gebieten betriebswirtschaftlicher Forschung (z.B. der Organisationsforschung) kann von der These steigender Anwendung qualitativer Forschungsmethoden und der Nachfrage nach entsprechenden Auswertungsmöglichkeiten ausgegangen werden. Die vorliegende Arbeit soll einen Beitrag leisten, die qualitative Inhaltsanalyse und Mind-Mapping als mögliche Ansätze vorzustellen:

Im *theoretischen Teil* wird versucht, Verständnis für den Zugang zur qualitativen Inhaltsanalyse und dem Mind-Mapping zu schaffen - in der *empirischen Umsetzung* folgt die Aufarbeitung des theoretischen Hintergrundes anhand eines Praxisprojektes.

Der *theoretische Teil* behandelt im *Abschnitt A* die qualitative Inhaltsanalyse. Hier erfolgt, nach einem kurzen Aufriß der Entstehungsgeschichte (die im Laufe der späteren Kapitel noch vervollständigt wird), eine Aufarbeitung zur Inhaltsanalyse vor dem Hintergrund einer (zum Teil abstrakten) Qualitäts-Quantitäts-Betrachtung, die Vorstellung verschiedener Ansatzpunkte für ihre Konstruktion aus 'Nachbardisziplinen', die Identifikation verschiedener Möglichkeiten der qualitativen Datengewinnung mit spezifischem Bezugspunkt auf den nicht-direktiven Gesprächsführungs-Ansatz von Rogers, die Vorstellung der speziellen Techniken der qualitativen Inhaltsanalyse nach Mayring und deren Reflexion sowie die Entwicklung möglicher inhaltsanalytischer Gütekriterien. *Abschnitt B* beschäftigt sich mit dem Thema Mind-Mapping und untersucht - neben dem Aufzeigen vielfältiger Anwendungsmöglichkeiten sogenannter 'Mind-Maps' - Landschaften, Ressourcen und Denkweisen in 'BrainLand', dem Land unseres Denkens und Handelns.

In der *empirischen Umsetzung* folgt die Darstellung einer Projektarbeit in einem Industriebetrieb zum Thema 'Beziehungsqualität'. Ausgangspunkt bilden leitfadenorientierte Interviews und deren unternehmensorientierte Rahmenbedingungen mit dem

Versuch der (partiellen) Umsetzung nicht-direktiver Gesprächsführung, gefolgt von einer kurzen Darstellung der Informationspolitik im Projektablauf sowie der Aufbereitung der Interviewdaten. Fokussiert wird als Kernpunkt der Arbeit die qualitative Auswertung, anlehnend an die qualitative Inhaltsanalyse von Mayring, und die Anwendung des Mind-Mapping als Auswertungsmöglichkeit (vor dem Hintergrund der vorgestellten Techniken der qualitativen Inhaltsanalyse nach Mayring). Ein Revue-Passieren-Lassen des begleitend Prozeßhaften der Untersuchung und Bemerkungen zum gewonnenen praktischen Erfahrungspotential beschließen die Arbeit.

Inhaltsverzeichnis

THEORETISCHER TEIL - ABSCHNITT B

II. Mind-Mapping

EMPIRISCHER TEIL

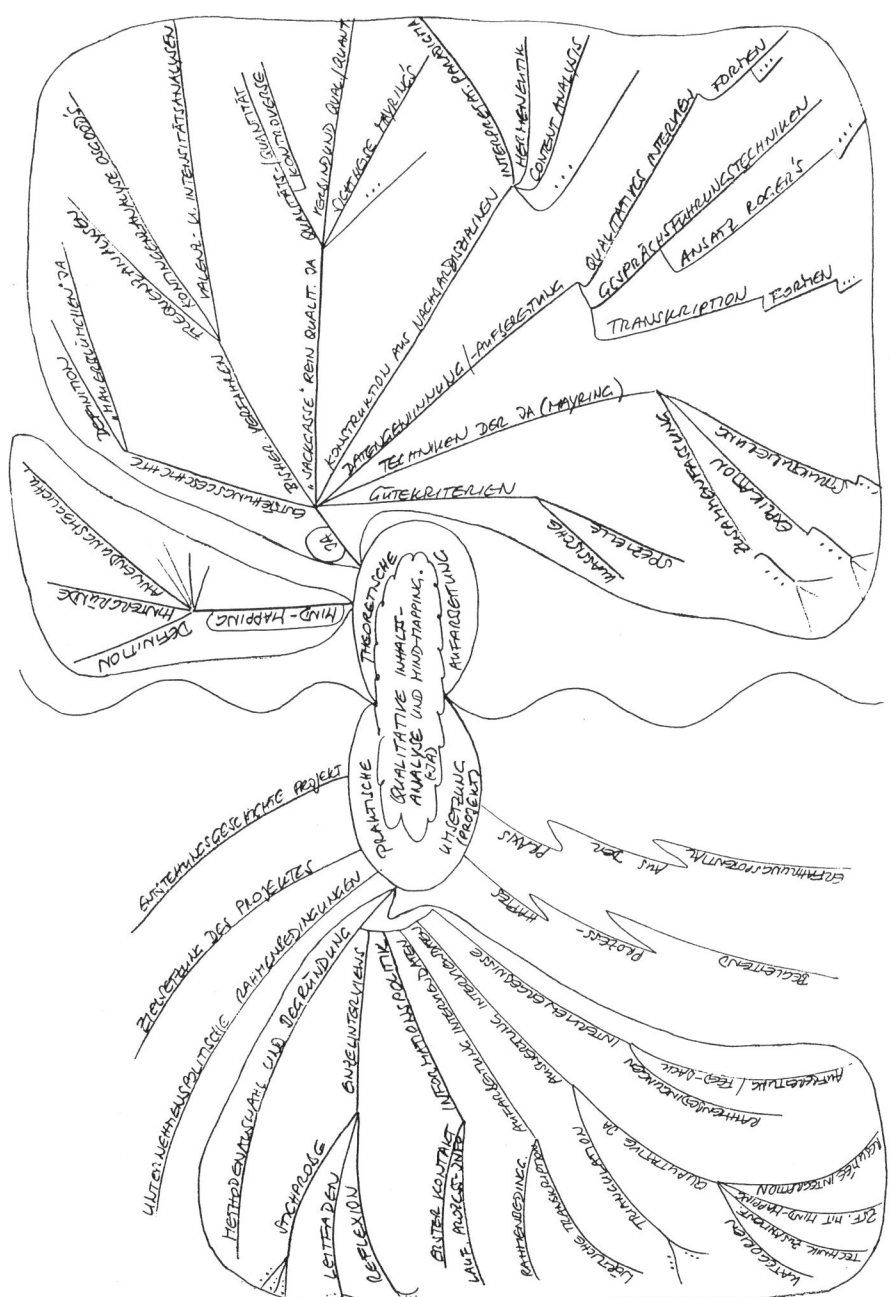

Abbildungsverzeichnis

THEORETISCHER TEIL

ABSCHNITT A

Qualitative Inhaltsanalyse

1. Entstehungsgeschichte und Definitionsversuche qualitativer Inhaltsanalyse...

Führende Vertreter der Massenkommunikationsforschung fanden sich 1941 an der Universität von Chicago zu einer Konferenz über Massenmedien ein. Dieses erste Zusammentreffen stand unter dem Banner vergleichender interdisziplinärer Kommunikationsforschung und leitete die Geburtswehen der Inhaltsanalyse als eigenständige Methode aus multiperspektivischer und systematischer Sicht ein.[1] Berelson, neben Lasswell, Lazarsfeld und Wapes, einer der bekanntesten Teilnehmer, veröffentlichte im selben Jahr die erste Dissertation zum Thema und gibt mit seiner Definition Einblick in seinerzeitiges Forschungsverständnis: Inhaltsanalyse ist eine Forschungstechnik objektiver, systematischer und quantitativer Beschreibung eines manifesten Kommunikationsinhaltes.[2] Dabei verlangt die Objektivität Berelsons ein Vorgehen nach expliziten, intersubjektiv nachvollziehbaren Regeln, seine Systematik-Forderung involviert die Datenauswahl sowie die Anwendung von Analyseregeln nach wohlbegründeten Kriterien. Im Mittelpunkt seiner Definition steht jedoch die quantitative Forschungsausrichtung und eine Beschränkung der Auswertung auf ausschließlich manifeste Inhalte.[3] Manifeste Inhalte sind direkt verständlich, im vorliegenden Kommunikationsmaterial 'schwarz auf weiß' vorhanden - latente Inhalte können hingegen nur indirekt aus dem Textzusammenhang geschlossen werden und bleiben damit vom jeweiligen Verständnis und Informationsstand des Auswerters abhängig.

Vor allem die Postulate der Quantifizierung und der Beschränkung auf ausschließlich manifeste Inhalte bleiben nicht unwidersprochen und münden zu Beginn der 50er Jahre in eine langjährige und vielzitierte Kontroverse. In erster Linie setzten sich Kracauer und George vehement mit dem qualitativen inhaltsanalytischen Forschungsparadigma auseinander und zogen kritische Parallelen zum inhaltsanalytischen Vorgehen von Berelson und Lasswell. Zusammenfassend Kracauers Hauptforderungen:[4]

---

[1] vgl. Merten, K./Ruhrmann, G., 1982, S. 701;
   Die Wurzeln der Inhaltsanalyse lassen sich bis Anfang dieses Jahrhunderts zurückverfolgen. Zur quantitativ orientierten Entstehungsgeschichte vgl. Kap. 3.1./Abschnitt A (Content Analysis), und zur qualitativ-inhaltsanalytischen Entwicklung vgl. spezifischer Kap. 2.3./Abschnitt A ("Ist es auch Wahnsinn, hat es doch Methode.").

[2] vgl. Berelson, B., 1952, S. 18

[3] vgl. auch Herkner, W., 1974, S. 158 f.

[4] vgl. Kracauer, S., 1973, S. 340 f. und die von George identifizierte Problematik der Verwendung von Häufigkeitsindikatoren: George, A.L., 1959, S. 14 ff.; In Kap. 2.3./Abschnitt A ("Ist es auch Wahnsinn, hat es doch Methode.") findet sich eine ausführliche Diskussion der kontroversiellen Hauptinhalte. - Als späterer Kritiker quantitativen Vorgehens gilt auch Cicourel, A.V., 1964.

1. Erhöhung des relativen Gewichtes qualitativer Verfahren.

Analysen in der Kommunikationsforschung sollten sich nicht ausschließlich auf Auszählungen von inhaltlichen Merkmalen beschränken.

2. Kritischer Umgang mit Quantifizierungen.

Berelson konstatiert, daß "Differenziertheit...mittels des Indikators der Häufigkeit von Einschränkungen, die in der Aussage erscheinen ('andererseits', 'jedoch', 'obwohl'), quantitativ zu analysieren sei." - Qualitativem Vorgehen zugetane Vertreter halten dem entgegen, daß die Anzahl von Einschränkungen nicht notwendigerweise den Grad der Differenziertheit aufzeigen muß, generell identifizierte Häufigkeiten nicht vorwiegend mit ihrer Wichtigkeit korrelieren müssen, nicht jedes Auftreten eines spezifischen Inhalts dieselbe Gewichtigkeit zeitigen muß und auch Auslassungen von großer Bedeutung sein können.

Zahlen, wurden sie erst einmal aus dem Datenmaterial herausgearbeitet, würden im Regelfall auch dann als gegeben hingenommen und statistisch weiterverarbeitet werden, wenn sie aufgrund ihres Entstehungsprozesses als unsicher identifiziert werden könnten. Dies führe zu denkbar ungenauen, "schiefen" und wenig repräsentativen Resultaten.

3. Keine ausschließliche Beschränkung auf manifeste Inhalte.

Auch latente Kommunikationsinhalte, so Kracauer, seien in vielen Fällen aufs engste mit der Fragestellung der Untersuchung verknüpft und ließen sich kaum in Quantifizierungen einbringen. Eine ausschließliche Konzentration auf 'offensichtliche' manifeste Inhalte bringe somit nur einen Teil des möglichen Untersuchungsergebnisses zu Tage.

Quantifizierungen manifester Inhalte werden in der empirisch-quantitativen Inhaltsanalyse mit den Instrumenten der Häufigkeits- bzw. Frequenzanalyse, Valenz- und Identitätsanalyse sowie Kontingenzanalyse festgehalten:[5]

➪ Die einfachste Form von Häufigkeitsanalysen besteht in der Klassifizierung und Auszählung bestimmter Textelemente (Beispiel: Wie oft gebrauchte US-Präsident Clinton die Worte "Demokrat(en)", "Republikaner", usw. in seinen Wahlkampfreden).

➪ Valenzanalysen beschäftigen sich mit spezifischeren Darstellungen interessierender Inhalte durch Bewertungen (z.B. 'sehr stark', 'mittelmäßig', 'gar nicht'). Intensitätsanalysen geben weiterführend Aufschluß über die Intensität gefundener Bewertungen (Beispiel: Inwieweit vertraten führende Zeitungen der USA zur Zeit

---

5   vgl. z.B. Schnell, R., 1988, S. 371 f., Mayring, Ph., 1988, S. 11 ff.

des US-Wahlkampfes in ihren Leitartikeln die Ansichten Clinton's oder seiner Mitbewerber?).

Komplexere Formen quantitativ orientierter Auswertung bilden hier die Symbol-, die Wert- und Bewertungsanalyse.[6]

➪ Kontingenzanalysen[7] überprüfen das Vorhandensein bestimmter sprachlicher Elemente in Bezug auf spezifische Zusammenhänge (z.b.: Wie häufig kommt der Begriff 'Rußland' im Zusammenhang mit anderen Kategorien wie 'Weltfrieden', 'Weltwirtschaft', 'Abrüstung' usw. in Clinton's US-Wahlkampfreden vor?). Als weitere Beispiele können hier die Bedeutungsfeldanalyse und die Assoziationsstrukturenanalyse gelten.[8]

George identifiziert in spezifischer Beschäftigung mit den Problemen ausschließlicher Verwendung von Häufigkeitsindikatoren durch die angeführten Instrumente einige daraus resultierende Anwendungsprobleme. Vor dem Hintergrund seiner Definition der Inhaltsanalyse als diagnostisches Instrument, spezifische Schlußfolgerungen über bestimmte Aspekte zielgerichteten Verhaltens eines Kommunikators zu gewinnen,[9] glaubt er, gefundene Anwendungsprobleme durch flexibleres Vorgehen relativieren zu können:[10]

➪ Strategie und Motiv des Senders eines Kommunikationsinhaltes kann sich im Laufe der Kommunikation wandeln und damit auch den Untersuchungsgegenstand mitverändern (z.B. Äußerungen eines Patienten in einer psychotherapeutischen Sitzung);
Hier setzt vermutlich auch seine Definition der Inhaltsanalyse als diagnostischem Instrument an, um Schlußfolgerungen über bestimmte Bereiche zielgerichteten Verhaltens eines Kommunikators zu erhalten.

➪ Durch hinzukommende neue Kommunikationsinhalte wächst die Untersuchungsgesamtheit und rückt den Untersuchungsgegenstand 'in neues Licht' - verändert ihn. George empfiehlt im Auswertungsprozeß sukzessive vorzugehen (sukzessive Verkodungen) und verlangt - falls erforderlich - die Neuanwendung bzw. Revision des verwendeten Analyseinstrumentariums.

---

[6]   vgl. z.B. Lisch, R./Kriz, J., 1978 sowie Bessler, H., 1970
[7]   Die Kontingenzanalyse geht vor allem auf Osgood zurück: Osgood, Ch., 1959
[8]   Bedeutungsfeldanalyse: vgl. Weymann, A., 1973; Assoziationsstrukturenanalyse: vgl. Lisch, R., 1979
[9]   George, A.L., 1959, S. 7
[10] vgl. George, A.L., 1959, S. 14 ff. und S. 21; vgl. auch bei Spöhring, W., 1989, S. 196 f.;
      Eine spezifischere Diskussion der hier nur kurz angesprochenen Themen findet sich in Kap. 2./Abschnitt A (Die "Sackgasse" rein quantitativer Inhaltsanalyse), Kap. 3.1./Abschnitt A (Content Analysis), Kap. 5./Abschnitt A (Spezielle Techniken der qualitativen Inhaltsanalyse nach Mayring) und Kap. 6./Abschnitt A (Gütekriterien qualitativer Inhaltsanalyse).

⇨ Das Verhältnis zwischen einzelnen Textelementen zum gesamten Datenmaterial ("'whole-part-problem"). Das Vorhandensein von Kategorien (definierte Dimensionen für eine Zuordnung von Kommunikationsinhalten) erscheint wichtiger als ihre Häufigkeitsauszählung: Es genügt, einen Schwellenwert für die Zuordnung zu einer Kategorie festzulegen - dabei müssen nicht alle Zähleinheiten (als Fälle von Kategorienzuordnung) als gleichwertig gehandhabt werden.

⇨ Spezielle und spezifische Analyse(unter)kategorien erlauben es, auch bei relativ geringer 'Zuordnungsausbeute' von Themen bzw. Symbolen, frappante Unterschiede zwischen verschiedenen Analysetexten herauszuarbeiten.

⇨ Die Quantifizierung manifester Inhalte verspricht vergleichsweise höhere Objektivität bzw. Zuverlässigkeit der Zuordnung: Dagegen müssen latente Zusammenhänge aus dem verhaltensorientierten, dem situativen und linguistischen Kontext herausgearbeitet werden, und es stellen sich beispielsweise Fragen nach dem verfolgten Zweck des Senders, den Rahmenbedingungen, unter welchen mit wem kommuniziert wird sowie der verwendeten Sprache. Der komplexe Versuch dieser Fragenbeantwortungen läßt Schlußfolgerungen auf relevante, latente Motive zu, birgt allerdings das Risiko intersubjektiven Analytikervorgehens in sich.

Im Entwicklungsprozeß der Inhaltsanalyse hat die Kontroverse zwischen quantitativem und qualitativem Vorgehen gewisse Tradition. Sie bewegt sich auf einem Kontinuum von subjektiven Beurteilungskriterien auf der einen Seite, bis hin zu 'objektivierenden', intersubjektiv nachvollziehbaren und transparenten Maßstäben auf der anderen.[11] Im Kontext dieser Diskussion vollzog die Inhaltsanalyse auch inhaltlich eine Veränderung von früheren politischen und ökonomischen hin zu sozialen und kulturellen Fragestellungen.[12] Dabei konzentrierten sich die Auseinandersetzungen zum Thema vor nicht langer Zeit in erster Linie um methodische Erhebungsformen[13] und weniger um entsprechende Auswertungskonzepte erhobenen Datenmaterials.

Trotz aller Schwierigkeit einer übereinstimmenden inhaltsanalytischen Definition, besteht jedoch darin Einigkeit, daß es immer um die Untersuchung von Datenmaterial geht, welches einer hinlänglichen Art von Kommunikation entsprungen ist. Damit ist nicht nur die "Analyse von Kommunikationsinhalten" inhaltsanalytisch relevant - auch formale Kommunikationsaspekte werden fokussiert: Beispielsweise kann es - um ein Maß für die

---

11 vgl. die spezifische Diskussion in Kap 2./Abschnitt A (Die "Sackgasse" rein quantitativer Inhaltsanalyse)
12 vgl. z.B. Holsti, O.R., 1969; Krippendorff, K., 1969; Gerbner, G., 1969
13 vgl. z.B. Klingemann, H.-D., 1984

Angst eines Patienten zu gewinnen - bei Auswertungen psychotherapeutischer Gesprächsprotokolle forschungsökonomisch Sinn machen, formale Charakteristika wie Satzkorrekturen, Wiederholungen bestimmter Worte usw. für eine weitere Verarbeitung zu identifizieren.[14] - Inhaltsanalyse kann sich demnach allen Arten und Formen menschlicher Kommunikation bzw. Zeichenverwendung zuwenden[15] und läßt neben der Analyse von Inhalten auch den Schlußfolgerungen auf soziale Realität zu.

Als Vertreter qualitativer und quantitativer Verfahren kann Ritsert gelten, der auf "wissenschaftstheoretisch begründete Regeln, Verfahrensweisen, Prüfkriterien" baut, Inhaltsanalyse aber auch als "Untersuchungsinstrument zur Analyse des 'gesell-schaftlichen', letztlich des 'ideologischen Gehalts' von Texten"[16] definiert. Rust entwickelte, aufbauend auf Ritserts Grundlagen, eine Konzeption qualitativer Inhaltsanalyse, die - trotz starkem Verlaß und Vertrauen auf 'gute' Auswerter - als eine der wenigen ansatzweise nachvollziehbaren Ansätze gelten kann. Rust selbst kritisiert allerdings an seinem Ansatz die zu wenig ausgereifte Wiedergabe der Vorgehensschritte und Defizite in der einheitlichen Begriffsverwendung. Unter qualitativer bzw. qualifizierender Inhaltsanalyse wird in seinem Forschungsverständnis alles subsumiert, was mögliche quantitative Schritte vorbereitet (Analyse und Abgrenzung der Ausgangssituation der Untersuchung und des Untersuchungsgegenstandes gegenüber seinem Kontext, Beziehungsstrukturen usw.).[17]

Neuere und teilweise ausgereiftere inhaltsanalytische Konzepte mit zugrundeliegendem qualitativem Paradigma diskutieren verbindende Aspekte qualitativer und quantitativer Ausrichtung.[18] Sie zeichnen sich durch Offenheit für den Einbau quantitativer Schritte aus und betrachten forschungsspezifisch 'richtiges' Vorgehen eingebettet in verschiedene situative Rahmenfaktoren.

---

[14] vgl. Mayring, Ph., 1988, S. 9, zitiert nach Mahl, G.F., 1959
[15] vgl. Lisch, R./Kriz, J., 1978, S. 43
[16] Ritsert, J., 1975, S. 100 und S. 9
[17] vgl. Rust, H., 1980, S. 13
[18] vgl. z.B. Mayring, Ph., 1988; vgl. dazu auch Kap. 2.4./Abschnitt A (Qualitativ - quantitativ - qualitativ: Eine Sichtweise des Forschungsprozesses) und Kap. 5./Abschnitt A (Spezielle Techniken der qualitativen Inhaltsanalyse nach Mayring)

2. Die "Sackgasse" rein quantitativer Inhaltsanalyse

"So sieht man, wie die griechische Manier zuerst durch den Vorgang Cimbues, dann durch die Förderung, die Giotto brachte, bald ganz ausstarb und eine neue Manier an ihre Stelle treten ließ... In ihr finden wir überwunden jene Umrißlinien, mit denen man einstmals die Gestalten rings umzog, die weit aufgerissenen Augen, die auf die Spitze gestellten Füße, die zugespitzten Hände, die Schattenlosigkeit und andere grobe Mängel jener griechischen Maler...Und Giotto insbesondere gab seinen Gestalten bessere Stellungen, zeigte zum erstenmale etwas von Lebendigkeit in den Köpfen, kam mit dem Gefält seiner Gewänder der Natur näher als alle früheren und entdeckte auch schon etwas von Perspektive und Verkürzung in den Figuren. Überdies machte er den Anfang zu einer Darstellung der Gemütsbewegungen..."[1]

Die von Feyerabend zitierte Stelle Vasaris, selbst Maler und Architekt, aus "Lebensbeschreibungen berühmter Architekten, Bildhauer und Maler" beschäftigt sich mit der Begrifflichkeit des Fortschritts. Vasaris vermittelt uns qualitative Aspekte: Nicht einzig die Zahl sich verändernder Dinge ist entscheidend, sondern die Art ihrer Eigenschaften. Im weitesten Sinne liegt qualitativer Fortschritt demnach nicht in einer Vermehrung neuer Tatsachen, Erkenntnisse usw., sondern vielmehr "in den neuen Ansichten vom Weltall und der Stellung des Menschen in ihm."[2]

Der heilige Augustinus hingegen beschreibt, wie die Menschen die Wissenschaften durch neue Erkenntnisse, Fähigkeiten, Paradigmen, aber auch Irrtümer, einen "additiven" und "quantitativen" Begriff des Fortschritts prägen: Augustinus fokussiert nicht auf allgemeine Betrachtungsweise, sondern auf Veränderungen "im einzelnen". - Quantitativ oder additiv definierter Fortschritt lobt Wissenschaft für "Erfindungen oder Entdeckungen oder Durchbrüche, denn Erfindungen, Entdeckungen und Durchbrüche stellt man sich als wohldefinierte Einzeldinge vor, deren Anhäufung unsere Kenntnisse erweitert."[3]

Zählt auch qualitative Inhaltsanalyse zu derartigen Erfindungen, Entdeckungen, Durchbrüchen - ist aus quantifizierender Sicht einzig die Zahl ihrer Veränderungen entscheidend? - Oder zeichneten die Art ihrer Veränderungen - als qualitativem Aspekt - federführend?

---

1   Feyerabend, P., 1984, S. 89
2   Feyerabend, P., 1984, S. 90
3   Feyerabend, P., 1984, S. 89

Eine Entscheidung zwischen beiden Ansichten - der quantitativen und der qualitativen -
"...läßt sich nur schwer aufgrund von 'Tatsachen' herbeiführen, denn die 'Tatsachen' der
einen Ansicht sind Probleme für die andere, sie widerlegen sie nicht, sondern fordern zu
größerer Anstrengung auf."[4]

2.1. Eine paradoxe Betrachtung der Qualitäts-Quantitäts-Kontroverse?

Qualität ist durch die Entscheidung determiniert, welche Wahl ich treffe bzw. davon, ob
ich überhaupt eine Wahl habe: Gehe ich vom Weltbild aus, daß jede Entscheidung und
alle sie tangierenden vorgelagerten Ursachen bestimmt sind, ist die Idee des freien
Willens und der damit verbundenen Qualitätsbestimmung hinter einer Entscheidung
grotesk: Gleichgültig wie ich mich entscheide, die Wahl, die ich treffe, ist - ohne
Alternative - die einzige, die ich treffen kann.

Auch wenn ich von einer eigenen 'freien' Wahl überzeugt wäre, kann diese Erkenntnis
'freier' Wahl vermutlich ursächlichen Zusammenhang mit meiner Vergangenheit und
Wahlfreiheit haben und wird so wiederum ad absurdum geführt. Welchen Sinn hat es,
sich angesichts dieser Erkenntnis anzustrengen, und - im Zusammenhang mit der Qualität
allen Arbeitens - welcher Spielraum und welche Verantwortlichkeit des Forschers kann in
Kenntnis umfassenden Determinismus schließlich zugestanden werden?

Der Physiker William Newcomb stieß - vermutlich während einer Auseinandersetzung
mit dem Gefangenendilemma - auf eine Paradoxie, die sich auf einen Kommunika-
tionsaustausch mit einem imaginären Wesen bezieht.[5] Dieses Wesen besitzt die Fähigkeit,
menschliches Entscheidungsverhalten mit nahezu absoluter Sicherheit vorherzusehen.

Robert Nozick von der Harvard Universität veröffentlichte Newcombs Paradoxie 1970
und definiert die Fähigkeit des Wesens: "Sie wissen, daß dieses Wesen Ihre vergangenen
Entscheidungen oft richtig vorausgesagt hat (und daß es, soweit Ihnen bekannt ist,

---

4   Feyerabend, P., 1984, S. 90
5   Der französische Mathematiker Piere Simon de Laplace erdachte allerdings schon im Jahre 1776 ein
    fiktives Wesen als radikale Konsequenz des Determinismus: Das Wesen müßte nur zu einer
    bestimmten Zeit, Ort und Geschwindigkeit aller Materieteilchen im Universum kennen, um
    allwissend die Zukunft berechnen zu können. Freier Wille wäre damit Illusion.

niemals falsche Voraussagen über Ihre Entscheidungen gemacht hat), und Sie wissen ferner, daß dieses Wesen oft die Entscheidungen anderer Leute...in der nun zu beschreibenden Situation richtig vorausgesagt hat."[6]

Das Wesen stellt Sie vor die Wahl, aus zwei verschlossenen Kästchen auszuwählen: Vom ersten wissen Sie, daß es tausend Dollar, vom zweiten, daß es eine Million Dollar oder gar nichts enthält. Es steht Ihnen frei, beide Kästchen zu öffnen und das Geld an sich zu nehmen (Variante 1) oder aber sie entscheiden sich nur für 'Kästchen 2' und nehmen das darin vorgefundene Geld (Variante 2). Das Wesen teilt Ihnen dazu folgende Rahmenbedingung mit: Entscheiden Sie sich für das Öffnen beider Kästchen, hat es das vorhergesehen und läßt das zweite Kästchen leer werden - übrig bleiben nur die tausend Dollar in 'Kästchen 1'. Entschließen Sie sich jedoch für die andere Variante, nämlich 'Kästchen 2' zu öffnen, wird das Wesen in seiner Voraussicht die Million in 'Kästchen 2' hinterlegen.

Der Ablauf ist somit determiniert
1. durch die stillschweigende Entscheidungs-Vorhersage des Wesens,
2. deren Durchführung (Kästchen zwei wird leer gelassen oder eine Million Dollar hinterlegt),
3. Ihr Verständnis der Bedingungen und
4. Ihre Entscheidung unter der Annahme Ihres Verständnisses der vorgegebenen Situation und daß das Wesen auch das wiederum weiß...

Das Eigenwillige der Vorgangsweise ist sicher aufgefallen: Die Lösungen scheinen logisch, trotzdem sind sie völlig widersprüchlich. Und: Die meisten von uns haben sofort die 'richtige' und 'logische', ja selbstverständliche Entscheidung parat. - Jede andere Lösung scheint uneinsehbar - Und trotzdem: Es lassen sich für beide vorgegebenen Entscheidungsmöglichkeiten - für die als 'logisch' und 'unlogisch' empfundene Lösungsvariante - gute und vermutlich auch einsichtige Argumente finden. Mit diesem ad-absurdum-Führen des jeweils 'falschen' anderen Argumentes kommen wir einer berechtigten - allerdings noch nie gelungenen - Forderung Nozicks nach...

Doch beschäftigen wir uns zunächst mit den möglichen, den beiden Entscheidungen schlüssig vorgelagerten Gedankengängen:

---

6   Watzlawick, P., 1987, S. 315, vgl. seine Erläuterungen zur Newcomb-Paradoxie in Anlehnung an die Ausführungen von Nozick, R., 1970, S. 114 - 146, Gardner, M., 1973, S. 104 - 109 sowie Gardner, M., 1974, S. 102 - 108

'Entscheidung 1': Das Wesen macht fast vollkommene Vorhersagen. Mit sehr hoher Wahrscheinlichkeit muß demnach davon ausgegangen werden, daß das Wesen die Entscheidung, beide Kästchen zu öffnen, treffend vorherbestimmen konnte und die Million Dollar aus dem zweiten Kästchen entfernte. Damit gewinnen Sie nur die Tausend Dollar, die Sie in 'Kästchen 1' vorfinden.

'Entscheidung 2': Entscheiden sich nur für das Öffnen des zweiten Kästchens, hat das Wesen das vorhergesehen und deponiert dort nach eigener Bedingung die Million Dollar.

Wem leuchtet 'Entscheidung 2' - bei gegebenen, gestellten Bedingungen des Wesens - nicht sofort zwingend ein? - Irrtum, so argumentierten überraschenderweise die Entscheider von 'Variante 1': Das Wesen trifft seine Vorhersage vor Ihrer jeweiligen Entscheidung. Was also, wenn es sich vielleicht irrt und die Million trotzdem im zweiten Kästchen liegt. Sie gewännen so eine Million und zusätzlich tausend Dollar. Hat das Wesen richtig vorhergesehen, und Sie öffnen ebenso beide Kästchen, könnten Sie zumindest tausend Dollar ihr eigen nennen. In beiden Fällen würden Sie demnach - im Gegensatz zu denen, die sich nur zum Öffnen von 'Kästchen 2' entscheiden - mit zusätzlichen tausend Dollar aussteigen! - Das darf wohl nicht wahr sein, werfen die Entscheider von 'Variante 2' ein: Kann bei dieser Lösung nicht automatisch mit einer Million Dollar gerechnet werden? Wie hoch ist dagegen das Risiko, nur ein Mehr an tausend Dollar zu bekommen, wenn mir doch eine Million in Kästchen zwei sicher sein kann?...

Trotz aller Überzeugungsarbeit, so Nozick, werden die meisten zur Einsicht kommen, daß die jeweils anderen Entscheider unlogisch denken.

Watzlawick erweitert Nozicks Ausführungen zur Newcomb-Paradoxie schließlich um Gedanken zur kausalen Beziehung von Ursache und Wirkung. Aufgrund seiner Argumentationslinien stellt sich die Frage, ob Wirklichkeit einer erkennbaren Ordnung zugrundeliegt. Für ihn kristallisieren sich nun drei Möglichkeiten heraus:[7]
"1. Die Welt hat keine Ordnung. Dann aber wäre die Wirklichkeit gleichbedeutend mit *Konfusion* und das Leben ein psychotischer Alptraum.
2. Die Wirklichkeit hat nur insofern eine Ordnung, als wir zur Milderung unseres Zustands existentieller *Desinformation* eine Ordnung in den Lauf der Dinge hineinlegen (interpunktieren), uns aber nicht dessen bewußt sind, daß wir selbst der

---

7   Watzlawick, P., 1987, S. 319

Welt diese Ordnung zuschreiben, sondern vielmehr unsere eigenen Zuschreibungen als etwas 'dort draußen' erleben, das wir die Wirklichkeit nennen.

3. Es besteht tatsächlich eine von uns unabhängige Ordnung. Sie ist die Schöpfung eines höheren Wesens, von dem wir abhängen, das aber selbst von uns ganz unabhängig ist."

Vermutlich werden die meisten von uns dem an zweiter oder dritter Stelle angeführten Weltbild anhängen. - Im Newcomb-Paradoxon würde eine Entscheidung für Variante 1 (Öffnung beider Kästchen) dem zweiten Weltbild entspringen - demnach einem Hintergrund freier und unabhängiger, nicht vorherbestimmter Entscheidungsmöglichkeit und fehlender "rückläufiger Kausalität".[8]

Ausgehend von völliger Wahlfreiheit - worauf gründen Entscheidungen? - Seit diese Frage aufgetaucht ist, wurde versucht, philosophische, theologische, wissenschaftliche Antworten zu finden... Einen möglichen (oder scheinbaren?) Ausweg aus dem Dilemma bietet Max Planck 1946 an: Einerseits ist unser Wille von außen kausal bestimmt, individuell betrachtet herrscht jedoch Wahlfreiheit. So gesehen werden Determinismus und Willensfreiheit zum wissenschaftlichen Scheinproblem, das es bald (!) einzusehen gilt. Mittlerweile sind einige Jahrzehnte verstrichen und noch immer ist die These vermuteter Scheinproblematik Plancks nicht auf breiter Basis anerkannt. - Doch vielleicht mutet es besser an, mit Dostojewski keine Lösung anzubieten? Sowohl Jesus als auch der Großinquisitor verkörpern dann freien Willen und Determinismus und dabei haben vielleicht beide (un)recht.[9]

Um in Gefilden des beschriebenen Gedankenexperimentes zu bleiben, sind vermutlich alle Entscheidungen - vielleicht unabhängig von Plancks oder Dostojewskis These - abhängig von unserem Weltbild auf einem Kontinuum zwischen Determinismus und Wahlfreiheit... - Stellt sich im Forschungsprozeß die Frage, quantitativen oder qualitativen inhaltsanalytischen Schritten den Vorzug zu geben, wie ist zu entscheiden?

---

8   Watzlawick, P., 1987, S. 319; Watzlawick vermutet, daß für die erste Möglichkeit abwesender
    Ordnung die Psychiatrie zuständig ist.
9   vgl. Watzlawick, P., 1987, S. 321 f.
    Newcombs Paradoxon und Nozicks weiterführende Betrachtungen werden an dieser Stelle nur in ihren
    wichtigsten Aspekten angesprochen. Hier geht es in erster Linie um ein Gedankenexperiment und die
    Überleitung zu einer Annäherung an Einflüsse wissenschaftlicher Entscheidungsschritte, die jeden
    Forschungsprozeß immer wieder tangieren.

2.2. Dogmatismus einer Qualitäts-Quantitäts-Kontroverse?

Jeweiliges ad-absurdum-Führen entweder qualitativer oder aber quantitativer Arbeits-schritte im Forschungsprozeß wird - ähnlich der vermutlich nie endgültig eingelösten Forderung Nozicks nach stichhaltiger Argumentationslinie gegenüber der jeweils 'falschen' Seite im Newcomb-Paradoxon - nicht gelingen: Es stellt sich die Forderung der Offenheit, beide interdependent, jeweils im Hinblick auf den erklärenden Versuch der Sinnhaftigkeit eines anstehenden Schrittes im Forschungsprozeß, berücksichtigen zu können. - Diese gemäßigte Auffassung zwischen qualitativen und quantitativen Extremen liegt - auch bei vorliegender Tendenz in die eine oder andere Richtung - in gegenseitiger Anerkennung. Über eigene 'Orientierungsgrenzen' zu sehen würde in Folge auch bedeuten, Deutungen einer methodisch anderen Seite zuzulassen und eigene Resultate - unter dem Gesichtspunkt der Stimmigkeit anderer mit eigenen Forschungsergebnissen[10] - zu ergänzen, sich über Zäune festgefahrener Dogmen zu strecken.

Zur Analyse sozialer Gegebenheiten können situationsspezifisch auch (sehr differenzierte) quantitative Methoden notwendig sein. Es scheint aber auch klar zu sein, daß dem Umgang mit Phänomenen sozialen Handelns deren qualitatives Verständnis vorgelagert sein sollte. "Zum allermindesten ist das Erkennen und Klassifizieren von Ereignissen auf ein solches qualitatives Verstehen angewiesen, und jede anschließende Datenanalyse und -interpretation ist nur im Lichte dieses Verstehens sinnvoll." Abgesehen von Fragen zur Stichprobe und statistischen Auswertungen ist "die Gewinnung und Deutung quantitativer Daten methodologisch gar nichts anderes als die Gewinnung und Deutung qualitativer Daten." Quantitative Daten bestehen - genau betrachtet - aus vielen qualitativen Beobachtungen der beteiligten Forscher (im Vorfeld). - Beide Forschungsperspektiven ergänzen sich gegenseitig und sollten nicht konkurrieren.[11] In jede quantitativ-analytische Arbeit fließen nach Huber[12] berechtigterweise immer Annahmen über die Charakteristika quantitativer Ereignisse ein. Diese Annahmen sollen uns helfen, Ereignisse so zu betrachten, wie sie sich unserer Auffassung nach ereignet haben.

---

[10] vgl. Kap. 6.1./Abschnitt A (Klassische Gütekriterien): Die Erläuterungen zur Stimmigkeit von Forschungsergebnissen

[11] Wilson, T.P., 1982, S. 500; vgl. dazu auch Kap. 2.4./Abschnitt A (Qualitativ - quantitativ - qualitativ: Eine Sichtweise des Forschungsprozesses)

[12] vgl. Huber, 1989, S. 33

Bei Erkenntnissen über die Umwelt spielen Alltagstechniken als Quelle sozialwissenschaftlicher Methoden eine bedeutende Rolle. Mit Hilfe von Alltagstechniken organisieren wir persönliche und tradierte Erfahrungen zu einem Bündel laufend anwendbarer Strategien.[13] "Wir erkennen, bewerten, verändern die Umwelt nach Regeln, die wir gelernt, erfahren und im Gebrauch verändert haben." - Alle Formen sozialwissenschaftlicher Methoden sind somit abstrahiertes Ergebnis diverser Alltagstechniken:

⇨ Das wissenschaftliche Experiment als Abstraktion alltäglichen Experimentierens,

⇨ die Beobachtung und

⇨ die Befragung mit ihrem Ursprung im Dialog oder Gespräch.

Experiment, Beobachtung und Befragung sind komplexe Abläufe, die sich wiederum aus Kombinationen verschiedenster Verhaltensabläufe - sogenannten "Basistechniken des Alltagsverhaltens" - konstituieren. Vergleicht man sozialwissenschaftliche Methoden mit ihrem Ursprung alltagsstrategischen Verhaltens, fällt auf, daß "Alltagstechniken die Basis" sind, "aus denen die qualitativen Verfahren als eine erste, die quantitativen Techniken aber als eine zweite Stufe der Abstraktion entwickeln."[14]

Diese Sichtweise führt wiederum zu einer homogen-interdependenten Betrachtung in der Qualitäts-Quantitäts-Kontroverse:

⇨ Quantitative Methoden sind bei genauer Betrachtung ein Sammelsurium qualitativen Beobachtens von Forschern und allen am Forschungsgegenstand beteiligter Personen (Wilson).

⇨ Beide - qualitative und quantitative Techniken - zeigen, wenn auch auf verschiedenen Abstraktionsstufen, Interdependenz (Kleining).

Gemäßigte Formen homogener und interdependenter Sicht des Einflusses qualitativer und quantitativer methodischer Schritte im Forschungsprozeß sollen jedoch nicht darüber hinwegtäuschen, daß eine Polarisierung - wenn auch die Grenzen mittlerweile aufgeweicht erscheinen - immer noch in ihren Extremen angetroffen wird.

---

[13] Erfahrungen werden von Habermas in seiner Methodologie der Sozialwissenschaften und Kritik des Empirismus als "...Interpretationen im Rahmen vorgängiger Theorien" bezeichnet - "...sie teilen daher selbst deren hypothetischen Charakter". Er schlägt vor, die Begriffbezeichnung "Tatsachen" vorrangig auf jene Kategorie von Erfahrbarem zu verwenden, die für die Evaluierung wissenschaftlicher Theorien bestimmt sind... Die eigenwillige "Reflexivität der Sozialwissenschaften" liegt nun darin, "daß der von Subjekten veranstaltete Forschungsprozeß dem objektiven Zusammenhang, der erkannt werden soll, durch die Akte des Erkennens hindurch selber zugehört." - Leider bleibt Habermas ableitbare "forschungsmethodische Konsequenzen" schuldig: Vgl. Habermas, 1972, S. 239 ff.; Spöhring, W., 1989, S. 90 ff.

[14] Kleining, G., 1982, S. 225

Eine Hauptannahme extrem qualitativer und extrem quantitativer Betrachtungsweise ist, daß objektive Erkenntnis nur durch bestimmte Grundsätze erhaltbar sei. - Die 'Objektivität' quantitativer Verfahren wird oft der 'Subjektivität' qualitativen Vorgehens gegenübergestellt:[15]

1. Qualitative Orientierung in ihrer 'Subjektivität' muß sich einerseits Vorwürfen der Voreingenommenheit, des unwissenschaftlichen Vorgehens und der Unreflektiertheit stellen,

   kann jedoch

2. schlicht eine Betrachtung des Forschungsablaufes und -prozesses aus subjektiver Sicht - aus der Sichtweise des (Forscher-)Subjektes - implizieren.

Die erste Subjektivitätsbetrachtung könnte sowohl für den qualitativen als auch den quantitativen Zugang unterstellt werden. - Unter der Voraussetzung, daß beiden Forschungsvarianten zumindest der Versuch unterstellt werden darf, unreflektiertes, unwissenschaftliches und voreingenommenes Vorgehen ausgrenzen zu wollen, soll auf diese Subjektivitätssicht nicht weiter eingegangen werden.[16]

Eine Analyse des zweiten Subjektivitätsbegriffs - der subjektiven Sicht des Subjekts - gestaltet sich komplizierter. Eine Überwindung verzerrender subjektiver Forschungssicht steht als Forderung im Raum - sie umzusetzen birgt jedoch einige Herausforderung in sich: Um eine Gegebenheit interpretieren zu können, ist ein diesbezügliches Vorverständnis der auftretenden Phänomene notwendig. Eine Überwindung subjektiver Voreingenommenheit liegt beim qualitativ orientierten Forschungsverständnis im Bemühen nach 'Objektivität' der Erkenntnisse durch den Versuch individuellen Bewußtmachens subjektiv gefärbter Einflüsse. - Quantitatives Forschungsverständnis setzt im Vergleich dazu sogenannte 'Helikopterfähigkeit' des Forschers, ein über-den-Dingen-Stehen, und ein 'objektives' Erfassen sozialer Gegebenheiten und Handlungen anderer voraus. Bei quantitativem Vorgehen wird - einmal abgesehen von der Datenerfassug - meist auch für die Datenauswertung eine unveränderbare Definition der Situation vorgegeben. Im Gegensatz zu beispielsweise interaktiven Auswertungsformen zwischen Forscher(n) und Beforschtem(n) im qualitativen Forschungszugang[17] bleibt bei quantitativem Vorgehen die Dateninterpretation im Regelfall einzig aus Forscherseite

---

15 vgl. Mohler, P., 1981, S. 725; Vgl. auch dazu die Stimmigkeit von Forschungsergebnisse in Kap. 6.1./Abschnitt A (Klassische Gütekriterien)

16 vgl. auch die Ausführungen in Kap. 6./Abschnitt A (Gütekriterien qualitativer Inhaltsanalyse)

17 vgl. z.B. Kap. 4.1.4.1./Abschnitt A (Das diskursive Interview) und Kap. 6.2.1./Abschnitt A (Kommunikative Validierung): In beiden Fällen werden Interpretationen des Forschers nochmals mit den Betroffenen diskutiert und evaluiert.

bestimmt. So betrachtet erheben quantitative Forschungsschritte zwar den Anspruch der Objektivität, subjektive Einflüsse und Gegebenheiten seitens des Forschenden bleiben jedoch frappant und unkontrolliert.[18]

Um die Frontstellung hinsichtlich einer Qualitäts-Quantitäts-Kontroverse aufzuweichen, wird immer wieder eine Verknüpfung qualitativer und quantitativer Forschungsschritte durch methodische Triangulation diskutiert[19]: Derselbe Untersuchungsgegenstand soll, unabhängig voneinander, mittels beider Verfahren erforscht werden - sowohl qualitativ als auch quantitativ.

Aus der Sicht gewissenhafter gegenstandsspezifischer Methodenüberlegung stellt sich die Frage nach dem Sinn, denselben Gegenstand einmal qualitativ, einmal quantitativ zu erfassen. In der Regel kann davon ausgegangen werden, daß aufgrund forschungs-ökonomischer Basisüberlegungen entweder Vertrauen in das eine oder das andere Vorgehen gefaßt wird - das eine *oder* das andere Verfahren (zum jeweiligen Stand im Forschungsprozeß) als das Beste eingeschätzt wird.[20]

Qualitative und quantitative Zugänge unterscheiden sich zudem nicht nur durch die Zugehörigkeit zu verschiedenen Abstraktionsebenen, sondern auch durch ihre Abstraktionsart aus den Alltagstechniken. "Im Alltag erkennen wir die Umwelt, indem wir Sinneseindrücke miteinander vergleichen und dabei Gemeinsamkeiten und Unterschiede feststellen." Auf diese Weise abstrahiert qualitative Vorgangsweise "die Technik des Vergleichs auf Gemeinsamkeiten, die quantitative die des Vergleichs auf Unterschiede aus den Alltagsverfahren." Spezifischer betrachtet arbeiten qualitative Methoden auf ein Erfassen von Gemeinsamkeiten hin, quantitative hingegen auf ein Erfassen von Differenzen. Trotzdem enthält jede Aktivität, allerdings in ganz verschiedener Form, auch die jeweils andere Orientierung. "Hinter der scheinbaren Symmetrie der Verfahren" wird so auch ihr Gegensatz erkennbar: Qualitatives Forschungsvorgehen "analysiert die Gemeinsamkeiten von zwei oder mehr Gegebenheiten, indem sie die Unterschiede zwischen ihnen überwindet." Quantitatives Vorgehen "erfaßt Unterschiede dadurch, daß Gemeinsamkeiten als Basis für den Vergleich festgesetzt werden. Deswegen sind die Zielsetzungen der beiden Forschungsarten verschieden: Aufdeckung von Bezügen dort und Messen

---

18   vgl. auch Lamnek, S., 1988, S. 211 f.
19   vgl. z.B. Fromm, M., 1990, S. 470 ff.; Lamnek, S., 1988, S. 229 ff.; Fielding, N.G./Fielding, J.L., 1986, S. 25; Hammersley, M./Atkinson, P., 1983, S. 199
20   vgl. auch Kap. 6.2.2./Abschnitt A (Triangulation)

unterschiedlicher Ausprägungen schon bekannter Bezüge hier. Ihre Techniken und Strategien unterscheiden sich dementsprechend: die Forschungsplanung, die Definition des Gegenstandes, die Auffassung von der Rolle des Forschers, die des Samples, die Untersuchungsinstrumente, die Analyse- und Prüfverfahren. In ihrer reinen Form sind die qualitativen das genaue Gegenteil der quantitativen Verfahren, durch Widersprüchlichkeit von ihnen unterschieden, aber eben dadurch gleichzeitig mit ihnen verbunden."[21]

Akzeptanz und Anwendung methodischer Triangulation stehen in engem Zusammenhang mit methodologischer Offenheit der Forschenden und implizierten keinen 'Vorteils-anspruch' der einen oder anderen Orientierung. Ganz generell rückt die Frage angestrebter Erkenntnisabsicht bzw. angestrebten Erkenntnisgewinns - in Abhängigkeit vom jeweiligen Forschungsgegenstand und unzähliger qualitativer und quantitativer methodischer Möglichkeiten - in den Mittelpunkt. Befürworter multimethodischer Triangulation gehen vermutlich davon aus, daß jeweils auftretende Schwächen ans Licht kommen und sich infolge auch kompensieren können. Dieser Argumentationslinie folgend kann unterstellt werden, daß triangulatorisches Vorgehen mit seiner multiplen, methodischen Komponente - gegenüber Einzelanwendung eines Verfahrens - 'bessere' Ergebnisse liefert und weniger Schwachstellen in sich birgt. Ein Trugschluß kann allerdings darin liegen, daß - auch bei sich deckenden Ergebnissen multimethodischer Forschungsschritte - der Wahrheitsgehalt wissenschaftlichen Arbeitens nicht höher sein muß. - Allerdings bleibt auch jedes einzelmethodische Vorgehen bei Bearbeitung einer falschen Fragestellung sinnlos.

In beiden Paradigmen, dem qualitativen und dem quantitativen, spielen Unterschied-lichkeiten eine wesentliche Rolle, Schwerpunkte werden jedoch anders gesetzt. Idealtypisches Herausarbeiten dogmatischer Auffassung über das eine oder das andere Paradigma bleibt allerdings meist - wie demonstriert und hier nochmals an einem Dialog illustriert - hart überzeichnet charakterisiert: "Qualitative Researcher: 'Many people these days are bored with their work and are...' Quantitative Researcher (interrupting): 'What people, how many, when do they feel this way, where do they work, what do they do, why are they bored, how long have they gelt this way, what are their needs, when do they feel excited, where did they come from, what parts of their work bother them most..." Qualitative Researcher: 'Never mind'".[22]

---

21   Kleining, G., 1982, S. 227; vgl. auch Lamnek, S., 1988, S. 224 f.
22   Maanen, van J., 1983, S. 7

2.3. "Ist es auch Wahnsinn, hat es doch Methode."

Das Postulat quantifizierender, aber auch jenes qualifizierender inhaltsanalytischer Vorgangsweise ist zum Teil auf Polemiken einer sehr engen Betrachtung der jeweiligen Begriffe zurückzuführen. Anfang der 50er Jahre, dem beginnenden Jahrzehnt einer inhaltsanalytischen 'Hochburg', erschien ein vielzitierter Aufsatz von Kracauer[23], in dem er die beiden Ansätze qualitativer und quantitativer Inhaltsanalyse polarisiert. Er mißt, ohne jedoch beide gegeneinander auszuschließen, der qualitativen Inhaltsanalyse umfassendere Bedeutung bei und kritisiert insbesondere die von Berelson und Lasswell ungefähr zeitgleich vertretene quantitative Variante. Zwei seiner Hauptthesen werden im folgenden wiedergegeben und diskutiert:[24]

These 1: Die Überbetonung quantitativer inhaltsanalytischer Orientierung kann die Genauigkeit beeinträchtigen.

Dabei wird der qualitativen Inhaltsanalyse insofern mehr Offenheit postuliert, als quantitative Analysen gewöhnlich auf Grundlage einer mehrstufigen Skala auf gegebenem Kontinuum (z.B. 'sehr gut' bis 'sehr schlecht') kodieren und dabei insofern die Tendenz bestimmen, in welchem Maß sie 'für' oder 'gegen' ein Thema sind oder diesem 'neutral' gegenüberstehen, als auch quantitative Analytiker Schwierigkeiten haben, auf gegebener Skala 'objektive' Einordnungen zu machen. Gerade diese Einschätzungen können nicht nur auf quantitativer Ebene erfolgen, sondern erfordern auch entsprechend umsichtigen qualitativen Zugang. Dieser qualitative Aspekt wird aber genau dann immer mehr in den Hintergrund gedrängt, wenn im Sinne einer Gewährleistung hoher Zuverlässigkeit,[25] ein tatsächlich sehr komplexes Kontinuum in einige elementare Skalenwerte zerlegt wird, um Zuordnungen anhand detaillierter Anweisungen möglichst eindeutig machen zu können. Kracauer räumt zwar die Möglichkeit ein, daß eine Skala sehr differenziert und hinreichend abgestuft entwickelt werden kann, resumiert jedoch, daß selbst die feinsten Skalenzerlegungen den

---

23 Siegfried Kracauer, ein ehemals bekannter deutscher Zeitungsredakteur, hat zahlreiche Veröffentlichungen auf dem Gebiet der Kommunikationsforschung vorzuweisen. - Die 50er Jahre verzeichneten einen äußerst starken Trend zu inhaltsanalytischen Verfahren. Dies war sicherlich mit ein Grund für bis jetzt noch nachwirkende, richtungsweisende inhaltsanalytische Auseinandersetzungen. - Im Erscheinungsjahr des ersten quantitativ-inhaltsanalytischen Klassikers von Berelson konterte Kracauer mit der Forderung nach qualitativ orientierter Inhaltsanalyse. George folgte 1959 mit einem Plädoyer für eine 'Nicht-Häufigkeit-Analyse': vgl. z.B. auch Mayring, Ph., 1985, S. 190

24 vgl. Kracauer, S., 1952, S. 338 ff.; vgl. auch Kap. 3.1./Abschnitt A (Content Analysis)

25 Zuverlässigkeit als intersubjektive Nachvollziehbarkeit der im Foschungsprozeß getätigten Schritte durch Dritte: vgl. dazu Kap. 6/Abschnitt A (Gütekriterien qualitativer Inhaltsanalyse)

Auswertenden nicht in die Lage versetzen, die ursprüngliche Kommunikationsrichtung
wiederzufinden. Eines kann nämlich auf diese Weise kaum berücksichtigt werden: Der
Bezug der Daten untereinander. Er schließt zwar nicht aus, daß auch quantifizierende
Daten in die 'richtige' Richtung rekonstruieren, im Regelfall würde das aber eine sehr
hoch differenzierte Kategorienbildung mit einer Abnahme auffallender Häufigkeiten
einschließen und auf diese Weise wiederum qualitativen Bewertungen eine höhere
Wichtigkeit zubilligen. Warum also schwerfällige quantifizierende Techniken den
qualitativen vorziehen?

Ähnlich George, führt Kracauer hier zurecht an, daß die Wichtigkeit von Textstellen nicht
unbedingt mit ihrer Häufigkeit korrelieren müssen und zudem nicht immer gleich zu
gewichten sind. Auch 'Nicht-Geschriebenes' (oder '-Gesagtes') kann Bedeutung
haben.[26] Allerdings kann Kracauers Argumentationslinie in gleicher Weise auch für
qualitative Techniken zutreffen: Qualitative wie quantitative Orientierungen können einen
Mangel an sorgfältiger, hinterfragender Haltung aufweisen. Hier wie dort liegt große
Verantwortlichkeit beim Analytiker selbst. Zudem kann es selbst bei quantifizierender
inhaltsanalytischer Auswertung Fälle geben, die durch eine kontextabhängige Gewich-
tung von Textstellen die 'richtigen' Zusammenhänge orten und forschungsökonomisch
Sinn zeitigen.

Es kann davon ausgegangen werden, daß ein einzelner Forscher (allerdings im Gegensatz
zu Kracauer, der von seiner journalistischen Herkunft her im Regelfall von
geschriebenem Text anderer ausgegangen ist) alle später auszuwertenden Interviews
selbst geführt und in Textform gebracht hat, auch bei quantifizierendem Vorgehen, die
global sowie gewichtungsspezifische Zusammenhänge nicht aus den Augen verliert und
schlüssig interpretativ verwerten kann.

Quantitative Inhaltsanalyse - kritisiert Kracauer - führt oft zu wenig sinnvollen
Auszählungen. Ist eine Quantifizierung in Form gewonnener Zahlen einmal getätigt, wird
sie in der Regel als gegeben und in weiterer Folge unreflektiert hingenommen,
Wahrscheinlichkeiten aufgestellt, Zusammenhänge und Interpretationen abgeleitet. -
Dabei werden, durch die mathematische orientierte Betrachtung, ohne eine weitgehende
Berücksichtigung des komplexen Dateninhalts, vermutlich - auf die vorgelagerten
Auszählungen bezogen - noch weniger repräsentative und ungenauere Ergebnisse erzielt.

---

26   vgl. George, A.L., 1959: George versucht die Relevanz qualitativer Analysen herauszustellen und die
      Kontroverse zwischen der qualitativen und der quantitativen Inhaltsanalyse zu relativieren.

Zumindest was das 'Zuverlässigkeitsstreben'[27] quantitativer Analysen betrifft, dürfte Nigsch (als vehementer 'Qualitätsverfechter') in seiner Diskussion zum Thema "Die Qualität der Quantität", Kracauer aus dem Munde reden: "In Abwandlung des bekannten 'Was man schwarz auf weiß besitzt, läßt sich getrost nach Hause tragen', vermitteln zahlenmäßig belegte Forschungsergebnisse dem Forscher ein Gefühl der Beruhigung: Er hat exakt gearbeitet, sich an bewährten Prozeduren und Methoden orientiert und kann seine Resultate getrost publizieren...Wer sie bezweifelt und Einwände vorbringt, der kann ja den Forschungsprozeß erneut nachvollziehen, Fehler aufzeigen und somit zu anderen Ergebnissen kommen, was sicher nicht häufig der Fall sein wird. Von bestimmten Prämissen ausgehend wird die Anwendung derselben standardisierten Methoden wohl zwangsweise zu mehr oder weniger identischen Ergebnissen führen müssen."[28]

Eingeschränkte Evaluierungsfähigkeit und starres Anwenden und Weiterentwickeln einmal gewonnener, quantitativ erarbeiteter Zahlen bilden einen weiteren Ausgangspunkt Kracauers. Dem ist ein Problemfeld der qualitativen Inhaltsanalyse entgegenzuhalten: Hier wird in den meisten Fällen schon im Vorfeld der Datenauswertung ein sogenanntes Kategorienschema[29] erstellt - vereinfacht ausgedrückt, ein systematischer Schwerpunkt der Auswertungsrichtung im Hinblick auf den Untersuchungsgegenstand thematisch und sinnbildlich 'über den Text gestülpt'. Dieses gewählte Kategorienschema wird dann bei der Datenauswertung laufend überprüft, gegebenenfalls weiterentwickelt und - im Idealfall - bei auftretenden Mängeln revidiert. Das gesamte Datenmaterial (natürlich auch das bis dahin schon ausgewertete) wird nochmals mit dem 'neuen' Kategorienschema ausgewertet, dieses wieder evaluiert, neu überarbeitet, usw...

Soweit zum Idealfall. In der praktischen Umsetzung hingegen ist die Wahrscheinlichkeit recht hoch, aus Gründen mangelnder Ressourcen, Einsicht oder Sorgfalt, dieser laufend geforderten Kategorienevaluierung nicht ausreichend oder gar nicht nachzukommen. In diesem Fall wird - ähnlich dem angesprochenen Kritikpunkt Kracauers bei quantitativen Daten - mit einmal gewonnenen 'schiefen' qualitativen Daten weitergearbeitet und diese interpretiert.

---

[27] vgl. Kap. 6./Abschnitt A (Gütekriterien qualitativer Inhaltsanalyse)
[28] Nigsch, O., 1988, S. 54
[29] vgl. dazu spezifische Ausführungen in Kap. 5./Abschnitt A (Spezielle Techniken der qualitativen Inhaltsanalyse nach Mayring)

These 2: Quantitativ orientierte Thesen schließen qualitative Überlegungen aus.

Kracauer geht zum einen vom quantitativen Anspruch auf Objektivität, Systematik und Verläßlichkeit aus, zum anderen postuliert er sinnvolle Anwendung quantitativer Inhaltsanalyse nur für Datenmaterial manifesten Inhalts und untermauert dazu mit einem Zitat Berelsons: "'...Die Analyse des manifesten Inhalts ist nur anwendbar auf Materialien an dem Ende des Kontinuums, an dem das Verstehen einfach und unmittelbar ist. Vermutlich gibt es einen Punkt auf dem Kontinuum, über den hinaus die 'Latenz' des Inhalts (d.h. die Verschiedenheit seiner Auffassung durch das betroffene Publikum) zu groß ist, um verläßlich analysiert zu werden.'"[30] - Jeder Text ist neben latenten Bedeutungen, die den manifesten Inhalt durchdringen, auch mit dem thematischen Untersuchungsgegenstand und der Fragestellung selbst verbunden - somit ist jedes Datenmaterial auch von 'multiplen Konnotationen'[31] durchzogen: Der Bedarf einer Koppelung von quantitativer und qualitativer Inhaltsanalyse macht demnach dort Sinn, wo rein quantitative Auszählung aufgrund des individuellen Textcharakters und latenter Zusammenhänge (z.B. durch eine involvierte historische Perspektive) keinen Sinn macht.

Für seine objektive, systematische und quantitative Inhaltsanalyse fixiert Berelson (und vor ihm Lasswell) bestimmte zu erhebende Inhalte als 'manifest': Im Idealfall soll nur der Teil sprachlichen Materials zur Untersuchung kommen, der als "interpersonelles Allgemeingut" gilt und von dem angenommen werden kann, daß ihn alle am Forschungsprozeß Beteiligten gleich verstehen. Um subjektive Interpretationsfehler umgehen zu können, werden vieldeutige Textteile aus der Analyse ausgeschlossen und nur Unzweideutiges interpretiert.[32]

Kracauer geht davon aus, daß sich quantitative Inhaltsanalyse nicht immer auf diese eindeutigen Extrempunkte auf einem Kontinuum im Sinne Berelsons Idealfall beschränkt und ihr Vorgehen damit postulierte Objektivität und Verläßlichkeit einbüßt.

---

[30] Berelson, B., 1952, S. 171 und 19 f., übernommen von Kracauer, 1952, S. 342; Es stellt sich überhaupt die Frage nach der Existenz manifester Inhalte eines Textes. Herkner denkt extrem und resumiert, nur "Druckerschwärze oder Tinte" im Fall geschriebener Sprache und "Zeitmuster von Luftdruckschwankungen" seien manifest. Bedeutungsinhalte von Sätzen und Wörtern sind 'Eigenproduktionen' des Informationsempfängers. Das Verständnis einer Mitteilung geht so weit über das Gesagte hinaus; vgl. Herkner, W., 1974, S. 160 f.

[31] Konnotation im Sinne der Grundbedeutung des Wortes begleitende, emotionale, assoziative, stilistische, wertende Bedeutungen bzw. Begleitvorstellungen.

[32] vgl. Fühlau, I., 1978, S. 11 f.; Bos, W., 1989, S. 61; Spöhring, 1989, S. 194 ff.

Trotz stark qualitativem Argumentationsüberhang zur qualitativen Inhaltsanalyse eruiert Kracauer beide Ansätze als sich teils sinnvoll überschneidend und gegenseitig ergänzend. - Nichtsdestoweniger kann sein spezifischer Standpunkt jedoch insofern relativierend ergänzt werden, daß die Überschreitung einer Auswertung angesprochener Extrempunkte im Kontinuum im umgekehrten Sinne auch für die qualitative Inhaltsanalyse gilt: Denn auch hier werden - mitunter aus einseitig dogmatischer Sicht - rein qualitative Schwerpunkte gesetzt, obwohl quantitative Auswertung (manifester) Teilbereiche sinnvoll erscheinen und beide Orientierungen Synergien haben könnten.

"Indem Kracauer für die qualitative Analyse und damit letztlich für eine - wenn auch besonders geübte und gekonnte - Art des Lesens eintritt, wendet er sich implizit gegen die Postulate der Objektivität und Systematik." Dieser harten Kritik läßt Herkner einen Verweis auf Lasswell folgen, der in seinem Artikel 'Why be Quantitative?' eruiert, daß genaue und sorgfältige Durchsicht des gesamten Datenmaterials durch den qualitativen Analytiker nicht gewährleistet sei (bleibt zu hoffen, daß das qualitative "Lesen" wenigstens "gekonnt" und "geübt" vollzogen wird!). Weiter wäre es in vielen Fällen wegen des großen Umfangs unmöglich, alle relevanten Daten zu lesen und "ohne Kenntnis und Anwendung der Stichprobentheorie wird es auch kaum gelingen, eine repräsentative Auswahl vorzunehmen."[33]

Begründen läßt sich Herkners Resumée zum Thema Objektivität und Systematik vermutlich durch eine Stellungnahme von *Kracauer* zur qualitativen Inhaltsanalyse: *"Ein und dasselbe Thema erlaubt unterschiedliche qualitative Einschätzungen von fast gleicher Wahrscheinlichkeit, und wieviele Belege auch jeweils angeführt werden, objektiv ist nicht zu entscheiden, welche Einschätzung der Wahrheit näher kommt. Daß es auf diesem Gebiet keine Wahrheit gibt, heißt jedoch nicht, daß hier Gesetzlosigkeit herrscht."[34] Qualitative Analyse, so weiter, sei keinerlei Spekulation - zudem würden die Vertreter exakter Wissenschaft einerseits die Objektivität quantitativer Inhaltsanalyse, andererseits die Risiken qualitativer Subjektivität übertreiben.[35]*

---

33 Herkner, W., 1974, S. 159: zitiert nach Lasswell, H.D./Leites, N. et al., 1965
34 "Ist es auch Wahnsinn, hat es doch Methode." (Einschätzung des Verhaltens von Hamlet durch Polonius) als hier gewählte Überschrift, gilt - auch unter Berücksichtigung berechtigter Einwände rein quantitativer Orientierung - als Standpunkt eigener Überzeugung (auch) für eine qualitative Inhaltsanalyse.
Zum Thema 'regelgeleitete Datenanalyse' in der qualitativen Inhaltsanalyse vgl. Kap. 5/Abschnitt A (Spezielle Techniken der qualitativen Inhaltsanalyse nach Mayring)
35 Kracauer, S., 1952, S. 349

Ergänzend zu den Ausführungen zum Thema Objektivität bzw. Subjektivität im vorangegangenen Kapitel[36] darf in diesem Zusammenhang ein Verweis auf Erkenntnisse aus der Wahrnehmungsforschung nicht unberücksichtigt bleiben: Schon in den 40er Jahren wiesen Untersuchungen darauf hin, daß Reize, die den eigenen Werthaltungen entsprechen, wesentlich 'schneller' bzw. 'leichter' wahrgenommen werden als solche, die eigenen Werthaltungen und Einstellungen geringfügiger entsprechen.[37] Dasselbe gilt umgekehrt auch für solche Stimuli, die eigenen Werthaltungen widersprechen bzw. eigenen Einstellungen diametral gegenüberstehen.[38] Wahrnehmung wird von jeweiligen Wünschen, Bedürfnissen und Werten des Wahrnehmenden beeinflußt und geleitet. Wahrnehmungsart und Wahrnehmungsweise sind unmittelbar von der Persönlichkeit und den damit verbundenen Sozialisationsprozessen des Forschers abhängig.[39]

Diese Wahrnehmungsaspekte treffen allerdings nicht nur auf den Hintergrund qualitativer Inhaltsanalyse zu - gleichwohl können sie auch auf verschiedene Schritte im quantitativen Forschungsprozeß Einfluß nehmen: In beiden inhaltsanalytischen Varianten ist die Aufstellung eines Kategoriensystems von eklatanter Bedeutung. Diese Vorgangsweise stützt sich in erster Linie auf qualitative Aspekte der richtigen Auswahl der Kategorien, des Erkennens, welche Struktur über den Text 'gelegt' werden kann und auf welche Weise eine Zuordnung der Textteile auf diese erfolgen kann. Darauf aufbauend müssen, beispielsweise in computerunterstützten quantitativen Inhaltsanalysen, jene Worte und Textteile selektiert werden, die dem Computerprogramm als Grundlage für seine analytischen Prozesse dienen.[40] - In diesen Selektionsprozeß fließen durchaus auch wahrnehmungsbeeinflussende Aspekte ein. Für beide, die qualitative und die quantitative Inhaltsanalyse, wird eine systematische Vorgangsweise erst dann gewährleistet sein, wenn ein, dem Forschungsgegenstand entsprechendes und gültiges Kategoriensystem gefunden werden konnte.

---

36 vgl. Kap. 2.2./Abschnitt A (Dogmatismus einer Qualitäts-Quantitäts-Kontroverse?)
37 vgl. Brunner, J.S./Goodman, C.C., 1947
38 vgl. Postman, L./Bruner, J.S./McGinnies, E., 1948
39 vgl. z.B. die Stufen des Wahrnehmungsprozesses mit seinen selektiven (externe und interne beeinflußende Faktoren), organisatorischen (Gestaltung und Verzerrung), seinen interpretativen (Annahmen über Sachen und Personen) und verhaltensrelevanten Aspekten: Hellriegel, D./Slocum, J.W./Woodman, R.W., 1986, S. 89
40 Die computerunterstützte Textanalyse, z.B. mit den Software-Paketen TEXTPACK oder AQUAD, finden sich derzeit vorrangig in der empirisch-pädagogischen Inhaltsanalyse (vgl. Lissmann, U., 1989, S. 241 - 251; Schlögell, V., 1989, S. 252 - 268; Huber, G.L., 1989, S. 269 - 285; Scheerer, H./Tarnai, Ch., 1989, S. 286 - 302) und der inhaltsanalytischen Auswertung im Marketing (vgl. Grunert, K.G./Bader, M., 1986).

Auch die auf Lasswell begründete Kritik Herkners - eine genaue und sorgfältige Analyse des gesamten vorliegenden Textmaterials sei beim qualitativ arbeitenden Forscher nicht gewährleistet - könnte dahingehend Relativierung finden, daß auch bei quantitativen analytischen Schritten, diese nicht durchgängig gegeben sein muß: Auch hier muß sich, je nach der oben angeführten Wort- bzw. Textstellenauswahl für die Computeranalyse, das eruierte Ergebnis nicht schlüssig mit einer sorgfältigen Textaufarbeitung decken.

Kracauer resümiert, es gäbe, bezogen auf qualitative Einschätzungen keine "Wahrheit", gleichwohl sei daraus kein Mangel an Gesetzmäßigkeit ableitbar. Qualitative Inhaltsanalyse, so folgt, sei keinerlei Spekulation. Indes bleibt er schuldig, was diese Gesetzmäßigkeiten qualitativer Inhaltsanalyse ausmacht und wie sie seinen aufgestellten Kriterien folgend tatsächlich umgesetzt werden kann.

2.4. Qualitativ - quantitativ - qualitativ: Eine Sichtweise des Forschungsprozesses

Läßt man die letzten 30 Entwicklungsjahre der quantitativen Sozialforschung Revue passieren, verwundert es, daß - trotz beträchtlicher und steigender Zahl empirischer Forschung, relativ umfassender Methodologie und wesentlichen Erleichterungen in der elektronischen Datenverarbeitung der Erkenntnisgrad der Sozialwissenschaften nicht mehr erweitert werden konnte. Vermutlich war die Unzufriedenheit mit empirisch bewährten Methoden mit dafür ausschlaggebend, daß sich - v.a. in den 70er Jahren - immer mehr multimethodisch-orientierte Forschungsprojekte durchsetzen konnten und praktiziert wurden.[41] Dieser komplementäre Schulterschluß zwischen qualitativem und quantitativem Vorgehen soll hier zum Gegenstand weiterer Überlegungen gemacht werden.

---

41   vgl. auch Lamnek, S., 1988, S. 231 f.

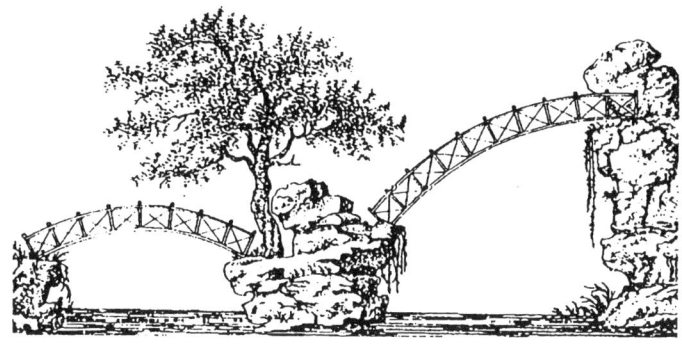

Abb. 1: 'Brücken schlagen'

(in: Geißler, K. A., 1992, S. 107)

"Zur Bestimmung der Quantität eines Objektes ist immer auch das Quale anzugeben, dessen Quantum bei diesem Objekt bestimmt werden soll. Denn die Quantität eines Objektes ist verschieden auch je nachdem, worauf sich bei ihm der quantitative Vergleich erstreckt."[42]

Am Beginn jedes wissenschaftlichen Vorgehens stehen qualitative Überlegungen: Die Wahl und Definition des Untersuchungsgegenstandes, Überlegungen zu einzubeziehenden Personen, das Prüfen aller Für und Wider, die in die Methodenauswahl und deren Umsetzung einfließen.

In der Inhaltsanalyse steht im Fokus erstgereihten qualitativen Arbeitens die Entwicklung eines auf das zu untersuchende Material anwendbare Kategoriensystem für die spätere 'Feuerprobe' am gewonnenen Datenmaterial. Dieser erste qualitativ ausgerichtete Schritt ist ausschlaggebend für die Resultate der Inhaltsanalyse. Auf Basis dieser qualitativen Primärarbeit können - je nach forschungsökonomischer Einschätzung - weitere quantitative Schritte folgen.

Qualitatives Vorgehen kann in der Forschungspraxis demnach 'früher' angesetzt werden - muß dem Quantitativen vorausgehen - von ihm aber nicht unbedingt gefolgt werden. Kleining bringt diese Schrittfolge - in globalerem Sinn - auf den Punkt: Wenn qualitative Forschung "einen Gegenstand erklärt, so hilft eine Quantifizierung nicht; erklärt sie ihn nicht, so kann quantitative Forschung den Fehler auch nicht ausgleichen. Qualitative

---

[42]   Lewin, K., 1981, S. 97; übernommen von Mayring, Ph., 1988, S. 17

Analysen können also ohne Quantifizierung auskommen. Das Umgekehrte ist nicht der Fall."[43]

Ausschlaggebend für quantitative Schritte nach der qualitativen Grundlage einer ersten Erfassung des Forschungsgegenstandes ist die genaue Festlegung, wann im Forschungsprozeß quantitative Operationen zur Anwendung kommen sollen. Die zahlenmäßigen Ergebnisse dieser quantitativen Einheit(en) dienen wiederum als Ausgangspunkt für qualitative, interpretative Analyseschritte.

Es gibt durchaus Ansätze qualitativer Inhaltsanalysen, die neben qualitativen auch quantitative Schritte im angeführten Sinne zulassen: Bei Mayring steht die qualitative Analyse immer am Anfang (Fragestellung, Begriffs- und Kategorienbildung, Analyseinstrumente) und am Ende einer Forschungsarbeit (Rückbezug der Ergebnisse, Interpretation) - in der mittleren Phase der eigentlichen Datengewinnung (Kodierung der Texte) sind, je nach Untersuchungsgegenstand, sowohl qualitative als auch quantitative Schritte möglich.[44] Trotz dieser Verbindung bleibt bei Mayring der qualitative Forschungsaspekt vordergründig. Die drei Phasen im Forschungsprozeß 'von der Qualität zur (Möglichkeit der) Quantität und wieder zur Qualität' lassen sich schematisch darstellen:

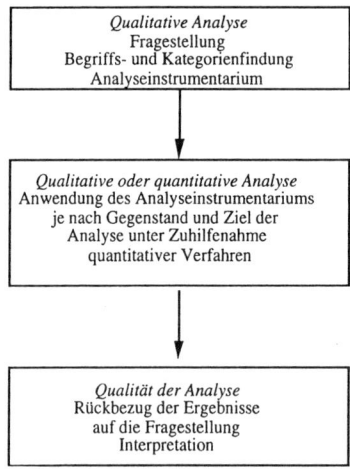

Abb. 2: Phasenmodell zum Verhältnis qualitativer und quantitativer Analyse
(in: Mayring, Ph., 1988, S. 18)

---

[43] Kleining, G., 1982, S. 226
[44] Vgl. Mayring, Ph., 1988, S. 17 f. und Mayring, Ph., 1985, S. 191 f.

Mayrings Grundgedanke der qualitativen Inhaltsanalyse besteht darin, ihre Systematik aufzuzeigen, sie ohne vorschnelle Quantifizierungen zu gewährleisten, gleichzeitig den Weg zu Quantifizierungen jedoch keineswegs zu verbauen. Die qualitative Analyse bleibt, trotz forschungsökonomischen Zulassens quantitativer Schritte, in diesem Phasenmodell zentral.[45]

Der Forderung von Lisch und Kriz, die subjektiven Anteile nicht unter den Tisch fallen zu lassen sondern zu explizieren, kann auf diese Weise nachgekommen werden: "Indem der Inhaltsanalytiker sich seiner Entscheidungen bei der Rekonstruktion der sozialen Wirklichkeit möglichst weitgehend bewußt wird und diese seiner Scientific Community mitteilt..., wird der Interpretationsrahmen intersubjektiv nachvollziehbar und überprüfbar und damit die Frage nach der Einordnung der inhaltsanalytischen Ergebnisse in eine handlungsrelevante Theorie entscheidbar... Die spezifische Erfahrung des Inhaltsanalytikers mit einem Text wird kommunizierbar, rekonstruierbar und damit so weit wie irgend möglich nacherfahrbar gemacht."[46]

Qualitative und quantitative Verfahren können, statt zu konkurrieren, im Zusammenspiel und einer einhergehenden Offenlegung des Forschungsprozesses ihre vollen Kräfte entfalten. - Es gibt kein Paradigma, das zu verwendende Verfahren oder deren Koppelung vorschreibt. Hingegen scheint der Forschungsgegenstand mit seinen Rahmenbedingungen Vorrang vor anzuwendenden Verfahren zu haben. In diesem Zusammenhang ist demnach eine Instrumentalisierung von Verfahren zu erkennen: Die Wahl qualitativer und/oder quantitativer Inhaltsanalyse wird allein von der Angemessenheit zum Forschungsgegenstand abhängig.

---

[45] Dieselbe Einschätzung findet sich auch bei Lamnek, S., 1989 a, S. 212: "Gleichwohl ist seine (Mayrings) Methode begründet als qualitativ zu bezeichnen, weil sie in den Grundlagen dominant an diesem Paradigma orientiert ist."
[46] Lisch, R./Kriz, J., 1978, S. 46, vgl. auch Huber, G.L., 1989, S. 44

3. Ansätze zur Konstruktion einer qualitativen Inhaltsanalyse aus "Nachbardisziplinen"

Im folgenden werden Anknüpfungspunkte umrissen, aus denen sich Quellen für die Entwicklung einer qualitativen Inhaltsanalyse ableiten lassen. Die vorgestellten Ansätze entbehren im Umfang dieses einen Kapitels dem Anspruch umfassender Diskussionstiefe als Quellennachweis zum Verständnis kommunikativen Materials. Trotzdem sollen hier Richtungen und Assoziationsmöglichkeiten zur späteren Konstruktion und zum leichteren Zugang eines im weiteren vorzustellenden, spezifischen Ansatzes qualitativer inhaltsanalytischer Techniken angeregt werden.[1]

3.1. Content Analysis

Die Content Analysis gilt als ein kommunikationswissenschaftliches Standardinstrument quantitativ orientierter Inhaltsanalyse.[2] Wurzeln finden sich zu Beginn dieses Jahrhunderts in der Praxis der Publizistik als systematische Methode zur Analyse von Zeitungsartikeln. Max Weber gab 1910 auf dem ersten Soziologentag die Empfehlung, Zeitungsinhalte mit 'Schere und Kompaß' anzugehen, um quantitative Aspekte und Entwicklungen publizierter Inhalte mit ihrem geschichtlichen Hintergrund analysieren zu können.[3] In diesem quantitativ orientierten Paradigma dient die Inhaltsanalyse der Datenerhebung - mit Hilfe statistischen Vorgehens wird in der Auswertung der Versuch der Hypothesenfalsifikation gesehen.

---

[1]   vgl. Kap. 5/Abschnitt A (Spezielle Techniken der qualitativen Inhaltsanalyse nach Mayring)

[2]   In der Literatur finden sich unterschiedliche begriffliche Zuordnungen zur Inhaltsanalyse. Hier soll 'Content Analysis' für die klassische, am quantitativen Paradigma orientierte Inhaltsanalyse stehen, die ursprünglich aus der publizistischen Analyse entsprungen ist und später weiterentwickelt wurde.

[3]   Zur Entwicklung der Content Analysis vgl. beispielsweise Ritsert, J., 1975, S. 15; Berelson, B., 1952, S. 21 ff.; Berelsons Aussagen sind zum Teil schon in die Argumentationslinien von Kracauer zur qualitativen und quantitativen Inhaltsanalyse in Kap. 2.3./Abschnitt A ("Ist es auch Wahnsinn, hat es doch Methode.") eingeflossen; Glassner, B./Corzine, J., 1982, S. 306 f.; Merten, K./Ruhrmann, G., 1982; Becker, J./Lißmann, H.-J., 1973; Von der Content Analysis als Nachbardisziplin zu sprechen ist vermutlich in jenen Fällen etwas befremdend, die in ihrer vorwiegend am qualitativen Paradigma ausgerichteten Inhaltsanalyse auch quantitative Aspekte zulassen: vgl. z.B. Mayrings Hintergrund, dargestellt in Kap. 2.4./Abschnitt A (Qualitativ - quantitativ - qualitativ: Eine Sichtweise des Forschungsprozesses). Nichtsdestoweniger bildeten die Diskussionen, die den Entwicklungsprozeß der Content Analysis tangierten, Ansatzpunkte und Richtlinien für die Entstehung der qualitativen Inhaltsanalyse.

In Amerika folgte man dem Rat Webers, Zeitungen quantitativ zu analysieren und Ende der 30er Jahre erlebte die Content Analysis - einhergehend und erleichtert durch folgende Rahmenbedingungen - ihre erste Blüte:[4]

⇨ Massenmedien - Radio, Zeitungen und der Film - verzeichneten einen starken Aufschwung. Inhaltsanalysen sollten Rückschlüsse auf die 'öffentliche Meinung' zulassen.

⇨ Der amerikanische Kongreß gab die Auswertung von feindlicher Propaganda[5] - das Justizministerium Inhaltsanalysen zum Zweck des Verfassungsschutzes in Auftrag.

⇨ Kommerzielle Institutionen (Presse, General Motors usw.) beschäftigten sich mit Content Analysis und machten sie sich zunutze.

Im Jahre 1941 fand an der Universität von Chicago eine Konferenz aller damals führenden Vertreter der Massenkommunikationsforschung statt. Dieses Treffen kann als erste Konferenz interdisziplinärer Kommunikationsforschung gesehen werden - zugleich wird die inhaltsanalytische Methode zum ersten Mal "...systematisch, aus verschiedenen Perspektiven und von verschiedenen Ansätzen her diskutiert...". In diesen Berichten kommt der Begriff der 'content analysis' mehrfach als terminus technicus für die 'neue' und akzeptierte inhaltsanalytische Methode auf.[6]

Berelson, als einer der Hauptvertreter der Content Analysis in den 50er Jahren - einer Phase interdisziplinärer inhaltsanalytischer Ausdehnung - fordert, manifeste Kommunikationsinhalte objektiv, systematisch und quantitativ auszuwerten.[7] Im einzelnen propagiert er:

---

4 vgl. z.B. Merten, K./Ruhrmann, G., 1982, S. 699 und Mayring, Ph., 1988, S. 22
5 Die ersten großen inhaltsanalytischen Studien zur Analyse von Propagandamaterial gehen auf Lasswell (1902- 1978) zurück (z.B. Lasswell, H.D., 1927). Er war es auch, der zur Leitung einer Abteilung zur Analyse von Propagandamaterial betraut wurde. Zusammen mit seinen Mitarbeitern (z.B. Janowitz, Lerner, Pool) brachte er in dieser Funktion manche neue Ansätze und Techniken zu breiter Anerkennung.
6 Merten, K./Ruhrmann, G., 1982, S. 701. - Offiziell erfährt der Begriff 'Content Analysis' in Überschriften einschlägiger Arbeiten vor 1941 keine Berücksichtigung. Vermutlich wurde 'Content Analysis' zuerst von Waples, Berelson und Bradshaw 1940 benutzt: "The term 'content analysis' is here taken to include the analysis for several aspects of written discourse": zitiert nach Waples, D./Berelson, B./Bradshaw, F.R., 1940, S. 147.
7 vgl. Berelson, 1952, S. 18; Vgl. dazu nochmals die Überlegungen in Kap. 2.3./Abschnitt A ("Ist es auch Wahnsinn, hat es doch Methode."); Vgl. auch spezifischere Ausführungen bei Lamnek, S., 1989, S. 180 ff., Bezug auf Berelson, B., 1954

1. Die Methode verlangt Objektivität, d.h. die Analyse muß regelgeleitet sein.
Präzise und eindeutige Regeln bestimmen das Vorgehen. Die Auswertung soll auch bei mehreren Auswertern bei Anwendung besagter Regeln zum selben Ergebnis führen.

2. Die Systematik der Methode beinhaltet die Materialauswahl und die Festsetzung von Auswertungsregeln.
Der Forscher verhält sich in dem Sinne objektiv, daß er Willkür bei der Auswahl von Analyseeinheiten durch die Entwicklung von 'Auswahlkriterien' zu verhindern sucht. Regeln der Datenanalyse werden immer in derselben Weise angewandt.

3. Die Analyse kann nur dann wissenschaftlich sein, wenn sie nach Quantifizierung strebt oder zumindest Quantifizierung intendiert.
Soll beispielsweise festgestellt werden, ob die Zeitung X mehr über Außenpolitik berichtet als die Zeitung Y, reicht es nicht aus, einige beider Zeitungen im Hinblick auf das Kriterium 'Außenpolitik' zu lesen, sondern es müssen - unter Beachtung der Forderungen nach Objektivität und Systematik - Quantifizierungen und Messungen erfolgen. Dies könnte z.B. auf die Art erfolgen, daß beide Zeitungen nach erfolgter Zufallsstichprobe für einen spezifischen Zeitabschnitt auf die Häufigkeit vorkommender außenpolitischer Überschriften analysiert werden. Neben dieser Variante könnten auch die Platzressourcen für außenpolitische Artikel in cm^2 gemessen werden.[8] Berelson fordert, daß die gebildeten Kategorien entweder nach Häufigkeiten analysiert oder zumindest annähernde Häufigkeitswerte ausfindig gemacht werden.

4. Die Inhaltsanalyse hat sich auf manifeste Inhalte zu beschränken.
Manifest ist nach Berelson alles, was 'schwarz auf weiß' zu sehen ist, d.h. Buchstaben, daraus bestehende Wörter und Sätze, die sich jedem Leser mitteilen. Eine Auswertung latenter Zusammenhänge, d.h. Absichten, Funktionen, Strukturen, die ein kommunizierter Inhalt impliziert, sind in der inhaltsanalytischen Auswertung unzulässig.

Als Vorteile solcher Vorgangsweise können gelten:
⇨   Auswertungen und Ergebnisse der Content Analysis lassen einen objektiven und eindeutigen Vergleich zu.[9]

---

8   vgl. auch Herkner, W., 1974, S. 159
9   vgl. auch Herkner, W., 1974, S. 159

⇨ Weder beim 'Schreiber' noch beim Leser wird direkte Betroffenheit ausgelöst - sie können in diesem Sinne als "nicht-reaktiv" geortet werden.[10]

⇨ Die Methode ist neben der Publizistik auch in andere Forschungsgebiete adaptierbar. Es erschließen sich Zugänge in die Literaturwissenschaften (z.b. für die Analyse der Verständlichkeit von Texten) und die psychologische Forschung (z.b. Wortschatzanalysen von Friedrichs) - aber auch die erwähnte politische Kommunikationsforschung.[11] Content Analysis führte somit zu äußerst interdisziplinärer Verwendung.

Diskussionen zur Inhaltsanalyse von Berelson trugen ihren Teil dazu bei, daß im Laufe der 50er Jahre vermehrt evaluierende Überlegungen die Entstehung einer qualitativ orientierten Inhaltsanalyse nachhaltig prägten.[12] Aber auch eine zweite bedeutende Konferenz zur Inhaltsanalyse an der Universität von Pennsylvania (Philadelphia) - die sogenannte Annenberg-School-Konferenz 1966 - führte zu wichtigen Weiterentwicklungen:[13]

⇨ Anstatt nur im Datenmaterial vorkommende Häufigkeiten zu beschreiben (Häufigkeits- bzw. Frequenzanalysen), sollten auch Zusammenhänge mit anderen Begriffen in sogenannten Kontingenzanalysen aufgezeigt werden. Der Psycholinguist Osgood entwickelte die Kontingenzanalyse 1959 in Anlehnung an die "Persönlichkeitsstrukturanalyse" von Baldwin (1942). Es geht dabei "...um das gleichzeitige (kontingente) Auftreten bestimmter Symbole: Aufgrund der Aufzählung in einem bestimmten Text läßt sich einerseits ein Erwartungswert für die Wahrscheinlichkeit angeben, daß zwei Symbole assoziiert werden..." - andererseits kann aus einem Über- oder Unterschreiten der Erwartungswerte "...auf eine kognitive oder affektive Assoziations- bzw. Dissoziationsstruktur des Kommunikators bezüglich dieser Symbole..." geschlossen werden.[14]

Die fortschreitende Computerisierung in den 60er Jahren förderte die Entwicklung spezifischer inhaltsanalytischer Programme, welche die vorhandenen Quantifizie-

---

10 vgl. auch Schnell, 1988, S. 370 und Lamnek, S., 1989, S. 173, anlehnend an die Unterscheidung in "systematische" (zum Zwecke der Analyse hervorgebrachte) und "akzidentale" (nicht zum Zweck der Analyse hervorgebrachte) Dokumente nach Atteslander, P., 1975.

11 vgl. auch Schnell, 1988, S. 370

12 V.a. wurden diese ausgelöst durch die Ergebnisse der Arbeitskonferenz zur Inhaltsanalyse: "Committee on Linguistics and Psychology, Social Sciences Research Council", 1955, Universität von Illinois, aber auch durch intensive kontroverselle Betrachtungen entstandener Literatur zur Content Analysis.

13 Vgl. dazu auch Mayring, Ph., 1988, S. 23, zitiert nach Pool, I.d.S., 1959 und Gerbner, G./Holsti, O.R., Krippendorff, K./Paisley, W.J./Stone, Ph.J., 1969; Vgl. auch Herkner, W., 1974, S. 159

14 Merten, K./Ruhrmann, G., 1982, S. 703; Eine ausführliche Beschreibung der Kontingenzanalyse findet sich bei Osgood, C.E., 1959, S. 55 ff.

rungsmöglichkeiten noch verbesserten. Im Jahr 1963 erschien das erste Lehrbuch für den EDV-Einsatz, 1966 lag das erste Lehrbuch für die "elektronische Inhaltsanalyse" vor. Texte werden auf Datenträger geschrieben und Worte bzw. Wortkombinationen den vorher definierten Kategorien zugeordnet.[15]

⇨	Kracauer und George propagieren neben dem quantitativen Zugang auch die Möglichkeit und die Vorteile eines qualitativen inhaltsanalytischen Zugangs, dessen Vorgangsweise und Argumentationshintergründe.[16] Es gilt zu bedenken: Wer sich nur auf manifeste Inhalte stützt, entzieht sich mitunter (vermeintlich) 'unrealistischen', latenten Zugängen, die in Kommunikationsinhalte und -verhalten eingebettet und von erheblicher Bedeutung sein können.

⇨	Neben zusammenfassenden Aussagen zum Datenmaterial sollen auch Schlußfolgerungen auf Entstehungs- und laufende, prozessuale Wirkungszusammenhänge mitberücksichtigt werden. Das bedeutet eine Schwerpunktsetzung hinsichtlich selbstevaluierenden Einbeziehens tangierender Rahmenbedingungen und Absichten des Forschers.[17]

Im Wesentlichen ist die klassische Inhaltsanalyse bis heute auf dem Entwicklungsstand der Content Analysis der späten 60er Jahre stehengeblieben und das "Standardinstrument empirischer Kommunikationswissenschaft" verzeichnet heute noch immer eine Stagnation methodischer Diskussion. Gerne wird die Methode als "unzureichend, ihren Ansprüchen nicht genügend" bezeichnet.[18] - Gründe dafür sind im Scheitern einer Überwindung der als unzureichend bezeichneten Aspekte der klassischen Inhaltsanalyse zu suchen: Etwa in der Beschränkung auf manifeste Inhalte und damit die Vernachlässigung latenten 'Datenmaterials'; Die Forderung nach Quantifizierung in Verbindung mit jener der Ergründung manifester Inhalte, ergibt eine einseitig orientierte, gegenüber weiteren Aspekten geschlossene Vorgangsweise. - Hält sich die klassische, quantitativ orientierte Inhaltsanalyse an ihre Forderungen, wird sie mit den entsprechenden Ergebnissen forschungskritischen Betrachtern und Analytikern vermutlich nicht genügen.

Nichtsdestoweniger gibt es zahlreiche Versuche, den Nachteilen einer einseitig quantitativen und klassischen inhaltsanalytischen Orientierung zu entrinnen, dafür neue

---

15	vgl. Merten, K./Ruhrmann, G., 1982, S. 703
16	vgl. George, A.L., 1959 sowie Kracauer, S., 1990. Der vieldiskutierte Aufsatz Kracauers "Für eine qualitative Inhaltsanalyse" wird in Kap. 2.3./Abschnitt A ("Ist es auch Wahnsinn, hat es doch Methode.") - im Hinblick auf eine kontroversielle Betrachtung zwischen qualitativer und quantitativer Inhaltsanalyse - analysiert.
17	vgl. z.B. Kracauer, S., 1990 und Mahl, G.F., 1959
18	Mayring, Ph., 1988, S. 24

Konzepte und Modelle vorzustellen, um deren Schwächen möglichst zu überwinden. - Alle Versuche "sind jedoch bisher bei theoretischen Programmen stehengeblieben, ohne konkrete Techniken vorweisen zu können."[19]

Welche Kernpunkte sind aus der Content Analysis für die Entwicklung einer qualitativen Inhaltsanalyse ableitbar?[20]

⇨ Ausgehend von den Phasen einer klassischen Inhaltsanalyse (Content Analysis) muß auch bei der qualitativen Inhaltsanalyse das Datenmaterial bestimmt werden, welches auf das spezifische Forschungsproblem hin analysiert werden sollte.

⇨ Ein wesentlicher Schritt sowohl quantitativer, aber auch qualitativer Inhaltsanalyse besteht in der Entwicklung eines Kategoriensystems. Kategorien werden als 'Oberbegriffe', als 'Gerüst' über den Text 'gestülpt' und bilden in ihrer Gesamtheit das sogenannte Kategoriensystem. Die Textauswertung erfolgt sowohl bei quantitativer als auch bei qualitativer Analyse entlang der definierten Kategorien.

⇨ Neben der systematischen Vorgangsweise kann auch die Forderung von Berelson nach Regelgeleitetheit auf die qualitative Inhaltsanalyse übertragen werden. Zum Tragen kommt in diesem Zusammenhang vorrangig das Gütekriterium der Interkoderreliabilität[21] - der Anspruch, daß auch mehrere Auswerter (Koder) bei Anwendung und Einhaltung einmal für die Analyse aufgestellter 'objektiver' Regeln, zum selben Ergebnis kommen. Diese intersubjektive Nachvollziehbarkeit sollte nicht nur Gütekriterium der Content Analysis, sondern auch der qualitativen Inhaltsanalyse bilden.

⇨ Um das Postulat der Objektivität der Inhaltsanalyse nach Berelson aufrechterhalten zu können, wird die Analyse manifester Inhalte vorgeschrieben. "Anhand linguistischer Überlegungen läßt sich zeigen, daß Zeichen bzw. symbolhaltiges Material zwar verschiedene Funktionen erfüllen, diese aber immer nur zu theoretischen Zwecken getrennt werden können, da sie in der Aktualisierung stets alle zugleich wirksam werden." - Das ist mit ein Grund dafür, daß quantitative Inhaltsanalyse, löst sie ihre Forderungen definitiv ein, zu verzerrten Resultaten führt: Bei rigider Einhaltung müßte sie entweder zu "irrelevanten" - allerdings sehr 'objektiven' "Beschreibungen von Objekten" kommen, oder zu "aussagekräftigen

---

[19] Zumindest als Vorstoß sieht Mayring Rust´s Konzept einer qualitativen Inhaltsanalyse. Allerdings sieht Rust selbst seine Inhaltsanalyse als theoretischen Entwurf mit fehlenden Verfahrensformen: vgl. Mayring, Ph., 1988, S. 24; vgl. Rust, H., 1981, S. 201; 1980a, 1980b; Vgl. Mayrings Versuch einer Überwindung in Kap. 5./Abschnitt A (Spezielle Techniken der qualitativen Inhaltsanalyse nach Mayring).

[20] vgl. dazu auch eine Analyse von Mayring, 1988, S. 25

[21] vgl. dazu Kap. 6.2.3./Abschnitt A (Interkoderreliabilität)

Beschreibungen von Kommunikationsinhalten, denen sie nach ihren eigenen Maßstäben jedoch lediglich höchst subjektiven Wert zuschreiben könnte."[22] Aus der Diskussion manifeste versus latente Inhalte sollte sich für die Entwicklung einer anwendbaren qualitativen Inhaltsanalyse - unter der Rahmenbedingung der Einhaltung bestmöglicher Objektivitätsmaßstäbe bzw. Subjektivitätsminimierung (im Versuch forschungsspezifischer, prozessualer Offenlegung) - auch die Analyse sinnmachender latenter Kommunikationsinhalte ableiten lassen.

3.2. Symbolischer Interaktionismus

Unter Symbolischem Interaktionismus versteht man eine Theorierichtung, die in erster Linie auf Mead (erstmals 1934) und Blumer (1969) zurückgeht. Die "symbolische Interaktion" ist "ein wechselseitiges, aufeinanderbezogenes Verhalten von Personen und Gruppen unter Verwendung gemeinsamer Symbole, wobei eine Ausrichtung an den Erwartungen der Handlungspartner aneinander erfolgt." - Neben symbolischen Interaktionen gibt es allerdings auch nicht-symbolische: Jemand macht z.b. eine schnelle Bewegung, um einer drohenden Gefahr auszuweichen. "Symbole als Vorgänge oder Gegenstände, die als Sinnbilder auf etwas anderes verweisen...sind Kulturprodukte" (z.B. ein Wappen als Symbol für eine Stadt oder die Sprache als sehr bedeutendes Symbolsystem). Obwohl es Fälle intersubjektiv unterschiedlicher Bedeutungsassoziationen gibt, bestehen historische und gesellschaftliche Bedeutungszuordnungen, die von jedem Gesellschaftsmitglied erlernt und verstanden werden. Die zentrale Hypothese des symbolischen Interaktionismus baut auf diesem Zusammenhang auf und geht davon aus, daß soziale Interaktion von allgemeingültigen Bedeutungszuordnungen beeinflußt wird, und auch von ihnen abhängig ist.[23]

Geprägt wird der symbolische Interaktionismus nach Blumer von vier inhaltlichen Eckpfeilern und deren Schlußfolgerungen:[24]

---

[22] Fühlau, I., 1978, S. 15 f.
[23] Lamnek, S., 1988, S. 45; Zu einer allgemeinen und weiterführenden Darstellung des symbolischen Interaktionismus: vgl. beispielsweise Helle, H.J., 1977
[24] vgl. Blumer, H., 1980, S. 133 ff.; vgl. auch Spöhring, W., 1989, S. 66 f.

1. Handlungen von Individuen gegenüber "Dingen" gehen von der Bedeutung aus, welche diese für sie besitzen - sie gehen demnach nicht umbedingt davon aus, was tatsächlich ist, sondern von dem was Menschen glauben, daß etwas so oder anders ist.

Beispiel: Nicht Holzstangen als solche, sondern die Bedeutung, die diese als Begrenzung für den Schneeräumdienst und die Autofahrer besitzen, zeitigt soziale Relevanz, indem das Verhalten der Straßenteilnehmer beeinflußt wird.

Soziale Bedeutung bekommen Dinge allerdings erst dann, wenn sie kommuniziert bzw. verbal thematisiert werden. Das kann am Beispiel elektromagnetischer Wellen verdeutlicht werden: Bevor sie entdeckt wurden, übten sie zwar Einfluß aus, hatten aber (wissentlich) keinerlei Einfluß auf den Interaktionsprozeß.

Will der Wissenschaftler Handlungen von Menschen verstehen, muß er die Fähigkeit zur Rollenübernahme entwickeln. Zu untersuchende Phänomene der Alltagswelt sollen mit den - von den interagierenden Personen belegten Bedeutungsinhalten - erfaßt werden. Der Versuch, Dinge so zu sehen, wie sie diese Menschen sehen - dieses 'in den Schuhen des anderen gehen' bzw. 'in dessen Haut schlüpfen' als zentraler Begriff des Symbolischen Interaktionismus impliziert die Existenz 'mehrerer Wirklichkeiten'.[25] Allerdings gilt es einschränkend mit Stone/Farberman zu bedenken, daß der Wissenschaftler, welcher die Perspektive des anderen einnehmen sollte, trotz allem Einfühlungsvermögen auch von seiner eigenen Identität beeinflußt bleibt ("identify freight").[26]

Jene Rollenübernahme begrenzt sich durch folgende Sichtweisen:[27]

⇨ Wie sehe ich mich selbst? (Selbstbild)

⇨ Wie sehe ich Erwartungen und Verhalten des anderen? (Fremdbild)

⇨ Wie glaube ich von anderen gesehen zu werden? (perzipiertes Fremdbild des Gegenübers)

⇨ Wie, nehme ich an, sieht sich der andere selbst? (perzipiertes Selbstbild des Gegenübers)

Neben möglichen Inkongruenzen zwischen diesen Bildern (z.B.: Andere sehen mich anders als ich mich selbst; Ich denke, daß andere mich anders sehen als ich mich selbst...) gibt es auch Überschneidungen der Perspektiven (z.B.: Das perzipierte Fremdbild ist der Selbstsicht ähnlicher als das tatsächliche Fremdbild...).

---

25 vgl. auch Berger, P.L./Luckmann, T., 1969, S. 3
26 vgl. z.B. Stone, G.P./Farberman, H.A., 1981, S. 10
27 vgl. Mertens, W., 1987, S. 83

Eine "empathische" Kommunikation zweier Partner mit Rollenübernahme kann Überschneidungsbereiche aufzeigen:[28]

A und B kommunizieren und tauschen bedeutende Symbole aus. Sowohl A als auch B antizipieren bzw. perzipieren jeweils die Reaktion des anderen auf das selbst Gesagte: Auf diese Weise ergeben sich Überschneidungen zwischen den beiden perzipierten Reaktionen. Diese Überschneidungen (R (AB)) bezeichnen den gemeinsam gefundenen Verständigungssinn ("true meaning") sprachlicher Gesten ("vocal gestures").[29]

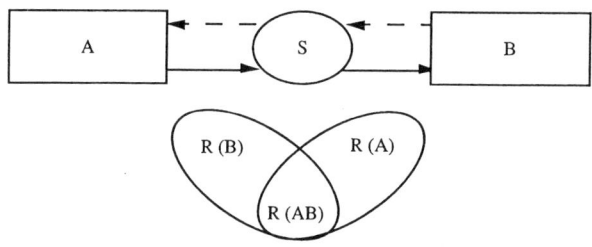

Abb. 3: Rollenübernahme, aus: Stone, G.P./Farberman, H.A., 1981a, S. 7

(in: Spöhring, W., 1989, S. 63)

2. Menschliches Zusammenleben erfolgt prozessual. Die an diesem Zusammenleben Beteiligten zeigen gegenseitig Bedeutungsinhalte an und interpretieren diese.
Der Wissenschaftler sollte so flexibel sein, jeweiliges Wechseln von einer Interaktionsform zur anderen verfolgen zu können. Blumer führt zur Identifikation sozialer Situationen dichotonome Kategorien an: z.B. kooperatives versus konfliktäres, regelgehorsames versus 'freies-Spiel-Verhalten'.

3. Soziales Handeln obliegt besonderen Situationen, die der Wahrnehmung und darauf aufbauend der Einschätzung zukünftiger Handlungsweisen des Betroffenen bedürfen.
Für die Forschungspraxis läßt sich daraus ableiten, daß der Handelnde als aktiver Initiator seines Handelns ernstgenommen - seine verschiedenen Handlungsmöglichkeiten

---

[28] Stone, G.P./Farberman, H.A., 1981, S. 7, übernommen von Spöhring, W., 1989, S. 62 ff.; Eine Weiterführung unter Einbeziehung der Handlungsebene mit Typologien möglicher gegenseitiger Sichtweisen bietet Eberle, F./Maindok, H., 1984, S. 68 f. nach Glaser, B.G./Strauss, A.L., 1967
[29] Hier lassen sich Parallelen zur nicht-direktiven Gesprächsführung ziehen: Vgl. Kap.4.2./Abschnitt A (Gesprächsführungstechniken vor dem Hintergrund Rogers').

und die Beweggründe für die Wahl einer Handlungsvariante bedürfen bestmöglichen 'Nachvollzugs' seitens des Wissenschaftlers.

4. Soziale Institutionen, Organisationen usw. sind als komplexe Vernetzung von Handlungen und als Sammelsurium der handelnden Personen zu sehen. Für die wissenschaftliche Untersuchung einer Organisation bedeutet das die Eruierung dessen, welche Handlungen einzelne Personen in ihr setzen. Rahmen dieser Betrachtung bildet nach wie vor die Prämisse, daß jedes Organisationsmitglied positions- und situationsabhängige Eigen- und Fremddefinitionen und Interpretationen vollzieht.

Als zentraler Aspekt im symbolischen Interaktionismus und dessen Forschungsablauf gilt die laufende und wechselseitige Rückkoppelung zwischen 'wissenschaftlichem' Verstand und 'Alltagsverstand'. Beide gelten alleine als unzureichend: Nur den 'Wissenschaftsver- stand' einzusetzen würde die Gefahr in sich bergen, daß der Forscher sich in seiner theoretischen Denkweise verliert - den Forschungsgegenstand oder 'Wald vor lauter Bäumen nicht mehr sieht'. Aber auch Alltagsverständnis alleine als spezifischer und globaler Blickwinkel kann zu einseitig verzerrten Ergebnissen führen. - Der symbolische Interaktionismus versucht einen Mittelweg zu finden: 'Alltagsverstand' soll den 'Wissenschaftsverstand' kontrollieren. Einerseits erfordert das 'Alltägliche' Nähe bzw. die Fähigkeit, zu untersuchende soziale Gegebenheiten mit alltäglichem Blickwinkel zu betrachten - andererseits laufendes theoretisch-konzeptionelles Offenhalten der Forschungsschritte.

In Blumers Rhetorik wird ein 'prä-methodischer' Zugang und tiefes Eintauchen in die zu untersuchende soziale Gegebenheit gefordert. Seine Hinweise zu einer "naturalistischen Forschung" empfiehlt Spöhring "grundsätzlich ernst zu nehmen: Der Forscher soll an der von ihm untersuchten Lebensform persönlich teilnehmen, er soll durch das - zumindest zeitweise - ständige Zusammenleben mit den Teilnehmern ihre alltägliche Erfahrung teilen, durch die längerfristige und flexible Aufrechterhaltung eines direkten Kontaktes eine Kenntnis aus erster Hand und Vertrautheit mit dem untersuchten empirischen Bereich gewinnen.[30]

---

[30] Spöhring, W., 1989, S. 67 f.

Methodologische Konsequenz sind bei Blumer zwei allgemeine Verfahren -
"Exploration" und "Inspektion":[31]

⇨ Exploration soll den Forscher seinem Untersuchungsgegenstand näherbringen und
   kann als reflexive, evaluierende Betrachtungsweise des Forschungsprozesses
   definiert werden. Je besser der Forscher die zu untersuchende Gegebenheit kennt,
   je mehr Sensibilität er aufbringt, sich vorurteilsfrei auf die Interaktionspartner und
   den Untersuchungsgegenstand einzulassen, desto eher soll es ihm gelingen, eigene
   methodische Konzeptionen richtig abzuschätzen und gegebenenfalls zu ändern.
   Der Zweck methodischer Exploration ist die klarere Definition des Forschungs-
   problems, der dafür wichtigen Daten und des Vorgehens. Der Forscher ist dabei an
   keinerlei vorab determiniertes Instrumentarium gebunden: Sein Vorgehen kann
   offene Interviews, Gruppendiskussionen, Auswertungen lebensgeschichtlicher
   Hintergründe, beispielsweise von Briefen und Tagebüchern usw. umfassen - aber
   auch teilnehmende Beobachtung und die Auszählung von Häufigkeiten (sofern diese
   forschungsökonomischen Sinn zeitigen) finden sich im Sammelsurium möglicher
   Forschungszugänge. Die Wahl und Durchführung aller Forschungsschritte erfährt
   im Zusammenspiel zwischen 'Alltags-' und 'Wissenschaftsverstand' im Idealfall
   laufende Evaluierung: Der Forscher versetzt sich - unter Wahrung einer kritischen
   Distanz - in die Rolle seines Interaktionspartners. An der Gratwanderung zwischen
   kritischer Distanz auf der einen, zu starker Identifikation mit dem Untersuchungsgegenstand auf der anderen Seite, scheiden sich die Geister: Am Beispiel der
   teilnehmenden Beobachtung weisen beispielsweise Grümer und Miller auf die
   Problematik des "going native" hin - einer zu starken Identifikation des Forschers
   mit dem Beobachtungsobjekt. Seine Beobachtungsaufgabe könne zugunsten der
   Übernahme von Verhaltensweisen, Werten und Normen der am Untersuchungsablauf involvierten Gruppe ausfallen und damit die geforderte kritische Distanz des
   Forschers nicht mehr gewährleisten. Als Folge werde die Beobachtung ungenau, die
   Aufzeichnungen verzerrt und eine Vergleichbarkeit mit Resultaten anderer Forscher
   unmöglich.[32] - Hier hakt Girtler ein: Für ihn geht jeder Forscher mit einem
   bestimmten Vorverständnis in den Forschungsprozeß. Werden einige Beobachter
   vom selben Vorverständnis (bzw. -urteil) getragen, können bei diesen auch ähnliche
   Ergebnisse auftreten. Ob dies jedoch schon Grund für Wahrheitsentsprechung sein
   soll, setzt Girtler in Zweifel. "...ein solches Vorverständnis...ist erst abzubauen,

---

[31] vgl. Blumer, H., 1980, S. 122 ff., z.B. bei Spöhring, W., 1989, S. 68 ff.; vgl. auch Lamnek, S.,
      1988, S. 46 ff. nach Blumer, H., 1969
[32] vgl. Grümer, K.-W., 1974, S. 115

wenn die von einigen Autoren geforderte Distanz zum Forschungsobjekt auch aufgegeben wird, man also das 'going native' riskiert. 'Falschen' Ergebnissen ist demnach also nur dadurch vorzubeugen, daß man durch einen engen Kontakt zum Forschungsbereich die den Blick umnebelnden Vorverständnisse (bzw. Vorurteile) beiseite zu schieben versucht. ...in den meisten Fällen wird eine ehrliche Identifikation mit der betreffenden Lebenswelt wohl eher nützen als schaden, denn schließlich enthält sie so etwas wie Achtung vor den Menschen, deren Denken und Handeln man verstehen und nicht distanziert studieren will." Aufgabe des Forschers sei es, "mit seinem ganzen Menschsein" in den Forschungsgegenstand einzudringen. - Vielleicht hat Girtler mit seiner Vermutung, die Forderung nach Distanz könnte auch von Bequemlichkeit oder Angst der Forscher herrühren, sich auf die Probleme der zu Untersuchenden wirklich einzulassen, recht?[33]

Entscheidend für den Forscher bleibt es - trotz der aufgezeigten Extrempositionen - ein 'beherrschtes' Wechselspiel zwischen kritischer Distanz und Sich-Einlassen auf betroffene Individuen und deren Lebenswelt auf dem goldenen Mittelweg zuzulassen.

⇨ Inspektion überlagert die Exploration in dem Sinne, als sie "intensive, konzentrierte Prüfung des empirischen Gehalts aller beliebigen analytischen Elemente, die zum Zwecke der Analyse benutzt werden, wie auch eine entsprechende Prüfung der empirischen Beschaffenheit der Beziehungen zwischen solchen Elementen" vorgibt.[34] Vorrangig geht es hier um Fragen der Gültigkeit: Bei der Forderung nach Überprüfung der theoretischen Aussagen bleibt Blumer allerdings äußert vage und entbehrt einer Beschreibung konkreter Vorgangsweise.

Kennzeichnend für den Symbolischen Interaktionismus ist die Orientierung an einer Vorgangsweise, die die subjektive Ebene, Sichtweise und Situation der Beteiligten einbezieht und auf diese Weise die Perspektive mehrerer Wirklichkeiten zuläßt. Individuen handeln auf Grundlage von Bedeutungsinhalten, die sie ihrer Umwelt zuweisen. Bedeutungsinhalte (Wirklichkeiten) entstehen bzw. bestehen in Interaktionen in Verbindung mit der Verwendung von Symbolen, die von ihren Bedeutungen her kongruent oder widersprüchlich sein können und einem Interpretationsprozeß, abhängig von der jeweiligen Situation, unterliegen - im Interaktionsprozeß 'ausgehandelt' werden.

---

33   vgl. Girtler, R., 1984, 63; Vgl. auch Gerdes, K., 1979, S. 138 als Befürworter von 'going native'.
34   Blumer, H., 1973, S. 126

Anwendungsbereich des Symbolischen Interaktionismus ist eine durch Beobachtung evaluierte natürliche Welt, in der untersucht wird und Interpretationen abgeleitet werden. Gewonnene Daten werden mit einer theoretische Konzeption verbunden und eingebracht und können neuerlich empirisch evaluiert werden. Dabei bringt die Empirie häufig auch Probleme ans Licht, die theoretisch noch gar nicht formuliert wurden.

Zurecht kritisiert Spöhring hier die Überzogenheit und forschungspraktische Einhaltung des Anspruchs von Blumer, "das Ziel einer vollständigen (?) Beschreibung wie auch die jederzeitige (?) Rückkoppelung mit dem empirischen Relativ" zu verfolgen.[35] - Leider bleibt der Ansatz des Symbolischen Interaktionismus auf der Ebene eher allgemeiner Hinweise weitgehend konkrete Umsetzungsregeln schuldig.

Was läßt sich aus dem Symbolischen Interaktionismus für die Entwicklung einer qualitativen Inhaltsanalyse ableiten?

⇨ Die Perspektive des Anderen - der Wechsel des Inhaltsanalytikers auf die Lebens-bühne des 'Datenlieferanten' - ist zentraler Punkt zur Vermeidung einer negativen Verstärkung des Forschervorverständnisses (bzw. Forschervorurteils nach Girtler).

⇨ Der richtige Umgang mit kritischer Distanz einerseits und 'versenkender Empathie' andererseits fließt v.a. dort in die Anwendung qualitativer Inhaltsanalyse ein, wo der Forscher das der Inhaltsanalyse zugrundeliegende Datenmaterial selbst, z.B. in offenen bzw. Leitfaden-Interviews, erhoben hat - das Involviertsein in die Datenentstehung und die dabei ablaufenden 'Vereinnahmungsprozesse' durch den Untersuchungsgegenstand vehementer zum Tragen kommen können als bei der inhaltsanalytischen qualitativen Auswertung eines schon 'fertig' vorgegebenen Datenmaterials (z.B. Auswertung von Literaturstellen).

⇨ Die multimethodische Offenheit des Symbolischen Interaktionismus (teilnehmende Beobachtung, offene Interviews, Tagebuchanalysen usw.) bringt auch die Über-legung für die qualitative Inhaltsanalyse, trotz Festhaltens am qualitativen Paradigma auch quantitative Forschungsschritte als 'forschungsökonomische Krücke' offenzu-halten.[36]

⇨ Der Symbolische Interaktionismus geht von einem (allerdings auch kritisch zu reflektierenden) laufenden Rückkoppelungsprozeß zwischen theoretischen Annah-men und empirischen Ergebnissen aus. Ein diesbezüglicher Ansatzpunkt ist in der qualitativen Inhaltsanalyse die laufende Evaluierung des Kategoriensystems. (Wie

---

[35] Spöhring, W., 1989, S. 68, ausgehend von Blumer, H., 1980, S. 125
[36] Vgl. Kap. 2.4./Abschnitt A (Qualitativ - quantitativ - qualitativ: Eine Sichtweise des Forschungsprozesses)

auch beim Symbolischen Interaktionismus muß sich dieser Evaluierungsprozeß des Kategoriensystems der sinnmachenden, umsetzungs- und ressourcenökonomischer Kritik unterziehen.)

3.3. Objektive Hermeneutik

Objektive Hermeneutik ist die anspruchsvolle Bezeichnung für ein Forschungskonzept und stellt als Methode den Versuch dar, forschungspraktische Datenanalyse theoretisch zu fundieren. Ihre Entwicklung zum wohl differenziertesten qualitativen Interpretationsverfahren geht vorwiegend auf die Arbeiten von Oevermann und seinen Mitarbeitern (z.b. Krappmann, Kreppner, Schütze, Gripp, Kronau) am Berliner Max Planck-Institut für Bildungsforschung zurück: Unzulänglichkeiten quantitativer Untersuchungsergebnisse im familientherapeutisch und sozialisationssoziologisch ausgerichteten Großprojekt "Elternhaus und Schule" führten Oevermann, Krappmann und Kreppner Ende der 60er Jahre zu einer kritischen Betrachtung quantitativer Zugänge[37] und davon ausgehend zunächst zur Entwicklung qualitativer Erhebungsvarianten und darauf aufbauend später zu spezifischen qualitativen, hermeneutischen Auswertungsverfahren.

Methodische Hintergründe und Voraussetzungen bildeten die Beschäftigung mit dem Kompetenz-Performanz-Modell Chomskys, den Konzepten Freuds, Piagets Lerntheorie, aber auch Watzlawicks Unterscheidung im Kommunikationsprozeß in Inhalts- und Beziehungsebene, Aspekte von Mead, Searles und Peirce wurden aufgegriffen und verarbeitet.[38]

Gegenstand objektiv-hermeneutischer Analyse bilden "...Protokolle von realen, symbolisch vermittelten sozialen Handlungen oder Interaktionen, seien es verschriftete, akustische, visuelle, in verschiedenen Medien kombinierte oder anders archivierbare Fixierungen." Dabei mißt Oevermann der konkreten Form der Verschriftung untergeordnete Bedeutung zu - allein "...die Bedingung der Versprachlichung oder sprach-

---

[37] In jüngerer Zeit finden sich jedoch auch quantifizierende Vaianten objektiver Hermeneutik: z.B. Mathes, R., 1988, angeführt von Lamnek, S., 1989, S. 214

[38] vgl. z.B. Reichertz, J., 1991, S. 224; Zum Hintergrund der Forschungstätigkeit von Oevermann und seinen Mitarbeitern: Oevermann, U./Allert, T./Gripp, H./Konau, J.E./Krambeck, J./Schröder, E./Caesar, I./Schütze Y., 1976; Oevermann, U./Allert, T./Konau, E., 1980; Oevermann, U./Allert, T./Konau, E./Krameck, J., 1979; Oevermann, U., 1989;

licher Paraphrasierbarkeit der Interaktionsbedeutungen" für eine Interpretation ist ausschlaggebend.[39]

Verschriftete Grundlagen sind in den meisten Fällen Ausgangspunkt für Einzelfallanalysen. "Von der singulären (Einzelfallstrukturrekonstruktion) zur allgemeinen Aussage (Strukturgeneralisierung) gelangt die objektive Hermeneutik mittels des Falsifikationsprinzips; Strukturrekonstruktion und Strukturgeneralisierung werden aufgefaßt als äußerste Pole eines...Forschungsprozesses, in dem die Ergebnisse mehrerer Einzelfallstrukturrekonstruktionen sich zu einer generellen Struktur verdichten." Im Verlauf der Analyse wird rekonstruiert, welche Struktur im untersuchten Text zu finden ist. Beschreibungen dieser Struktur sollten möglichst spezifisch und trennscharf erfolgen. Widerspricht nun in der weiteren Textanalyse eine Stelle der zuvor aufgezeigten Strukturbeschreibung, kann die Hypothese als falsifiziert gelten. Bei keinem gegenteiligen Fortschreiten gilt die Rekonstruktion (bis auf weiteres) als gültig. (Aussagen über die Struktur von Typen ergeben sich erst nach zahlreichen Einzelfallsstudien - '"in the long way"'.)[40]

Oevermann geht in seinem Ansatz von der sozialisationstheoretischen Annahme aus, "...daß Identität sich im Laufe des Sozialisationsprozesses als selbstreflexive Explikation intuitiven Wissens vollzieht." Im Laufe des Sozialisationsprozesses werden für das Kind Sinninterpretationen, je nach dessen Entwicklungsstand, von seinen Bezugspersonen übernommen. Hinter diesen Sinninterpretationen stehende latente Sinnstrukturen, welche vom Kind nicht realisiert werden. Erst mit Fortschreiten seiner Entwicklung wird es allmählich selbst fähig, die hinter seinem praktischem Handeln liegenden Strukturen (zumindest teilweise) zu erkennen. Anlehnend an diesen Sozialisationsablauf soll auch in der Analyse von Interaktionstexten versucht werden, hinter sozialen Interaktionen stehende, latente Sinnstrukturen zu rekonstruieren.[41] In diesem Zusammenhang wird auch das 'Objektive' von Oevermanns Hermeneutik erkennbar: Der Analysegegenstand ist nicht im intentional gemeinte Sinn des Akteurs zu suchen, sondern in der latenten Sinnstruktur, die der Forscher als objektive Bedeutungskomponenten hinter manifesten Einzelhandlungen der beteiligten Interakteure erkennt. Latente Sinnstrukturen bergen eine eigene Realität "unabhängig davon, ob sie von den an der Interaktion beteiligten Subjekten intentional realisiert wurden oder nicht".[42] Die Akteure brauchen den vollen

---

39   Oevermann, U., 1979, S. 378
40   Reichertz, J., 1991, S. 226
41   Lamnek, S., 1988, S. 191
42   Oevermann, U. et al., 1983, S. 98; Vgl. auch Oevermanns Analyse diesbezügliche Identifikation von Einflußfaktoren: Oevermann, U. et al.,1979, S.382

Sinn ihrer Handlungen nicht zu begreifen; Deren Entschlüsselung wird mitunter erst durch die Analyse eines Dritten möglich.

Neben Oevermanns objektiv-hermeutischer Textinterpretation ist auch den meisten anderen, sich auf seinen Hintergrund berufenden Auswertungsverfahren[43] gemeinsam, vor Beginn der Analyse einige seiner mehr oder weniger trivialen Forderungen auf dem Weg zu einer fruchtbaren Interpretation zu erfüllen:[44]

1. Entlastung des Prozesses der Sinnexplikation von alltäglichem Zeit- und Handlungsdruck.

Es gilt, sich den im Alltag vorherrschenden Zeit- und Handlungsdrucks, der im Prozeß der Sinnexplikation häufig zu einem vorzeitigen Abbruch des im Normalfall sehr langwierigen Analyseprozesses führen kann, bewußt zu machen und sich von dessen negativem Einfluß zu entlasten versuchen.[45] Nach dem Prinzip extensiver Sinnauslegung von Interaktionstexten bedeutet nicht, möglichst schnell Handlungsintentionen analytisch zu entschlüsseln, sondern vielmehr ausführlich zu verfahren, auch Einflüsse des Unwahrscheinlichsten zuzulassen und eine Lesart auch dann mitzuerfassen, wenn zum derzeitigen Stand der Analyse aufgrund vorhandenen Vorwissens von einer Nichtberücksichtigung ausgegangen werden könnte.

Die Identifikation zahlreicher Handlungsintentionen und das oben angesprochene Vorgehen durch die Analytiker erfordert sehr viel Zeit: Oevermanns und Mitarbeiter geben an, für den ersten von mehreren Interpretationsdurchgängen für eine Seite Transkript (entspricht einer Interaktionsdauer von ca. zwei bis vier Minuten) in einem Team mit drei bis sieben Mitarbeitern durchschnittlich zehn bis fünfzehn Stunden zu arbeiten.

2. Beachtung der "Sparsamkeitsregel" oder "objektiven Vernünftigkeit".

In der sogenannten Feinanalyse, einem spezifischen und tiefgreifenden Teil objektiv-hermeneutischen Vorgehens, soll der Analytiker solange wie möglich an der objektiven

---

43 Daß es *ein* Verfahren objektiv-hermeneutischer Analyse gäbe, ist ein weitverbreiteter Irrtum: Es besteht zwar "ein gewisses gemeinsames Grundverständnis", welches sich jedoch teilweise in widersprüchlichen Vorgehensschritten darstellt. Reichertz, J., 1991, S. 225 (Für Forschungen wird vielfach auf den Hintergrund objektiv-hermeneutischen Vorgehens nach Oevermann verwiesen - die Grenzen des tatsächlichen Einflusses der zugrundelegenten Basis werden im einen Fall enger, im anderen weiter gezogen...)

44 vgl. Oevermann, U., et al., 1979, S. 392 ff.

45 Diese Forderung im Sinne gegebener 'Projekt-Zeit-Ressourcen' tangiert nicht nur den objektiv-hermeneutischen Forschungsprozeß...Bei jedem Projekt kommt irgendwann (mehr oder weniger ausgeprägt) der kritische Punkt des Aufhören-Könnens bei gegebenem 'Stand der Forschungs-Dinge', mit allem Abwägen von Für und Wider, aufs Tapet...

Vernünftigkeit von Äußerungen bzw. Handlungen festhalten. Der zu untersuchenden Kultur werden bestimmte Normalitätsregeln unterstellt: Objektive Vernünftigkeit orientiert sich an diesen und umfaßt "was vernünftigerweise, d.h. nach Geltung des unterstellbaren Regelsystems ... ein individuiertes Handlungssystem ... tun könnte oder tun sollte". Erst wenn Erklärungen unter Berücksichtigung "objektiver Vernünftigkeit" nicht fruchten, dürfen - um eine "sinnvolle Rekonstruktion der Handlung" gewährleisten zu können - Fallspezifika oder "individualspezifische Bedingungen" berücksichtigt werden.[46]

3. Interpretative Kontrolle in der Analytikergruppe.
Individuelle Auswertungsspezifika des Analytikers sollen durch Gruppeninterpretation laufend ergänzt und kontrolliert werden. Von den Auswertern wird jedoch überdies von Oevermann und Mitarbeitern streitsüchtiges Argumentationsverhalten gefordert - die Interpreten sollen ihre Meinung bzw. Auslegung möglichst lange gegen Einwände aufrechterhalten, damit sie, wenn sie argumentativ schlußendlich unterliegen, dies möglichst informationsreich tun.

Als objektiv wird die objektiv-hermeneutische Vorgangsweise auch aus dieser Forderung heraus bezeichnet, objektive Bedeutungsvarianten und eine darauf folgende Herauskristallisation einer wahrscheinlichsten Version nicht von einem einzelnen Analytiker erarbeiten zu lassen, sondern sich mehrere Forscher gegenseitig kontrollieren zu lassen und im Austauschprozeß Gedanken und Bedeutungszuordnungen weiterzuentwickeln.[47]

4. Auswertung von entwicklungsspezifisch, im Hinblick auf ihre Sinninterpretationskompetenz, voll ausgebildeten Interpreten.
Interpretiert werden soll nur von Personen, die ihren Sozialisationsprozeß abgeschlossen haben und mit der dem Datenmaterial innewohnenden Lebenswelt der Texte vertraut sind. Es müssen Analytiker gefunden werden, "...die nach Möglichkeit nicht ausgeprägt neurotisch sind, jedenfalls nicht so neurotisch, daß die Befähigung zur intuitiv angemessenen Primärerfassung sozialer Sachverhalten darunter stark leidet." Der Hintergrund ist vermutlich darin zu finden, daß neurotische Personen latente gesellschaftliche Sinnstrukturen weniger vollständig zur Verfügung stehen.

Leider verabsäumen Oevermann und Mitarbeiter hier jedoch genauer darauf einzugehen, wie dieser Forderung im Konkreten nachgekommen werden soll. Sie weisen allerdings darauf hin, daß eine Selektion entsprechender Interpreten kaum nach standardisierten

---

46 Oevermann, U., 1980, S. 23, auch übernommen von Spöhring, W., 1989, S. 237
47 Vgl. zur Wichtigkeit der Arbeit in einer Forschergruppe auch Heinze, T., 1987, S. 77

Kriterien erfolgen kann und hoffen auf ein Fernbleiben besonders neurotisch veranlagte Personen vom Arbeitsgebiet objektiv-hermeneutischer Analyse.

5. Kein Textelement ist zufällig oder belanglos.
Der Analytiker soll motiviert sein - ähnlich dem psychoanalytischen Vorgehen - jedes einzelne Textelement zu explizieren. Häufig sind gerade die scheinbar zufälligen oder belanglosen Textstellen später für eine Interpretationslinie von zentraler Bedeutung. Wenn man sich schon auf den langwierigen Prozeß objektiv-hermeneutischer Analyse einläßt, sollen die ausgewählten Textelemente auch eine lückenlose Auswertung - alle Textelemente gleichwertig einschließend - erfahren.

Standardisierte und umfangreiche Erhebungen werden aus methodologischen Gründen abgelehnt - nur die Analyse nicht-standardisierter Daten führt zu gültigen Resultaten objektiv-hermeneutischen Verfahrens. (Neuerdings wird der Begriff der Gültigkeit auch synonym für 'Wahrheit' gebraucht.) Basis gültiger Ergebnisse bildet die 'richtige' Anwendung der Forschungsschritte objektiver Hermeneutik - der hermeneutischen 'Kunstlehre', wie sie auch bezeichnet wird. Allerdings ist Oevermanns 'Kunstlehre' nicht zu kodifizieren: Es steht ihm (in monopolistischer Manier) jederzeit frei, seine 'Kunst' mit deren Schritte abzuändern und auf diese Weise frühere objektiv-hermeneutische 'Kunst' zu Grabe zu tragen. Diese personenbezogene Sonderstellung führt zurecht häufig zum Kritikpunkt der Förderung wissenschaftlicher 'Sektengründung'.[48]

Die praktische Umsetzung objektiv-hermeneutischen Verfahrens teilt sich in zwei Hauptschritte, die sequentielle und die Feinanalyse. Die Feinanalyse stellt dabei das eigentliche, allerdings sehr differenzierte Verfahren inhaltsanalytischer Auswertung dar und dient zur Interpretation von Interaktionsszenen oder Protokollausschnitten. Elementare Untersuchungseinheit bildet dabei ein einzelner kommunikativer Akt (z.B. ein Satz oder eine Phrase), die in der Feinanalyse anhand eines Systems von acht Ebenen analysiert wird.[49] Das Ebenensystem bildet dabei den Rahmen für eine qualitative Rekonstruktion der konkret auszuwertenden Äußerung. Obwohl die acht Ebenen hierarchisch aufgebaut sind, wird ihre umfassende analytische Trennung durch die Tatsache erschwert, daß sie nicht völlig unabhängig voneinander gesehen und bearbeitet

---

[48] Reichertz, J., 1991, S. 226 f.
[49] vgl. Oevermann, U. et al., 1979, S. 395 ff.; Beispielhafte, sehr differenzierte Erklärungen zu den Ebenen der Feinanalyse finden sich vergleichsweise in: Oevermann, U. et al., 1979, S. 404 ff. - dieselbe Analyse ist verkürzt bei Spöhring, W., 1989, S. 242 ff. wiedergegeben; Anlehnend an Oevermanns Vorgehen findet sich eine explikative Analyse einer Kontaktanzeige von Nagler, K./Reichertz, J., 1986, S. 85 ff. in Lamnek, S., 1989, S. 221 ff.;

werden können. Die Feinanalyse dient mehr zur Kontrolle im Sinne einer "check list" und als Leitfaden, weniger als peinlich genau einzuhaltende Schrittfolge und Anleitung zur Interpretation. "In den Ebenen der Kategorien wird der vorhergehende Kontext expliziert, die Bedeutung eines Interakts paraphrasiert, werden die Intentionen erläutert, die objektiven Motive herausgestellt, die Rollenverteilungsfunktion der Interakte erklärt, die sprachlichen Merkmale charakterisiert, durchgängige Kommunikationsfiguren des Interakts extrapoliert und allgemeine Zusammenhänge aufgezeigt."[50]

Im zweiten Hauptschritt, der sequentiellen Analyse wird die Ebene isolierter Interaktion (z.B. der einzelne Satz oder Phrase eines Interakteurs) verlassen und versucht, einen Gesamtzusammenhang aufeinander folgender Handlungsabläufe bzw. Interaktionen herauszustellen und - falls möglich - latente Sinnstrukturen zu identifizieren - individuierte Strukturen aufzudecken.

Was läßt sich aus der Objektiven Hermeneutik für die Entwicklung einer qualitativen Inhaltsanalyse ableiten?

⇨ Mit Hilfe der äußerst differenzierten Ebenen der Feinanalyse in der objektiven Hermeneutik wird sehr viel Information in Form von Interpretationen gewonnen. Diese Interpretationen sind offen, beispielsweise durch andere Interpretateure veränderbar. - Für die Entwicklung einer qualitativen Inhaltsanalyse könnte abgeleitet werden, daß es eine Vorgangsweise zu finden gilt, die einerseits zwar insofern offen ist, daß sie den oder die Auswerter nicht zu sehr einschränkt, andererseits jedoch einen derart geregelten und aufgebauten Ablauf für eine Analyse bereithält, daß eine kontinuierliche Veränderbarkeit der Ergebnisse durch die Mitwirkung verschiedener Auswerter minimiert bzw. ausschließt. Es soll gewährleistet sein, daß - beispielsweise durch die Arbeit mit der geeigneten Definition eines Kategoriensystems mit 'Unterdimensionen', zumindest für die thematische Umsetzung regelgeleitetes Vorgehen durch die Auswerter, gewährleistet werden kann - auf diese Weise der Willkür thematischer Ausritte weitgehend Riegel vorgeschoben werden. Einher geht diese Forderung mit einer genauen Definition der thematischen, schwerpunktartigen Interpretationsrichtung des Untersuchungsgegenstandes.

⇨ Einer Veränderbarkeit von Ergebnissen durch andere Interpretateure wird auf der Ebene einer aktuell bearbeiteten objektiv-hermeneutischen Analyse durch die Zusammenführung einzelner Interpreten in Gruppen mit kontroversiell argumen-

---

50 Lamnek, S., 1988, S. 195

tativer Diskussion individuell gefundener Interpretation versucht entgegenzuwirken.
- Für die qualitative Inhaltsanalyse gilt es, anhand geeigneter Vorgangsdefinitionen
(im Idealfall) einen Weg zu finden, daß auch andere, am Auswertungsprozeß nicht
Beteiligte, bei Vorlage einer Auswertungsstichprobe, zu denselben Ergebnissen
kommen, wie die ursprüngliche Gruppe von Auswertern. Auf diese Weise könnte
die Ebene einer einzelnen, spezifischen Untersuchung verlassen und versucht
werden, eine 'untersuchungsübergreifende' Ebene mit dementsprechend erhöhtem
Güteaspekt zu beschreiten. - Eine Möglichkeit für die qualitative Inhaltsanalyse liegt
hier in der sogenannten Interkoderreliabilität, der Forderung, daß unterschiedliche
Auswerter (Koder) zu denselben Ergebnissen gelangen.[51]

⇨ Aufgrund des sehr differenzierten und zeitaufwendigen Vorgehens objektiver
Hermeneutik können nur kleine Datenmengen bzw. kurze Interaktionsprozesse oder
Texteinheiten zur Auswertung gelangen. - Die qualitative Inhaltsanalyse ist hier
angehalten, durch methodische Schrittfolgen analytischen Vorgehens auch
Handwerkzeug für die Auswertung größerer Datenmengen zur Verfügung zu stellen.
(Denkbar ist - so es im spezifischen Fall Sinn zeitigt - auch größere Teile des
Textmaterials einer quantitativen Auswertung, als Grundlage für eine wiederum
folgende qualitative 'Weiterinterpretation', zuzuführen.)

⇨ Der der objektiven Hermeneutik innewohnende Wechsel von der Ebene
übergreifender 'objektiver' Sinnzusammenhänge und subjektiver Intentionen auf
Individualebene bietet auch für die Entwicklung einer qualitativen Inhaltsanalyse den
interpretativen Ausgangspunkt für die Erfassung subjektiver Wahrnehmungsebenen
und deren Zusammenführung zu einer Auswertung im übergreifenden
Untersuchungszusammenhang.

⇨ Die objektive Hermeneutik zeitigt (aus ihrem ursprünglichen Untersuchungsgegenstand familiärer Interaktionen heraus) durch die idealtypische Synergie von
Beobachterrolle und Interpret starke Nähe zum Untersuchungsgegenstand und
darüber hinaus eine Orientierung an alltäglichen Prozessen des Verstehens und der
Interpretation kommunikativen Datenmaterials. Auch qualitative Inhaltsanalyse sollte
an diesen alltäglichen Verstehens- und Interpretationsprozessen anknüpfen können.
Der Nähe zum Untersuchungsgegenstand kann bei der qualitativen Inhaltsanalyse in
der Datenerfassung (z.B. in qualitativen Interviews) durch die späteren Auswerter
Rechnung getragen werden.

---

[51]   Vgl. Kap. 6.2.3./Abschnitt A (Interkoderreliabilität)

4. Datengewinnung und Aufbereitung für eine qualitative Inhaltsanalyse

4.1. Das qualitative Interview

Das Wort "Interview" hat seinen Ursprung im Anglo-Amerikanischen und hat sich im Laufe des Jahrhunderts auch im deutschsprachigen Raum durchgesetzt. Zurückzuführen ist der Begriff auf das französische 'entrevue' und kann mit 'Zusammenkunft' oder 'kurzer Begegnung' umschrieben werden. Gebräuchlich ist das Wort "Interview" vor allem im journalistischen Umfeld. Dort wird es als "Gespräch eines Journalisten mit einer Persönlichkeit des öffentlichen Lebens (Politik, Wirtschaft, Wissenschaft, Künstlerprominenz) zum Zwecke der publizistischen Verwertung" umschrieben.[1]

Was zeichnet ein qualitatives Interview aus?

In erster Linie geht es im qualitativen Interview um das *verbale Erfassen von Informationen*. Der Befragte bekommt "...die Möglichkeit, seine Wirklichkeitsdefinitionen dem Forscher mitzuteilen, während in der quantitativen Befragung, also bei weitestgehender Standardisierung, der Forscher mit einem theoretischen Konzept, das er selbst quasi unabhängig vom zu untersuchenden Objektbereich entwickelt hat, also mit seiner operationalisierten Wirklichkeitsdefinition, zum Befragten kommt und dieser dann in das Schema des Forschers hineingezwängt wird."[2] Ein Kriterium qualitativer Interviews bildet somit das *Ausmaß der Standardisierung*. Vollständig standardisierte bzw. strukturierte Interviews (quantitative Interviews) zeichnen sich durch eine Abgeschlossenheit des Fragengerüstes aus: Reihenfolge und Wortlaut der Interviewfragen sind vom Forscher verbindlich festgesetzt. Standardisierten Interviews sind weiters in erster Linie sogenannte geschlossene Fragestellungen eigen: Dem Befragten werden festgesetzte Antwortmöglichkeiten vorgegeben, zwischen denen er sich entscheiden kann. Diese "...Standardisierung kann verschieden weit gehen, so daß der Übergang zwischen offenem und geschlossenem Interview fließend ist."[3] - In teilstandardisierten bzw. teilstrukturierten Interviews (die, je nach dem Grad der Standardisierung/Strukturierung, als offene und qualitative Interviews gelten können) hat

---

[1]   Lamnek, S., 1989, S. 35, übernommen aus dem Wörterbuch der Publizistik, 1969, S. 167
[2]   Lamnek, S., 1989, S. 61
[3]   Kohli, M., 1978, S. 7

der Interviewer ein 'Fragengerüst', einen sogenannten Interviewleitfaden entwickelt, der einen Abriß im Gespräch abzudeckender Themata beinhaltet. "Der konkrete Gesprächsverlauf bleibt dann weitgehend offen und hängt stark von den Persönlichkeiten des Befragten und des Befragers sowie von der Interaktion beider ab."[4] Ein Interview- oder Gesprächsleitfaden, der ausschließlich vom Interviewer als gedankliche Stütze verwendet wird, soll - trotz beschriebener thematischer Einschränkung - dem Befragten einen freien, offenen, von den Fragestellungen her weitgehend unreglementierten Gesprächsverlauf gewähren.

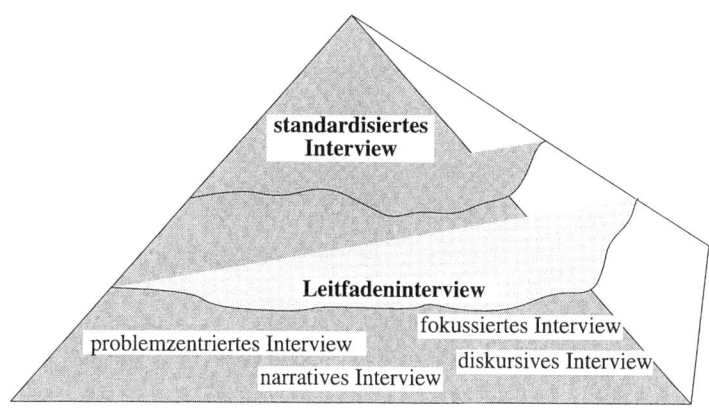

Abb. 4: Standardisierungsgrad von Interviews

Diese Ablehnung einer "Prädetermination durch den Forscher" ergibt ein weiteres zentrales Prinzip qualitativer Interviews, nämlich das der *Offenheit*. Der Forschungsgegenstand soll durch die Befragten (Forschungssubjekte) gebildet - eine vorgefaßte theoretische Strukturierung des Forschers zurückgestellt werden.[5] Demzufolge sollte der Interviewer schon während des Interviews in der Lage sein, die gewonnenen Daten richtig einzuschätzen.

Merton/Kendall entwickelten eine Reihe vorläufiger Kriterien für sogenannte 'produktive' und 'unproduktive' Interviews. Dabei nehmen sie allerdings Bezug auf ihr spezifisches

---

4   Spöhring, W., 1989, S. 148
5   vgl. Lamnek, S., 1989, S. 61 f. und Hoffmann-Riem, C., 1980, S. 343

Beschäftigungsfeld - das fokussierte Interview.[6] Ihre beiden ersten Kriterien sollen hier
für eine allgemeine Anwendung auf qualitative Interviews herausgearbeitet werden:

Das Kriterium der *Nicht-Beeinflussung* ist eng mit jenem der Offenheit verbunden und
besagt, Lenkung und Führung des Gesprächs sollte durch den Interviewer auf ein
Minimum beschränkt bleiben. Carl Rogers gilt als Begründer der sogenannten nicht-
direktiven Gesprächsführung, die er im Laufe seiner Arbeit als Therapeut entwickelte.[7]
Ziel der nicht-direktiven Gesprächsführung ist die Schaffung einer vertrauensvollen und
'annehmenden' Interviewsituation. Dem Gegenüber soll - vor allem durch die Tugend
des Zuhörens - die Möglichkeit gegeben werden, seine Sicht der Dinge möglichst
unbeeinflußt darzulegen. Es gilt, auf ihn intensiv einzugehen, ihm während seiner
Ausführungen immer wieder durch Aufmerksamkeitsreaktionen (z.B. Kopfnicken)
Interesse am Gesagten entgegenzubringen. Gelegentlich faßt der Berater (Interviewer) -
vor allem bei Verständnisschwierigkeiten - den Inhalt des vom Gesprächspartner
Gesagten zusammen und 'spiegelt' in bestimmten Fällen die emotionalen Inhalte seiner
Worte wider. Durch dieses Verhalten wird versucht, dem Interview den Stempel
wohlwollender Atmosphäre, positiver Werthaltung aufzudrücken.

Im nicht-direktiven Gespräch wird versucht, eine aus Beratersicht wertfreie
Gesprächsführung aufzubauen. Merton/Kendall kommen zum Schluß, daß direktive
Fragen eine gewisse Vorstrukturiertheit durch den Interviewer voraussetzen. Wenn auch
die Fragen keinen direkt suggestiven Charakter haben, drängen sie doch die
Aufmerksamkeit des Gesprächspartners auf deren Inhalte, die er aus eigenen Stücken
sonst vielleicht doch nicht angesprochen hätte. (Durch Fragebögen, aber auch
Interviewleitfäden, hat der Gesprächspartner kaum die Möglichkeit, sein Desinteresse an
den Fragen kundzutun.) Ein Beispiel illustriert das deutlich: Personen, die einen
italienischen Kriegsdokumentarfilm gesehen hatten, wurden folgend gefragt: "Waren Sie
stolz oder haben Sie sich geärgert, als Sie sahen, wie die Amerikaner beim Wiederaufbau
von Neapel halfen?" - Diese Frage ist durch ihre geschlossene, standardisierte
Fragestellung, welche die Antwortmöglichkeit einschränkt, direktiv. Antworten darauf
vereiteln die Möglichkeit, herauszufinden, wie der Befragte die Filmhandlung selbst
strukturiert hätte. Vielleicht empfanden die Betroffenen auch keinerlei Gefühlsregungen
hinsichtlich amerikanischer Hilfe, und Sie haben diese Sequenz einfach als 'interessante

---

6   vgl. Merton, R.K./Kendall, P.L., 1979, S. 178 ff.; vgl. auch Kap. 4.1.3./Abschnitt A (Das
        fokussierte Interview);
7   vgl. Kap. 4.2./Abschnitt A (Gesprächsführungstechniken vor dem Hintergrund Rogers') - Aus seiner
        therapeutischen Sicht wird nicht vom Interviewer sondern vom Berater gesprochen.

Information' wahrgenommen? Durch die direktive Art der Fragestellung stellte sich heraus, daß die eigene Interpretation der Befragten zum Film beeinflußt worden war. Eine unstrukturierte Frage, bei der weder Stimulus noch Reaktion festgelegt sind, könnte hier lauten: "Was beeindruckte Sie an diesem Film am meisten?" Durch die allgemeine Fragestellung bestimmt der Befragte seine Schwerpunkte selbst. Voraussetzung für die Anwendung nicht-direktiver Gesprächsführung ist jedoch die Bereitschaft und ein dementsprechendes Menschenbild des Interviewers, nicht-direktiv sein zu wollen und zu können.[8]

Für das nächste Kriterium der *Spezifität* erarbeiten Merton/Kendall in ihren Ausführungen eine allgemeine Regel: Die spezifizierenden Fragen des Interviewers sollten so explizit sein, daß der Gesprächspartner seine Antworten direkt darauf bezieht; Gleichzeitig sollten die Fragen jedoch so allgemein gestellt werden, daß die Vorstrukturierung durch den Interviewer weitgehend vermieden wird. - Dieser doppelten Forderung wird man am ehesten durch die Formulierung unstrukturierter Fragen unter Bezugnahme auf das Ausgangsthema gerecht. Ihr angeführtes Beispiel soll es verdeutlichen: Im Rahmen einer Untersuchung berichteten Rekruten nach der Vorführung eines Dokumentarfilms mit gezeigten Sequenzen marschierender Nazi-Soldaten, daß sie in Angst und Schrecken versetzt wurden. Sie äußerten zudem die Befürchtung, der deutschen Armee nicht standhalten zu können. Ließe man das Interview mit dieser Antwort bewenden, würde im Hinblick auf den Untersuchungsgegenstand, in keiner Weise geklärt werden, durch welche - vielleicht völlig unterschiedlichen Faktoren - diese Angst ausgelöst wurde.[9]

Möglichkeiten hiefür sind:

⇨ Angst, durch die symbolische Machtdemonstration der marschierenden Nazi-Soldaten ausgelöst,

⇨ durch den brutalen Gesichtsausdruck, der im Film zudem verbalisiert wurde,

⇨ durch die fundierte, umfassende Manöver-Ausbildung der Truppen,

⇨ durch den Anblick der umfassenden, modernen Waffen und technischen Ausrüstung des Feindes.

Durch genauere Spezifizierung soll das "signifikante Ganze" sichtbar gemacht werden, welches Angst ausgelöst hat.

---

8   vgl. Merten, R.K./Kendall, P.L., 1979, S. 178 ff.; vgl. auch Kap. 4.2.6./Abschnitt A (Nicht-direktives Resumée)
9   vgl. Merton, R.K./Kendall, P.L., 1979, S. 178 ff.

Wie können diese Gedanken allgemein für das qualitative Interview gedeutet werden?

Spezifität macht überall dort Sinn, wo sich der Gesprächspartner, bezogen auf den Untersuchungsgegenstand, auf interessantem Terrain bewegt, und sich der Interviewer aufgrund der unpräzisierten Ausführungen keineswegs sicher ist, ob er bei der Datenauswertung auf eigene, vage Interpretationen des vom Interviewten Gesagten angewiesen ist. Wird beispielsweise in einem Interview zum Untersuchungsgegenstand 'Konflikthandhabung im Unternehmen X' von einer Führungskraft ein konkreter Konflikt mit ihrem Vorgesetzten angedeutet, macht es Sinn, diesen im Interview genauer zu spezifizieren. Gelingt das in mehreren Interviews mit Bezug auf denselben Vorgesetzten, können klare Hinweise auf Konfliktentstehung, -umgang und -behebung dieser konkreten Vorgesetzten-Mitarbeiter-Beziehung abgeleitet werden. Durch Spezifität bei Einzelereignissen kann es eher gelingen, auch Rückschlüsse auf das signifikante Ganze zu ziehen.

Methodisch stehen für das Kriterium der Spezifität die Kombination von Vergegenwärtigung der betreffenden Situation sowie unstrukturierter Fragestellung zur Verfügung. Ein Beispiel: "Wenn Sie mal zurückdenken, was waren Ihre Reaktionen auf den aufgetretenen Konflikt mit Ihrem Vorgesetzten?" Dadurch wird der Gesprächspartner aufgefordert, sich auf die ursprüngliche Situation zu konzentrieren (seine Erinnerung wird wieder wachgerufen) - es wird verbal versucht, jene Bedingungen zu schaffen, die es dem Gesprächspartner erleichtern, die Situation geistig nochmals zu erleben.

Die bei den Kriterien der Offenheit und Nicht-Beeinflussung empfohlene nicht-direktive Gesprächshaltung stellt in der Regel hohe *Anforderungen an die sozial-kommunikative Kompetenz beider Gesprächspartner.* Nicht nur der Interviewer ist durch aktives Zuhören, Paraphrasieren und Verbalisieren emotionaler Gesprächsinhalte gefordert, durch eine offene und (an-)teilnehmende Haltung ein gutes und vertrauensvolles Gesprächsklima zu schaffen, das den Gesprächspartner 'kommen läßt', auch dem Befragten wird einiges abverlangt: Die Offenheit seiner Antworten (es stehen keine vorgegebenen Antworten zur Auswahl) fordert von ihm, zuweilen unter subjektiv empfundenem Zeitdruck, eine eigene Strukturiertheit seiner Antwort zu finden und längere Gesprächszeiträume allein zu gestalten.

Zusammenfassend folgende Aspekte qualitativer Interviews:[10]

⇨ Qualitative Interviews sind *nicht (oder nur teilweise) standardisiert bzw. strukturiert,* d.h., die Fragen und deren Reihenfolge sind unspezifisch ausformuliert. (Auch bei Verwendung eines Interviewleitfadens hält sich der Forscher nicht an dessen Fragenreihenfolge - er dient lediglich als Gedankenstütze für das gesamte Spektrum anzuprechender Themata.)

⇨ Aufgrund fehlender (oder nur teilweiser) Standardisierung/Strukturierung werden beim qualitativen Interview *keine geschlossenen Fragen* (vorgegebene Antwortmöglichkeiten) verwendet.

⇨ Qualitative Interviews werden meist im *alltäglichen Umfeld des Befragten* geführt. Um authentische Informationen zu erhalten, soll eine *möglichst natürliche Situation* hergestellt werden.

⇨ Die Interview-Atmosphäre sollte vertrauensvoll - nach Möglichkeit kollegial sein.

⇨ Die *nicht-direktive Gesprächsführung* bedient sich einer möglichst *offenen Gesprächspraktik,* wodurch eine angenehme, vertrauensvolle Interviewatmosphäre gewährleistet werden soll.

⇨ Qualitative Interviews fordern - im Gegensatz zum standardisierten Fragebogen-Interview - sowohl vom Interviewer als auch vom Interviewten *hohe kommunikative und soziale Kompetenz,* also hohes Verbalisierungs- und Strukturierungsvermögen.

⇨ Das qualitative Interview kann länger dauern als das quantitative, weil es eben dem alltäglichen Gespräch näher kommt.

⇨ Um die Fülle der Informationen verarbeiten zu können sind *Tonband- oder Videoaufzeichnungen* infolge der Informationsfülle unverzichtbar.

Der Begriff des qualitativen Interviews umfaßt unterschiedliche, zum Teil jedoch sehr ähnliche Datenerhebungsverfahren. Hopf subsumiert unter die teilstandardisierten, offenen Interviews z.B. das Struktur- oder Dilemma-Interview, das klinische, biographische, problemzentrierte, fokussierte, narrative und diskursive Interview.[11] Kohli wiederum führt das Intensiv- und das Tiefeninterview an, das unstrukturierte, qualitative, detaillierte und zentrierte Interview finden in seiner Einteilung ebenfalls Berücksichtigung.[12] - Die Reihe verschiedener Einteilungen ließe sich nahezu endlos fortsetzen. Jeder Forscher hat einen ihm eigenen Zugang zu den verschiedenen Interviewformen - ein Psychologe wird, bezogen auf seine Forschungsgegenstände,

---

[10]   vgl. Lamnek, S., 1989, S. 68
[11]   Hopf, Ch., 1991, S. 177 ff.
[12]   Kohli, M., 1978, S. 7

mitunter andere Präferenzen setzen als der Pädagoge, Philosoph, Soziologe, Ethnologe oder Wirtschaftswissenschaftler.

Hier soll das narrative Interview, welches mitunter als Prototyp eines qualitativen Interviews gilt,[13] den Ausgangspunkt einer Einteilung bilden.

4.1.1. Das narrative Interview

Diese Interviewform geht maßgeblich auf den Soziologen Schütze - im Zusammenhang mit einer Studie zu kommunalen Machtstrukturen - zurück[14]. In der Regel bilden lebensgeschichtlich orientierte Frageninhalte das Hauptanwendungsgebiet des nur wenig standardisierten narrativen Interviews. Dabei wird der Befragte aufgefordert, zu einem ihm bekannten Gegenstand stegreif zu erzählen. Voraussetzung ist eine Kompetenz des zu Befragenden in Bezug auf diesen angesprochenen Gegenstand.[15]

Doch nicht jede verbale Äußerung ist eine Erzählung. Mühlfeld et al. unterscheiden drei Produkte von Kommunikation[16], und zwar:

⇨ Beschreibungstexte

beschreiben routinisierte Handlungs- und Ereignisabläufe. Der Interviewte abstrahiert von der zugrundeliegenden Szene und berichtet über diese.

⇨ Argumentationstexte

Diese liegen auf der Ebene praktischer Erläuterungen sowie sekundärer Legitimation und sind in keiner Weise indexikalisch oder szenisch.

⇨ Erzähltexte

hingegen unterliegen der Annahme, daß die Orientierungsstruktur aktuellen Handelns und der Ereignisabfolge abbilden. Erzähltexte sind indexikalisch und szenisch.

---

13 vgl. Lamnek, 1989, S. 70

14 vgl. Schütze, F., 1977, Hopf, Ch., 1991, S. 179, Mayring, Ph., 1990, S. 50, Bude, H., 1985, S. 327

15 In der therapeutischen Erfahrung kennt man den sogenannten 'neurotischen Erzähler'. Der 'neurotische Erzähler' erzählt eine Geschichte nach der anderen. Er macht somit keinen Fehler im Sinne einer formalen Narrationspragmatik - im Gegenteil: Er beweist sehr hohe narrative Kompetenz. Mit dem "Phantasma seiner Geschichten", seinem Erzählverhalten als "Überlebensstrategie", bleibt sein Sprechen allerdings 'leer'; vgl. die kritischen Anmerkungen zu einer erzähltheoretischen Fundierung einer interpretativen Sozialforschung von Bude, H., 1985, S. 333 f.

16 Mühlfeld, C./Windolf, P./Lampert, N./Krüger, H., 1981, S. 333

Erzählungen sind "...natürliche, in der Sozialisation eingeübte Diskursverfahren, mit denen sich Menschen untereinander der Bedeutung von Geschehnissen ihrer Welt versichern".[17] Sie werden von Erfahrungsinhalten abgeleitet und dienen gleichzeitig zu deren Verarbeitung und Evaluierung. Im Interview gelangt man durch freies 'Erzählenlassen' zu individuellen Bedeutungsinhalten, die bei standardisierter Abfrage sicher nicht in dieser breiten Form möglich wären. Standardisiert bzw. strukturiert wird das Interview nur insofern, als jede Erzählung eine bestimmte Strukturierung aufweist:[18]

1. *Aufbau der Szene:* Personen treten auf, zeitlicher Rahmen, Ort des Geschehens werden definiert.

2. *Das sequentiell erzählte Geschehen,* welches in einer Pointe endet.

3. *Retrospektive Deutung und Evaluation des Geschehens.*

Diese Erzählphase ist eingebettet in verschiedene Stufen eines narrativen Interviews:

---

17   Mayring, Ph., 1990, S. 50, zitiert nach Wiedemann, P.M., 1986, S. 24
18   vgl. Lamnek, S., 1989, S. 70

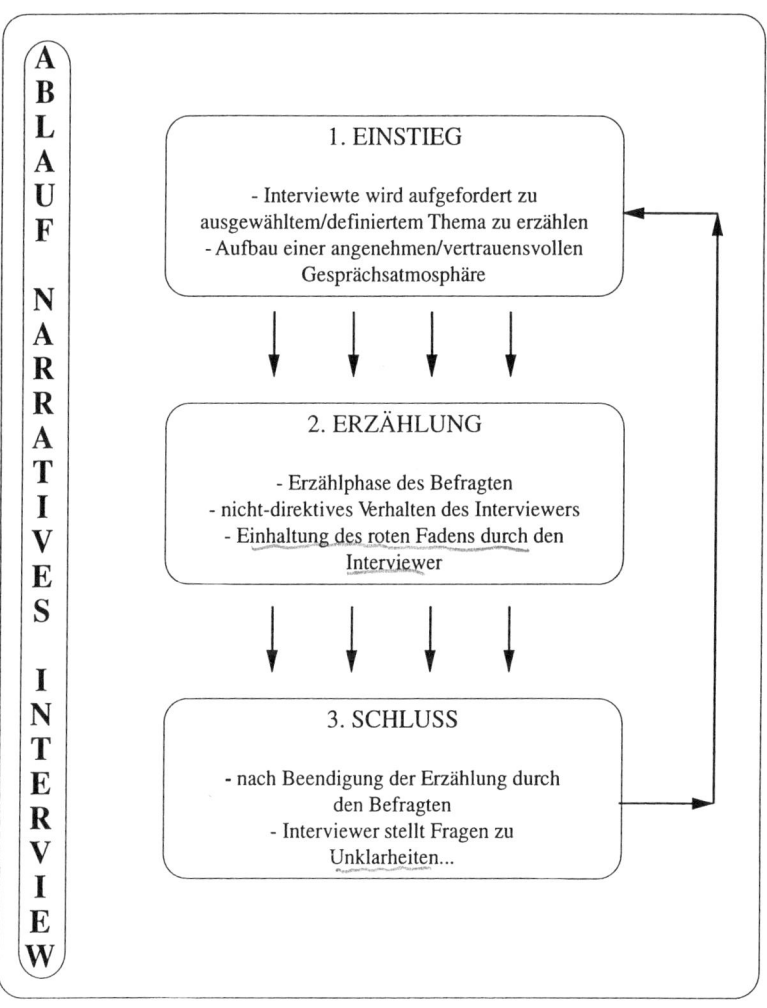

Abb. 5: Ablaufschema narratives Interview

1. Der Einstieg

den Interviewer in möglichst offener Form. (Selbstverständlich sollten Interviewpartner gewählt werden, welche auch in der Lage sind, eine Erzählung zum Thema zu liefern.)

Beispiel: "Es geht heute, wie gesagt, um Krebs, und ich bitte Sie einfach: Erzählen Sie, was ist das für ein Leiden?"

Soll das Thema weiter eingeschränkt werden, klärt der Interviewer - nach Möglichkeit in offener Form - zuerst die zu thematisierenden Dimensionen ab.

⇨ Begleitet wird diese Stufe vom Bemühen des Interviewers, durch nicht-direktives Verhalten eine angenehme und vertrauensvolle Atmosphäre zu schaffen.

2. Die Erzählung

⇨ Der Interviewer läßt den Gesprächspartner 'kommen' - und hält sich selbst im Hintergrund, auch dann, wenn Pausen und Schweigen entstehen. - Die Erzählung wird erst dann beendet, wenn der Interviewte von sich aus das Ende seiner Ausführungen bekundet.

⇨ Die Aktivität des Interviewers besteht während der Erzählung einzig im Versuch, den Gesprächspartner wieder zum verlorenen roten Faden zurückzuführen (am besten mit den Worten des Erzählenden) und ihm durch Aufmerksamkeitsreaktionen wie z.B. Kopfnicken und verbale Äußerungen wie "Ja." oder "Hmhm." zu zeigen, daß er ihm zuhört.

3. Der Schluß

⇨ Erst jetzt - nach Beendigung der Erzählung durch den Befragten - hat der Interviewer die Möglichkeit 'nachzuhaken', also nachzufragen, wie dieses oder jenes gemeint war, also 'Warum-Fragen' zu stellen. In dieser Phase gibt der Interviewer seine bis dahin passive, nicht-direktive Haltung auf und greift auch auf direktive Verhaltensweisen zurück.

Jedesmal, wenn ein neues Thema, eine neue Erzählung begonnen wird, kann sich während des narrativen Interviews der geschilderte stufenförmige Ablauf abwechslungsweise wiederholen. Die Erzählung hat den Vorteil (seine kommunikative Kompetenz vorausgesetzt), vom Befragten logisch aufgebaut zu werden; Der Erzähler detailliert, um Zusammenhänge plausibel zu machen, sehr tief. Dem Interviewten fällt es im Erzählkontext auch leichter, zu tabuisierten, unangenehmen Themen Stellung zu nehmen, anders als das bei direkter Fragestellung der Fall ist.

4.1.2. Das problemzentrierte Interview

'Problemzentriertheit' alleine sagt noch nicht sehr viel über diese Interviewform aus - denn: "...wer möchte schon darauf verzichten, problembezogene Interviews zu führen?".[19] Trotzdem hat sich der von Witzel im Zuge eines Forschungsprojektes zur 'Problematik von Berufsfindung Jugendlicher' geprägte Begriff in der Literatur zur qualitativen Sozialforschung durchgesetzt. Witzel definiert das problemzentrierte Interview als "Methodenkombination bzw. -integration von qualitativem Interview, Fallanalyse, biographischer Methode, Gruppendiskussion und Inhaltsanalyse".[20] Diese Methodenvielfalt sowie deren Öffnung methodischer Grenzen bergen große Vorteile in sich und gewährleisten die Betrachtung des Forschungsthemas aus verschiedenen Blickwinkeln.

Eine Unterscheidung des problemzentrierten zum narrativen Interview besteht darin, daß der Forscher hier mit einem theoretischen, vorab zum Thema erarbeiteten Konzept, in die tatsächliche Interviewphase eintritt. Trotzdem soll - wie auch schon beim narrativen Interview - der 'Konzeptaufbau' dem Interviewten überlassen werden. Der gewonnene Theorieaufbau des Forschers kann somit aufgrund neu erscheinender Erkenntnisse aus den Interviews laufend modifiziert werden. Um dieses Vorgehen überhaupt gewährleisten zu können und den Befragten dabei nicht zu beeinflussen, hält der Forscher seine gewonnenen Theoriekonstrukte während des Interviews verdeckt. Das interessierende Themenfeld wird durch offene Fragestellung eingekreist - wie schon beim narrativen Interview steht hier der Versuch, den Befragten zum Erzählen anzuregen.
Im folgenden soll hier der Schwerpunkt auf die Behandlung verfahrenstechnischer Aspekte gelegt werden.

So wie das narrative ist auch das problemzentrierte Interview in seinem Ablauf stufenförmig aufgebaut.

---

19   Hopf, Ch., 1991, S. 178
20   Witzel, A., 1985, S. 230

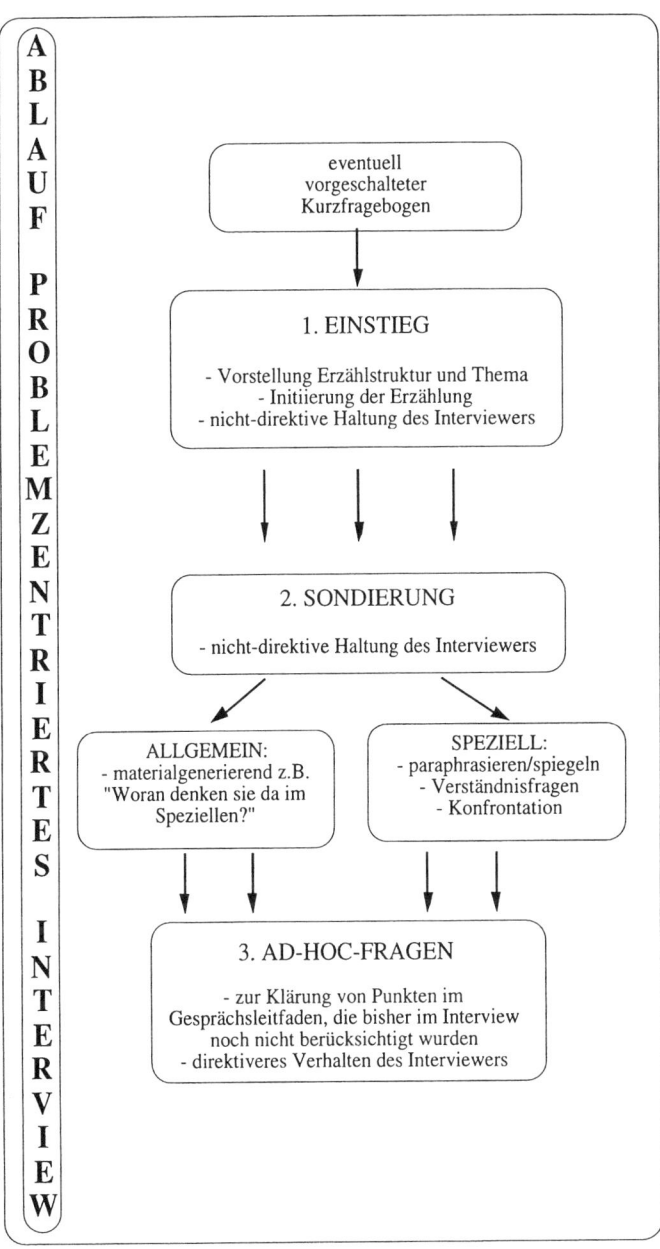

Abb. 6: Ablaufschema problemzentriertes Interview

Für die Datenerfassung beim problemzentrierten Interview werden im wesentlichen vier Techniken angeführt:[21]

1. Kurzfragebogen
Er dient zur Sammlung weiterer, übergreifender Informationen für die spätere Interpretation der Erzählung des Befragten (sozialstatistisches Datenmaterial, soziale Einbettung des Interviewten, lebensgeschichtliche, offene Fragen, um die Möglichkeit für einen guten themenbezogenen Gesprächseinstieg zu finden). Der Kurzfragebogen kann somit zum 'Aufwärmen' der Gesprächssituation - für ein erstes Abtasten zwischen Interviewer und Interviewtem noch vor der nächsten Erzählphase hilfreich sein.

2. Gesprächsleitfaden
Der Gesprächsleitfaden (nicht-direktiv) umfaßt die theoretischen Gedankenkonstrukte des Forschers zum Thema - er systematisiert eben sein Hintergrundwissen. Er ist dadurch in der Lage, alle vom Befragten während des Interviews aufgeführten Schwerpunkte 'abzuhaken' bzw. den Gesprächsleitfaden gegebenenfalls für neue Interviews thematisch zu ergänzen. (Das Dilemma des Forschers besteht hier darin, einerseits seinen theoretisch erarbeiteten Hintergrund 'durchzubringen', andererseits doch unvoreingenommen 'Neues', das im Verlauf der Interviews auftaucht, mitaufzunehmen.[22]) Die vom Befragten im Interview schon behandelten Themen bedürfen in einer späteren Stufe keiner Ergänzung (siehe stufenförmiger Aufbau des problemzentrierten Interviews im folgenden).

3. Aufzeichnung des Interviews
durch Tonband oder Video für eine spätere Transkription.[23]

4. Postskript des Interviewers
Das Postskript ergänzt das Interviewtranskript um das prozeßhafte Umfeld des Interviews, um alle vom Forscher als Teil der Untersuchung wahrgenommenen Interaktionen vor und nach dem transkribierten Interviews sowie nonverbale Verhaltensweisen aufzeigen zu können. Witzel spricht davon, im Postskript

---

21   vgl. Lamnek, S., 1989, S. 76 f., Spöhring, W., 1989, S. 178 f., jeweils zitiert nach Witzel, A., 1982, S. 90, 1985, S. 236

22   vgl. Witzel, A., 1985, S. 231 und S. 236; Als Extremform des offenen Interview würde Schnell sogar von einem Leitfaden absehen: Das narrative Interview zielt somit weder auf Vergleichbarkeit und Variablensystematik, noch auf Hypothesenüberprüfung ab, sondern hilft einzig, Verständnis für Sicht- und Handlungsweisen zu erlangen: vgl. Schnell, R., 1988, S. 354

23   vgl. Kap. 4.3./Abschnitt A (Transkription der Interviewdaten)

"...Ahnungen, Zweifel, Vermutungen, Situationseinschätzungen, Beobachtungen von besonderen Rahmenbedingungen des Interviews" zu berücksichtigen.[24]

So wie das narrative ist auch das problemzentrierte Interview in seinem Ablauf stufenförmig aufgebaut:

1. Einstieg

⇨ Vorstellung der Erzählstruktur des zu führenden Interviews

⇨ Bekanntmachung des zu behandelnden Themas

⇨ Beginn mit einer offenen, eine Erzählung auslösenden Frage

Dem hier beschriebenen Einstieg kann der (standardisierte) Fragebogen, wie er weiter oben bei den Techniken des narrativen Interviews angeführt wurde, vorgeschaltet werden. In der von Witzel geforderten Methodenvielfalt stellt den quantitativen Aspekt dar und gewährleistet inhaltlich die Verbindung mit der nachfolgenden, qualitativen Vorgangsweise. (Wie erwähnt, kann er als Fundgrube für den qualitativen Einstieg dienen).

2. Sondierung

Allgemeine Sondierung:

⇨   Förderung einer "materialgenerierenden", detaillierten Erzählung durch Erfahrungs-hintergründe, "...ausführliche (z.b. chronologische) Rekonstruktion relevanter Ereignisse und spezifizierende Fragetypen (z.b. 'Was passierte da im einzelnen?', 'Woran denkst Du da insbesonders?')...".[25]

Spezielle Sondierung:

⇨   Der Interviewer versucht zum besseren Verständnis der Erzählung "Erzähl-sequenzen" sowie "Darstellungsvarianten"[26] herauszugreifen, wozu dem Forscher drei Varianten zur Verfügung stehen:

   a)   Paraphrasierung/Spiegelung[27]

        Die Paraphrasierung und Spiegelung sind Instrumente nicht-direktiver Form von (seine kommunikative Kompetenz vorausgesetzt) Gesprächsführung. Will der Forscher sicher gehen, das Gesagte richtig verstanden zu haben, wird er im

---

24   vgl. Witzel, A., 1985, S. 237 f.; 1982, S. 91 f.; Witzels Postskript erinnert an die Empfehlung anderer Forscher, ein sogenanntes Forschungstagebuch zu führen (vgl. z.B. Altrichter, H./Posch, P., 1990, in der Aktionsforschung)

25   Spöhring, W. 1989, S. 180

26   Witzel, A., 1985, S. 248

27   vgl. Kap. 4.2.4./Abschnitt A (Paraphrasieren) und Kap. 4.2.5./Abschnitt A (Verbalisieren emotionaler Inhalte)

Zweifelsfall den bei ihm angekommenen Sinn der Worte des Interviewten wiederholen ("Das heißt also,...", "Nur damit ich das richtig verstanden habe,...").

Beim Spiegeln (in der nicht-direktiven Gesprächsführung auch 'Verbalisieren emotionaler Inhalte' genannt) werden die wahrgenommenen, verbalisierten Gefühle des Interviewten wiedergegeben. Ein Beispiel: "Ich wußte wirklich nicht mehr was ich tun sollte..." (Interviewter) - Reaktion des Interviewers: "Sie waren verunsichert." Der Interviewer diagnostiziert beim Befragten Unsicherheit und verbalisiert diese. Der Befragte kann nun zum besseren Verständnis die Spiegelung des Interviewers bestätigen oder berichtigen.

b) Verständnisfragen

Durch Verständnisfragen versucht der Interviewer Unklarheiten der Erzählung des Interviewten zu bereinigen (aufgetauchte Widersprüche, aber auch wahrgenommenes ausweichendes Verhalten) um eine genauere Interpretation des Gesagten zuzulassen.

c) Konfrontation

Hier spricht der Interviewer konkret Unklarheiten, Widersprüchlichkeiten, Ungereimtheiten an. Die Kunst der Konfrontation liegt auf Interviewerseite darin, diesen Schritt in einem Maß und entsprechender verständnisvoller Art zu setzen, ohne damit den Befragten zu brüskieren und das Risiko einer Verschlechterung des Interviewklimas einzugehen.

3. Ad-hoc-Fragen

durch den Interviewer werden notwendig, wenn Themenbereiche, die im Gesprächs-leitfaden angeführt sind, vom Befragten noch nicht angeschnitten wurden. Die nicht-direktive Gesprächshaltung des Forschers wird in dieser Stufe mehr und mehr durch direktive, konkrete Fragestellungen abgelöst.

Aus dem Ablaufschema wird deutlich, daß als Erleichterung eines Einstieges ins narrative Interview ein Fragebogen vorgeschaltet werden kann.

4.1.3. Das fokussierte Interview

Entstanden ist das fokussierte Interview aus einer Weiterentwicklung der Analyse von Propaganda-Wirkungsforschung und Kommunikationsforschung durch Merton/Kendall u.a.

Herta Herzog untersuchte in den 40er Jahren den Gewinn, den Personen aus dem Anhören bestimmter Rundfunksendungen, Serien oder Quizsendungen ziehen. Eine klarere Definition der Forschungsziele brachte später den Schwerpunkt auf die Analyse von Reaktionsweisen auf gesehene Flugblätter, Filme oder gehörte Radioprogramme. Während des Zweiten Weltkrieges wurden dann Herzog und Merton in einer Untersuchung mit dem Ziel beauftragt, die "...psychologische Wirkung bestimmter Maßnahmen zur Stützung der Kampfmoral" von Rekruten herauszukristallisieren.[28] Als eine der ältesten qualitativen Datenerhebungsformen ist der Ursprung in Gruppeninterviews zu finden, bei denen von vornherein bestimmte Gesprächsthemen fixiert wurden.[29]

Ausgangspunkt für das Interview ist eine konkrete Situation - z.B. ein Film, den die Interviewpartner gesehen haben oder eine gehörte Rundfunksendung, eine gelesene Broschüre, ein Artikel oder Buch.[30] Diese konkrete (ungestellte, also nicht experimentell hervorgerufene) Situation wird vom Forscher beobachtet und analysiert. Die so von ihm aufgedeckten Daten (hypothetisch als relevant angesehene Elemente, Muster und die Gesamtstruktur) ermöglichen das Auffinden "...einer Reihe von Hypothesen über die Bedeutung und die Wirkungen bestimmter Aspekte dieser Situation..."[31] Diese situationsanalytischen Erkenntnisse werden vom Interviewer in einem Gesprächsleitfaden zusammengefaßt, welcher alle in dieser Phase für die Interviews vorerst relevanten Themen, Elemente und Aspekte - alle Hauptgebiete der Untersuchung und Hypothesen aus Forschersicht enthält. "Wenn man so will, handelt es sich bei der fokussierten Befragung um eine Kombination von unentdeckter Beobachtung und qualitativem

---

28 Merton, R.K./Kendall, P.L., 1979, S. 173; vgl. auch die in Kap. 4.1./Abschnitt A (Das qualitative Interview) unter dem Kriterium der Spezifität angeführten Beispiele aus der Untersuchung von Herzog und Merton.

29 Seit einiger Zeit werden im Marketing verstärkt sog. 'focus group interviews' eingesetzt. Literatur: z.B. Greenbaum, T.L., 1988; Templeton, J.F., 1987, Fern, E.F., 1982; Calder, B.J., 1977

30 Gegenstand neuerer Formen fokussierter Interviews bilden beispielsweise Aufzeichnungen des Tagesablaufes oder persönliche Unterlagen und Dokumente der zu Befragenden: vgl. Hopf, C., 1991, S. 179

31 Merton, R.K./Kendall, P.L., 1979, S. 171

Interview."[32] Der Vorteil einer antizipativen Kenntnis der Situation durch den Forscher kann darin liegen, daß er sich bei der Interviewdurchführung nicht mehr um deren objektives Umfeld zu kümmern braucht und seine Konzentration mehr auf die Interviewsituation lenken kann.[33]

Ziel der Interviews ist es jetzt,

➪ subjektive Erfahrungswerte der Befragten zu sammeln, die sich in dieser analysierten Situation befinden (befanden) sowie

➪ die vorab theoretisch gebildeten Hypothesen zu prüfen,

➪ gegebenenfalls die Ergebnisse der Interviews für die Bildung neuer Hypothesen oder deren Modifizierung heranzuziehen.

Für die konkrete Interviewsituation fordern Merton/Kendall die Beachtung folgender Rahmenbedingungen[34]:

Nicht-Beeinflussung
durch die Gewährleistung einer nicht-direktiven Haltung des Interviewers. Im speziellen sollen hier die 'Prä-Hypothesen' des Forschers im Interview keine Erwähnung finden. Der Interviewte sollte die thematische Struktur und deren individuelle Relevanz selbst bestimmen können.

Spezifität
Die Situation soll durch den Befragten vollständig und gegebenenfalls genügend spezifiziert sein. Erfahrene Gefühle, erlebte Eindrücke sollen nicht nur verbal ausgedrückt, sondern vom Interviewten auch erläutert und interpretativ vernetzt werden. Trotzdem ist es Aufgabe des Interviewers, spezifizierende Fragen in der Art offen zu halten, daß einerseits die Strukturierung der Situation dem Befragten obliegt - andererseits dieser jedoch seine Antwort direkt auf die Stimulussituation beziehen kann ("retrospektive Introspektion"[35]).

Erfassung eines breiten Spektrums (auslösender Stimuli und darauffolgender Reaktionen)
Die vom Forscher vorab beobachteten Reaktionen und daraus abgeleiteten Hypothesen sollen veri- oder falsifiziert werden können. Der Forscher soll gewährleisten, daß der

---

32 Lamnek, S., 1989, S. 78
33 vgl. Merton, R.K./Kendall, P.L., 1979, S. 172
34 vgl. Merton, R.K./Kendall, P.L., 1979, S. 178 ff.; vgl. auch die Ausführungen zu den Kriterien der Nicht-Beeinflussung und Spezifität in Kap. 4.1./Abschnitt A (Das qualitative Interview)
35 vgl. Merton, R.K./Kendall, P.L., 1979, S. 187 f.

Befragte genügend Möglichkeit erhält bzw. erhalten hat, auch zu Situationselementen Stellung zu nehmen, die der Forscher in seinem theoretischen Vorkonstrukt unbeobachtet ließ. Das sollte unter anderem dazu führen, daß Themenwechsel durch den Interviewten nach Möglichkeit selbst vollzogen werden sollten. Unter bestimmten Umständen sind (behutsame) Themenwechsel auch durch den Interviewer erlaubt. Zeitdruck sollte jedenfalls vermieden werden.

Tiefgründigkeit und personaler Bezugsrahmen

Dieser Punkt bezieht sich auf Beschreibungen von Reaktionen des Befragten wie "positiv", "negativ", "erfreulich" oder "unerfreulich". Derartige, zu sehr "beschränkte" Beschreibungen sollten so tief als möglich erörtert werden. "Die Tiefgründigkeit der Kommentare bewegen sich entlang eines Kontinuums. Am unteren Ende der Skala stehen bloße Beschreibungen von Reaktionen, lediglich als 'positiv' oder 'negativ' eingestuft. Am anderen Ende stehen jene Berichte, in denen unterschiedliche psychologische Dimensionen der Erfahrung wirksam werden. In ihnen kommen Symbole, Ängste, Befürchtungen, Gefühle sowie kognitive Vorstellungen zum Ausdruck."[36]

Die angeführten Kriterien gehören zusammen und beziehen sich lediglich auf verschiedene Dimensionen des Interviewmaterials. Für deren Untersuchung und Unterscheidungsmöglichkeit führen Merton/Kendall einige Hauptfunktionen spezifischer Methoden an.[37]

Wie kann das fokussierte vom narrativen oder problemzentrierten Interview abgegrenzt werden?

⇨ Bezeichnend für die fokussierte Personenbefragung ist die Hypothesenüberprüfung, wobei dieser Schwerpunkt eher der quantitativen Methodologie zugeordnet wird. Trotzdem ist diese Interviewform qualitativ.

⇨ Der Forscher kennt die reale Situation, die der Befragte erlebt hat (Film, Rundfunksendung,...), konnte dieser (nicht-experimentell) als Beobachter beiwohnen. Aus den daraus abgeleiteten theoretischen Erkenntnissen ist der Forscher in der Lage einen Interviewleitfaden zu entwickeln.

⇨ Die Themen des Interviews werden durch offene Fragestellungen behandelt - die Antworten der befragten Personen können erzählende, aber auch berichtende Form haben.

---

36 vgl. Merton, R.K./Kendall, P.L., 1979, S. 197 f.; vgl dazu auch die Techniken der nicht-direktiven Gesprächsführung: Kap. 4.2.4./Abschnitt A (Paraphrasieren) und Kap. 4.2.5./Abschnitt A (Verbalisieren emotionaler Inhalte)

4.1.4. Alternative Interviewformen

Wie in den allgemeinen Ausführungen zum qualitativen Interview schon angeschnitten, ist die umfassende Analyse aller Interviewformen - vor allem aufgrund verschwimmender, zum Teil unklarer Begriffsbezeichnungen in der einschlägigen Literatur - unterschiedlich. Zudem zeigen sich - je nach wissenschaftlicher Richtung - verschiedene Schwerpunkte präferierter Interviewformen (Soziologie, Pädagogik, Psychologie, Ethnographie,...).

Zur Abrundung werden noch einige in der Literatur vorkommende Arten angeführt:

4.1.4.1. Das diskursive Interview

Als 'diskursiv' wird ein Interview dann bezeichnet, wenn der Interviewte in erster Linie als Theoretiker und Experte seiner selbst, seiner (Lebens-)Geschichte und deren Besonderheiten fungiert. Traditionell hat sich diese Interviewform aus der Aktionsforschung und aus der handlungstheoretisch ausgerichteten Psychologie entwickelt. Der 'Diskurs' zwischen Interviewer und Interviewtem steht insofern im Raum, als der Interviewer Interpretationen und Wahrnehmungen vorangegangener Interviews heranzieht und diese mit der befragten Person überprüft. Deutungsinhalte des Forschers werden somit in einem diskursiven Prozeß zwischen Interviewer und Interviewtem (mitunter mehrmals) validiert. Selbstverständlich darf keineswegs unerwähnt bleiben, daß Teile dieses 'Diskurses' gerade durch Techniken der nicht-direktiven Gesprächshaltung des Forschers, in verschiedenste Interviewformen Eingang gefunden haben. Psychologisch betrachtet befindet sich der Interviewer auf einer Gratwanderung: Die Grenzen von Konfrontationen von Wahrgenommenem sind spätestens dort zu ziehen, wo ein Schritt mehr als kränkend für den Interviewten empfunden und dadurch das Interviewklima mitunter deutlich verschlechtert würde.[38]

---

37   vgl. Merton, R.K./Kendall, P.L., 1979, S. 178 ff.
38   vgl. Hopf, C., 1991, S. 179 f.

4.1.4.2. Das Gruppeninterview

"Viele Meinungen und Einstellungen...sind so stark an soziale Zusammenhänge gebunden, daß sie am besten in sozialen Situationen - also in der Gruppe - erhoben werden können... Die Gruppendiskussionsmethode erfaßt alltägliche Sinnstrukturen, die in sozialen Situationen entstehen, sich verändern und das Denken, Fühlen und Handeln beeinflussen."[39] Vorurteile und Einstellungen kommen im gruppendynamischen Prozeß eher zum Ausdruck als bei Einzelinterviews. Etwa können aus diesem Grund Anwendungsgebiete Themen der öffentlichen Meinung sein (z.b. Ausländerfeindlichkeit, Antisemitismus, Sozialstaat, Prostitution).

Der Diskussionseinstieg kann beispielsweise provokativ erfolgen: Ein Filmausschnitt wird gezeigt, ein Artikel vorgelesen, ein polarisierendes Argument vorbereitet. Der Diskussionsleiter sollte sich möglichst wenig in die Diskussion einmischen. Seine Aufgabe kann allerdings auch während der Diskussion darin bestehen, erneute Reize einzuwerfen.

Die Methode läßt sich für vielfältige Fragestellungen verwenden, wird aber noch relativ selten eingesetzt.[40]

4.1.4.3. Das Tiefeninterview

Das Tiefen- oder Intensivinterview zeichnet sich dadurch aus, daß es, im Vergleich mit den vorangegangenen Interviewformen, die Bedeutungszuweisung nicht nur dem Interviewten überläßt, sondern auch der Forscher auf der Suche nach Bedeutungs-strukturen ist, die dem Befragten bislang (noch) gar nicht bewußt sind (waren). Thematisch bewegen sich Tiefeninterviews im alltagsweltlichen Bereich. Eingebettet in das Tiefeninterview, z.B. in theoretischen Vorstellungen der Psychoanalyse, welche ihrerseits wieder selbst bestimmte Fragetechniken entwickelt hat, die dann ebenfalls vom Interviewer zu berücksichtigen sind. Aus methodologischer Sicht wird die Forderung nach Offenheit (im Vergleich zu den bisher besprochenen Interviewformen) zumindest

---

[39] Mayring, Ph., 1990, S. 53 und S. 55
[40] vgl. Mayring, Ph., 1990, S. 55

teilweise nicht erfüllt: Die Antwortdeutung innerhalb des zur Anwendung kommenden Theorierahmens (z.b. der Psychoanalyse) zeichnet sich in der Interviewsituation vorrangig durch Interpretationen des Forschers innerhalb seines psychoanalytischen Theoriekonstruktes aus, der Beimessung von Bedeutungsstrukturen durch den Befragten wird tendenziell weniger Augenmerk geschenkt.[41]

> *"Wenn wir die Menschen nur so nehmen,*
> *wie sie sind, so machen wir sie schlechter.*
> *Wenn wir sie behandeln, als wären sie,*
> *was sie sein sollten, so bringen wir sie dahin,*
> *wohin sie zu bringen sind."*
> *(Goethe)*

4.2. Gesprächsführungstechniken vor dem Hintergrund Rogers

Nach dem Interviewverhalten - dem Stil der Kommunikation - kann zwischen 'weichem', 'neutralem' und 'hartem' Interview unterschieden werden. Grunow bezeichnet ein Interview dann als 'weich', wenn der Interviewer ein Vertrauensverhältnis zum Befragten zu entwickeln sucht, indem "...er der Person (nicht den Antworten) seine Sympathie demonstriert".[42] Der Interviewer nimmt eine eher passive Rolle ein und greift nur bei einem Themenwechsel steuernd ein.[43]

Eine dieser 'weichen' Interviewformen wird im Ansatz der sogenannten nicht-direktiven bzw. personzentrierten Gesprächsführung[44], die seit 1940 von Carl Rogers u.a. entwik-kelt wurde, um psychisch Kranken in der Therapie zu einem sinnvollen Verständnis ihrer

---

41 vgl. Lamnek, S., 1989, S. 81
42 Grunow, D., 1978, S. 786
43 Koolwijk, J.v., 1974, S. 17; vgl. auch Kap. 4.1./Abschnitt A (Das qualitative Interview)
44 Ursprünglich verwendete Rogers für seinen Ansatz den Begriff 'non-directive' (nicht-direktiv), um sich von den direktiven Ansätzen abzugrenzen. Bald ging er auf die Bezeichnung 'client-centered' (klienten- oder personzentriert) über, der in seinen Augen eine neutralere Sichtweise, mit dem Fokus der 'Zentrierung' (Orientierung, Bezogenheit) repräsentiert: vgl. auch Schmid, P.F., 1989, S. 90 f.; In der einschlägigen Literatur finden sich unterschiedliche Termini: Lutz/Siemens verwenden den Begriff 'partnerzentriert' für die auch klienten- oder personzentrierte Art der Gesprächsführung; Dahmer/Dahmer sprechen von 'auxiliärer' (helfender) Gesprächsführung und spezialisieren sich auf medizinisch-therapeutische Kommunikation für Ärzte, Psychologen, Sozialarbeiter, Kranken-schwestern, mit der Zielsetzung, "...im auxiliären Gespräch nicht nur das Problem selbst zu erfassen, sondern auch das Bezugssystem des Klienten, mit dem er sein Problem sieht.": Dahmer, H./Dahmer, J., 1992, S. 7

unbewußten Selbstanteile zu verhelfen. Seit dem zweiten Weltkrieg setzte jedoch eine Entwicklung ein, welche auch andere Disziplinen außerhalb des rein therapeutischen Paradigmas bereicherte. Überall dort, wo es wichtig war, eine gute Gesprächsbasis bzw. ein gutes Gesprächsklima zu schaffen, erobert(e) der Ansatz Bereiche, die das Thema Gesprächsführung primär oder sekundär tangier(t)en. Anstelle von demotivierender und mißverständlicher Wirkung egozentrischer Gesprächsführung werden mit der nicht-direktiven Gesprächsführung positive Eindrücke wie wohlwollende Zuneigung, Verständnis und vor- bzw. 'verurteilslose' Annahme der Persönlichkeit des Gegenübers propagiert.

Die nicht-direktive Gesprächsführung ist eine Reaktionsmöglichkeit auf Aussagen von Menschen, in ganz bestimmten Situationen (z.B. bei Interviews) eingesetzt, vorwiegend dann, wenn

⇨ das Vertrauen des Gesprächspartners gewonnen werden will,

⇨ der Gesprächspartner dazu bewegt werden will, mehr zu erzählen als er sich (vielleicht) vorgenommen hatte,

⇨ die Beziehung zum Gesprächspartner systematisch aufgebaut werden will, d.h., auf der Beziehungsebene die Voraussetzungen für die inhaltliche Überzeugung geschaffen werden sollen, über Dinge zu sprechen, welche den Gesprächspartner - positiv wie negativ - seelisch beschäftigen und bewegen.

Die Methode kann somit als Rüstzeug für all jene bezeichnet werden, die (professionell) mit anderen Menschen reden, verhandeln, sie überzeugen wollen. Gerade für solche Interviews, bei denen es um Themen geht, welche aufgrund ihrer Intimität mit großen Ängsten verbunden sind (z.B. zur persönlichen Sicht der Beziehung zum Vorgesetzten durch den unterstellten Mitarbeiter), kann die nicht-direktive Gesprächsführung - auch wenn sie nur partiell angewandt wird - für den Aufbau einer angstfreien Interviewatmosphäre sehr fruchtbar sein.[45]

Das Um und Auf der nicht-direktiven Gesprächsführung liegt weniger im technischen Erlernen, sondern vielmehr im Umdenken - oder besser im 'Umfühlen': Es gilt zu lernen,

---

[45]   Je nach Interviewart und Forschungsgegenstand wird die nicht-direktive Gesprächsführung nur in bestimmten Phasen des Interviews eingesetzt.

intensiv auf den Gesprächspartner einzugehen, ihm (möglichst ohne Unterbrechungen) aufmerksam zuzuhören, zu paraphrasieren (die Worte des Gegenübers zusammenfassend wiedergeben) sowie die emotionalen Inhalte seiner Worte (oder eines vermutlich emotional besetzten Wortes) zurückzuspiegeln.[46]

4.2.1. Direktiver und nicht-direktiver Ansatz

Jede Episode, jeder Wortwechsel in einem Gespräch können nur 'Gesprächsfetzen' in dem Sinne sein, daß sie herausgerissen aus einem Zusammenhang zu verstehen sind, "...der allein das Muster des Stoffes und den Zuschnitt des Kleidungsstückes erkennen läßt." Jedem Gespräch ist ein Stempel aufgedrückt, der die Beziehung und Atmosphäre, die Werthaltung und den Hintergrund der gewählten Gesprächsführung charakterisiert. "Solche Beziehungsdefinitionen können z.B. sein: 'Wir stehen uns als Gegner gegenüber' - 'Wir wollen uns gegenseitig hereinlegen' - 'Wir halten viel voneinander'."[47] Die Werthaltung und die zugrundeliegende Gesprächsabsicht definieren die verschiedenen Ansätze. Rogers ist aufgrund seiner Erfahrung überzeugt: "Die menschliche Natur ist vertrauenswürdig und konstruktiv, schöpferisch, sozial und auf Reife hin ausgerichtet."[48] Hinter dem direktiven und dem nicht-direktiven Ansatz zeigen sich somit "...tiefere Unterschiede in der Philosophie der Beratung und der Werte, die für wichtig gehalten werden. Auf dem Gebiet der angewandten Wissenschaft spielen Werturteile häufig eine wichtige Rolle bei der Entscheidung über die Wahl der Mittel. Es ist daher von nicht geringer Bedeutung, daß wir die implizierten Absichten der direktiven wie der nicht-direktiven Beratung (Gesprächsführung) verstehen."[49]

---

46 Oetting, M., 1990, S. 24; Lay, R., 1989, S. 211; vgl. Kap. 4.2.3./Abschnitt A (Aktives Zuhören), Kap. 4.2.4./Abschnitt A (Paraphrasieren) und Kap. 4.2.5./Abschnitt A (Verbalisieren emotionaler Inhalte)
47 Neuberger, O., 1981, S. 55
48 Schmid, P., 1989, S. 100
49 Rogers, C., 1989, S. 118 f.

4.2.2. Hintergründe der beiden Ansätze

Rogers Ansatz der nicht-direktiven Gesprächsführung bzw. seine Erarbeitung der Unterschiede zur Direktiven bewegt sich in den Bereichen Therapie und Beratung und soll aus diesem Blickwinkel betrachtet werden:

Die *direktive Gruppe* geht in erster Linie davon aus, daß der Berater[50] im Laufe des Gesprächs das Problem seines Gegenübers erkennt, das gewünschte und sozial anerkannte Ziel (eine 'Lösung' des Problems) für den Klienten auswählt und alles daran setzt, ihn bei der Erreichung zu unterstützen. Diese Haltung impliziert die Überlegenheit des Beraters: Er weiß (oder meint zu wissen), was für den Klienten gut ist und übernimmt die volle Verantwortung für das, was aufgrund der Problemanalyse als nächstes zu tun ist. In der Regel ist mit dieser direktiven Haltung des Beraters, der das Ruder des Gesprächs über weite Teile übernimmt,[51] keine oder wenig Klärung der Probleme, Einstellungen, Reaktionen aus Klientensicht verbunden. Diese Haltung eines direktiven Beraters (B) soll an einem Beispiel demonstriert werden:[52]

B: Ich habe mir Ihre Unterlagen und all das angesehen.

K: Hm.

B: Sie sind also aus Y...

K: Hm.

B: Studierten Sie in Innsbruck?

K: Ja, hm.

B: Ich hab gelesen, daß Sie neben Betriebswirtschaftslehre auch Psychologie belegt haben, weil Sie nicht wußten, was Sie richtig studieren sollten...und dann habe ich mir die Liste Ihrer Probleme angesehen und festgestellt, daß Sie sich sehr mit Ihren schlechten Noten und Ihrem schlechten Gedächtnis usw. befassen. Wie gut waren Sie in der Oberstufe?

---

[50] Im folgenden wird der Begriff des 'Beraters' synonym für Therapeut, Gesprächspartner(-leiter) und Interviewer verwendet. Der 'Klient' ist somit der andere Gesprächspartner - der Interviewte - wobei von klientenzentrierter bzw. -orientierter Beratung vorwiegend dort gesprochen wird, wo der Partner auch als Klient bezeichnet wird (Therapie, Beratung, Sozialarbeit).

[51] Rogers zitiert eine Untersuchung von Porter, E.H. (The Developement and Evaluation of a Measure of Counseling Interview Procedures, Dissertation, unveröffentlicht), die einige aufschlußreiche Daten in bezug auf Berater, die den direktiven beziehungsweise den nicht-direktiven Standpunkt vertreten, zutage bringt: Bei zehn direktiven Interviews sprach der Berater etwa dreimal soviel wie der Klient, bei neun nicht-direktiv geführten Interviews sprach der Berater im Gegensatz dazu weniger als halb soviel wie der Klient. Fazit: Der direktive Berater benutzt im Durchschnitt fast sechsmal soviel Worte wie der nicht-direktive: Vgl. Rogers, C., 1989, S. 111 und 115.

[52] anlehnend an Rogers, C., 1989, S. 108 f.

K: Hm, durchschnittlich.

B: Und welches war dort Ihr Lieblingsfach?

K: Sie meinen...

B: Haben Sie sich auf den Berufseinstieg vorbereitet oder auf ein Studium?

K: Hm, ich weiß es nicht genau.

B: Mir scheint, Ihr Problem besteht darin, daß Sie mehr über sich selbst erfahren möchten. Wir werden die ganzen Eignungstests zurückbekommen und uns jede Woche einmal sehen, dann werden Sie allmählich ein besseres Bild bekommen...und dann werde ich Ihnen helfen, es zu überprüfen, und Ihnen sagen, ob es richtig ist...

K: Hm.

B: Damit wir an der Sache arbeiten können. Ich würde vorschlagen...Ich würde dieses Projekt mehr oder weniger durcharbeiten, weil Sie sagen, daß Sie Schwierigkeiten mit der Konzentration haben. Gut...

Vermutlich würde der Klient - gibt man ihm (z.b. durch nicht-direktive Beratung) die Möglichkeit zur Erarbeitung einer gewissen Einsicht seiner Probleme - eine gute Wahl über sein zu setzendes Ziel treffen. Dieser Standpunkt wurde Rogers Ansicht nach von Robert Waelder, der einen Faible für Freudsche Termini hat, ungewöhnlich gut aufgezeigt: "Die grundlegende Idee der Freudschen Psychoanalyse...ist Unvoreingenommenheit gegenüber den inneren Konflikten des Patienten... Ohne in irgendeiner Weise an diesen unaufhörlichen Kämpfen teilzunehmen, zielt die Psychoanalyse ausschließlich darauf ab, Licht und Luft auf dieses Schlachtfeld dringen zu lassen, indem sie die unbewußten Elemente des Konflikts bewußt macht. Die Vorstellung ist die, daß das reife Ich des Erwachsenen, wenn es vollen Zugang zu allen im Spiel befindlichen Kräften hat, imstande sein sollte, eine angemessene, tragbare, zumindest aber nichtpathologische Lösung für diese Konflikte zu finden, und fähig, zu einem ausgeglichenen Verhältnis zwischen der Befriedigung von Wünschen und der wirksamen Kontrolle derselben zu gelangen." Unabhängig davon, ob wir nun von Freud reden oder nicht, gehört dies zu den grundlegenden Prinzipien jedes psychotherapeutischen 'approaches'. Offenbar hat die Psychoanalyse den Anstoß zu einer Beziehung gegeben, "...in der der Therapeut sich darum bemüht, daß seine eigenen Wertvorstellungen den Patienten nicht beeinflussen, und daß seit den letzten zwanzig Jahren alle psychotherapeutischen Ansätze weitgehend dem gleichen Ziel zustreben."[53]

---

[53]   Rogers, C., 1989, S. 119

Mit den vorangegangenen Ausführungen von Waelder befinden wir uns mitten in der Diskussion zum *nicht-direktiven Ansatz,* dessen grundlegender Unterschied zum Direktiven zusammenfassend darin besteht, Techniken zu verwenden, die einen bewußteren Umgang mit Einstellungen, Gefühlen und Reaktionen des Einzelnen bewirken und somit mehr Einsicht und Selbstverständnis des Klienten zulassen. Schmid schreibt in diesem Zusammenhang von der Metapher des Beraters als 'Gärtner', mit der Aufgabe, eine Blumenzwiebel zu Wachstum und Blüte zu bringen. Er habe weder die Möglichkeit sich auszusuchen, welche Pflanze aus der Zwiebel werden soll, noch kann er aus einer Hyazinthe eine Rose zaubern. Sein Fokus liegt darauf, optimale Bedingungen für das Wachstum der Pflanze zu schaffen und diese so zu gestalten, daß sie ihr Wachstum fördern oder hemmen. Der Gärtner wird geduldig das Wachstum der Pflanze begleiten und vielleicht zur Einsicht kommen, daß Zwang und Druck nichts bringen, im Gegenteil: zuviel Wasser, Dünger und Sonne würden der Pflanze womöglich schaden.[54]

In der konkreten Umsetzung nicht-direktiver Gesprächsführung aus der Sicht des Beraters/Interviewers sollten einige Klippen, denen es bei direkter Form der Fragestellung auszuweichen gilt, beachtet werden:

⇨ Keine Erwartungen andeuten, die der Gesprächspartner u.U. nicht erfüllen kann. Ein Mitarbeiter, der mit seinem Vorgesetzten Probleme hat, sollte demnach nicht 'direkt' gefragt werden: "Klappt es mit Ihrem Vorgesetzten?" Man erwartet i.d.R. von einem Mitarbeiter, daß er mit seinem Vorgesetzten zurechtkommt. Eine neutralere Formulierung wäre: "Bitte erzählen Sie mir etwas von Ihrem Betrieb."

⇨ Vermeidung sehr direkter und meist 'zwingender' Fragen. Der Gesprächspartner hat ansonsten keine Wahl, als zu für ihn vielleicht sehr unangenehmen Themen Stellung zu beziehen. Z.B.: "Mögen Sie Ihren Vorgesetzten?" Besser ist es, dem Gesprächspartner zu einem für ihn unangenehmen Thema zunächst die Möglichkeit zu einem Rollenwechsel anzubieten: "Wie stehen eigentlich Ihre Kollegen in der Abteilung zu Ihrem Vorgesetzten?"

⇨ Nicht mit dem Gesprächspartner über Fremdbeurteilungen seiner Person sprechen. Z.B.: "Was hält Ihr Chef von Ihnen?" Lassen Sie Ihren Gesprächspartner lieber ein Selbstkonzept schildern: "Wie sehen Sie Ihre Stellung im Betrieb?" Die Selbstbeur-

---

[54] Rogers selbst vergleicht seine eigene Tätigkeit in einer nicht-direktiven Gesprächsbeziehung auch gern mit der Tätigkeit einer Hebamme. Das Bild erinnert an Sokrates und beschreibt den Prozeß als Geburtshelfer für neues Personwerden: vgl. Schmid, P., 1989, S. 102 f.

teilung gibt dem Gesprächspartner mehr Sicherheit als eine Fremdbeurteilung seiner Person, in diesem Fall zudem vom hierarchisch höher angesiedelten Vorgesetzten.

➪ Vermeidung von Fragen, mit deren Beantwortung sich der Gesprächspartner ein Negativ-Image aufbaut, sich unter ungünstigem Licht beschreiben muß. Z.B.: "Halten Sie sich für einen Schwächling?" oder "Streiten Sie oft mit Ihrem Vorgesetzten?" Das Gegenteil davon, den Gesprächspartner positiv über sich reden zu lassen, ist bei weitem fruchtbarer: "Wo liegen Ihre Stärken?"

➪ Vermeidung von Fragen, auf die der Gesprächspartner mit Scham- oder Schuldgefühlen reagieren könnte.

➪ Vermeidung wertender/aggressiver Formulierungen. Z.B.: "Wie konnten Sie das nur machen?"

➪ Vermeidung aggressiver Konfrontation des Gesprächspartners mit seinem eigenen Verhalten. Z.B. "Haben Sie sich nicht selbst gesagt, es sei eine Frechheit...?" Weniger konfrontativ wirkt die Frage "Wo sehen Sie die Schnittpunkte zwischen Ihrer Meinung und der von...und...?

➪ Vermeidung des Aufschaukelns emotionaler Situationen, in denen sich der Klient festfährt. Bei zunehmender Angst und Spannung im Gespräch sollten die Emotionen nicht noch verstärkt werden. - Einen Mitarbeiter, der vom tragischen Todesfall seines Arbeitskollegen und Freundes mit letzter Selbstbeherrschung berichtet, sollte nicht gefragt werden: "Haben Sie Ihren Freund sehr gemocht?" Besser wäre es, durch einen Themenwechsel die Möglichkeit einzuräumen, sich wieder zu fangen: "Möchten Sie jetzt zunächst über etwas anderes sprechen?"

➪ Vermeidung abwertender Stereotype. Z.B.: "Halten Sie das für männlich?" oder "Kein normal denkender Mensch würde sich auf so etwas einlassen...!"[55]

---

[55] Die angeführten Spielregeln der Gesprächsführung bei direkter Fragestellung können als Regeln für jedes Gespräch/Interview dienen - sie helfen vermeintliche Schwäche und empfundene Ängste beim Interviewten abzubauen: vgl. Dahmer, H./Dahmer, J., 1992, S. 25 ff.

Die hier angeführten Regeln der Frage- bzw. Interventionstechnik tangieren die nicht-direktive Gesprächsführung vor allem dann, wenn es um Interviews oder Gespräche geht, bei denen es auch notwendig ist, zwischendurch z.b. anhand eines Interviewleitfadens noch nicht angesprochene Themen ins Gespräch zu bringen. Das spezifische Fragenstellen, das eine Information als Antwort erwartet, steht bei einem nicht-direktiv geführten Gespräch allerdings nicht im Vordergrund.

Im folgenden Beispiel führt eine Führungskraft ein nicht-direktives Gespräch mit einer vom Zwang zum Perfektionismus besessenen Buchhalterin. Besonders zum Tragen kommt dabei, daß Hal, die Führungskraft, sich fast ausschließlich auf das Zuhören, Aufmerksamkeitsreaktionen und das Verbalisieren emotionaler Inhalte beschränkt. (Diese Techniken werden im folgenden noch genauer erläutert.):[56]

"Hal: Cathy, ich bin wirklich unglücklich über den Verlauf des Gesprächs vorhin, als Sie über Ihre Verfassung und Ihre Arbeitsbelastung gesprochen haben. Ich habe nicht das Gefühl, daß die Angelegenheit geklärt ist und würde gern noch einmal versuchen, die Sache aus der Welt zu schaffen. Hätten Sie noch einmal Lust, über Ihre Probleme zu sprechen?

Cathy: Bestimmt. Ich war auch nicht zufrieden vorhin. Ich habe nicht den Eindruck gewonnen, daß Sie wirklich verstanden haben, wie nah mir dieses Problem geht.

Hal: Sie waren wirklich betroffen, und ich habe nicht den Eindruck erweckt, daß mir das klar ist. Ist es so?

Cathy: Richtig. Denn was ich Ihnen zu sagen versuchte, ist, daß die Sache meine Arbeit regelrecht beeinträchtigt.

Hal: Ah, ja.

Cathy: Ich mag das Gefühl nicht, zurückzuhängen oder denken zu müssen, daß die anderen meine Arbeit machen.

Hal: (Schweigen)

Cathy: Ich fühle mich schuldig und unglücklich, wenn ich abends nach Hause gehe.

Hal: Es geht Ihnen also wirklich nahe.

Cathy: Genau, und ich würde gern etwas dagegen tun.

Hal: Ich verstehe.

Cathy: Ich weiß, Hal, daß ich gewissenhaft bin. Ich arbeite gern sauber und akkurat.

Hal: Mm-hmm.

---

[56]   Gordon, T., 1989, S. 95 ff.

Cathy: Manchmal denke ich sogar, daß ich vielleicht zu gewissenhaft bin. Vielleicht bin ich eine Genauigkeitskrämerin.

Hal: Das hört sich an, als seien Sie stolz auf Ihre Arbeit, als wollten Sie ordentliche Arbeit leisten. Sie scheinen sich aber zu fragen, ob Sie nicht zu viel Zeit und Energie investieren, sie 150prozentig zu erledigen.

...

Cathy: ...Wenn ich nicht unter dem Zwang stünde, alles perfekt machen zu wollen, würde ich bestimmt mehr schaffen.

Hal: Hört sich fast so an, als hätten Sie schon für einen Teilbereich Ihres Problems eine Lösung bereit. Irgend etwas, wodurch Sie erreichen, daß Sie sich etwas weniger Gedanken machen und nicht ganz so penibel sind. Sie wollen ausprobieren, ob Sie so zurechtkommen.

...

Cathy: In der Buchhaltung gibt es so viele Quervergleiche, daß ich nicht jede Zahlenreihe immer und immer wieder durchgehen muß.

Hal: Ich verstehe.

Cathy: Ich glaube, deshalb arbeite ich so langsam.

Hal: Sie sehen also ein, daß Sie eigentlich nichts zu befürchten haben, wenn Sie sich selbst alle sechs Monate mal einen Fehler durchgehen lassen.

Cathy: Genau!

Hal: Das hört sich an, als hätten Sie schon den nötigen Mut gesammelt, um diese Annahme einmal zu überprüfen.

Cathy: Ich würde es gerne einmal eine Woche ausprobieren und herausfinden, ob ich mich ändern kann...Darf ich wieder zu Ihnen kommen, wenn ich irgendeinen anderen Weg suchen muß?

Hal: Klar.

Cathy: Aber ich habe so eine Ahnung, daß ich durch diese Maßnahme den Riesenberg Arbeit abtragen kann, der sich auf meinem Schreibtisch türmt.

...

Hal: Sie wissen nicht so recht, was dabei herauskommt, wollen es aber versuchen.

..."

"Man braucht zwei Jahre, um Sprechen zu lernen,
und fünfzig Jahre, um das Schweigen zu lernen."
(Ernest Hemingway)

4.2.3. Aktives Zuhören

Beim aktiven Zuhören geht es in erster Linie darum, den Gesprächspartner verstehen zu wollen - ganz gleich, was er sagt und worüber er spricht. Dem Gesprächspartner wird die Bereitschaft vermittelt, ihn als Gesprächspartner ernstzunehmen.[57]

"Gewöhnlich glaubt der Mensch, wenn er nur Worte hört, es müsse sich dabei doch auch was denken lassen." Goethe zeigt uns mit diesem Faust-Zitat, daß jedes Gespräch mehr als ein Wortwechsel ist. Lay spricht in diesem Zusammenhang vom 'richtigen Zuhören' und sieht dabei die Geduld als wichtigsten Meilenstein: "Geduld wird in der aristotelischen und stoizistischen Tradition als Teil der Tapferkeit verstanden. Ihr entgegen steht zum einen die Ungeduld, zum anderen das resignierende Dulden. Nicht nur Ungeduld widerspricht der Geduld, sondern durchaus auch das resignierende Dulden. Wer sich 'in sein Schicksal fügt', und sei es auch nur in der Situation des Zuhörenden, ist keineswegs geduldig. Geduld setzt stets aktives Interesse voraus. Sie ist wie die Tapferkeit eine aktive Fähigkeit, die jedoch falschen Aktivismus verbietet... Wo humane Aktivität durch Überaktivität abgelöst wird, wo Aktivität zum Selbstwert wird, da hat Geduld kaum mehr etwas zu suchen."[58] - Wer nicht in der Lage ist, geduldig zuzuhören, ist überhaupt nicht in der Lage zuzuhören: Die Worte des Gesprächspartners werden zum Warten auf das eigene Wort, eigene Darstellung wird während der Rede des anderen geplant. Die Wortmeldung des anderen wird nur mit 'halbem Ohr' wahrgenommen, Gesprochenes wird somit bestenfalls partiell verstanden, weil eigene Überlegungen die verfügbaren 'junks'[59] überlagern.

Die erste Qualifikation geduldigen Zuhörens besteht in der Fähigkeit, den anderen ohne Unterbrechung ausreden zu lassen - das Gespräch durch aktives Zuhören auch zu einem aktiven Prozeß werden zu lassen. Tests ergaben, daß die 'emotionale Schmerzgrenze'

---

[57]   Schwäbisch, L./Siems, M., 1990, S. 111
[58]   Lay, R., 1989, S. 208 f.
[59]   'Junks' werden als Maß für die kurzfristige kognitive Aufnahmekapazität des Menschen bezeichnet.

einer Sprechpause zwischen 1,8 bis 2,2 Sekunden liegt:[60] Einer der Partner erliegt dem Sprechzwang und beendet frühzeitig eine Gesprächspause. Obwohl auf den ersten Blick unwichtig, gilt es gerade hier anzusetzen, denn die Reaktionszeit bis zur Aufhebung einer Pause kann als Indikator für die Hektik eines Gespräches gewertet werden. Gespräche, in denen längere Pausen des Interviewers zugelassen oder geduldet werden, sind zumeist ungewöhnlich ertragreich, weil

⇨   sich der Sprechfluß beruhigt,

⇨   Intensität und Menge der Botschaft deutlich zunehmen und

⇨   sich der somantische Ausdruck mitunter sogar zutreffender einstellt als das akustisch Vermittelte.[61]

"...Schweigen ist im Vergleich zu Reden dann Gold, wenn es dazu dient, den anderen reden zu lassen und seine Äußerungen nicht zu zerreden, sondern auf sich wirken zu lassen." Schweigen bedeutet jedoch, um mit Watzlawick zu sprechen, keineswegs keine Mitteilung zu machen. Es kann in einer sozialen Begegnung grundsätzlich nur Kommunikation geben, denn auch während einer Pause werden auf der Beziehungs-ebene Botschaften vermittelt (non-verbal). Im Falle des geduldigen und aktiven Zuhörens können Anerkennung und Wertschätzung vermittelt werden: 'Ich höre Dir deshalb geduldig zu, weil ich Dich und das, was Du mir als Gesprächspartner vermittelst, schätze und das, was Du sagst, mir so wichtig ist, daß ich es genau hören will!' Bekräftigt wird diese Grundhaltung durch Kopfnicken, Augenkontakt, ein dem Gesprächspartner zugeneigter Körper, verschiedenen Verbalisierungen wie beispielsweise "Verstehe.", "Ja, ich begreife.", "Wirklich?", "Ah, ja.", "Ja.", "Ich höre zu." usw.[62] Da aktives Zuhören auch zum richtigen Verständnis darüber führen soll, ob Wahrgenommenes dem Gemeinten entspricht, werden notwendigerweise in der nicht-direktiven Gesprächs-führung auch Formen des Nachprüfens von Gesagtem angewandt.[63]

Aktives Zuhören schließt selbstverständlich beide Kommunikationsmöglichkeiten - verbale und die nonverbale mit ein. Der Gesprächspartner versucht demnach nicht nur dem Gesagten aufmerksam zuzuhören, sondern auch wahrzunehmen, was ungesagt

---

60   vgl. Neuberger, O., 1981, S. 70, der von einer mittleren Reaktionszeit (die Zeit zwischen dem Ende der Äußerung eines Partners und dem Beginn seiner Erwiderung) von 1 - 2 Sekunden spricht.

61   vgl. Lay, R., 1989, S. 210

62   J.D. Matarazzo u.a. (1964) stellen in einer Untersuchung fest, daß, falls der Interviewer in der zweiten Interviewperiode die Ausführungen des Gesprächspartners mit Aufmerksamkeitsreaktionen wie Kopfnicken begleitet, dies zu einem Anstieg der durchschnittlichen Sprechdauer beim Gesprächspartner um 48 % führt. Vgl. Reschka, W., KZfSS, 1971, S. 755

63   vgl. Kap. 4.2.4./Abschnitt A (Paraphrasieren) und Kap. 4.2.5./Abschnitt A (Verbalisieren emotionaler Inhalte)

bleibt, verschwiegen werden will, was ängstlich macht, deshalb vielleicht nur angedeutet oder umschrieben wird. Der Großteil der Menschen kann nicht umhin, Gesagtes quasi automatisiert auch nonverbal (kongruent, manchmal konvergent) zu kommunizieren. Sogenannte 'Poker-Face-Menschen', die gelernt haben, entgegen ihrem tatsächlichen Empfinden nonverbal keine (oder kaum) Gefühlsregungen und somit wahrnehmbare Signale auszusenden - gibt es verschwindend wenige.

Ein Vater sagte zu seinem Sohn, der alles doppelt sah:
"Mein Sohn, du siehst zwei, wo nur eines ist."
"Wie soll das möglich sein?" erwiderte der Junge."Wenn das so wäre,
würde ich da oben vier Monde sehen anstatt zwei."[64]

4.2.4. Paraphrasieren

Zusammenfassende Bemerkungen oder das sogenannte Pharaphrasieren ist eine der oben angesprochenen Formen der Sicherstellung, ob Gesagtes richtig wahrgenommen wurde. Vor allem in zweifelhaften Fällen wird der Sinn der gemachten Äußerung des Gesprächspartners nochmals mit eigenen Worten wiederholt. Es geht dabei jedoch nicht um ein 'papageienhaftes Nachplappern' des Gesagten, was sicher auf Widerstand stoßen würde, sondern um den Versuch, eine andere verbale Ausdrucksform für den gesamten Inhalt zu finden, mitunter auch das Gefühl zu vermitteln, daß das, was der Partner sagt, so wichtig ist, nochmals überprüft zu werden. Auf diesem Weg stellt sich heraus, wieweit der Partner richtig verstanden wurde - gleichzeitig erhält das Gegenüber eine weitere Möglichkeit, nochmals 'einzuhaken', Gesagtes zu ergänzen. Im folgenden Kapitel zur Verbalisierung emotionaler Inhalte soll näher darauf eingegangen werden. Zusammenfassungen können auch beispielsweise als überbrückende Technik im Gesprächsablauf angewandt werden.

Beispiele für Paraphrasierungen können sein:
⇨   "Nur damit ich Sie richtig verstehe,..."
⇨   "Lassen Sie mich das Gesagte bitte kurz wiederholen..."
⇨   "Ich habe das jetzt so aufgefaßt..."
⇨   "Das heißt also,..."

---

[64]   Ornstein, R.E., 1974, S. 36

⇨ "Sie haben also gesehen..."

⇨ "Sie wollen damit sagen..."

Eine besondere Möglichkeit der Zusammenfassung im weitesten Sinn stellt die Wiedergabe gehörter emotionaler Inhalte dar, welchen in der nicht-direktiven Gesprächsführung ein sehr großer Stellenwert eingeräumt wird.

4.2.5. Verbalisieren emotionaler Inhalte

Das Verbalisieren emotionaler Inhalte von Gesprochenem - sogenanntes 'Spiegeln' - kann als erweiterte Form aktiven Zuhörens verstanden werden.[65] Ein einfaches Kommunikationsmodell soll den Ablauf verdeutlichen:[66]

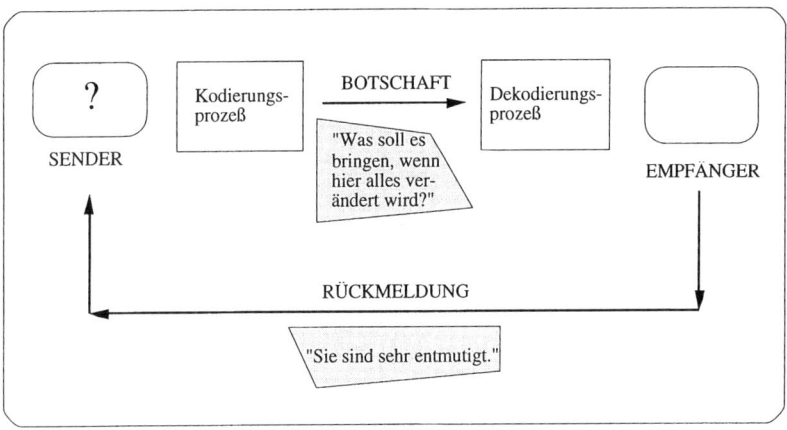

Abb. 7: Ablaufschema Sender - Empfänger

---

[65] Passives Zuhören bedeutet Zuhören ohne Aufmerksamkeitsreaktionen, Paraphrasierungen sowie Verbalisierungen emotionaler Inhalte. Selbstverständlich macht auch diese Form des Zuhörens in jedem Gespräch Sinn.

[66] Gordon, T., 1989, S. 68

Der Sender kodiert seine Botschaft an den Empfänger: "Was soll es bringen, wenn hier alles verändert wird?" Der Empfänger versucht den vermittelten emotionalen Gehalt des Gesagten zu identifizieren und dekodiert: "Sie sind sehr entmutigt." - Diese feststellende Äußerung bietet dem Sender einen Anhaltspunkt - er kann das gegebene Feed-Back entweder bestätigen oder korrigieren. Der Sender hat gleichzeitig die Möglichkeit zu überprüfen, ob seine Wahrnehmung zutreffend war.

Diese Form der Rückmeldung wird - ähnlich dem allgemeinen Paraphrasieren - angewandt, um

⇨ die Bestätigung beider Seiten zu erlangen, daß zweifelhaft erscheinende Äußerungen in gleicher Form wahrgenommen werden,

⇨ dem Sender die Möglichkeit zu bieten, tiefer in das Thema einzusteigen, sich seiner Empfindungen bewußter zu werden (Bewußtmachungsinitiierung in therapeutischen Gesprächen).

Das Verbalisieren emotionaler Inhalte (Spiegeln) stellt die intensivste Form nicht-direktiver Gesprächsführung dar und ist - im Gegensatz zu den Aufmerksam-keitsreaktionen und der Wiedergabe des gesamten Gesprächsinhaltes (Paraphrasieren) - am schwersten zu erlernen und bedarf daher einiger Übung. Für eine Anwendung ist folgendes Ablaufschema hilfreich:

1. DIAGNOSE:

Welche Gefühle hat mein Gesprächspartner ?

Unsicherheit, Erleichterung, Wut, Ärger, ist er froh, traurig...?

2. REAKTION:

Aussprechen der Gefühle des Gesprächspartners

Beispiele:

"Ich habe die Arbeit satt. Am liebsten würde ich in Urlaub fahren...Hinter mir die Sintflut...Zu blöd, daß ich letztes Jahr so viel Urlaub gehabt habe!"
DIAGNOSE:
Ärger
REAKTION:
"Du hast dich sehr geärgert."
"Du würdest am liebsten mal wieder rauskommen."

"Ich weiß wirklich nicht, was ich davon halten soll. Auf der einen Seite wird in dieser Firma immer von gegenseitigem Vertrauen gesprochen, auf der anderen Seite kontrollieren Sie mich wie im Kindergarten!"
DIAGNOSE:
Zweifel, Unsicherheit
REAKTION:
"Sie wissen nicht genau, woran Sie bei mir sind."

"Mein Vorgesetzter hat gesagt, ich hätte ihn übergangen. Dabei hat er mir vor einiger Zeit selbst gesagt, daß ich die Unterlagen nach Fertigstellung an Herrn Huber weitergeben soll!"
DIAGNOSE:
fühlt sich ungerecht behandelt
REAKTION:
"Sie fühlen sich ungerecht behandelt."

"In der Projektgruppe klappt es im Moment überhaupt nicht. Hoffentlich ist unsere nächste Sitzung erfolgreicher!"
DIAGNOSE:
Sorge, Befürchtung
REAKTION:
"Sie befürchten, die nächste Sitzung wird nicht erfolgreich sein."
"Sie machen sich Sorgen wegen der Projektgruppe."

Abb. 8: Ablaufschema Diagnose - Reaktion

In bestimmten Fällen kann es dem Gesprächspartner sehr unangenehm sein, mit seinen Gefühlen, welche der andere verbal zum Ausdruck gebracht hat, konfrontiert zu werden. Vielfach reagiert der Partner angstbesetzt - in diesen Fällen kann auf Zuhören mit Aufmerksamkeitsreaktionen und Paraphrasieren zurückgegriffen werden.

"Das Verbalisieren von Gefühlen ist nur in einer entspannten und akzeptierenden Atmosphäre hilfreich. Erst dann können die eigenen Gefühle angenommen werden."[67] Ebenfalls zu bedenken ist der Ton, in dem gesprochen wird. Weil der Ton die Musik macht, sollen bewertende, überhebliche Untertöne beim Spiegeln vermieden werden.

4.2.6. Nicht-direktives Resumée

Vorläufige Schlußfolgerungen vergleichender Techniken direktiver und nicht-direktiver Berater bietet eine Untersuchung von Porter. Sie basiert zwar auf einer sehr geringen Anzahl von Interviews - der Wert wird jedoch durch deren vollständige Transkription erhöht:[68]

---

[67] Schwäbisch, L./Siems, M., 1990, S. 26
[68] vgl. Rogers, C.,1989, S. 111 ff.; Untersuchung nach Porter, E.H. (The Developement and Evaluation of a Measure of Counseling Interview Procedures, Dissertation, unveröffentlicht). Auf diese Untersuchung wurde schon in Kap. 4.1./Abschnitt A (Das qualitative Interview) hingewiesen: Porter beauftragte erfahrene Gutachter, Reaktionen und Beiträge der Berater aus neunzehn vollständig transkribierten Interviews in verschiedene Kategorien einzuteilen. Jedes Interview wurde auf direktive (Richtung ausschließlich vom Berater bestimmt) und nicht-direktive Methoden hin überprüft (der Berater weigert sich - direkt oder indirekt - die Verantwortung für die Richtung zu übernehmen und zwingt den Klienten dadurch, die Verantwortung für die Lenkung des Interviews selbst zu tragen). Es wurde allerdings nicht beurteilt, ob der Berater gut daran tat, die Lenkung zu übernehmen oder nicht.

DIREKTIVE BERATER-GRUPPE	NICHT-DIREKTIVE GRUPPE
1) Stellt spezifische Fragen und beschränkt Antworten auf ja, nein oder spezifische Information. (34,1)	1) Anerkennt auf irgendeine Weise das Gefühl oder die Einstellung, die der Klient gerade ausgedrückt hat. (10,3)
2) Erklärt, diskutiert oder informiert in bezug auf Problem oder Behandlung. (20,3)	2) Interpretiert oder anerkennt Gefühle oder Einstellungen, die durch generelles Benehmen, spezifisches Verhalten oder vorhergegangene Feststellungen ausgedrückt wurden. (9,3)
3) Bestimmt Thema des Gesprächs, überläßt Entwicklung aber dem Klienten. (13,3)	3) Bestimmt Thema des Gesprächs, überläßt Entwicklung aber dem Klienten. (6,3)
4) Empfiehlt Klient Handlung. (9,4)	4) Erkennt Inhalt dessen an, was der Klient gerade gesagt hat. (6,0)
5) Erkennt Inhalt deessen an, was der Klient gerade gesagt hat. (6,1)	5) Stellt spezifische Fragen und beschränkt Antworten auf ja, nein oder spezifische Information. (4,6)
6) Ordnet Material ein und überredet Klient, die vorgeschlagene Handlung auszuführen. (5,3)	6) Erkläft, diskutiert oder informiert in bezug auf Problem oder Behandlung. (3,9)
7) Weist auf Problem oder Umstand hin, der der Korrektur bedarf. (3,7)	7) Definiert die Interview-Situation im Sinne der Verantwortung des Klienten zur Nutzung derselben. (1,9)

Abb. 9: Ablaufschema nicht-direktives Resumée
(in: Rogers, C., 1989, S. 116)

Die Zahlen eins bis sieben zeigen die quantitative Rangfolge der vorkommenden Techniken der direktiven und der nicht-direktiven Beratergruppe. Die in Klammern angeführten Zahlen geben die durchschnittliche Häufigkeit des beschriebenen Punktes pro Interview an.

Anhand dieser Untersuchung lassen sich zusammenfassend sehr eindrucksvolle Schlußfolgerungen ableiten:

Direktive Berater-Gruppe
⇨ spezifische Fragen,
⇨ Antwortenabgrenzung (ja/nein),
⇨ Informationsweitergabe und
⇨ Erklärungen aus Beratersicht.

Nicht-direktive-Gruppe
Mehr als die Hälfte dessen, was ein nicht-direktiver Berater bei seiner Art der Behandlung/Interview miteinräumt, beschränkt sich auf
⇨ die Hilfestellung für den Klienten, seine Gefühle, Einstellungen und Reaktionen bewußt(er) zu machen und zu verstehen und
⇨ ermutigt ihn, darüber zu sprechen.

Empathie, das Hineinfühlen, Mit(er)leben mit dem Gesprächspartner ist somit das Um und Auf jeder auf Hilfestellung ausgerichteten Kommunikation. Doch auch im nicht-therapeutischen Gespräch, z.B. in Interviews mit Führungskräften, Mitarbeitern, usw., erweist sich eine nicht-direktive Haltung - zumindest in Teilsequenzen - als sehr zielführend. Sie erleichtert es mitunter, tiefer in spezifische Themata einzusteigen, 'Gesprächsleerläufe' zu überbrücken und dem Gesprächspartner eine umfassende, angenehme und vertrauensvolle Atmosphäre zu bieten. Eine in diesem Zusammenhang berechtigterweise gestellte Frage bezieht sich auf diese in den vorigen Ausführungen genauer spezifizierte, annehmende, ja sogar anteilnehmende Grundhaltung und deren 'Echtheit': Für manchen Leser mag der Anschein erweckt werden, daß das Anwenden nicht-direktiver Gesprächsführung damit zusammenhängt, eigene bisherige Verhaltens-weisen weitgehend abzulegen und ins schauspielerische Metier überzuwechseln.

Wie soll es denn möglich sein, dem Gesprächspartner annehmend gegenüberzutreten, wenn dauernd die einzuhaltenden Regeln der nicht-direktiven Gesprächsführung beachtet werden müssen?

Sicher sind derlei Einwürfe durchaus gerechtfertigt: Nicht in jeder Situation, in jedem Gespräch oder Interview, wird es gelingen, die Bereitschaft zu entwickeln, auf sein Gegenüber einzugehen, beispielsweise emotionale Inhalte zu verbalisieren. Gerade dieser Punkt erscheint den meisten Anwendern als 'aufgesetzt', zumindest als ungewohnt - nach einiger Übung wird eine Anwendung aber mehr und mehr gelingen und kann als erweiterte Kommunikationsperspektive ins eigene Verhaltensrepertoire übergehen. 'Unechtheit' zu entwickeln - mit der Zeit nicht mehr erkennen zu können, welches

Verhalten echt bzw. unecht ist - wäre sicherlich der falsche Weg. Denn eines erscheint logisch: "Direktive Methoden im Interview zu verwenden und gleichzeitig nicht-antizipierbare Antworten erteilen zu wollen, sind zwei miteinander unvereinbare Verfahren."[69] Soll das Verhalten des Interviewers echt sein, darf sein Verhalten nicht wie eine "seelenlose Technik" wirken, "...muß echt, transparent und nicht aufgesetzt sein."[70]

Alle Komponenten nicht-direktiver Gesprächsführung sind einem annehmenden und offenen Menschenbild zuzuordnen, welches nicht jedermanns Sache sein kann und ist. Trotz aller Gratwanderung der Echt- bzw. Unechtheit und aller Restriktionen können nicht-direktive Komponenten zur Anwendung für ein neues Gesprächs- bzw. Kommunikationsempfinden für all jene empfohlen werden, die sich nicht scheuen, Empathie und Wertschätzung an oberste Stelle ihrer Kommunikation zu stellen. Zusammenfassend nochmals die wesentlichen Inhalte einer nicht-direktiven Gesprächshaltung:

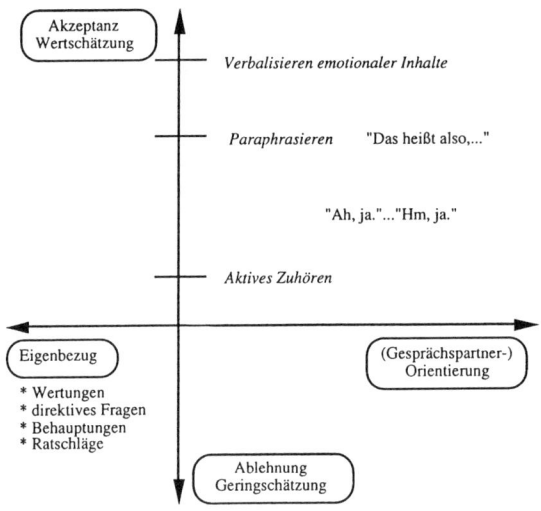

Abb. 10: Nicht-direktive Gesprächshaltung

---

69   Merton, R.K./Kendall, P.L., 1979, S. 179
70   Sabel, H., 1993, S. 98

4.3. Transkription der Interviewdaten

Wird gesprochene Sprache (z.b. eine Tonbandaufnahme) 'verschriftet', spricht man von Transkription. Die Transkription erfüllt somit Brückenfunktion zwischen den aufgezeichneten Interviewdaten und dem nächsten Schritt der Auswertung. "...Transkription ist zwar aufwendig, aber doch unabdingbar" für eine ausführliche Datenauswertung. Bei der weiteren Arbeit kann unterstrichen und Wichtiges notiert werden, es fällt leicht, Textstellen miteinander zu vergleichen, Aussagen sind 'schwarz auf weiß' im Kontext zu sehen... Zudem setzen die meisten Auswertungstechniken wörtliche Transkripte voraus[71].

Man findet sehr unterschiedliche Transkriptionssysteme - spezifische Standard-Transkriptions-Formen konnten sich jedoch nicht durchsetzen. Es bleibt der Kreativität und Einschätzung des Forschers überlassen, vor dem Hintergrund der bearbeiteten Fragestellung die für sein Forschungsprojekt jeweils praktikabelste und somit optimalste Transkriptionsform zu entwickeln.

Auswüchse naturwissenschaftlicher Meßgenauigkeit schleichen sich sehr schnell ein - die Grenze zwischen zuviel und zuwenig, vor dem Hintergrund der zu bearbeitenden Fragestellung - auf jeder 'Gratwanderung' qualitativer Forschungsmethoden - ist äußerst schwierig zu ziehen. Je mehr sich beispielsweise das Gespräch in Experteninterviews an seine "Idealform des Gelingens" annähert, "...desto ausführlicher wird die Transkription sein, einfach weil in solchen Interviews eine Fülle relevanter Informationen enthalten ist. 'Mißlingt' hingegen das Interview, weil der Interviewte sich als inkompetent erweist oder weil er das Interview zum Anlaß nimmt etwas mitzuteilen, was ihm schon lange am Herzen liegt, was aber nichts mit dem Forschungsinteresse zu tun hat...", kann die Transkription mitunter sehr selektiv erfolgen, "...begrenzt auf die Äußerungen, die vielleicht doch noch 'zur Sache' gehören." Im Gegensatz dazu kann es jedoch in narrativen Interviews[72] von immenser Wichtigkeit sein, daß Interviewte gerade das mitteilen, was ihnen am Herzen liegt...[73]

Trotz allen Bewußtseins der Notwendigkeit und Wichtigkeit dieses Arbeitsschrittes wird die Transkription in der Regel im qualitativen Forschungsprozeß als eher technisch erlebt:

---

[71] Mayring, Ph., 1990, S. 64; vgl. dazu auch Kap. 5/Abschnitt A (Spezielle Techniken der qualitativen Inhaltsanalyse nach Mayring)
[72] vgl. Kap. 4.1.1./Abschnitt A (Das narrative Interview)
[73] Meuser, M./Nagel, U., 1991, S. 455 f.

Nach der Festlegung der Transkriptionsform mit deren anzuwendenen Kriterien für die Behandlung verbaler und nonverbaler Aspekte des Gesprächs ist deren Aufarbeiten 'nur noch' (allerdings ein sehr zeitaufwendiges) operatives Nachvollziehen aufgestellter Regeln ohne große Herausforderung für den Forscher. Je nach Materialumfang wird von Schreibkräften und nicht vom Forscher selbst transkribiert - ihm kommt im Wesentlichen die Aufgabe der Festsetzung der Transkriptionsregeln und die Kontrollfunktion zu.

4.3.1. Wörtliche Transkription

Unter wörtlicher Transkription wird die vollständige Texterfassung sprachlich erhobenen Materials als Basis für die Auswertung von Daten verstanden. Soll nur der Inhalt im Vordergrund stehen, kann z.B. auf 'ahs', 'ähs' und ähnliches verzichtet werden, Dialektfärbungen können eingedeutscht werden ('echte' Dialektausdrücke bleiben und werden so geschrieben, wie sie gehört werden) - unter 'wörtlich' transkribieren kann auch noch das Weglassen von Wiederholungen und Unvollständigkeiten fallen. Die Palette unterschiedlicher Formen genauen und exakten Vorgehens ist somit äußerst breit. Hier ein Beispiel für eine einfache Form wörtlicher Transkription, in der die Gesprächspartner mit Buchstaben symbolisiert sowie die jeweiligen Wortmeldungen, mit dem Ziel, die Suche nach bestimmten Textstellen schnell und einfach zu gestalten, numerisch gekennzeichnet wurden:[74]

(1) I: Ist die Situation klar? Also die Lehrerin gibt die pädagogische Note, und sie hat jetzt einem Schüler eine bessere Note gegeben, oder nein, es ist die gleiche Note wie der Schüler daneben, der immer gut ist. Leistungsmäßig gut.

(2) P: Das ist mir klar. Aber warum macht sie die pädagogische Note, aus welcher Begründung? Das steht eben nicht da. Sie hat es nur den Eltern und den Schülern erklärt und begründet, warum sie die macht.

(3) I: Also dem Lernfortschritt gemäß macht sie die Noten.

(4) P: Warum macht sie dies an der zweitletzten Arbeit, bevor sie die Zeugnisse geben muß?

(5) I: Ja, das wird einfach aufgerundet, und zwar einfach dem Lernfortschritt gemäß versucht sie die Schüler zu motivieren.

---

[74] vgl. Aufenanger, St., 1991, S. 56

Im weiteren wird hier auf die Handhabung von gesprochenem Dialekt als anspruchsvollere Form wörtlicher Transkription näher eingegangen:

⇨ Als beste Technik bietet sich für die Dialektsprache die Anwendung des *Internationalen Phonetischen Alphabets (IPA)* an. Dieses Alphabet wurde von der International Phonetic Association für das gesprochene Wort entwickelt und ermöglicht es, durch verschiedenste und sehr vielfältige Sonderzeichen, Dialektarten und Sprachfeinheiten niederzuschreiben.[75]

⇨ Neben dieser äußerst genauen Möglichkeit der Transkription kann Dialekt jedoch auch so niedergeschrieben werden, wie er gehört wird. Mollenhauer und Rittelmeyer zeigen diese Variante am Beispiel einer Textstelle, in der sich ein Jugendlicher in einem Freizeitheim zu dem Vorschlag, in einem der Räume Matratzen auszulegen, äußert:

"H: (...) Ja, un un da kann sich jeder nun richtich austobn und denn kommta wieder raus, hatt jenuch. Aha, er nun rinnjehn will, der kann de Matratzen och von da Kante stapln, der kann sagen, jetz, aus siebn Matratzn bau ick mir jetz n eignet Haus und bin janz alleene..."[76]

⇨ Mit Dialekt eingefärbte Texte können auch durch eine Übertragung ins Schrift-deutsche bzw. durch die Vereinfachung des Satzbaus (aus einer langen 'Satzwurst' werden zwei oder mehrere Sätze gebildet) und das Ausbessern von grammatikalischen Fehlern im Sinne der besseren Lesbarkeit und des Untersuchungszieles 'bereinigt' werden.

4.3.2. Kommentierte Transkription

Dem Forscher stehen hier grundsätzlich zwei Varianten (zudem natürlich auch verschiedene Mischformen) zur Verfügung, zusätzliche Kommentare über die reine Worttranskription hinaus zu verwenden:

---

[75] Allerdings sind derartige Transkripte einerseits deshalb sehr schwer lesbar, weil sie in Dialektform geschrieben und in dieser Schriftform noch um ein Sammelsurium an Sonderzeichen des Phone-tischen Alphabets ergänzt werden. Derartige Transkriptionen machen deshalb nur für Untersuchungen Sinn, die ihren Fokus auf den tatsächlich gesprochenen Dialekt richten; vgl. Interviewprotokoll in Ehlich, K./Switalla, B., 1976, S. 83.

[76] Mayring, Ph., 1990, S. 65, zitiert nach Mollenhauer, K./Rittelmeyer, Ch., 1977, S. 51

⇨ Eine Möglichkeit dieser Transkriptionsform besteht darin, seitlich eine Spalte für Kommentare des Interviewers freizulassen. Denkbar sind hier einerseits z.b. Abkürzungen und Erläuterungen für die Kategorienzuordnung als Auswertungshilfe, andererseits jedoch auch nicht-inhaltsbezogene Kommentare wie persönliche Eindrücke des Interviewers und nonverbales Verhalten (defensive, offensive Körperhaltungen, Mimik, Gestik, usw.). Allerdings muß dabei (am besten schon vor dem ersten Interview und im Blickwinkel des Forschungsgegenstandes) klar sein, welche Kommentare wichtig sind bzw. nach welchen Kriterien diese erfolgen sollen.

⇨ Eine andere Kommentarvariante beim Transkribieren ist die zusätzliche Aufzeichnung von Auffälligkeiten wie Lachen, Räuspern, Pausen, Sprechweise, Tonfall, usw. Kallmeyer und Schütze haben dazu ein zwar umfangreiches, jedoch durchaus anwendbares System entwickelt:[77]

(,)	=	ganz kurzes Absetzen einer Äußerung
..	=	kurze Pause
...	=	mittlere Pause
(Pause)	=	lange Pause
mhm	=	Pausenfüller, Rezeptionssignal, zweigipflig
(.)	=	Senken der Stimme
(-)	=	Stimme in der Schwebe
(')	=	Heben der Stimme
(?)	=	Frageintonation
(h)	=	Formulierungshemmung, Drucksen
(k)	=	markierte Korrektur (Hervorheben der endgültigen Version, insbesondere bei Mehrfachkorrektur)
<u>sicher</u>	=	auffällige Betonung
sicher	=	gedehnt
(Lachen)	=	Charakterisierung von nichtsprachlichen Vorgängen bzw.
(geht raus)		Sprechweise, Tonfall; die Charakterisierung steht vor den
(schnell)		entsprechenden Stellen und gilt bis zum Äußerungsende, bis zu einer neuen Charakterisierung oder bis +
&	=	auffällig schneller Anschluß
(..), (...)	=	unverständlich
(Kommt es?)	=	nicht mehr genau verständlich, vermuteter Wortlaut

---

[77] Kallmeyer, W./Schütze, F., 1976, S. 6 f.

A: aber da kann ich nicht weiter

B: ich möchte doch sagen

     =   gleichzeitiges Sprechen, u.U. mit genauer Kennzeichnung des
            Einsetzens

Ergänzend dazu eine einfachere Kommentar-Version eines praktischen Beispiels von
Hitzler:[78]

()   Unklarheit über korrekte Schreibweise

+   kurze Pause

++   längere Pause

. ,   stark bzw. schwach sinkende Stimme

hh   hörbares Ein- oder Ausatmen

=   schneller Sprechanschluß

-           Wortabbruch

___   betont gesprochen

Bei deren Umsetzung zeigt sich ein relativ übersichtliches und gut lesbares
Transkriptionsbild:[79]

"ine Damen und Herrn, hh die Weltgesundheitsorganisation hat den ersten Dezember
Neunzehnhundertachtundachtzig zum Welt(Ehz)tag ausgerufen hh mit dem Ziel + die
Menschen weltweit auf die Gefahr (Ehz) hinzuweisn hh und die Verantwortung jedes
einzelnen im Umgang mit dieser Seuche bewußt zu machn. hh dies + + betrifft unsere
Verantwortung in der Bundesrepublik + hh aber auch unsre Verantwortung und Hilfe für
die Menschn in den Staaten der Welt hh die besonders von (Ehz) betroffen sind..."

Verwendet man wesentlich umfangreichere Kommentar-Systeme (z.B. das oben
angeführte von Kallmeyer und Schütze), zeigt sich, daß zusätzliche Informationen auf
Kosten der Lesbarkeit gehen und somit, v.a. bei sehr viel Datenmaterial, am möglichen
Ziel der qualitativen Verbesserung der Auswertung, aufgrund mangelnden Überblicks,
vorbeigearbeitet wird. Selbstverständlich muß jedoch auch hier darauf hingewiesen
werden, daß es sicher Forschungsgegenstände gibt, denen ein umfangreicheres
Kommentarsystem entgegenkommt und nur solche einen Sinn machen (z.B.

---

[78] Hitzler, R., 1991, S. 316
[79] Hitzler, R., 1991, S. 298

therapeutische und sprachwissenschaftliche Auswertungen): In extremsten Varianten richtet sich das Interesse häufig genug "...auf ein Höchstmaß an erzielbarer Genauigkeit bei der Klassifikation von Äußerungen (wieviel Hundertstelsekunden dauert eine Pause bzw. das 'Hm'?) und ihrer Darstellung (35 verschiedene Formen des therapeutischen 'Hms')."[80]

4.3.3. Zusammenfassende Transkription[81]

Beim zusammenfassenden Protokoll erfolgt die Reduktion der gesprochenen Datenfülle direkt vom Aufzeichnungsgerät weg. Für dieses Vorgehen können beispielsweise die knappen finanziellen oder personellen Ressourcen den Ausschlag geben, oder der Forschungsgegenstand erübrigt eine vollständige wörtliche Erfassung des Gesprochenen. Mit dieser zusammenfassenden Inhaltsanalyse als Transkriptionsform kann eine sehr enorme Datenmenge in verhältnismäßig kurzer Zeit reduziert werden. Da jedoch nur der inhaltlich-thematische Aspekt des Materials interessiert, bleiben der konkrete Sprechkontext und die individuelle Interviewsituation weitgehend auf der Strecke.

Die Quintessenz dieser Methode ist es, das Allgemeinheitsniveau der Daten, direkt von der gesprochenen Form weg, in einem ersten Schritt zu vereinheitlichen und in weiteren Schritten das Abstraktionsniveau sukzessive höher zu setzen. "Mit steigendem Abstraktionsniveau verringert sich der Materialumfang, denn einzelne Bedeutungseinheiten werden integriert, gebündelt, können fallengelassen werden, da sie im allgemeineren Text schon aufgegangen sind."[82] Aus der Psychologie der Textverarbeitung können sechs reduktive Prozesse herauskritstallisiert werden:[83]

⇨ *Auslassen:*

   Propositionen (jede bedeutungstragende Aussage, die sich aus dem Text ableiten läßt), die an mehreren Stellen bedeutungsgleich auftauchen, werden weggelassen.

---

80 Flick, U., 1991, S. 161
81 Die von Mayring entwickelte Technik der Zusammenfassung wird in Kap. 5.1./Abschnitt A (Zusammenfassung als inhaltsanalytische Technik) und Kap. 5. 2./Abschnitt A (Kritische Bemerkungen zur Zusammenfassung) behandelt.
82 Mayring, Ph., 1990, S. 68
83 Nach Arbeiten von Ballstaedt, S.-P., 1987, Dijk, T. A. van, 1980, Mandl, H., 1981, übernommen und verarbeitet von Mayring, Ph., 1990, S. 68 f.

⇨ *Generalisation:*

Propositionen, die durch eine begrifflich übergeordnete, abstrakte Proposition impliziert werden, werden durch diese ersetzt.

⇨ *Konstruktion:*

Aus mehreren spezifischen Propositionen wird eine globale Proposition konstruiert, die den Sachverhalt als Ganzes kennzeichnet und die spezifischen Propositionen überflüssig macht.

⇨ *Integration:*

Eine Proposition, die in einer bereits durch Konstruktion gebildeten globaleren Proposition aufgeht, kann wegfallen.

⇨ *Selektion:*

Bestimmte zentrale Propositionen werden unverändert beibehalten, da sie wesentliche, bereits generelle Textbestandteile darstellen.

⇨ *Bündelung:*

Inhaltlich eng zusammenhängende, im Text aber weit verstreute Propositionen werden als Ganzes, in gebündelter Form wiedergegeben.

Mit Hilfe dieser reduktiven Prozesse kann nach folgendem Modell Datenmaterial stufenweise auf ein höheres Abstraktionsniveau reduziert werden:

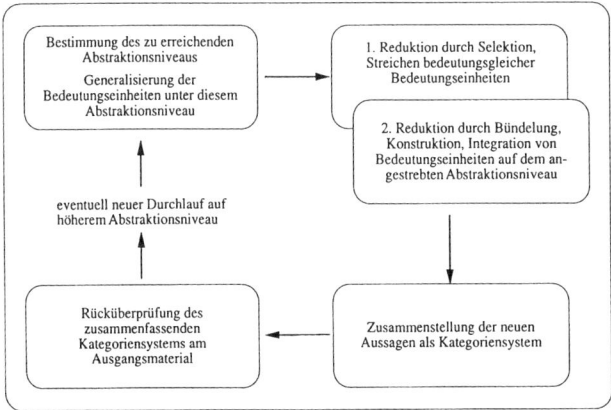

Abb. 11: Ablaufmodell zusammenfassender Inhaltsanalyse

Die Arbeitsschritte zusammenfassender Inhaltsanalyse:

1. Das gewünschte Abstraktionsniveau wird bestimmt und Bedeutungsinhalte werden dementsprechend generalisiert, d.h., Propositionen werden aus dem Text weggelassen, wenn sie schon in einer begrifflich übergeordneten enthalten sind.
2. Die Daten werden weiter durch Selektion reduziert, d.h., sog. zentrale Texteinheiten werden beibehalten, bedeutungsgleiche Texteinheiten werden herausgestrichen.
3. Propositionen mit gleichem inhaltlichen Kontext, die im Text jedoch nicht beeinanderliegen müssen, werden gebündelt. Ausgehend von dieser Bündelung wird eine globale Texteinheit gebildet, die den spezifischen Inhalt kennzeichnet (Konstruktion). Durch Integration fallen alle weiteren Propositionen weg, die nun schon in der gebildeten globalen Texteinheit enthalten sind.
4. Die durch diese reduktiven Prozesse gewonnenen Texteinheiten werden in ein neues Kategoriensystem[84] gebracht.
5. Das neu gebildete Kategoriensystem wird am Ausgangsmaterial überprüft und
6. gegebenenfalls wird nochmals beim ersten Schritt begonnen (z.B. bei noch zuviel Datenmenge und der Möglichkeit der Durchführung neuer reduktiver Prozesse).

Ein Beispiel (Zusammenfassung eines Interviewausschnittes mit einem arbeitslosen Lehrer) soll dieses Ablaufmodell verdeutlichen:[85]

---

[84] Weitere Ausführungen zur Kategorienbildung finden sich z.B. in Kap. 5.1./Abschnitt A (Zusammenfassung als inhaltsanalytische Technik).

[85] Mayring, Ph., 1990, S. 70 f; Zur Kritik an Mayrings zusammenfassender inhaltsanalytischer Technik vgl. Kap. 5.2./Abschnitt A (Kritische Bemerkungen zur Zusammenfassung);

Zeile	Nr.	Paraphrase*)	Generalisierung	Nr.	Reduktion
3	1	Es geht mir eine Menge ab, jetzt nicht mehr Lehrer zu sein	Es geht einem eine Menge ab		
5	2	Lehrertätigkeit in Referendarzeit war befriedigend	Befriedigung durch Beruf fehlt		
7	3	Arbeitslosigkeit für mich zunächst als Art Urlaub	Zunächst nur eine Art Urlaub	1	Verlust der Befriedigung durch den Beruf (1, 2, 4)
8	4	Andererseits möchte ich jetzt gerne Lehrer sein	Der Beruf geht einem ab	2	Positive Bewertung (Urlaub) nur am Anfang (3)
10	5	Habe Angst, die Arbeitslosigkeit der Umwelt einzugestehen	Angst, die Arbeitslosigkeit der Umwelt einzugestehen	3	Angst, die Arbeitslosigkeit der Umwelt einzugestehen (Versteckspiel) (5, 6, 7, 8)
11	6	Versuche Arbeitslosigkeit vor den anderen zu verbergen	Versuch, die Arbeitslosigkeit zu verbergen, als Folge	4	Diffuse Zwischenphase, da nur als Übergangssituation angesehen (9, 10, 11, 17)
13	7	Versuch, den Eindruck zu erwecken, normal zu arbeiten	Versuch, die Arbeitslosigkeit zu verbergen, als Folge	5	Wegen Arbeitslosigkeit ist freie Zeit nicht richtig nutzbar, werden Probleme verschoben (12, 13, 14, 15, 16)
14	8	Dieses Versteckspiel belastet ein bißchen	Versuch, die Arbeitslosigkeit zu verbergen, belastet		
16	9	Habe mich noch nicht ganz abgefunden	Man findet sich nicht ab		
17	10	Sehe es noch als Übergangssituation	Man sieht es als Übergangssituation		
19	11	Glaube in der nächsten Woche wird es wieder normal, wie Ferien	Man sieht es als Übergangssituation		
21	12	Kann die Zeit nicht richtig nutzen	Man kann die Zeit nicht richtig nutzen		
22	13	Hänge ein bißchen rum	Man hängt rum		
22	14	Verschiebe Probleme ein bißchen	Man verschiebt Probleme		
24	15	Verschiebe auch konkrete Probleme wie Gang zum Arbeitsamt	Man verschiebt unangenehme Dinge wie Arbeitsamt		
25	16	Mache solche Sachen recht widerwillig	Arbeitsamt ist unangenehm		
26	17	Bin in einer etwas diffusen Zwischenphase	Diffuse Zwischenphase		

*) Um zu einer ersten Materialreduktion zu kommen, wird das Interviewmaterial (Transkription) auf nicht-'inhaltsträchtige', ausschmückende Propositionen untersucht, und diese werden gleich weggelassen - nach dieser Reduktion kommt man zur Paraphrase.

Abb. 12: Zusammenfassende Transkription
(in: Mayring, Ph., 1990, S. 70 f.)

4.3.4. Selektive Transkription

Meist ist es, je nach Forschungsgegenstand, von Vorteil, nur selektiv zu transkribieren, d.h., es werden nur die interessierenden Teile des Datenmaterials verwendet. Unbedingte Voraussetzung für dieses Vorgehen bildet die Aufstellung geeigneter Kategorien, die festhalten, welche Teile des Datenmaterials ins Transkript genommen werden sollen. Um ein exaktes Vorgehen zu gewährleisten, werden die erarbeiteten Kategorien schriftlich und beispielhaft festgehalten.

Eine methodische Möglichkeit für die selektive Transkription liegt in der speziellen inhaltsanalytischen Technik der Strukturierung, deren Ziel es ist "...eine bestimmte Struktur aus dem Material herauszufiltern. Das können formale Aspekte, inhaltliche Aspekte oder bestimmte Typen sein; es kann aber auch eine Skalierung, eine Einschätzung auf bestimmten Dimensionen angestrebt werden. Das Herzstück dieser Technik ist nun, daß das aus den Strukturierungsdimensionen zusammengestellte Kategoriensystem so genau definiert wird, daß eine eindeutige Zuordnung von Textmaterial zu den Kategorien immer möglich ist. Dabei hat sich ein Verfahren bewährt..., das in drei Schritten vorgeht:"[86]

1. *Kategoriendefinition:*
   Hier wird genau festgehalten, welche Textteile in eine bestimmte Kategorie fallen.
2. *Ankerbeispiele:*
   Für jede Kategorie werden sogenannte Ankerbeispiele gefunden, die prototypische Funktion für die Kategorie erfüllen.
3. *Kodierregeln:*
   Um Zuordnungsprobleme zwischen den Kategorien möglichst ausschalten zu können, werden geeignete Regeln aufgestellt.

Die obigen drei Punkte werden im sogenannten Kodierleitfaden festgehalten, der von den Personen, die damit arbeiten, laufend durch neue Ankerbeispiele ergänzt werden kann sowie erlaubt, bei strittigen Kodierungen neue zu formulieren.[87] Diese fortlaufende Revision des Kodierleitfadens macht exaktes Vorgehen bei der selektiven Transkription erst möglich und gewährleistet auch, so es erforderlich wird, eine sukzessive Anpassung

---

[86] Mayring, Ph., 1990, S. 88
[87] vgl. Eckes, Th./Six, B., 1983 und Ulich, D. et al., 1985

des ausgangs gebildeten Kategoriensystems an 'neue' Gegebenheiten. Das sogenannte Ablaufmodell strukturierender qualitativer Inhaltsanalyse[88] soll das Vorgehen nochmals verdeutlichen:

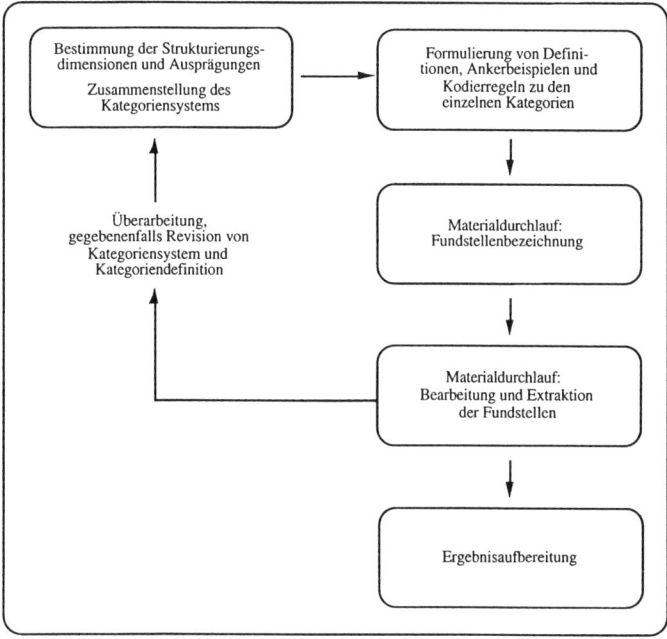

Abb. 13: Ablaufmodell strukturierender Inhaltsanalyse

---

[88] Zur Kritik an Mayrings strukturierender inhaltsanalytischer Technik, die er in leicht veränderter Form auch auf sein sogenanntes selektives Protokoll übertragen hat: vgl. Kap. 5.5. (Strukturierung als inhaltsanalytische Technik)

5. Spezielle Techniken der qualitativen Inhaltsanalyse nach Mayring

In seiner methodisch durchaus anspruchsvollen qualitativen Inhaltsanalyse argumentiert Mayring mit 16 Grundsätzen, die als Anknüpfungspunkte bzw. als Hintergründe für deren Entwicklung gelten sollen:[1]

"1. Notwendigkeit systematischen Vorgehens

2. Notwendigkeit eines Kommunikationsmodells

3. Kategorien im Zentrum der Analyse

4. Überprüfung anhand von Gütekriterien

5. Entstehungsbedingungen des Materials

6. Explikation des Vorverständnisses

7. Beachtung latenter Sinngehalte

8. Orientierung an alltäglichen Prozessen des Verstehens und Interpretierens

9. Übernahme der Perspektive des anderen

10. Möglichkeiten der Re-Interpretation

11. Semiotische Bedeutungstheorie

13. Interpretationsregeln der strukturalen Textanalyse

14. Psychologie der Textverarbeitung

15. Makrooperatoren für Zusammenfassungen"

Ausgehend von diesen Hintergrundüberlegungen entwickelte Mayring seine drei speziellen Techniken der qualitativen Inhaltsanalyse: die Zusammenfassung, die Explikation und die Strukturierung.[2]

Seine qualitative Inhaltsanalyse soll nicht als Alternative zur quantitativen gesehen werden. - Ihr Ziel ist die Bereitstellung einer "Methodik systematischer Interpretation, die an den in jeder Inhaltsanalyse notwendig enthaltenen qualitativen Bestandteilen ansetzt, sie durch Analyseschritte und Analyseregeln systematisiert und überprüfbar macht." Da er auch Spielraum für quantitative Bausteine seiner Analyse freihält, stimmt der Begriff

---

1   Mayring, Ph., 1988, S. 40; vgl. dazu im besonderen Kap. 3/Abschnitt A (Ansätze zur Konstruktion einer qualitativen Inhaltsanalyse aus "Nachbardisziplinen")

2   In Kap. 2/Abschnitt A (Die "Sackgasse" rein quantitativer Inhaltsanalyse) werden Qualität und Quantität der Inhaltsanalyse diskutiert; vgl. auch die folgenden Kapitel 5.1. bis 5.6./Abschnitt A

"qualitative Inhaltsanalyse" nur teilweise - allerdings soll dadurch ihr Schwerpunkt zum Ausdruck gebracht werden.[3]

Im folgenden werden Mayrings Analyseschritte bzw. sein allgemeines inhaltsanalytisches Ablaufmodell im Rahmen seines "DFG-Projektes 'Kognitive Kontrolle in Krisensituationen: Arbeitslosigkeit bei Lehrern'" vorgestellt.[4]

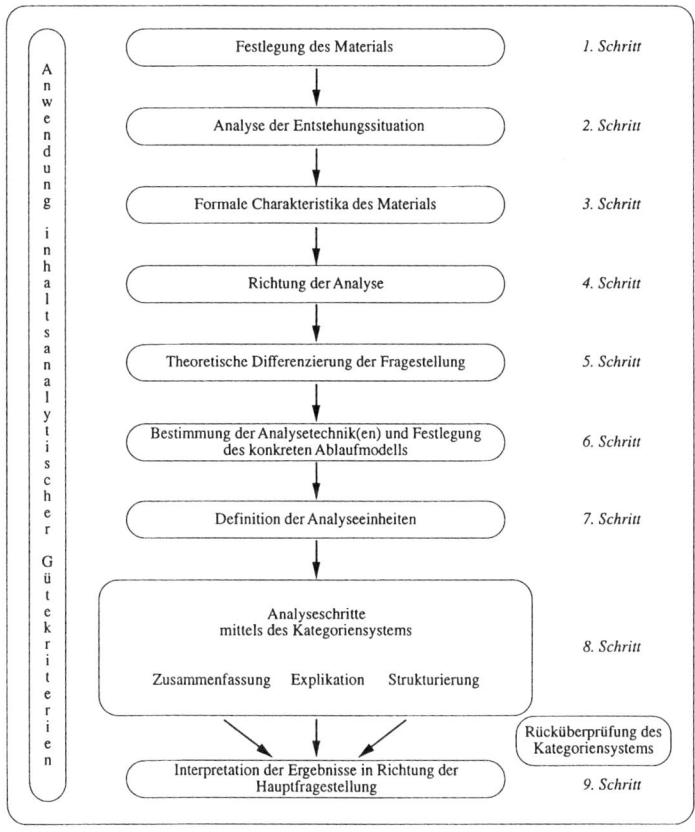

Abb. 14: Allgemeines inhaltsanalytisches Ablaufmodell
(anlehnend an: Mayring, Ph., 1983, S. 49)

---

3   Mayring, Ph., 1988, S. 40
4   vgl. Mayring, Ph., 1988, S. 41 ff.

Zum Hintergrund des DFG-Projektes:

Es wurden teilstrukturierte, offene Interviews[5] mit arbeitslosen Lehrern geführt. Konkret ging es um

⇨ das Erleben und die Einschätzung der Situation der Arbeitslosigkeit,

⇨ die Belastungen, die dabei verspürt werden und in welchen Zusammenhängen diese auftreten und

⇨ deren Bewältigungsversuche.

Die Fragen wurden von 75 Lehrern, sieben Mal über ein Jahr verteilt, beantwortet. Die Gesprächsdaten liegen in transkribierter Form für die Auswertung vor.

Schritt 1: Festlegung des Materials[6]

"Zunächst muß genau geprüft werden, welches Material der Analyse zugrundeliegen soll."[7] Somit besteht die Möglichkeit, nur jene Teile der Interviewtranskripte inhaltsanalytisch auszuwerten, die sich auf den Forschungsgegenstand beziehen. Der einmal gewählte Datenumfang für eine Analyse kann, falls erforderlich, verändert oder erweitert werden. Mayring weist, da der Materialumfang durch diesen flexiblen Umgang mit dem Datenmaterial sich von ursprünglichen Stichprobenüberlegungen entfernt haben kann, gesondert auf diese Thematik hin und fordert

⇨ eine genaue Definition der Grundgesamtheit,

⇨ ein Abwägen ökonomischer und repräsentativer Überlegungen zum Stichproben-umfang,

⇨ die Einhaltung eines bestimmten, nachvollziehbaren Stichprobenmodells (z.B. Quotenauswahl).[8]

Schritt 2: Analyse der Entstehungssituation

In diesem Schritt werden Informationen über den Entstehungshintergrund der Interview-transkripte gesammelt und festgehalten. Dazu gehören Daten betreffend aller bei der Entstehung beteiligten Personen (Interviewer, Co-Interviewer, sonstige anwesende Personen) und deren emotionalen und kognitiven Handlungshintergründe (z.B. Freiwilligkeit), eine genaue Beschreibung der Zielgruppe, das Umfeld der konkreten Erhebungssituation sowie deren sozio-kultureller Rahmen.

---

5   vgl. dazu Kap. 4.1./Abschnitt A (Das qualitative Interview)
6   vgl. auch die stufenförmige Auflistung eines inhaltsanalytischen Ablaufmodells bei Lamnek, S., 1989, S. 202 ff.
7   Mayring, Ph., 1988, S. 42
8   vgl. Mayring, Ph., 1988, S. 42

Schritt 3: Formale Charakteristika des Materials
Auf welche Weise wurde das Transkript erstellt? Welche zusätzlichen Transkriptions-
richtlinien wurden über das rein Verbale hinaus berücksichtigt (Pausen, Betonungen,
non-verbales Verhalten)?[9]

Schritt 4: Richtung der Analyse
Was soll aus dem aufbereiteten Interviewmaterial nun eigentlich herausgearbeitet werden?
In Mayrings DFP-Projekt geht es um eine Interpretation kognitiver Situations-
verarbeitung, das jetzige Befinden der Interviewten, Situationsbewältigungsstrategien
und biographische Erfahrungen dazu.
Grundsätzlich stehen verschiedene Eckpfeiler einer inhaltsanalytischen Auswertung zur
Verfügung:

⇨ Aussagen über den Gegenstand selbst (vorwiegend bei Dokumentenanalysen),

⇨ Aussagen zum emotionalen Befinden des Interviewten (z.b. in der Psychotherapie),

⇨ Aussagen zum Text an sich (z.b. in den Literaturwissenschaften),

⇨ Aussagen zu den Intentionen des Interviewten (z.b. Propagandaforschung während
   des Zweiten Weltkrieges),

⇨ Aussagen über Wirkungen bei einer Zielgruppe (z.b. Analyse von Massenmedien).

Schritt 5: Theoretische Differenzierung der Fragestellung
Die Datenanalyse folgt einer präzisen, inhaltlichen und theoriebegründeten Fragestellung.
D.h., "...die Fragestellung der Analyse..." muß "...vorab genau geklärt sein...,
theoretisch an die bisherige Forschung über den Gegenstand angebunden und in aller
Regel in Unterfragestellungen differenziert werden...". Mayring definiert hier Theorie als
"System allgemeiner Sätze über den zu untersuchenden Gegenstand" - so gesehen geht es
um Erfahrungen, die andere zum Untersuchungsgegenstand gewonnen haben. Theorie-
geleitetheit bedeutet dementsprechendes Anknüpfen an diese Erfahrungen, "...um einen
Erkenntnisfortschritt zu erreichen".[10] Allerdings soll nach Kleining das Vorverständnis
bzw. das Vor-Urteil über das, was wir glauben, über den Forschungsgegenstand
erfahren zu haben bzw. zu kennen glauben, als "...disponibel, veränderbar,
überwindbar, als vorläufig..." aufgefaßt werden, Offenheit für alle neuen Informationen
freihalten.[11] Für das DFP-Projekt wurde bisherige Literatur zur Lehrerausbildung bei
Interviews mit arbeitslosen Lehrern, die über ihre Referendarzeit berichten,

---

9   vgl. dazu Kap. 4.3./Abschnitt A (Transkription der Interviewdaten): Je nach Transkriptionsform
      können die Tonbanddaten unterschiedlich und erheblich verändert werden.
10   Mayring, Ph., 1988, S. 47
11   Kleining, G., 1982, S. 231

herangezogen: Koch et al. sprechen nach dem Berufseintritt von der schulischen Realität als Praxisschock, weil die 'Junglehrer' aus einer (rein) theoretischen, universitären Ausbildung kommen. Diese Veränderung der Rollensituation geht meist einher mit einer kontrollierenden, disziplinierenden und autoritären Grundhaltung gegenüber Schülern, einer erhöhten negativen Sanktionsorientierung und einer Veränderung ihres Begabten-begriffes hin zur erblichen Begrenztheit.[12] In diesem 'theoretischen' Zusammenhang war nun von Interesse, wieweit diese Erfahrungen mit dem Praxisschock auch auf arbeitslose Lehrer zutreffen (1. Fragestellung) und inwieweit das Selbstvertrauen arbeitsloser Lehrer beeinflußt wird (2. Fragestellung). Für die Forschungsfrage selbst ist es somit zulässig, theoretische Hintergründe einfließen zu lassen.

Schritt 6: Bestimmung der Analysetechnik(en) und Festlegung des konkreten Ablauf-modells
Um die Analyse in einzelne Interpretationsabschnitte zerlegen zu können, diese nachvollziehbar und somit intersubjektiver Überprüfbarkeit aussetzen zu können, schlägt Mayring hier vor, sich - je nach Forschungsgegenstand - auf ein Ablaufmodell der Analyse, vor dem Hintergrund einer speziellen Analysetechnik, zu konzentrieren.[13] Dieses Ablaufmodell kann dann, der konkreten Fragestellung und dem jeweiligen Datenmaterial entsprechend modifiziert werden.

Schritt 7: Definition der Analyseeinheiten
Zunächst muß geklärt werden, welche Teile des gesamten Datenmaterials überhaupt einer Auswertung zugeführt werden.
Um die Inhaltsanalyse selbst präzisieren zu können, stellt Mayring sogenannte Analyseeinheiten voran:[14]

⇨ "Die Kodiereinheit legt fest, welcher der kleinste Materialbestandteil ist, der ausgewertet werden darf, welches der minimale Textteil ist, der unter eine Kategorie (siehe Schritt 8) fallen kann.[15]

⇨ Die Kontexteinheit legt den größten Textbestandteil fest, der unter eine Kategorie fallen kann.

⇨ Die Auswertungseinheit legt fest, welche Textteile jeweils nacheinander ausgewertet werden."

---

12 vgl. Mayring, Ph., 1988, S. 47: nach Koch, J.J., 1972, Müller-Fohrbrodt, G. et al., 1978
13 vgl. Kap. 5./Abschnitt A (Spezielle Techniken der qualitativen Inhaltsanalyse nach Mayring)
14 Mayring, Ph., 1988, S. 48
15 Bei Berelson wird diese Kodiereinheit als "Protokolleinheit" (recording unit) bezeichnet und als kleinste Textstelle definiert, die nach einem bestimmten Inhalt untersucht wird: vgl. dazu Herker, W., 1974, S. 173

Diese Analyseeinheiten spielen jedoch vor allem für quantitative Zwischenschritte, die ja in Mayrings Inhaltsanalyse in den Ablaufschemata der einzelnen Techniken auch Platz finden, Anwendung.

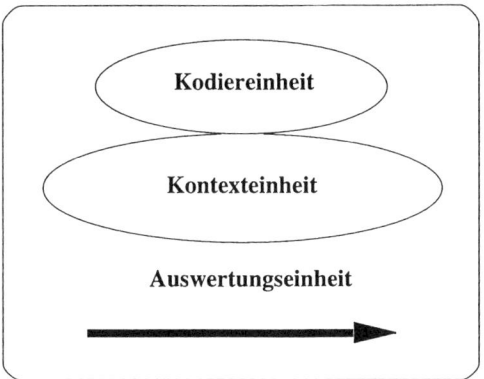

Abb. 15: Analyseeinheiten

Schritt 8: Analyseschritte mittels des Kategoriensystems (Zusammenfassung, Explikation, Strukturierung)

Die "drei Grundformen des Interpretierens" spiegeln die Möglichkeiten wider, unbekanntes, sprachliches Material zu analysieren. Das einführende Gedankenexperiment Mayrings soll hier durch eine Zeichnung verdeutlicht werden: "Man stelle sich vor, auf einer Wanderung plötzlich vor einem gigantischen Felsbrocken (vielleicht ein Meteorit?) zu stehen. Ich möchte wissen, was ich vor mir habe. Wie kann ich dabei vorgehen?"[16]

---

[16]   Mayring, Ph., 1988, S. 53

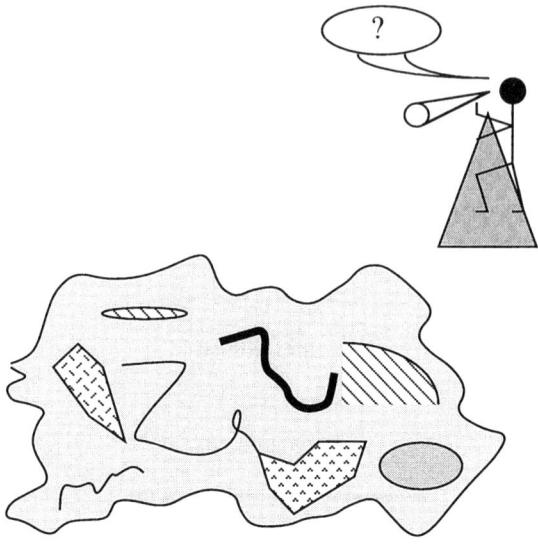

Abb. 16: Meteorit

Zusammenfassung: Tritt zurück, steige auf eine Anhöhe, von der aus du besseren Überblick über den Felsbrocken hast! - Die Details sind so zwar nicht sichtbar, dafür überblickst du das ganze "Ding", nur in verkleinerter Form.

Explikation: Tritt nun wieder näher, um Teile, die besonders interessant erscheinen genauer betrachten zu können! Brich einzelne Teile aus dem Felsbrocken heraus und untersuche sie!

Strukturierung: Versuch den Felsbrocken aufzubrechen, damit einzelne Bestandteile besser erkennbar werden! Der ausgebrochene Teil kann nun vermessen, Härte, Größe und Gewicht bestimmt werden.

Schritt 9: Interpretation der Ergebnisse in Richtung der Hauptfragestellung
Hier steht der Forscher vor der Aufgabe, individuelle Ergebnisse und Darstellungen von einzelnen Fällen zu generalisieren und so einen interpretativen Gesamtüberblick zu schaffen.

Zurückkommend auf den 8. Schritt im inhaltsanalytischen Ablaufmodell, werden im folgenden Mayrings spezielle inhaltsanalytische Techniken der Zusammenfassung, der Explikation und der Strukturierung näher betrachtet.

5.1. Zusammenfassung als inhaltsanalytische Technik

Aus der Psychologie der Textverarbeitung (als einer der Anknüpfungspunkte für eine qualitative Inhaltsanalyse nach Mayring) kann übernommen werden, auf welche Art Zusammenfassungen im Alltag üblicherweise ablaufen. Als zentral erscheint die Differenzierung in eine aufsteigende (textgeleitete) und eine absteigende (schemageleitete) Arbeitsweise sowie "...das Formulieren von Makrooperatoren der Reduktion (Auslassen, Generalisation, Konstruktion, Integration, Selektion, Bündelung)."[17]
Aus Arbeiten von van Dijk, Schnotz et al. sowie Ballstaedt et al. lassen sich diese sogenannten reduktiven Prozesse ableiten. "Der Text wird in einer Art Zusammenfassung zu einem kleineren Netzwerk von Bedeutungseinheiten (Makropropositionen) reduziert. Dabei sind bestimmte Zusammenfassungsstrategien (Makrooperatoren) zu unterscheiden":[18]

1. Auslassen
Eine Proposition kann dann aus dem Ausgangsdatenmaterial weggelassen werden, wenn sie keine Hilfestellung bzw. Voraussetzung für die Interpretation einer anderen Proposition bildet und sie mehrfach mit der gleichen Bedeutung vorhanden sind. D.h.: Bei der Reduktion von Datenmaterial durch Auslassung können somit 'überflüssige' Propositionen ignoriert werden. Ein Beispiel soll das verdeutlichen:
"Da die Welt nach einem gängigen Schlagwort durch Flugzeuge, Satelliten und Fernsehen kleiner geworden ist..."
wird nach dem reduktiven Prozeß des Auslassens zu
"Da die Welt durch Flugzeuge, Satelliten und Fernsehen kleiner geworden ist..."

2. Generalisation
Anstelle einzelner Propositionen kann, so es möglich ist, eine übergeordnete Makroproposition eingesetzt werden. Beziehen kann sich die Generalisation auf Prädikate der Präpositionen, auf Argumente der Propositionen oder auf beides. Hier obiges Beispiel nach dem reduktiven Prozeß der Auslassung - bezogen auf Argumente der Propositionen:

---

17 Mayring, Ph., 1988, S. 54
18 Mayring, Ph., 1988, S. 38 f. - Mayring zitiert Dijk, T.A. van, 1980, Mandl, H., 1981, Schnotz, W. et al., 1981 (Beispiel zur Bündelung) sowie in erster Linie in den angeführten Beispielen reduktiver Prozesse (Auslassen, Generalisation und Konstruktion) Ballstaedt, S.-P. et al., 1981, S. 70 - 72, als Quellen aus der Psychologie der Textverarbeitung.

"Da die Welt durch Flugzeuge, Satelliten und Fernsehen kleiner geworden ist..."
wird durch Generalisation zu
"Da die Welt durch Verkehrsmittel und Medien kleiner geworden ist...".

3. Konstruktion

Aus der Abfolge mehrerer Propositionen, die einen umfassenden Sachverhalt beinhalten,
wird eine Makroproposition entworfen, die im Text bisher nicht in der Form vorhanden
war:
"Er nahm die Streichhölzer, zündete seine Pfeife an und stieß dicke Wolken aus."
wird durch Konstruktion zur Bildung einer Makroproposition:
"Er rauchte."

4. Integration

Diese Form des reduktiven Prozesses ist ähnlich der Konstruktion. Sie ergibt sich
ebenfalls aus einer Abfolge mehrerer Propositionen, die einen umfassenden Sachverhalt
implizieren. Der Unterschied besteht einzig darin, daß die entsprechende Makroproposition, die schließlich herausgenommen wird, schon im Text vorhanden ist - die
restlichen vorkommenden Präpositionen entfallen:
"Er nahm die Streichhölzer, zündete die Pfeife an und rauchte."
wird somit durch Integration (ebenfalls) zu
"Er rauchte."

5. Selektion

Da sie wichtige zentrale Aussagen enthalten, die weder durch Konstruktion oder
Generalisation 'reduziert' werden können, werden bestimmte, zentrale Propositionen
beibehalten und somit in ihrem ursprünglichen Wortlaut übernommen.

6. Bündelung

Propositionen, die inhaltlich eng miteinander verknüpft sind, im Text jedoch weit
verstreut vorkommen, werden gebündelt - als Ganzes wiedergegeben:
"Ein Beispiel hierfür bietet folgende Bedeutungseinheit in einem Protokoll:
Den Symbolischen Interaktionismus interessiert die Bedeutung eines Dinges in der
Umwelt eines Menschen für den konkreten Menschen oder die konkrete Gesellschaft.
Die entsprechenden - aber im Text verstreuten - Bedeutungseinheiten sind:
Die Interaktionisten wollen wissen: Die Bedeutung eines Dings für einen Menschen oder
eine Gruppe von Menschen.

Die Interaktionisten wollen wissen: Die Bedeutung eines Dings in der Umwelt eines Menschen für diesen Menschen.

Eine solche objektive Beschreibung des Stuhles sagt nichts aus über: Bedeutung eines Stuhls für die Menschen einer bestimmten Gesellschaft. Die Interaktionisten fragen bei jedem Ding nach der Bedeutung des Dings innerhalb einer gegebenen Gesellschaft."

Schnotz et al. sprechen bei der Bündelung von einer Umkehrung der Prozesse, die sich bei einer Wiedergabe eines Textes abspielen, nämlich der Spezifizierung, Konkretisierung und Ausweitung zu einer ausführlicheren Darstellung.[19]

Eine weitere Möglichkeit der Materialreduktion bildet die *Paraphrasierung,* die aus den Literaturwissenschaften in die qualitative Inhaltsanalyse übernommen wurde. Dabei werden nicht-'inhaltsträchtige', ausschmückende Propositionen weggelassen, um zu einer Zusammenfassung des Textes zu gelangen.[20]

Grundprinzip der zusammenfassenden Inhaltsanalyse ist es, jene angestrebte Abstraktionsebene genau zu definieren, auf die in weiterer Folge das Datenmaterial durch die Anwendung der reduktiven Prozesse transformiert wird. Das Abstraktionsniveau wird bei der Zusammenfassung somit immer höher gesetzt:

---

[19] Mayring, Ph., 1988, S. 39 - zitiert nach Schnotz, W., et al., 1981, S. 138
[20] vgl. auch Kap. 4.3.3./Abschnitt A (Zusammenfassende Transkription)

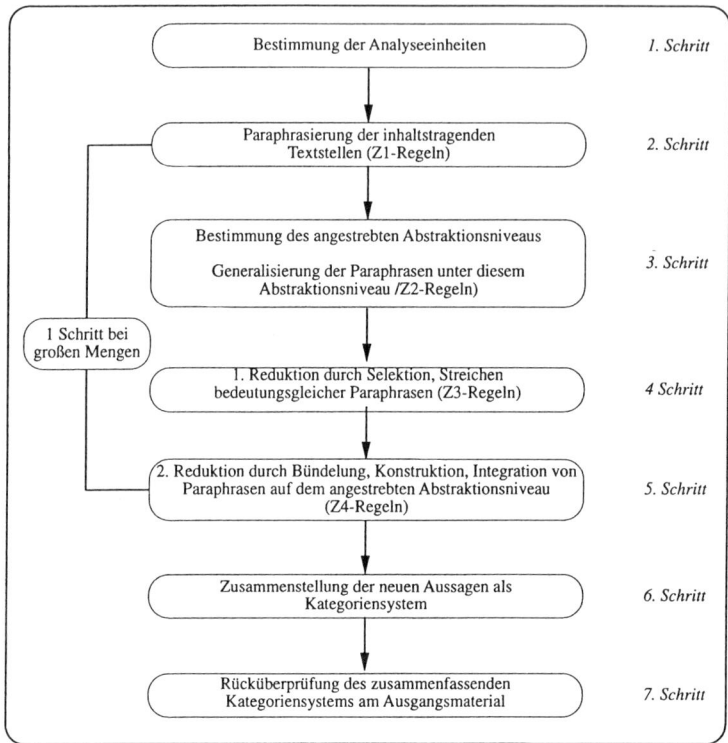

Abb. 17: Ablaufmodell zusammenfassender Inhaltsanalyse
(in: Mayring, Ph., 1988, S. 53)

Im folgenden sollen Teile des DFG-Projektes von Mayring als Beispiel für die Umsetzung dieses Ablaufschemas herangezogen werden. Vorher wird jedoch noch erläutert, welche Anweisungen unter den sogenannten 'Z-Regeln' subsumiert werden:[21]

"Z1:   *Paraphrasierung*

Z1.1   Streiche alle nicht (oder wenig) inhaltstragenden Textbestandteile wie ausschmückende, wiederholende, verdeutlichende Wendungen!

Z1.2   Übersetze die inhaltstragenden Textstellen auf eine einheitliche Sprachebene!

Z1.3   Transformiere sie auf eine grammatikalische Kurzform!

---

[21]   Mayring, Ph., 1988, S. 57

Z2:   Generalisierung auf das Abstraktionsniveau

Z2.1   Generalisiere die Gegenstände der Paraphrasen auf die definierte Abstraktions-
        ebene, so daß die alten Gegenstände in den neu formulierten impliziert sind!

Z2.2   Generalisiere die Satzaussagen (Prädikate) auf die gleiche Weise!

Z2.3   Belasse die Paraphrasen, die über dem angestrebten Abstraktionsniveau liegen!

Z2.4   Nimm theoretische Vorannahmen bei Zweifelsfällen zuhilfe!

Z3:   Erste Reduktion

Z3.1   Streiche bedeutungsgleiche Paraphrasen innerhalb der Auswertungseinheiten!

Z3.2   Streiche Paraphrasen, die auf dem neuen Abstraktionsniveau nicht als wesentlich
        inhaltstragend erachtet werden!

Z3.3   Übernehme die Paraphrasen, die weiterhin als zentral inhaltstragend erachtet
        werden (Selektion)!

Z3.4   Nimm theoretische Vorannahmen bei Zweifelsfällen zuhilfe!

Z4:   Zweite Reduktion

Z4.1   Fasse Paraphrasen mit gleichem (ähnlichem) Gegenstand und ähnlicher Aussage
        zu einer Paraphrase (Bündelung) zusammen!

Z4.2   Fasse Paraphrasen mit mehreren Aussagen zu einem Gegenstand zusammen
        (Konstruktion/Integration)!

Z4.3   Fasse Paraphrasen mit gleichem (ähnlichem) Gegenstand und verschiedener
        Aussage zu einer Paraphrase zusammen (Konstruktion/Integration)!

Z4.4   Nimm theoretische Vorannahmen bei Zweifelsfällen zuhilfe!"

Beispiel zusammenfassender Inhaltsanalyse:[22]

Schritt 1: Bestimmung der Analyseeinheiten
Kontext- (Festlegung des größten Bestandteils, der unter eine Kategorie subsumiert werden kann) und Auswertungseinheit (Festlegung, welche Textteile nacheinander ausgewertet werden) fallen hier zusammen, wobei in einem ersten Schritt das einzelne Interview, in einem zweiten Schritt das gesamte vorliegende Transkriptionsmaterial Kontext-
und Auswertungseinheit bildet. In diesem Fall ist die Kodiereinheit jede vollständige
Aussage in einem Lehrerinterview über das Erleben, Bewerten und die Wirkungen des
Referendardienstes (Praxisbezug) im Vergleich zur Ausbildung an der Universität.

---

[22] DFG-Projekt "Lehrerarbeitslosigkeit" mit besonderem Bezug zur Hauptfragestellung 'Was sind die
      hauptsächlichen Erfahrungen der arbeitslosen Lehrer mit dem Praxisschock?': Mayring, Ph., 1988,
      S. 57 ff. und 103 ff.

Schritt 2: Paraphrasieren der inhaltstragenden Textstellen (Z1-Regeln)

"Also Belastung war das, wenigstens von der, naja psychischen Seite für mich nicht - und zwar eigentlich im Gegenteil, ich war also ganz - ganz heiß darauf, da endlich mal zu unterrichten."

Diese Aussage eines Lehrers wird in zwei Paraphrasen zerlegt, d.h. durch Streichung ausschmückender, sich wiederholender Inhalte, durch Transformation auf eine einheitliche Sprachebene und grammatikalische Kurzform verkürzt:

⇨   Paraphrase Nr. 1: "Keine psychische Belastung durch Praxisschock gehabt" und

⇨   Paraphrase Nr. 2: "Im Gegenteil, ganz begierig auf Praxis gewesen".[23]

Schritt 3: Bestimmung des angestrebten Abstraktionsniveaus - Generalisierung der Paraphrasen unter diesem Abstraktionsniveau (Z2-Regeln)

Das Abstraktionsniveau wird dahingehend festgelegt, daß nach Möglichkeit allgemeine Äußerungen eines Lehrers über seine Referendarzeit (Praxisschock) zusammengefaßt werden und Generalisierung der Paraphrasen auf dieses Abstraktionsniveau.

Die Umsetzung der Generalisierung wird hier durch die Wiedergabe eines ersten Interviewteils (Fall A) und der darauffolgenden Aufstellungen, die dann in weiterer Folge auch die Schritte 4 (1. Reduktion), 5 (2. Reduktion) und 6 beinhalten, wiedergegeben:[24]

Interview A:

(Interviewausschnitt, Fall A, für die Pharaphrasen 1 - 15 siehe Abbildungen im Anschluß; L = Lehrer, F = Forscher)

"L: Also Belastung war da, wenigstens von der, naja, psychischen Seite für mich nicht - und zwar eigentlich im Gegenteil, ich war also ganz - ganz heiß darauf, da endlich mal zu unterrichten. Also man studiert ja praktisch für'n Lehrer und das ist das Fachstudium, also fachwissenschaftliche Studium, bis zum ersten Staatsexamen, das ist, das hat ja mit dem Lehrer an sich nichts zu tun und ich hab also im Praktikum - wir müssen da so ein Praktikum machen - und da hab ich also das Glück gehabt, an eine Volksschule, an eine Hauptschule, wie ich die 14 Tage da dort war, 14 Tage voll unterrichten zu können. Normalerweise hospitiert man da halt, sitzt man hinten drin; das ist natürlich total langweilig, 14 Tage und der erzählt da irgendwas. Und die hatten also damals grad ein bisserl einen Lehrermangel gehabt und da sagt die Schulleiterin zu mir, 'Passen´s auf, das machen wir so, Sie nehmen die 8. Klasse und die 9. in Physik und Mathematik, dann brauch ich die nicht mehr machen, das

---

23   Vertiefendes: siehe Abbildungen im Anschluß.
24   Mayring, Ph., 1988, S. 103

ist nämlich für mich eine zusätzliche Belastung und da hab ich mehr Zeit für meinen Verwaltungskram.'

F: Also, das war noch während der Uni-Zeit?

L: Das ist, das ist also bei jedem a so. Das Praktikum, das muß ein jeder machen am Gymnasium und an der Hauptschule oder der Grundschule. Und da konnte ich also 14 Tage unterrichten, und das hat mir also riesig Spaß gemacht. Eine Hauptschule ist natürlich auch von der Vorbereitung relativ einfach, weil also der Stoff da nicht so schwierig ist. In der Mathematik 9. Klasse ist der Pythagoras, naja. ...

F: Kennt man!

L: ...schüttelt man mehr oder weniger aus'm Ärmel, wenn man also von der Naturwissenschaft kommt und für die Schüler ist man sowieso ein Zauberer, wenn man das denen da vorzeigt mit dem Thaleskreis. Die sagen, 'Ja, das gibt's ja gar nicht, das ist ja fast schon Magie!' Und das hat mir da also da Spaß gemacht. ...'"

In der nächsten Aufstellung sind aufgrund obigen Interviewausschnittes die ersten fünf Paraphrasen nachvollziehbar. Jede Paraphrase wird von ihrer Herkunft her nach dem Interview bzw. Fall, der sie entnommen ist, der Seitenzahl im Transkript und der Nummer der Paraphrase in der laufenden Zusammenfassung kenntlich gemacht. Die gefundenen Paraphrasen werden im nächsten Schritt auf die definierte Abstraktionsebene generalisiert (Z2-Regeln) und durch Reduktion die ersten Kategorien gebildet (hier zunächst 10).

Beispiel für die vermutete Vorgangsweise Mayrings für die Kategorienbildung (1 und 2) für Fall A:[25]

⇨   "Praxis nicht als Schock, sondern als großen Spaß erlebt..." wird gebildet aus den generalisierten Inhalten der im folgenden angeführten Paraphrasen 1, 2 und 5 (jeweils betrachtet nach der Streichung bedeutungsgleicher generalisierter Inhalte),

⇨   "vorherige Lehrerfahrung" bezieht sich auf die generalisierte Paraphrase 4,

⇨   "Landschule ohne Disziplinschwierigkeiten" auf die generalisierte Paraphrase 11,

⇨   "keine unrealistischen Erwartungen gehabt" auf die Paraphrase 14.

Die geschilderte Vorgangsweise muß allerdings immer vor dem Hintergrund des für diese Reduktion festgelegten Abstraktionsniveaus, der Zusammenfassung allgemeiner Äuße-rungen eines Lehrers über seine Referendarzeit (Praxisschock), betrachtet werden. Somit

---

25   Bei dieser Darstellung handelt es sich um vermutetes Vorgehen, da Mayring die Umsetzung dieser Schritte nicht näher spezifiziert.

wird verständlich, warum die generalisierten Inhalte der Paraphrasen 3, 6, 8, 10 und 15 für die Kategorienbildung 1 und 2 nicht berücksichtigt werden, demnach als nicht wesentlich inhaltstragend für dieses Abstraktionsniveau gelten können:

Fall	S.	Nr.	Paraphrase	Generalisierung	Reduktion
A	103	1	Keine psychologische Belastung durch Praxisschock gehabt	Kein Praxisschock	K 1 Praxis nicht als Schock, sondern als großen Spaß erlebt wegen
A	103	2	Im Gegenteil, ganz begierig auf Praxis gewesen	Eher auf Praxis gefreut	- vorheriger Lehrererfahrung - Landschule ohne Disziplinschwierigkeiten - keine unrealistischen Erwartungen gehabt
A	103	3	Uni = reines Fachstudium, hat mit Lehren wenig zu tun	An Uni wird keine Lehrererfahrung vermittelt	- gute Beziehung zu Schülern gehabt K2
A	103	4	Konnte aber schon vorher Praxiserfahrungen sammeln	Schon vorher Lehrererfahrung	Ohne diese Bedingungen Praxisschock schon denkbar
A	103	5	Praxis hat großen Spaß gemacht	Praxis hat Spaß gemacht	
A	103	6	War stofflich einfach und faszinierend für die Schüler	Gut vermittelbarer Stoff als Bedingung	
A	103	7	Darauf gewartet, endlich zu unterrichten	Auf Praxis gefreut	
A	103	8	Es gibt schon Enttäuschungen, daß die Schüler nicht so sind, wie man meint	Schon auch Enttäuschungen	
A	103	9	Praxisschock war es bestimmt nicht	Kein Praxisschock	
A	103	10	Arbeitsbelastung nicht so groß (höchstens in Zweigschule)	Wenig Arbeitsbelastung	
A	104	11	Frustriertheit des Lehrers in Großstadtschule mit Disziplinschwierigkeiten der Schüler denkbar	Frustriertheit des Lehrers in Großstädten denkbar	
A	104	12	Eigene Arbeit (Landschule) durch Spaß entschädigt	Spaß an der Arbeit gehabt	
A	104	13	Schüler mögen mich dort immer noch	Gute Beziehung zu Schülern gehabt	
A	104	14	Bin zu realistisch, als daß ich mir falsche Vorstellungen gemacht hätte	Keine realistischen Erwartungen gehabt	

Abb. 18: Zusammenfassende Inhaltsanalyse (Paraphrase 1 - 14)
(in: Mayring, Ph., 1988, S. 59)

Fall	S.	Nr.	Paraphrase	Generalisierung	Reduktion
A	104	15	Erzieherische Arbeit ist sowieso bei 35 Schülern und Stoffülle sehr gering anzusetzen	Erzieherische Arbeit nur gering ansetzbar	
...	...	...	... (weiter bis Paraphrase Nr. 97)	...	
					Aus Fall B: K3 Kein Praxisschock, wegen Flexibilität, Realismus, Anpassungsfähigkeit und Reden mit offenen Kollegen K4 Meinung, ohne Disziplinierungsmaßnahmen nur mit Gut-Zureden auszukommen, ist Illusion, weil - auch etablierte Lehrer Schwierigkeiten haben - Schüler Maßnahmen erwarten - große Klassen - häufiger Klassenwechsel - Relativität pädagogischen Wertes - gutes Verhältnis zu Schülern auch anders möglich K5 Skilager/Sport kann hartes Auftreten kompensieren K6 Zwickmühle, pädagogisches Verhalten auszuprobieren und trotzdem konsequent zu sein *Aus Fall C:* K7 Praxisschock starkes Problem durch Anpassungszwang an Vorstellungen der Seminarlehrer wegen Benotung; hat Selbstvertrauen, eigenes Ich angekratzt K8 Vielleicht auch gelegen an - stärkerer Sensibilität - kein Einser-Lehrer - kein "Conferencier-Typ" - wenig anpassungsfähig *Aus Fall D:* K9 und K10 (s.u.)

Abb. 19: Zusammenfassende Inhaltsanalyse (Paraphrase 15 bis ...)
(in: Mayring, Ph., 1988, S. 59 ff.)

Mit den so entwickelten zehn Kategorien aus den Interviews (Fällen) A, B und C ist der erste Schritt der Zusammenfassung getan. In einem weiteren Durchgang werden im folgenden die zehn Kategorien, die sich aus den einzelnen Interviews ableiten, nochmals zusammengefaßt und dabei auf ein höheres Abstraktionsniveau reduziert. "Die Aussagen sollen nun fallübergreifend nicht mehr die Einschätzungen des einzelnen Lehrers darlegen, sondern zu allgemeinen Einschätzungen der Referendarzeit, des 'Praxis-schocks' generalisiert werden."[26]

Die auf diesem höheren Abstraktionsniveau wiederum durch Generalisation und Reduktion gefundenen vier Kategorien werden mit K'1 bis K'4 bezeichnet:

Fall	Kategorie	Generalisierung	Reduktion
A	K1 Praxis nicht als Schock, sondern als großen Spaß erlebt wegen - vorheriger Lehrererfahrung - Landschule ohne Disziplin-schwierigkeiten - keine unrealistischen Erwartungen gehabt - gute Beziehung zu Schülern gehabt	Kein Praxisschock, wenn: - vorherige Lehrerfahrung - gute Bedingungen - keine unrealistischen Erwartungen Gute Beziehung zu Schülern möglich	K'1 Kein Praxisschock tritt auf, wenn man - vorher Lehrerfahrungen macht - gute Referendariatsbedin-gungen hat - flexibel und anpassungs-fähig ist - offen mit Kollegen redet - keine "unrealistischen" pädagogischen Erwar-tungen hat (Illusion des Nur-gut-Zuredens).
A	K2 Ohne diese Bedingungen Praxisschock schon denkbar	Sonst Praxisschock	
B	K3 Kein Praxisschock, wegen Flexibilität, Realismus, Anpas-sungsfähigkeit und Reden mit offenen Kollegen	Kein Praxisschock, wenn - flexibel und anpassungs-fähig - Reden mit Kollegen	K'2 Praxisschock kann Selbstvertrauen stark min-dern und belasten, wenn - keine Übung da ist - destruktive Kritik und Anpassungszwang an Seminarlehrer nicht weggesteckt wird - man sich völlig selbstüberzeugt ist.
B	K4 Meinung, ohne Disziplinierungs-maßnahmen nur mit Gut-Zureden auszukommen, ist Illusion, weil - auch etablierte Lehrer Schwie-rigkeiten haben - Schüler Maßnahmen erwarten - große Klassen - häufiger Klassenwechsel - Relativität pädagogischen Wertes - gutes Verhältnis zu Schülern auch anders möglich	Kein Praxisschock, wenn Illusion ohne Disziplinie-rungsmittel nur mit Gut-Zureden auszukommen, aufgegeben wird. Gute Beziehungen zu Schülern möglich	K'3 In jedem Fall ist eine gute Beziehung zu Schülern erreichbar.
B	K5 Skilager/Sport kann hartes Auf-treten kompensieren	Hartes Auftreten kann kompensiert werden	K'4 Es ist eine Zwickmühle, pädagogisches Verhalten ausprobieren zu wollen und trotzdem in der Klasse konsequent zu sein.
B	K6 Zwickmühle, pädagogisches Verhalten auszuprobieren und trotzdem konsequent zu sein	Zwickmühle, pädago-gisches Verhalten auszu-probieren und trotzdem konsequent zu sein	
C	K7 Praxisschock starkes Problem durch Anpassungszwang an Vorstellungen der Seminarleiter wegen Benotung; hat Selbstver-trauen, eigenes Ich angekratzt	Anpassungszwang an Seminarleiter kann Selbst-vertrauen ankratzen	
C	K8 Vielleicht auch gelegen an - stärkerer Sensibilität - kein "Einser-Lehrer" - kein "Conferencier-Typ"	Selbstvertrauen dann gefährdet, - wenn übersensibel - wenn nicht völlig	

---

26   Mayring, Ph., 1988, S. 65; Seiner Meinung nach ist eine Generalisierung von nur vier Fällen inhaltlich nicht voll gerechtfertigt, das Beispielmaterial zu Anschauungszwecken jedoch verwendbar.

Fall	Kategorie (ff)	Generalisierung (ff)	Reduktion
	- weniger anpassungsfähig	selbstüberzeugt - wenn weniger anpassungsfähig	
D	K9 Starker Praxisschock wegen - mangelnder Übung - von Schülern nur als Referendar angesehen - Kritik der Seminarlehrer zerstört Selbstvertrauen und belastet stark	Praxisschock, wenn - mangelnde Übung - mangelndes Ansehen bei Schülern - Destruktive Kritik der Seminarlehrer	
D	K10 Erst mit der Zeit gelernt, mit der Klasse ohne Chaos umzugehen	Umgehen mit der Klasse erlernbar	

Abb. 20: Zusammenfassende Inhaltsanalyse (K´1 bis K´4)
(in: Mayring, Ph., 1988, S. 66 f.)

5.2. Kritische Bemerkungen zur Zusammenfassung

Trotz Mayrings äußerst gewissenhafter Erarbeitung der vier Interview-Beispiele (Fall A bis D) des DFG-Projektes und dem Versuch lückenlosem Vorgehens im Hinblick auf die datenreduzierte Form der Zusammenfassung aufzuzeigen, bleiben einige Fragen offen:

⇨ Bei Mayrings Beispiel gibt es offensichtlich sogenannte *'Kategorien der Nicht-Berücksichtigung'* bzw. des *'Weglassens'*, welche Vermutungen des dahinterstehenden Denkrahmens auftauchen lassen. (Wir sprechen hier zwar von qualitativer Forschung und dieses genaue 'Stochern' nach Aspekten qualitativen Hintergrunds, die manchmal kaum faßbar zu machen sind, mag befremden. Mayring gibt jedoch in seinem Beispielmaterial durchwegs sehr genaue Anweisungen der Nachvollziehbarkeit. Umsomehr verwundert es, bei exaktem Vorgehen in Teilbereichen auf Vermutungen angewiesen zu sein.)

Offen bleibt in der Stufe von der Generalisierung auf die Reduktion (erste Kategorienbildung), warum die Generalisierung der Paraphrasen 6 und 8 für die Kategorienbildung (Reduktion) im Beispielmaterial fallengelassen werden. Vermutlich handelt es sich bei der Generalisierung "Gut vermittelbarer Stoff als Bedingung" und "Schon auch Enttäuschungen" um das Kriterium 'Schülerbezug', welches vielleicht vor dem Hintergrund der Hauptfragestellung ('Was sind die hauptsächlichen Erfahrungen der arbeitslosen Lehrer mit dem Praxisschock') nicht als berücksichtigungswert für diese Praxisschock-Orientierung gelten kann. Als weiteres Beispiel derselben Fragestellung gilt die Generalisierung zur Paraphrase 10 "Wenig Arbeitsbelastung", deren Verschwinden bei der folgenden Reduktion nicht nachvollziehbar bleibt und m.E. vielleicht als 'Kriterium anderweitigen Bezugs' gelten kann. Die Paraphrase 11 ("Frustriertheit des Lehrers in Großstadtschulen mit Disziplinschwierigkeiten der Schüler denkbar" - evt. auch die Paraphrase 12) wurde zu "Frustriertheit des Lehrers in Großstädten denkbar" generalisiert und findet sich als Teilbereich von K1 wieder: "Landschule ohne Disziplinschwierigkeiten". Hier wird somit für die Reduktion ein Umkehrschluß der Generalisierung oder ein Rückgriff auf den Inhalt der Paraphrase vorgenommen. In K1 bleibt nur noch "...Landschule ohne Disziplinschwierigkeiten". - Hier kommt wahrscheinlich der qualitative Aspekt des 5. Schrittes im zusammenfassenden inhaltsanalytischen Ablaufmodell - die Rückkoppelung auf das angestrebte Abstraktionsniveau zum Tragen.

⇨ Die *Intercoder-Einführung* in den Untersuchungsgegenstand und *Intercoder-Schulung* für die Auswertungsschritte bildet den nächsten Betrachtungspunkt, der für den Qualitätsgrad der Untersuchung von großer Bedeutung ist. Gerade im Hinblick auf die oben angesprochenen 'Kategorien der Nicht-Berücksichtigung', ergibt sich hier - um die Intercoder-Reliabilität gewährleisten zu können - die Forderung nach Übereinstimmung in der Vorgangsweise der verschiedenen, am Auswertungsprozeß beteiligten Personen.

Dementsprechend wurde vermutlich auch in diesem Projekt zur Lehrerarbeitslosigkeit entweder ein Kodierleitfaden verwendet, der beispielsweise von jedem an der Auswertung Beteiligten, bei Unklarheiten laufend ergänzt wird und schriftlich (immer wieder aktualisiert) vorliegt, oder Unklarheiten, Zuordnungsprobleme usw. wurden situativ diskursiv erläutert. Hieraus ergibt sich die Forderung an das Forschungspersonal, für alle durchlaufenen Schritte fachlich kompetent zu zeichnen. Da in der Praxis oft Hilfspersonal (z.B. Studenten) eingesetzt werden, ist eine Evaluation der verwendeten Instrumente umso wichtiger. Anzusetzen wäre im Fall einer Evaluierung und Revision der verwendeten Instrumente - bei den Makropropositionen vor dem Schritt der Paraphrasierung. So gesehen stellt die zusammenfassende (aber auch die explizierende und strukturierende) Inhaltsanalyse "...hohe Anforderungen an die Interpretationsfähigkeiten des Analytikers, die sich aus einer profunden, auch sinnverstehenden Materialkenntnis und aus der Beherrschung der...Interpretationsregeln ergeben."[27]

⇨ Es verwundert, daß Mayring bei seiner sonst sehr genau beschriebenen Arbeitsanalyse nicht erwähnt, inwieweit schon bei der Zusammenfassung auch ein mögliches *schwerpunktmäßiges Zusammenspiel der verschiedenen Interviews und deren Kategorienbildung* berücksichtigt wird. Oder findet dieser Aspekt erst einen Schritt nach den drei speziellen Techniken (Zusammenfassung, Explikation, Strukturierung) in der Abschlußphase der Interpretation der Ergebnisse in Richtung der Hauptfragestellung Berücksichtigung?[28] Unter schwerpunktmäßigem Zusammenspiel kann einerseits gemeint sein, wieweit innerhalb eines einzelnen Interviews ein möglicher Schwerpunktüberhang im Sinne einer starken thematischen Tendenz (ausschließlich) der Kategorien in eine bestimmte Richtung und bzw. oder wieweit thematische Schwerpunkte der Interviews in der summarischen Betrachtung aller Interviews und deren gebildeten Kategorien berücksichtigt werden. - Mayring bleibt diese Frage und deren qualitativen Aspekte schuldig.

⇨ In dieselbe Richtung geht der nächste Punkt der *Rücküberprüfung der Kategorien*. Mayring schreibt im dargestellten DFG-Beispiel, nach der Zusammenfassung in K'1 bis K'4: "Die Rücküberprüfung der Kategorien am Ausgangsmaterial hat sich als einigermaßen repräsentativ erwiesen. Damit ist der Zweck der zusammenfassenden qualitativen Inhaltsanalyse erreicht, eine große Materialmenge auf ein überschaubares Maß zu kürzen und die wesentlichen Inhalte zu erhalten."[29] - Es scheint sehr schwierig, eine Rücküberprüfung als 'repräsentativ' zu bezeichnen und eine Rücküberprüfung der Kategorien (falls beispielsweise nach Ergebnis der Zusammenfassung befunden wird, daß "die wesentlichen Inhalte" nicht erhalten geblieben sind) würde in aller Konsequenz auch den neuerlichen Beginn beim ersten Schritt, der Paraphrasierung, bedeuten. Wieweit wird dieser Forderung, v.a. im Hinblick auf große Materialmengen nachträglich gerecht? - Speziell bei einer auf die Zusammenfassung aufbauenden Explikation und/oder Strukturierung kann eine Rücküberprüfung des Kategoriensystems bis zur ersten Paraphrasierung des transkribierten Interviews (Zusammenfassung) zum neuerlichen Ankurbeln des ganzen Kreislaufs qualitativer Inhaltsanalyse führen.

---

27 Spöhring, W., 1989, S. 207
28 Dieses Vorgehen würde an die Verwendung eines schlechten Fragebogens erinnern - nichtsdestoweniger wird er ganz 'normal' ausgewertet, und erst in der Schlußfrage endgültiger Interpretation findet der eine oder andere kritische Gedanke dazu Berücksichtigung (oder auch nicht).
29 Mayring, Ph., 1988, S. 68

Optisch fällt bei der Betrachtung der inhaltsanalytischen Technik der Zusammenfassung Mayrings tabellare Arbeitsform auf, die m.E. eher quantifizierend als qualitativ ausgerichtet wirkt. Dieses 'Hineinpressen' qualitativer Aspekte in eine Paßform scheinbar mechanistisch ausgerichteter Denkweise wird auch in seinen Schlußsätzen nach obigem zusammenfassenden Beispiel aus dem DFG-Projekt deutlich, in denen er aufzeigt, daß die Reduktionsprozesse (Paraphrasierung und Z-Regeln) auch quantitativ und graphisch durch die Breite von Balken dargestellt werden können:

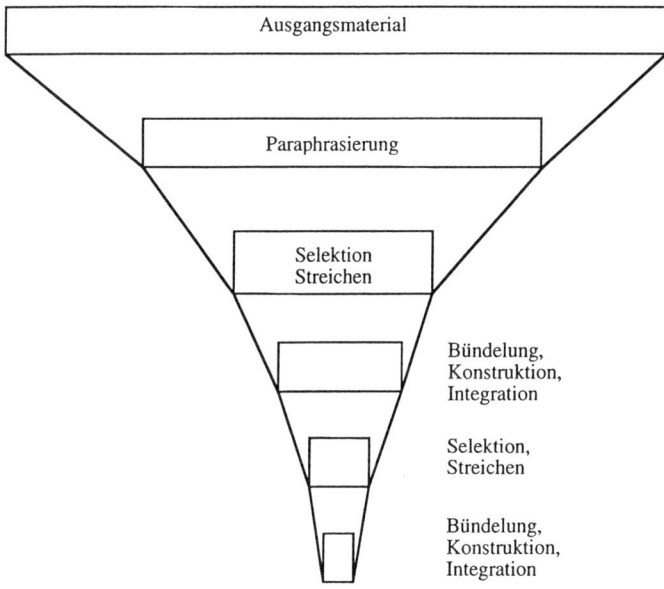

Abb. 21: Materialreduktion durch die Zusammenfassung
(in: Mayring, Ph., 1988, S. 68)

Diese quantifizierende Darstellung in Tabellenform und seine quantitativ betrachtete Abbildung der Reduktionsprozesse schlägt sich auch in der Kritik Lamneks nieder, welcher bemängelt, daß Mayrings "...Analyse eine reduktive und keineswegs explikative ist, wenn...die Zusammenfassung graphisch dargestellt und formuliert wird..." Für alle drei Techniken (Zusammenfassung, Explikation, Strukturierung) bemerkt er weiter, daß sie zwar nicht im eigentlichen Sinn quantifizierend, jedoch "...in Ablauf und Systematik der Versuch erkennbar (ist), der Methodologie quantitativer Forschung nachzueifern.

Gleichwohl ist seine Methode begründet als qualitative zu bezeichnen, weil sie in den Grundlagen dominant an diesem Paradigma orientiert ist."[30] Mayring selbst weist darauf hin, daß, "...auch wenn die hier beschriebenen Techniken angemessen erscheinen...", darauf geachtet werden muß, das Verfahren nicht "zu starr" und "zu unflexibel" werden zu lassen. Denn: "Die Gegenstandsangemessenheit muß...wichtiger genommen werden als die Systematik, um sinnvolle qualitative Forschung entstehen zu lassen."[31]

Ziel jedes Forschungsprojektes unter Verwendung der vorgestellten inhaltsanalytischen Technik soll es sein, den Mut zu entwickeln, auch eigene, vielleicht neue Wege zu beschreiten - sich auf der grünen Wiese qualitativer Forschung ohne Scheuklappen zu bewegen und die Gefahr zu vermeiden, Forschungsverfahren starr und unflexibel zu handhaben. Auf diese Art könnte gewährleistet werden, daß Mayrings entwickelte Technik der Zusammenfassung zu einer breiteren Anwendungsvariante mit dem Zulassen anderer Aspekte wird. Schon das Vokabel 'Technik' löst mitunter Assoziationen strengen Vorgehens auf einer schematisch orientierten Denkrichtung aus, die es ja gerade durch den qualitativen Versuch wissenschaftlicher Nachvollziehbarkeit des Forschungs- prozesses von Mayring in den Hintergrund zu drängen gilt. Im Praxisteil soll eine neue Variante und Darstellungsform qualitativer Zusammenfassung auf besagter grüner Wiese aufgezeigt werden. Es handelt sich um den Versuch der Integration einer neuen, kreativen Form der Visualisierung in Mayrings 'Technik' der Zusammenfassung: Die Mind-Map- Methode.[32]

5.3. Explikation als inhaltsanalytische Technik

Im einführenden Beispiel des Felsbrockens bzw. Meteoriten tritt man (nach dem zusammenfassenden Überblick durch Zurücktreten und Helikopterperspektive) wieder näher, damit Teile, die besonders interessant erscheinen, genauer betrachtet werden können. Einzelne Teile werden aus dem Felsbrocken herausgebrochen, damit einzelne Bestandteile besser ersichtlich und erkennbar werden. - Im Gegensatz zur Zusammen- fassung, die auf eine Datenreduktion abzielt (Überblick in 'verkleinerter' Form), wird bei

---

30 Lamnek, S., 1989, S. 211 f.; Zu Qualität und Quantität im inhaltsanalytischen Forschungsprozeß vgl. auch Kap. 2/Abschnitt A (Die "Sackgasse" rein quantitativer Inhaltsanalyse)
31 Mayring, Ph., 1991 b, S. 213
32 Zu den Grundlagen: vgl. Abschnitt B: Mind-Mapping

der Explikation oder Kontextanalyse zusätzliches Datenmaterial an bestimmte Textstellen herangetragen, um diese durch ergänzende Erklärung verständlicher zu machen, zu explizieren. Quintessenz als Gütekriterium bildet die Definition dessen, was an zusätzlichen Daten für die betreffende Textstelle zugezogen werden darf. Zunächst ist Voraussetzung jeder Explikation der Versuch einer lexikalischen, grammatikalischen Ergründung der Textstelle (moderne Lexika des Hochdeutschen), d.h., in einem ersten Schritt wird nach den jeweils aktuellsten, möglichen Bedeutungsausprägungen geforscht.

Was ist jedoch zu tun, wenn der Interviewte seinen eigenen spezifischen Hintergrund, seine eigenen Bedeutungsinhalte in seine Aussagen packt? Wie ist vorzugehen, wenn der Interviewpartner ungebräuchliche Worte oder Mehrdeutigkeiten verwendet?[33]

In diesem Fall ist das Vorhaben der Explikation im gesamten Kontext zu betrachten. Je nach Weite des Kontextes unterscheidet Mayring zwischen zwei Explikationstechniken, der engen und der weiten Kontextanalyse.[34] Bei der engen Kontextanalyse ist nur Material aus dem vorhandenem Text selbt zugelassen (z.B. dasselbe und andere transkribierte Interviews des Untersuchungsgegenstandes). - Grundlage der weiten Kontextanalyse bildet auch Datenmaterial, das über den vorhandenen Text hinausgeht (z.B. protokollierte Informationen über den Interviewten, die Entstehungssituation des Interviews, persönliche Hintergründe usw.). Ziel der Explikation ist das Ersetzen der Textstelle mit einer schlüssigen Interpretation des Gesagten. Als ausreichend kann eine Explikation dann gesehen werden, wenn sie im Gesamtzusammenhang schlüssig erscheint.

---

[33] Mehrdeutigkeiten könnten allerdings schon durch entsprechendes 'Laddering' vor dem Hintergrund einer jeweiligen Gesprächsführungstechnik aufgeklärt werden. Laddering kommt aus der qualitativen Verhaltensforschung im Marketing. "Laddering ... used to develop an understanding of how consumers translate the attributes of products into meaningful associations... Laddering involves a tailored interviewing format using primarily a series of directed probes, typified by the 'Why is that important to you?' question, with the express goal of determining sets of linkages between the key perceptual elements across the range of attributes (A), consequenes (C) and values (V)" Reynolds, T.J./Gutman, J., Laddering Theory, Method, Analysis, and Interpretation, 1988. S. 12; Es werden die verschiedenen 'Taktiken' analysiert, Warum-Fragen zu stellen, Warum-Fragen möglichst psychologisch anzugehen. - Die Diskrepanz im Punkt Offenheit in Interviews wird jedoch deutlich: Je offener - im Sinne von nicht-direktiv - ein Interview geführt wird, desto schwieriger wird es, den Gesprächsfluß bei eventuellen Unklarheiten des Inerviewers immer wieder durch verschieden verpackte Warum-Fragen des Laddering zu unterbrechen.

[34] Vgl. Mayring, Ph., 1988, S. 69 ff.; 1985, S. 196; 1990, S. 87; 1991 b, S. 212

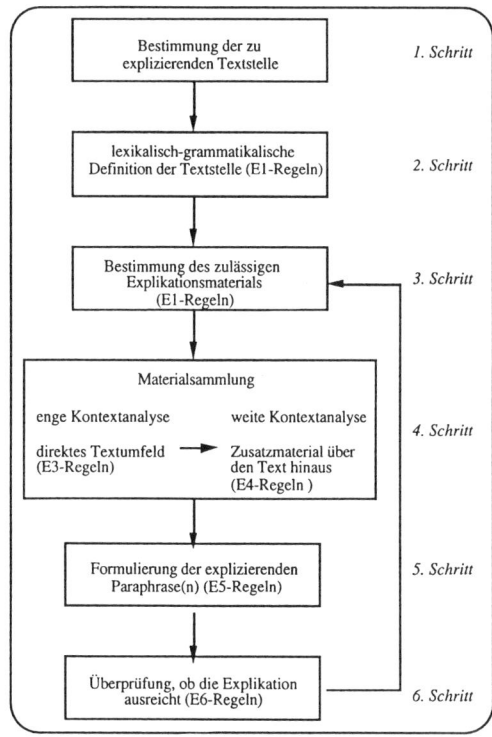

Abb. 22: Ablaufmodell explizierender Inhaltsanalyse
(in: Mayring, Ph., 1988, S. 70)

Zum näheren Verständnis zunächst die Beschreibung der Interpretionsregeln (E-Regeln des Ablaufmodells) für eine explizierende Inhaltsanalyse:[35]

"E1:   Lexikalisch-grammatikalische Definition

E1.1   Bestimme die vom sprachlichen und sozio-kulturellen Hintergrund relevanten Lexika und Grammatiken!

E1.2   Analysiere danach die Textstelle auf ihre grammatikalische und lexikalische Bedeutung!

E1.3   Überprüfe, ob die Textstelle dadurch bereits hinreichend erklärt ist.

---

[35]   Mayring, Ph., 1988, S. 72

E2:   Bestimmung des Explikationsmaterials

E2.1   Beginne beim engsten Textkontext, d.h. beim direkten Umfeld der zu explizierenden Stelle im Text!

E2.2   Schreite zu immer weiterem Kontext fort, wenn die Überprüfung der Explikation nicht befriedigend war!

E3:   Enge Kontextanalyse

E3.1   Sammle alle Aussagen, die in einer direkten Beziehung zur fraglichen Stelle im direkten Textkontext stehen, d.h. die sich
        - definierend, erklärend,
        - ausschmückend, beschreibend,
        - beispielgebend, Einzelheiten ausführend,
        - korrigierend, modifizierend,
        - antithetisch, das Gegenteil beschreibend
        zur Textstelle verhalten!

E3.2   Überprüfe, ob die zu erklärende Textstelle im Text noch in gleicher oder ähnlicher Form auftaucht und untersuche den dortigen engen Textkontext!

E4:   Weite Kontextanalyse

E4.1   Überprüfe, ob zum Verfasser der Textstelle weiteres explizierendes Material zugänglich ist!

E4.2   Ziehe Material über die Entstehungssituation des Textes zur Erklärung heran!

E4.3   Überprüfe, ob aus dem theoretischen Vorverständnis explizierendes Material abgeleitet werden kann!

E4.4   Überprüfe, ob aufgrund des eigenen allgemeinen Verstehenshintergrundes weiteres Material heranzuziehen ist!

E4.5   Begründe die Relevanz, den Bezug des gesammelten Materials zur fraglichen Textstelle!

E5:   Explizierende Paraphrase

E5.1   Fasse das zur Explikation gesammelte Material zusammen (vgl. Zusammenfassung) und formuliere daraus eine Paraphrase für die fragliche Textstelle!

E5.2   Bei widersprüchlichem Material formuliere mehrere alternative Paraphrasen!

E6:   Überprüfung der Explikation

E6.1   Füge die explizierende Paraphrase anstatt der fraglichen Stelle in das Material ein!

E6.2   Überprüfe, ob im Gesamtzusammenhang des Materials die Textstelle ausreichend sinnvoll ist!

E6.3   Wenn die Explikation nicht ausreichend erscheint, bestimme neues Explikations-material und durchlaufe die Analyse aufs neue

(ab 3. Schritt)!"

Beispiel explizierender Inhaltsanalyse:[36]

Schritt 1: Bestimmung der zu explizierenden Textstelle
In einem Interview verwendet ein Lehrer den Begriff 'Conferenciertyp', der im folgenden anhand obiger E-Regeln expliziert werden soll.

Schritt 2: lexikalisch-grammatikalische Definition der Textstelle
Zum Stichwort 'Conferencier' finden sich Definitionen wie

⇨   " 'Ansager auf der Kleinkunstbühne' (dtv-Lexikon, Bd. 3, 1966, S. 168)",

⇨   " '(witzig unterhaltender) Ansager in Kabarett, Variété, bei öffentlichen und privaten Veranstaltungen' (Meyers Großes Taschenlexikon, Bd. 5, 1981, S. 5)"[37]

Die gefundenen Definitionen klären den Begriff im Zusammenhang noch nicht. Es ist erforderlich, ihn anhand einer engen und weiten Kontextanalyse näher zu betrachten:

Schritt 3: Bestimmung des zulässigen Explikationsmaterials und
Schritt 4: Materialsammlung (enge/weite Kontextanalyse)
Für die enge Kontextanalyse ist der Textteil zunächst im Textkontext anzusehen:
"Es ist, glaube ich, auch sehr wichtig, gerade beim Sport, da bin ich also nicht der Typ; je - möchte nicht sagen: extravertiert - je temperamentvoller einer einfach vom Typ her ist, wenn er spricht oder wenn er lebendig mit Erwachsenen umgeht oder ständig neue Ideen auf Lager hat, oder auch mal Kritik am Seminarlehrer vielleicht bringt, aber sofort in ein Bonmot gekleidet, also Conferencier-Typ mehr, da glaube ich, die kommen mächtig an; das ist dann irgendwie auch wieder Mentalitätssache. Wie kann man das irgendwie beurteilen oder zum Gradmesser machen?"[38]
Im Text eruierbare Beurteilungskriterien:

⇨   "extravertiert (?);

⇨   temperamentvoll, wenn er spricht;

---

36   DFG-Projekt "Lehrerarbeitslosigkeit"; Mayring, Ph., 1988, S. 73 ff.; vgl. auch Kategorie 8, Fall C, Kap. 5.1./Abschnitt A (Zusammenfassung als inhaltsanalytische Technik)
37   Mayring, Ph., 1988, S. 73
38   Mayring, Ph., 1988, S. 109: Interviewausschnitt eines Lehrers (Fall C), DFG-Projekt "Lehrerarbeitslosigkeit"

⇨ lebendiges Umgehen mit Erwachsenen;

⇨ ständig neue Ideen auf Lager;

⇨ Kritik am Seminarleiter, in Bonmots gekleidet, bringend.

Man könnte also sagen, ein Conferencier-Typ ist ein extravertierter, temperamentvoller, spritziger Mensch."[39]

Zusätzlich wird eine andere Textstelle gefunden, die sich auf 'Conferencier-Typ' zu beziehen scheint, aus der sich weitere, neue Beschreibungsmerkmale ableiten lassen: Eine Äußerung bezieht sich auf 'Spielen' mit einem (interpretierten) negativen Unterton in Richtung 'Rolle spielen', was sich wiederum mit der lexikalischen Bedeutung im Zusammenhang mit 'Theater spielen' und 'Kleinkunstbühne' assoziieren läßt. Weitere Äußerungen dieser zusätzlichen Textstelle gehen in Richtung 'Selbstbewußtsein' und 'Selbstüberzeugtheit'.

Schritt 5: Formulierung der explizierenden Paraphrase
Insgesamt können somit die oben angeführten Merkmale „extravertiert, temperamentvoll, spritzig" ergänzt werden um das Merkmal "selbstüberzeugt" sowie das des "Spielens". Faßt man diese zu einer explizierenden Paraphrase zusammen, ergibt sich, daß ein Conferencier-Typ jemand ist, "der die Rolle eines extravertierten, temperamentvollen, spritzigen und selbstüberzeugten Menschen spielt."[40]

Schritt 6: Überprüfung, ob die Explikation ausreicht
Für die Evaluierung der gefundenen Explikation wird sie in den Materialzusammenhang gestellt. Dieser findet sich im Interview vor der ersten und nach der zweiten zur Explikation herangezogenen Textstelle. Aus diesem Zusammenhang lassen sich mehrere Paraphrasen ableiten. Eine der Paraphrasen lautet: "C-Typ zu sein, ist Mentalitätssache." Setzt man die durch Explikation gefundene Definition des Conferencier-Typs ein, macht sie Sinn und es ergibt sich eine verständliche Aussage. - In diesem Beispiel ist die explizierende Inhaltsanalyse damit abgeschlossen. Zwar könnte noch zusätzliches Material über den Interviewten gefunden werden und ein neuerlicher Durchgang gestartet werden, es scheint aber nach Prüfung des Materials kaum erfolgversprechend.

---

[39] Mayring, Ph., 1988, S. 73
[40] Mayring, Ph., 1988, S. 74

5.4. Entwicklungsmöglichkeiten und kritische Evaluierung explizierender Inhaltsanalyse

Im Vergleich zur Zusammenfassung macht Mayring die Explikation des 'Conferencier'-Beispiels bis ins Detail nachvollziehbar. Seine Explikation bezieht sich allerdings nur auf einen bestimmten, (vorerst) unverständlichen Begriff, den des 'Conferencier'-Typs (oder ähnliche Begriffe). Es stellt sich die Frage, was mehr Flucht vor dem Text bedeutet: Die Ebene des 'such-begrifflichen Conferenciers' oder jene der Erweiterung einer Mayring´schen Explikation um andere Varianten:

⇨ Anstatt nur auf Begriffsebene zu bleiben, bietet sich eine *Betrachtung emotionaler Aspekte*:[41] "Manchmal, denke ich, das sind eine der wenigen Sachen, die uns hier gelungen sind (lacht), daß wir uns wenigstens einmal im Jahr auf ein Bier zusammensetzen..." - Warum sagt jemand im Interview gerade das und jenes so plötzlich? Wo ergeben sich Unstimmigkeiten im Sinnzusammenhang?

In diesem Interviewausschnitt könnte eine Explikation im Sinnzusammenhang auch danach fragen, was denn nicht gelungen ist. '(Was ist) Gelungen (bzw. nicht gelungen)' ist in diesem Fall explikationsbedürftig. Im ersten Schritt kann nach anderen erklärenden Textstellen gesucht werden. Wird man bei dieser klassischen Form der Explikation nicht fündig (auch eine grammatikalisch-lexikalische Suche erübrigt sich), besteht immer noch die Möglichkeit, selbst nach erklärenden Thesen zu suchen: Z.B.: 'Es besteht der Wunsch nach mehr kommunikativem Austausch im privaten Bereich.'... Problematisch bei der Formulierung solcher Thesen ist in erster Linie die Einschätzung des richtigen Rahmens zwischen einer Überlegung als mögliche Denkvariante und provokanten Behauptungen, Vermutungen, die schwer nachvollziehbar sind und assoziativ dem Forscher keinen Erklärungsfortschritt bieten.

Eine weitere Explikationsstelle kann sich auch aus dem Lachen des Interviewten ergeben "...einige der wenigen Sachen, die uns hier gelungen sind (lacht)..." - Ist diese Verhaltensweise auch in anderen Zusammenhängen im Interview erkennbar? Reagiert der Interviewte auf bestimmte Themen, Aktionen des Interviewers usw. auf

---

41   Zu diesem Punkt ergeben sich sicher Redundanzen mit Erweiterungsmöglichkeiten der inhaltsanaly-
      tischen Strukturierung eines Textes. Wird eine Kombination von zwei oder drei inhaltsanalytischen
      Techniken überlegt (Zusammenfassung, Explikation, Strukturierung), ist diese sicher spezifisch auf
      den jeweiligen Forschungsgegenstand hin auszurichten und transparent zu machen. - Hier werden bei
      jeder einzelnen Technik jedoch alle Varianten möglicher Diskussionserweiterung angeführt.

dieselbe Weise? In welchen Zusammenhängen spricht der Interviewte von 'wir', in welchen von 'ich' (ohne gleich auf eine neue Strukturierung des Interviewmaterials hinzuarbeiten)? - Es kann sich herausstellen, daß der Befragte immer dann von 'wir' redet, wenn ein bestimmtes Hierarchieproblem angesprochen wird, welches dann zu überlegen aufgibt, wie es bei der weiteren Auswertungseinheit berücksichtigt werden soll (evt. in Kodierleitfaden bei der Strukturierung).

⇨ *Überlegungen zu aktuellen Entwicklungen/Ereignissen im Umfeld des Befragten* als Einfluß auf das Explikationsvorhaben. Beispiel: Angesprochen auf die Wunsch- vorstellung einer Zusammenarbeit mit seinem Vorgesetzten spricht der Interviewte von "...Zuverlässigkeit, Höflichkeit, die Dinge auch wirklich zu tun, die beschlossen sind, nicht zu 'bügeln'. 'Bügeln' ist eine bei uns weit verbreitete Unsitte, die jetzt aber leichter diagnostiziert werden kann, weil einige jetzt, nach den Seminaren, ganz bewußt darauf achten." - 'Bügeln' ist explikationsbedürftig. Mayrings erster Schritt der grammatikalisch-lexikalischen Definition ist in diesem Fall nicht brauchbar. (Vielmehr scheinen Überlegungen im übertragenen Sinn angebrachter.) Die Suche anderer Textstellen im selben und in anderen Interviews bleibt erfolglos. Im betreffenden Interviewteil wurde allerdings ein Seminar angesprochen, auf welches Bezug genommen werden kann. Somit wird an dieser Stelle eine Erweiterung des Explikationsbegriffes um aktuelle Aspekte des Umfeldes des Interviewten notwendig. Durch die Befragung der in der betreffenden Firma tätigen Weiterbildungsbeauftragten stellt sich heraus, daß es sich im angesprochenen Seminar um eines der breit angelegten Seminarreihe 'Führungskräfteentwicklung' handeln könnte. In Gesprächen mit einigen Teilnehmern bewahrheitet es sich, und es ergibt sich beim Versuch, den Begriff 'Bügeln' zu erklären, folgender Wortsinn: Eine Person 'bügelt', wenn sie Dinge zu verschleiern, zu umgehen, nicht anzusprechen, schwammig zu handhaben versucht - Konflikten ausweicht. Setzt man nun die gefundenen Umschreibungen statt 'Bügeln' im Interviewausschnitt ein (Schritt 6 im inhaltsanalytischen, explizierenden Ablaufmodell von Mayring), so macht dieser Sinn, erhöht und erleichtert den Erklärungszusammenhang.

⇨ Auch die *Berücksichtigung sonstiger Aspekte* kann explikativ Einfluß nehmen: Beispielsweise bei einer Fragestellung zur bildhaften Deutung einer Organisation oder deren Führungskräfte als Tier(e), bietet sich an, bei entsprechenden Explika- tionen allgemeine Managementtrends und Entwicklungen im Sektor der

Führungskräfteweiterbildung zu berücksichtigen.[42] Einiges von dem, was von den Befragten in Antworten gepackt wird, stammt vielleicht aus dem Mund 'trendsettender Mangement-Gurus'[43] und kann durch dieses Wissen dementsprechend nachvollzogen und verständlich gemacht werden. - Bei der Explikation eines Werbeplakates kann es durchaus weiterhelfen, 'zeitgeistliche' Überlegungen einfließen zu lassen: Welcher Situation ist die Werbung im allgemeinen derzeit ausgesetzt? Welche Zielgruppe wird angesprochen? Warum wird gerade das Plakat als Werbemedium verwendet? Welche Werbetrends zeigen sich in der Cannes-Rolle?[44] ...Regelgeleitetes Erfassen dieser Form von Explikation bedeutet allerdings den Versuch, das, was dabei getan wird, auch nachvollziehbar zu machen. Der Trugschluß dabei ist meist, daß dadurch auch Klarheit impliziert wird: Der Anspruch ist edel - der Impliziertheit von Klarheit wird jedoch sicher nicht immer entsprochen.[45]

Noch eine Überlegung: Tendentiell vermittelt Mayrings Explikation in erster Linie den Wunsch nach dem 'Rundmachen' eines unklaren Begriffes - der Hauptteil des Torsos *muß* einfach auffindbar sein... Die Versuchung, Mayring als 'Schwindelzettel' zu benutzen ist groß - der Mut, auch Fragmentierungen zuzulassen, vonnöten.

---

[42] In jüngerer Zeit zeigt sich ein Trend zu tiervergleichenden Managementtrainings (Überlegungen zum Verhalten des Wolfes, Hais, Delphins und Karpfens im Management) und Managementliteratur (z.B. Lynch, D./Kordis, P., 1992; Hass, H., 1990) ...Nicht mehr lange, und das weltweite 'Dino-Fieber' (Kinoerfolg 'Joressic Park' von Steven Spielberg) wird auch im Management Einzug halten und Tyrannosaurus, Apathosaurus, Styracosaurus, Allosaurus als Ungetüme grauer Vorzeit avancieren zu Typologien von Manager-Verhalten, beschreiben Fehlverhalten und entwickeln Änderungsstrategien... Einen Vorgeschmack zum Vergleich menschlicher Verhaltensweisen mit jenen von Dinosauriern bieten Bernstein, A.J./Sydney, C.R., 1990.

[43] Trendsetter managementorientierter Weiterbildung bedienen sich eines weitgehend gleichen oder ähnlichen Vokabulars: Die Seminarszene verfügt über regelrecht ritualisierte Begriffe, die schon nach einigen Seminartagen unkompliziert von den Teilnehmern adaptiert werden. Näheres dazu in Lessing, L., 1993.

[44] In Cannes werden jährlich die besten Werbefilme der Welt prämiert und in der sogenannten Cannes-Rolle festgehalten.

[45] In Bezug auf die Regelgeleitetheit stellt sich kritischerweise die Frage, wieweit von Einflüssen der Beurteilungsstruktur von Regelgeleitetheit ausgegangen werden muß: Werden Laune, Stimmungen, Gesamtzustand des Interviewers und Interviewten berücksichtigt oder hintangestellt? Vgl. dazu auch den Zusammenhang zu den Gütekriterien qualitativer (Inhalts-)Analyse: Kap. 6/Abschnitt A (Gütekriterien qualitativer Inhaltsanalyse);

5.5. Strukturierung als inhaltsanalytische Technik

Die Strukturierung - im anfangs gewählten Bild des Felsbrockens oder Meteoriten werden Felsstücke aufgebrochen, um einzelne Bestandteile besser erkennen zu können - bezeichnet Mayring als zentralste inhaltsanalytische Technik.[46] Ziel der Strukturierung ist somit, wie der Begriff schon impliziert, eine Struktur des Datenmaterials zu finden. Die Struktur bildet ein Kategoriensystem, mit dessen Hilfe Datenmaterial systematisiert werden kann: Datenmaterial wird mit vorher genau definierten Inhalten (Beispiele für die Zugehörigkeit zu bestimmten Kategorien) konfrontiert und bearbeitet. Sogenannte Strukturierungsdimensionen werden in spezifische Ausprägungen differenziert und münden ins Kategoriensystem. Datenmaterial, welches unter eine Kategorie fallen soll, soll genau festgehalten werden:[47]

"*1. Definition der Kategorien*

Es wird genau definiert, welche Textbestandteile unter eine Kategorie fallen.

2. Ankerbeispiele

Es werden konkrete Textstellen angeführt, die unter eine Kategorie fallen und als Beispiele für diese Kategorie gelten sollen.

3. Kodierregeln

Es werden dort, wo Abgrenzungsprobleme zwischen Kategorien bestehen, Regeln formuliert, um eindeutige Zuordnungen zu ermöglichen."

Nach der Definition der zu verwendenden Kategorien, dem Setzen von Ankerbeispielen und Kodierregeln wird in einem ersten Materialdurchgang erprobt, ob die Kategorien beim vorhandenen Datenmaterial greifen und Zuordnungen sowie Kodierregeln ausreichend formuliert sind. Dieser Arbeitsvorgang vollzieht sich auf zwei Ebenen: In einer ersten werden im Datenmaterial selbst (z.B. transkribiertes Interview) alle Stellen angezeichnet (es empfiehlt sich je nach Visualisierungstyp mit Farben, Nummern oder anderen Zeichen zu arbeiten) - erst auf einer zweiten Ebene erfolgt die Umsetzung je nach Zielsetzung der verschiedenen Strukturierungsmöglichkeiten. Mayring beschreibt vier Arten:[48]

---

46   Vgl. Mayring, Ph., 1988, S. 75
47   Mayring Ph., 1988, S. 75; Mayring stützt sich hier auf Ulich, D./Haußer, K./Mayring, Ph./Strehmel, P., 1982 und Haußer, K., 1972
48   Mayring, Ph., 1988, S. 78

"⇨ Eine *formale Strukturierung* will die innere Struktur des Materials nach bestimmten formalen Strukturierungsgesichtspunkten herausfiltern.

⇨ Eine *inhaltliche Strukturierung* will Material zu bestimmten Themen, zu bestimmten Inhaltsbereichen extrahieren und zusammenfassen.

⇨ Eine *typisierende Strukturierung* will auf einer Typisierungsdimension einzelne markante Ausprägungen im Material finden und diese genauer beschreiben.

⇨ Eine *skalierende Strukturierung* will zu einzelnen Dimensionen Ausprägungen in Form von Skalenpunkten definieren und das Material daraufhin einschätzen."

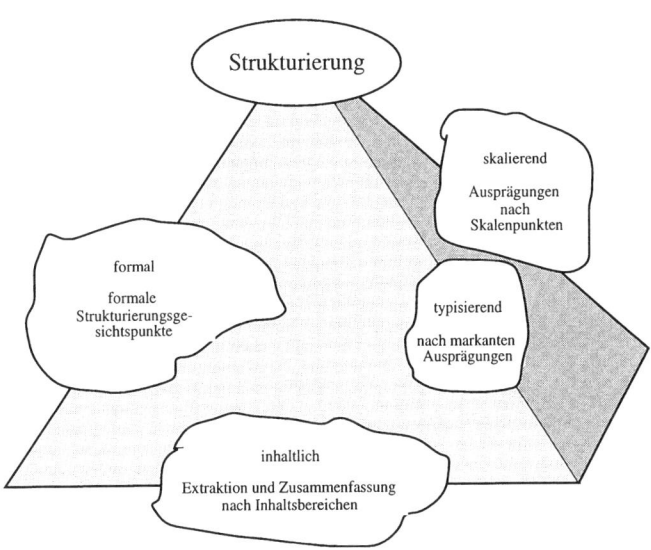

Abb. 23: Arten der Strukturierung

Nach dieser ersten Probe des Kategoriensystems kann sich dessen Neuorientierung bzw. Veränderung ergeben. Nach dieser eventuellen Umarbeitung kann der Hauptdurchgang der Materialstrukturierung beginnen, ebenfalls wieder unterteilt in die oben angeführten Ebenen. "Die Ergebnisse dieses Durchlaufes müssen dann, je nach Art der Strukturierung (s.u.), zusammengefaßt und aufgearbeitet werden. Diese allgemeine Beschreibung einer strukturierenden Inhaltsanalyse läßt sich in ihrem Ablauf modellhaft darstellen:"[49]

---

[49] Mayring, Ph., 1988, S. 78

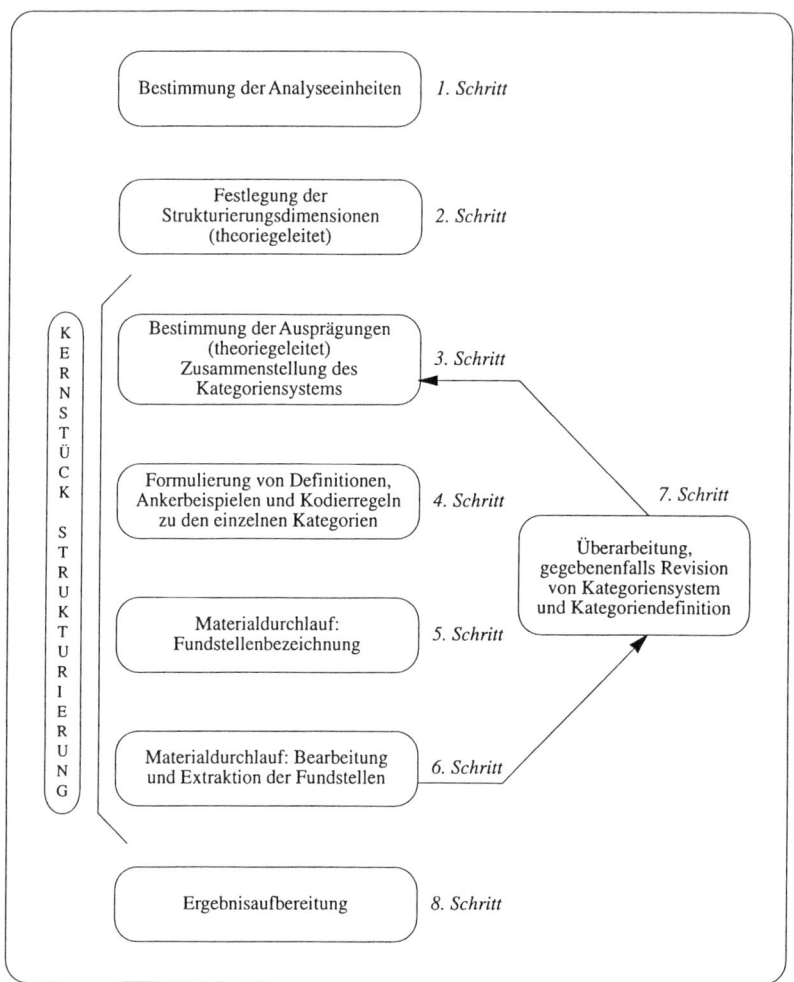

Abb. 24: Ablaufmodell strukturierender Inhaltsanalyse
(vgl. Mayring, Ph., 1988, S. 77)

Die verschiedenen Strukturierungsformen Mayrings unterscheiden sich lediglich durch eine weitere Differenzierung des zweiten und achten Schrittes dieser allgemeinen strukturierenden Inhaltsanalyse. Die Schritte eins und drei bis sieben bilden die Eckpfeiler jeder Strukturierung und bleiben bei allen vier Strukturierungsformen unverändert.

5.5.1. Formale Strukturierung

Ziel jeder formalen Strukturierung ist es, "Strukturen im Material herauszuarbeiten, die das Material in einer bestimmten Weise untergliedern, zerlegen, schematisieren. So kann die Struktur von Satzkonstruktionen, die Gliederung nach thematischen Einheiten, die Argumentationsstruktur oder bei Gesprächsprotokollen die Gesprächsstruktur von Interesse sein."[50]

In Schritt 2 der formalen Strukturierung ist das Kriterium, nach dem das Datenmaterial analysiert werden soll, genau festzuhalten. Es besteht die Möglichkeit, den Text nach einem syntaktischen Kriterium (z.b. Besonderheiten im Satzbau), einem thematischen Kriterium (z.b. Gliederung der Inhalte des Datenmaterials), einem semantischen Kriterium (z.b. Korrelation einzelner Bedeutungsinhalte) und einem dialogischen Kriterium (z.b. Reihenfolge einzelner Beiträge und Gesprächsschritte). Die Schritte drei bis sieben des allgemeinen strukturierenden Ablaufmodells bleiben gleich und werden in Mayrings Beispiel einer skalierenden Strukturierung verständlich nachvollzogen.[51] Für den achten Schritt der formalen Strukturierung, die Ergebnisaufbereitung, schlägt Mayring zwei Ebenen vor: Auf der ersten "...wird ganz eng am Material die Feinstruktur bestimmt...", auf der zweiten "...wird versucht, darin eine übergeordnete, allgemeine Struktur zu konstruieren" (Grobstruktur). Für das Beispielmaterial des DFG-Projektes macht es keinen Sinn formal zu strukturieren, denn die formale Strukturierung zielt z.B. auf die 'Theorie der semantischen Netzwerke' (von Lindsay, Norman und Rummelhardt), einer äußerst komplexen, visuellen Darstellung, ähnlich der eines Informatikprogrammes. "Ausgehend von solchen Netzwerken lassen sich dann höhere Strukturen wie semantische Zentren oder logische Strukturen, Argumentationsfiguren u.v.a.m. analysieren."[52]

---

[50]   Mayring, Ph., 1988, S. 78
[51]   Vgl. Kapital 5.5.4./Abschnitt A (Skalierende Strukturierung)
[52]   Mayring, Ph., 1988, S. 79 - 81; vgl. auch Ballstaedt, S.-P./Mandl, H./Schnotz, W./Tergan, S.-O., 1981, S. 75 f.; Weitere Analysemöglichkeiten mit Bezug auf eine dialogische Struktur im Bereich der Gesprächsanalyse oder Konversationsanalyse ortet Mayring bei Henne, H., 1977.

5.5.2. Inhaltliche Strukturierung

Nachdem das Ziel jeder inhaltlichen Strukturierung die Herausarbeitung und Zusammenfassung bestimmter Inhalte des Datenmaterials ist, muß genau definiert werden, welche
Inhalte extrahiert werden sollen: Schritt zwei umfaßt die inhaltliche Festlegung von
Haupt- und Unterkategorien. "Nach der Bearbeitung des Textes mittels des Kategoriensystems...wird das in Form von Paraphrasen extrahierte Material (achter Schritt)
zunächst pro Unterkategorie, dann pro Hauptkategorie zusammengefaßt (neunter und
zehnter Schritt). Dabei gelten die Regeln der Zusammenfassung."[53]

5.5.3. Typisierende Strukturierung

Bei typisierenden Strukturierungen sollen Aussagen über ein Datenmaterial gemacht
werden, indem "markante Bedeutungsgegenstände" herausgehoben und beschrieben
werden (z.B. typische Merkmale, Personen, "markante Ausprägungen auf einer Typisierungsdimension"). Diese Bestimmung der Typisierungsdimension(en) geschieht im zweiten Schritt. Im achten erfolgt eine Bestimmung typischer Ausprägungen beispielsweise
nach extremen Ausprägungen, "Ausprägungen von besonderem theoretischen Interesse"
sowie "Ausprägungen, die im Material besonders häufig vorkommen". Der neunte Schritt
führt zur Bestimmung von Prototypen, die sich aus der vorherigen Analyse ergeben
haben. Im zehnten Schritt werden diese gefundenen Prototypen näher beschrieben.

Weil Typisierungen immer Verallgemeinerungstendenzen in sich bergen, Verzerrungen
auftauchen können, sie "...oft Uniformität, oft Polaritäten, die im Material so nicht
existieren" voraussetzen, sollen sie nur dann verwendet werden, wenn keine andere
Analysemöglichkeit forschungsökonomisch offen bleibt. Die Vorteile typisierender
Strukturierung liegen darin, daß sie ohne großen Aufwand umgesetzt werden können,
nur einzelne Ausprägungen (im Gegensatz zu ganzen Dimensionen) angesehen werden
müssen und nur einzelne Prototypen je Ausprägung (nicht das gesamte Material)
analysiert werden muß.[54]

---

53   Mayring, Ph., 1988, S. 82
54   Mayring, Ph., 1988, S. 83 ff.

5.5.4. Skalierende Strukturierung

Im Gegensatz zu den vorigen drei Strukturierungsformen soll auf die skalierende Strukturierung u.a. mit dem DFG-Beispiel Mayrings näher eingegangen werden. (Vielleicht werden dadurch auch die drei zuvor geschilderten Strukturierungsformen verständlicher.)

Der Begriff der Skalierung beschreibt die Quintessenz dieser Strukturierungsart: Die Einschätzung des Datenmaterials auf einer Skala (i.d.R. einer Ordinalskala). Mayring führt als Beispiel für eine Skalierung die Analyse von Zeitungskommentaren in den Kommunikationswissenschaften an. Absatz für Absatz werden z.b. Statements zu Regierung und Opposition dahingehend aufgeschätzt, welchem politischen Lager oder Trend die betreffende Zeitung zugetan ist. Er kritisiert jedoch in gleichem Zug, daß die Verarbeitung der Ergebnisse zwar beschrieben werde, das konkrete Vorgehen am Material hingegen meist offen bleibe. Deshalb sein Hauptanliegen an eine skalierende Strukturierung: "Wie das Kategoriensystem passend auf das Material entwickelt und definiert wird und wie dann anhand dessen der Text verarbeitet wird, ist durch qualitative Analyseschritte zu beschreiben. Denn unter qualitativer Inhaltsanalyse sollen ja Techniken verstanden werden, die auf die Beschreibung der qualitativen Analyseschritte besonderen Wert legen, ohne dabei quantitative Schritte auszuschließen."[55]

Im Beispiel zur Lehrerarbeitslosigkeit (DFG-Projekt) wird das Datenmaterial zur Fragestellung "Hat der 'Praxisschock' das Selbstvertrauen des einzelnen beeinflußt?"[56] anlehnend an das strukturierende inhaltsanalytische Ablaufmodell analysiert:

---

[55] Mayring, Ph., 1988, S. 85; Zur Diskussion von Qualität und Quantität im inhaltsanalytischen Zusammenhang, vgl. Kap. 2/Abschnitt A (Die "Sackgasse" rein quantitativer Inhaltsanalyse).

[56] Mayring, Ph., 1988, S. 88 ff.

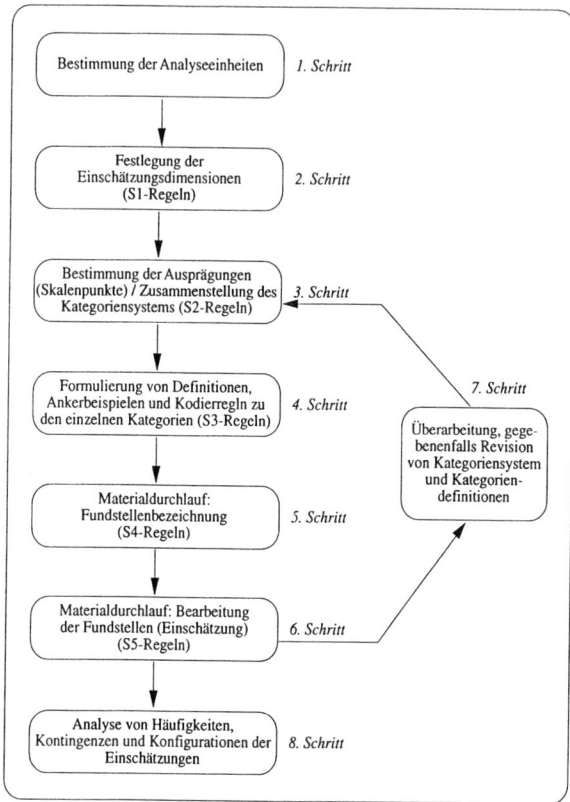

Abb. 25: Strukturierend-skalierendes inhaltsanalytisches Ablaufmodell
(vgl. Mayring, Ph., 1988, S. 86)

Zum näheren Verständnis des Ablaufschemas muß zunächst geklärt werden, was unter den sogenannten 'S-Regeln' zu verstehen ist:[57]

"S1:   Festlegung der Einschätzungsdimensionen

S1.1   Leite die Einschätzungsdimensionen aus der Hauptfragestellung ab!

S1.2   Formuliere die Einschätzungsdimensionen als Variablen, die verschiedene skalierbare Ausprägungen annehmen können!

S1.3   Begründe, daß der Text dazu Material liefern kann!

---

[57]   Mayring, Ph., 1988, S. 87 f.

S2:   *Bestimmung der Ausprägungen*

S2.1   Formuliere die Ausprägungen als Skalenpunkte pro Variable, die in mindestens ordinaler Beziehung untereinander stehen!

S2.2   Wähle dabei einen Differenziertheitsgrad, der sowohl der Fragestellung als auch dem Material angemessen ist!

S2.3   Beachte vor allem die Definition von Restkategorien (Halb/halb; teils/teils; ambivalent; unklar;...)!

S3:   *Formulierung von Definitionen*

S3.1   Formuliere zu den Ausprägungen Definitionen, die den Inhalt der jeweiligen Ausprägungen genau bezeichnen!

S3.2   Formuliere zu den Ausprägungen Ankerbeispiele, die als typische Materialstellen für die Kodierung der jeweiligen Ausprägung gelten können!

S3.3   Formuliere Regeln, wie bei Grenzfällen zwischen den einzelnen Ausprägungen zu kodieren ist!

S3.4   Stelle damit einen Kodierleitfaden zusammen!

S4:   *Fundstellenbezeichnung*

S4.1   Bezeichne alle Textstellen, die Material zur Einschätzung auf den Dimensionen liefern, durch Unterstreichungen oder Randnotizen!

S4.2   Beachte dabei, was als Auswertungseinheit bestimmt wurde!

S5:   *Bearbeitung der Fundstellen*

S5.1   Vollziehe die Einschätzungen pro Auswertungseinheit aufgrund des Fundstellenmaterials anhand des Kodierleitfadens!

S5.2   Bei besonders eindeutigen Kodierungen übernimm die Fundstelle als Ankerbeispiel in den Kodierleitfaden!

S5.3   Bei besonders uneindeutigen Kodierungen triff eine eindeutige Entscheidung und formuliere eine Kodierregel für ähnliche Fälle! Übernimm diese Kodierregel in den Kodierleitfaden!

S6:   *Überarbeitung des Kategoriensystems*

S6.1   Sobald sich Anhaltspunkte ergeben, daß die Ausprägungen falsch gewählt oder falsch definiert worden sind, revidiere sie!

S6.2   Durchlaufe in diesem Falle die Schritte 3 bis 6 aufs Neue!"

Beispiel skalierender (strukturierender) Inhaltsanalyse:[58]

Schritt 1: Bestimmung der Analyseeinheiten
Hier stellt sich die Frage, wann und wie oft im Datenmaterial "...die Einschätzung (Be-
einflussung des Selbstvertrauens) vorgenommen werden soll". Anstatt jedes Interview
separat als Auswertungseinheit zu bestimmen und damit vier Einschätzungsdimensionen
zu erhalten, erscheint es Mayring sinnvoller, eine konkretere Auswertungseinheit fest-
zumachen: "Immer, wenn Anforderungen geschildert werden, die durch den Wechsel
Universität - Referendariat ('Praxisschock') beim einzelnen ausgelöst wurden, gilt dies
als Auswertungseinheit. ...Sobald innerhalb einer Auswertungseinheit das Material
darauf schließen läßt, daß die Anforderung mit Selbstvertrauen bewältigt wurde (Definition dazu im 3. und 4. Schritt), kann dies kodiert werden" (Kodiereinheit).[59] Kontexteinheit ist jenes Datenmaterial, welches zu einer Anforderung in einem Interview
vorhanden ist.

Schritt 2: Festlegung der Einschätzungsdimension(en) (S1-Regeln)
Einschätzungen werden aus der Hauptfragestellung abgeleitet. In diesem Beispiel ist die
Einschätzungsdimension das situationsspezifische Selbstvertrauen des einzelnen - wobei
für ein möglichst genaues Vorgehen z.B. hohes Selbstvertrauen als kognitive Komponente (Art der Anforderung und deren gute Bewältigung sind klar), als emotionale
Komponente (Anforderung birgt ein positives, hoffnungsvolles Gefühl) und als Handlungskomponente (Gewißheit, die Anforderung bewältigen zu können) definiert wird.

Schritt 3: Bestimmung der Ausprägungen (Skalenpunkte); Zusammenstellung des
Kategoriensystems (S2-Regeln)
Ausprägungen stehen im ordinalen Vergleich zueinander.[60] Entscheidend bei der
Festsetzung der Einschätzungsdimensionen sind auch die sogenannten Restkategorien
(z.B. teils/teils, weder/noch). Da das Beispielmaterial nur sehr wenig Informationen über
Selbstvertrauen bietet, wird nur eine dreiteilige Skalierung gewählt: 'hohes (K1) -
mittleres (K2) - niedriges (K3) Selbstvertrauen' sowie 'Selbstvertrauen nicht erschließ-
bar' als Restkategorie (K4).

---

58 DFG-Projekt "Lehrerarbeitslosigkeit" mit besonderem Bezug zur Fragestellung 'Hat der 'Praxis-
    schock' das Selbstvertrauen des einzelnen beeinflußt?': vgl. Mayring, Ph., 1988, S. 88 ff. und S.
    103 ff.
59 Mayring, Ph., 1988, S. 87
60 Friedrichs, J., 1973, S. 172 ff., befaßt sich einschlägig mit der Formulierung von Ausprägungen
    (Skalenpunkten).

Schritt 4: Formulierung von Definitionen, Ankerbeispielen und Kodierregeln zu den einzelnen Kategorien (S3-Regeln)

Diese definierten Merkmale werden im sogenannten Kodierleitfaden, der als Anleitung und Ergänzungsvariante für alle am Auswertungsprozeß Involvierten dient, zusammengetragen:

Variable: Selbstvertrauen			
Ausprägung	Definition	Ankerbeispiele	Kodierregeln
K1: hohes Selbstver- trauen	Hohe subjektive Gewißheit, mit der Anforderung gut fertig geworden zu sein, d.h. - Klarheit über die Art der Anforderung und deren Bewältigung; - Positives, hoffnungsvolles Gefühl beim Umgang mit der Anforderung; - Überzeugung, die Bewäl- tigung der Anforderung selbst in der Hand gehabt zu haben.	"Sicher hat's mal ein Problemchen gegeben, aber das wurde dann halt ausgeräumt: entweder von mir die Einsicht oder vom Schüler, je nachdem, wer den Fehler gemacht hat - Fehler macht ein jeder." "Ja klar, Probleme natürlich, aber zum Schluß hatten wir ein sehr gutes Verhältnis, hatten wir uns gut zusammengerauft."	Alle drei Aspekte der Definition müssen in Richtung 'hoch' deuten, zumindest soll kein Aspekt auf nur mittleres Selbstvertrauen schließen lassen; sonst Kodierung 'mittleres Selbstvertrauen'
K 2: mittleres Selbstver- trauen	Nur teilweise oder schwan- kende Gewißheit, mit der Anforderung gut fertig ge- worden zu sein.	"Ich hab' mich da einigermaßen durchlaviert, aber es war oft eine Gratwanderung." "Mit der Zeit ist es etwas besser geworden, aber ob das an mir lag oder an den Umständen, weiß ich nicht." "Ich bin zum Schluß mit dem Seminarlehrer ganz gut ausge- kommen, aber ich hatte kein gutes Gefühl dabei - ich hab mich halt angepaßt, untergeordnet."	Wenn nicht alle drei Aspekte auf hohes Selbstver- trauen oder niedriges Selbstvertrauen schließen lassen.
K 3: niedriges Selbstver- trauen	Überzeugung, mit der Anforderung schlecht fertig geworden zu sein, d.h. - wenig Klarheit über die Art der Anforderung; - negatives, pessimistisches Gefühl beim Umgang mit der Anforderung; - Überzeugung, den Umgang mit der Anforderung nicht selbst in der Hand gehabt zu haben.	"Das hat mein Selbstvertrauen getroffen; da hab ich gemeint, ich bin eine Null oder ein Minus."	Alle drei Aspekte deuten auf niedriges Selbstvertrauen, sonst Kodierung 'mittleres Selbstvertrauen'
K 4: Selbstver- trauen nicht erschließbar	Über die Anforderungen wird zwar berichtet, aber die Art des Umgangs bleibt unklar.	"Das war am Anfang schon schwierig, aber mit der Zeit hat sich das dann gegeben."	

Abb. 28: Kodierleitfaden strukturierend-skalierender Inhaltsanalyse
(in: Mayring, Ph., 1988, S. 91)

Schritt 5: Materialdurchlauf: Fundstellenbezeichnung (S4-Regeln)
In einer ersten Interviewdurchsicht werden alle Fundstellen markiert, die Anforderungen an die Referendarzeit schildern (vgl. Definition der Auswertungseinheit in Schritt 1). Innerhalb dieser Fundstellen wird dann nochmals jenes Material gekennzeichnet, welches eine Einschätzung des Selbstvertrauens zuläßt. In Mayrings Analyse wurden die einzelnen Textstellen fortlaufend durchnummeriert.

Schritt 6: Materialdurchlauf: Bearbeitung der Fundstellen (Einschätzung) (S5-Regeln)
Die einzelnen Kodierungen werden dargestellt und - falls es der Umfang der Analyse zuläßt - kurz begründet:

Zu SV hoch	1	Enttäuschung auf Großstadtprobleme zurückgeführt (Klarheit über Anforderung); selbst keine Schwierigkeiten im Umgang mit Enttäuschungen gehabt; gute Beziehung zu den Schülern gehabt; Spaß auf beiden Seiten (positives Gefühl; Zufriedenheit mit Bewältigung);
Zu SV hoch	2	Arbeit wurde durch Freude am Beruf entschädigt (positives Gefühl; keine Unklarheit); keine Hinweise, daß Vorbereitungsarbeit nicht bewältigt wurde;
Zu SV hoch	3	Aufgabe der "Jetzt komm ich!"-Einstellung hat keine Probleme gemacht, weil sehr flexibel und anpassungsfähig (Zufriedenheit und Bewältigung); sehr gutes Verhältnis zu Schülern gehabt (positives Gefühl);
Zu SV niedrig	4	Abhängigkeit extrem konfliktvoll; Unsicherheit, ob es auch an eigener Sensibilität liegt (wenig Klarheit); bis zum Schluß ein Problem; hat das eigene Ich angekratzt (Unzufriedenheit mit Bewältigung, negatives Gefühl);
Zu SV mittel	5	Zunächst Chaos, belastend; mit wachsender Lehrerfahrung besser mit Klasse ausgekommen (Klarheit über Anforderung, kein völlig negatives Gefühl); Belastung aber bis zum Schluß der Seminarzeit; kein Hinweis auf eigenständige Bewältigung;
Zu SV niedrig	6	Belastung bis zum Schluß der Seminarzeit; Selbstvertrauen durch Kritik zerstört (negatives Gefühl, Unzufriedenheit mit Bewältigung); Unklarheit, was dagegen zu tun sei;
Zu SV mittel	7	Zunächst Chaos, belastend; mit wachsender Lehrerfahrung besser mit Klasse ausgekommen (Klarheit und Anforderung, kein völlig negatives Gefühl); Belastung aber bis zum Schluß der Seminarzeit; kein Hinweis auf eigenständige Bewältigung;

Abb. 27: Darstellung einzelner Kodierungen strukturierend-skalierender Inhaltsanalyse
(in: Mayring, Ph., 1988, S. 92)

Durch den Vergleich der Ergebnisse mehrerer Kodierer kann deren Richtigkeit überprüft werden (Interkoderreliabilität).

Schritt 7: Überarbeitung, gegebenenfalls Revision von Kategoriensystem und Kategoriendefinitionen (S6-Regeln)
Zeigt es sich, daß im gewählten Kategoriensystem Ausprägungen fehlen, mehrdeutig definiert oder nie verwendet worden sind, müssen die Schritte 3 bis 6 nochmals durchlaufen werden.[61]

Schritt 8: Analyse von Häufigkeiten, Kontingenzen und Konfigurationen der Einschätzungen (Ergebnisaufbereitung)
In Mayrings Beispielmaterial wird darauf hingewiesen, daß die vorgenommenen Kodierungen erst im Zusammenhang mit zusätzlichen Interviews weiter verarbeitet werden können. Das neue Textmaterial wird in Richtung Selbstvertrauen eingeschätzt werden. "Dabei ist geplant, die geschilderten biographischen Anforderungen einzelnen Bereichen zuzuordnen und nachzuprüfen, ob innerhalb dieser Bereiche beim jeweiligen Fall ähnliche Kodierungen vorgenommen wurden (nach Häufigkeiten). Dies kann dann Anlaß geben, auf ein allgemeines Selbstvertrauen der Person in einem Bereich zu schließen."[62]

5.6. Anmerkungen zur inhaltsanalytischen Strukturierung

In Mayrings Strukturierungsbeispiel wurde eine weiterführende, vertiefende Fragestellung als Ausgangspunkt gewählt. Die Definition des 'Selbstvertrauens' als Gewißheit des einzelnen, mit seinen biographischen Anforderungen gut zurechtzukommen, ist nachvollziehbar - ebenso die Festlegung der Einschätzungsdimension(en) (2. Schritt) in eine kognitive, emotionale und eine Handlungskomponente. Davon ausgehend bestimmt Mayring die Ausprägungen 'hohes' (K1), 'mittleres' (K2) und 'niedriges' (K3) Selbstvertrauen und eine Restkategorie ('nicht erschließbar') (K4) mit jeweiligen, spezifischen

---

61   Anwendungsschwierigkeiten führten zum Ruf nach einheitlichen Kategoriensystemen. Ziel sollte es sein, daß Forscher nicht vor jeder Analyse Kategorien aufstellen und definieren müssen und die Vergleichbarkeit der Daten verschiedener Untersuchungen eher gewährleistet wäre. Neben Bales (Interaktionsprozeßanalyse) und McClelland (Methode zur Messung der Leistungsmotivation) und anderen Versuchen hat beispielsweise Laffal ein umfangreiches Kategoriensystem aufgestellt. Es soll für die meisten Probleme verwendbar sein, ist allerdings wegen seines Umfangs von 114 Kategorien meist zu aufwendig. - Vgl. dazu Herker, 1974, S. 175
62   Mayring, Ph., 1988, S. 92

Definitionen und ordnet Ankerbeispiele und Kodierregeln zu. Ergebnis bildet der sogenannte Kodierleitfaden, der im Laufe der Auswertungsarbeit der involvierten Koder laufend aktualisiert werden kann. Als Hilfestellung für die Arbeit am Text werden Fundstellen, ausgehend von der Definition der Auswertungseinheit, kenntlich gemacht und innerhalb dieser Textstellen spezifische Aussagen zur Einschätzung des Selbstvertrauens unterstrichen. - Soweit zu den klar nachvollziehbaren Schritten eins bis sechs.

Stellt sich nun bei der Arbeit mit dem gewählten Kategoriensystem (K1, 2, 3 und 4) heraus, daß die Skalenpunkte nicht richtig definiert oder falsch ausgewählt wurden, erfolgt nach Schritt 7 eine *Revision des Kategoriensystems und der Kategoriendefinitionen*. - Genau hier setzt auch die Herausforderung an die Güte qualitativer Auswertungsvarianten an, die mit Kategoriensystemen arbeiten. Obwohl das Arbeiten mit Kategoriensystemen zu den zentralen Problemen qualitativer Inhaltsanalyse zählen, wird dieser Bereich in der Literatur nach wie vor stiefmütterlich behandelt.[63] Zur Verbesserung der inhaltlichen Validität bietet sich die Möglichkeit, einzelne Kategorien auf ihre Reliabilität zu prüfen: "Wenn im Rahmen eines 'Pretests', d.h....in der ersten und vorläufigen Zuordnung..., also in der Phase der Konstruktion der Kategorien durch die Auseinandersetzung mit dem Text, für jede Kategorie einzeln ein Grad der Übereinstimmung verschiedener Koder festgestellt wird, dann können Kategorien mit niedriger Übereinstimmung neu überdacht und noch einmal bearbeitet werden."[64] Soweit zu einer Revidierung am Beginn der Auswertungsarbeit. Auch Mayring zeigt auf, daß die Überarbeitungen im analysierten und gezeigten Beispielmaterial durch etliche Probedurchläufe bzw. Pretests entstanden seien, konstatiert aber auch nach dem (vorläufigen) Abschluß der Arbeit eine laufende Revidierung des verwendeten Kategoriensystems. - Einerseits stellt sich hier, gerade bei großem Datenmaterial und im Hinblick auf eingesetzte hohe Ressourcen die Frage nach der tatsächlichen *Machbarkeit laufender Revision*. Andererseits kann m.E. - auch unter Einhaltung der erforderlichen Gütekriterien - eine Grenze erreicht werden, die überlegen läßt, wie weit in der Textanalyse fortgeschritten werden soll, wo eine mögliche 'Vergewaltigung' des Textes beginnt. Denn: Weder in der inhaltsanalytischen Strukturierung noch in der Explikation kann der Punkt der Analyse determiniert werden, welcher festlegen könnte, ab wann ein Ergebnis nicht mehr weiter bearbeitet werden soll. Da die Paraphrasen der Zusammenfassung als Ausgangspunkt für eine Weiterführung in die Explikation und/oder Strukturierung gelten, ist deren Abschluß nach der Einhaltung eines festgelegten Abstraktionsniveaus eindeutiger.

---

63   Bos, W./Tarnai, Ch., 1989, S. 8
64   Bos, W., 1989, S. 63; vgl. auch Kap. 6./Abschnitt A (Gütekriterien qualitativer Inhaltsanalyse)

Bei einer Weiterführung der Daten einer Zusammfassung zur Strukturierung kann sich allerdings herausstellen, daß diese Schrittabfolge nicht viel hergibt, da bei der Datenreduktion der Zusammenfassung zu viel Datenmaterial und Sinnzusammenhang 'verschwindet' und der Forscher doch wieder den 'Rückschritt' in die Phase vor der Zusammenfassung gehen muß.

Wie schon bei der inhaltsanalytischen Explikation und Zusammenfassung kritisch angesprochen, kann Mayrings Vorgehen sicher auch als Unterstützung für lineares Arbeiten in einem eher quantifizierenden und nach 'Sicherheit' strebenden Sinne mißbraucht werden. (Wie bei der Zusammenfassung behilft man sich auch im vorliegenden Beispiel skalierender Strukturierung mit der tabellaren Auswertungs-form.)[65]

Unter der Voraussetzung, daß - wie im behandelten Beispiel - ausgehend von der Hauptfragestellung die Variable der Skala und deren Dimensionen ('hohes', 'mittleres', 'niedriges', 'nicht erschließbares' Selbstbewußtsein) gefunden wurde, erscheint beim weiteren Vorgehen, unter Berücksichtigung der Forderung nach laufender Aktualisierung des Kodierleitfadens und einhergehender Absprache aller am Auswertungsprozeß Beteiligten, der Punkt *'Intercoder-Schulung'* und eine diesbezügliche Betrachtung nach Gütekriterien weniger frappant als bei der Zusammenfassung. Hingegen gestaltet sich der Prozeß der Definition geeigneter Untersuchungsvariablen und der Bildung von Strukturierungsdimensionen als sehr interaktiv zwischen den beteiligten Auswertern und die qualitative Offenheit, die im Stadium der Suche geeigneter Skalen anfällt, aber auch bei der Zusammenfassung aufgezeigt wurde, als sehr anspruchsvoll. Tatsache bleibt jedoch, daß Mayrings Ansatz auf eine mögliche Rückkoppelung bzw. Revision durchlaufener Schritte im Ablaufmodell angewiesen ist, diese Forderung hingegen nur gerecht werden kann, wenn alle am Forschungsprozeß Beteiligten für alle erfolgten Schritte Fachkompetenz aufweisen. Erschwert wird die qualitative Arbeit durch die Forderung nach Beherrschung der erforderlichen Strukturierungsschritte des Ablaufmodells und der sogenannten 'S-Regeln' und nach dem Erfassen sinnverständiger Zusammehänge aller Beteiligten. (Das gilt im gleichen Maß auch für die Zusammenfassung und Explikation.)

---

[65] Vgl. auch Kap. 5.2./Abschnitt A (Kritische Bemerkungen zur Zusammenfassung) und Kap. 5.4./Abschnitt A (Entwicklungsmöglichkeiten und kritische Evaluierung explizierender Inhalts-analyse);

Weil sich in der Anwendung einer skalierenden Strukturierung teilweise Überschneidungen ergeben können, bleibt die Frage offen, ob bei der Zuordnung zu festgelegten
Skalenwerten nur Teile eines Satzes oder aber ganze Sätze berücksichtigt werden sollen.
Wann sind gefundene, verschiedene Definitionen zu ausgewählten Variablen
angemessen, wann nicht? Es stellt sich die Frage nach geeigneter Stimmigkeit gefundener
Definitionen, eventueller Tautologien, aber auch schlichtweg der Gratwanderung
zwischen offeneren und geschlosseneren Definitionen. Der Punkt 'Tautologie' wurde
auch deshalb angesprochen, weil durchaus dasselbe auch mehrmals, in ähnliche Worte
gekleidet, im Text auffindbar sein kann. - An dieser Stelle taucht wiederum (wie auch bei
der Zusammenfassung) die Frage auf, ob die quantitative Gewichtigkeit verschiedener
Kategorien Berücksichtigung finden soll. Mayring schließt durchaus das Einschieben
quantifizierender Schritte in den Forschungsablauf nicht aus. - Meines Erachtens muß
diese Frage vor dem Hintergrund der gewählten Forschungsfrage und deren Rahmenbedingungen beantwortet - das schließlich gewählte Vorgehen so gewissenhaft als
möglich offengelegt werden.

In Mayrings Analyse fehlen Erfahrungswerte, wieweit bei der Regelgeleitetheit (intersubjektive Nachvollziehbarkeit) von Einflüssen der Beurteilungsstruktur ausgegangen
werden kann bzw. muß: Wieweit können Laune, Zustand, Stimmung, Gesamtzustand
des Interviewers und Forschers, aber auch des Gesprächspartners in die Forschungs-
situation einfließen und berücksichtigt werden? Bis zu welchem Grad kann beispielsweise dadurch die Aufstellung des Kategoriensystems beeinflußt werden bzw. wieweit
spielen die angeführten Einflüsse für dessen eventuelle Revision eine Rolle? - Eine
Annäherung an derart 'metakommunikative' Fragen kann zumindest durch entsprechende
Aufzeichnungen des Forschers bei jedem Interview bzw. während des gesamten
Forschungsverlaufes versucht werden (aktueller und nachträglicher Erkenntnisgewinn).
Dieser Zugang könnte als 'Explikation der durchlaufenen Forschungsschritte' unter
Berücksichtigung 'metakommunikativer' Perspektiven bezeichnet werden.

Einen interessanten Denkanstoß für eine inhaltliche Strukturierungsmöglichkeit mit einem sicherlich 'etwas anderen (metakommunikativen) Zugang' liefert Castaneda in seiner Analyse der Lehren des Don Juan.[66]

---

[66] Castaneda, C., 1991, S. 157 ff. Das hier zum Tragen kommende Paradigma schlägt allerdings in die ketzerische Kerbe der Thesen Feyerabends, in denen er Formen von Magie und Mythos der Wissenschaft als andere Paradigmen des Erkenntnisgewinnes gleichsetzt und somit die Entwicklung unseres naturwissenschaftlich orientierten Denkens der letzten Jahrhunderte kritisch in Frage gestellt wird. Vgl. dazu Moser, H., 1977, S. 9 ff. und Feyerabend, P., 1991, S. 55 - 70; Denkanstoß: In einer Live-Sendung (RTL, 28.10.93) versuchte sich der Schulmediziner Prof. Dr. Lasch, welcher sich seit einiger Zeit mit Phänomenen der Geistheilung auseinandersetzt, im Versuch einer 'Massenheilung' über TV. Trotz der sehr kritischen Haltung der Moderatorin und der Mitglieder einer Kontrollgruppe (eine Orthopädin mit 10 - 15 ihrer schmerzleidenden Patienten), stellte sich nach einer dreimaligen 'Behandlung' von Dr. Lasch über TV bei einer telefonischen Zuseher- und 'Mitmacher'-Umfrage heraus, daß 78 % der Zuschauer während des 'Heilvorgangs' etwas gespürt haben wollen, nur 22 % empfanden keine Wirkung. - Trotz aller Restriktionen, die diesen Ausführungen entgegengebracht werden können, scheinen mir die Zahlen doch sehr überraschend und sollten - so auch der Schlußapell von Dr. Lasch - Anlaß zu weiteren Fragen an unsere (zu naturwissenschaftlich orientierte?) Wissenschaft geben...

Die Frage, wie wir erkennen, läßt sich unter Bezugnahme auf die drei grundlegenden Arten des Erkennens so beantworten: Wir können Dinge rational erkennen, indem wir über sie nachdenken. Wenn sie in logischer Übereinstimmung mit sich selbst und mit unseren sonstigen Erkenntnissen zu sein scheinen, akzeptieren wir sie als wahr. Eine zweite Art des Erkennens besteht darin, daß wir Dinge aufgrund unserer Erfahrung entscheiden. In diesem Fall verlassen wir uns auf unsere Sinne, die Wahrheit ist das Ergebnis einer korrekten Wahrnehmung. Wir können diese Erfahrungen durch objektive Experimente überprüfen.
Die dritte Art ist metaphorische Erkenntnis. Dabei verlassen wir uns auf das intuitive Erfassen von Situationen, in denen wir offen sind für die symbolischen Dimensionen der Erfahrung, offen für die vielfältigen Bedeutungen, die darin nebeneinander existieren können und sich gegenseitig zusätzliche Bedeutungsnuancen verleihen.
(Sheldon Kopp)

6. Gütekriterien qualitativer Inhaltsanalyse

Die Idee der Gütekriterien wurzelt wissenschaftlich in einer Weiterentwicklung der klassischen psychologischen Meß- und Testtheorie.[1] Es gilt, die Qualität wissenschaftlicher Erkenntnisgewinnung weiterzuentwickeln - Kriterien zu finden, die Aspekte der Güte von Forschungsprogrammen mit gleichem wissenschaftstheoretischen Paradigma erfassen und eine gegenseitige Vergleichbarkeit gewährleisten sollen.

Um die Bandbreite der Kontroverse zur Güte qualitativer und quantitativer Forschungsprogramme abschätzen zu können, werden zwei Extrempositionen aufgezeigt:[2]

1. *Quantitativ orientierte Forscher* behaupten, "...jeder wissenschaftliche Fortschritt, jede Erkenntnis könne nur durch die *Falsifikation einer Hypothese* gewonnen werden. *Induktives Vorgehen wird abgelehnt,* wissenschaftliche Verallgemeinerungen werden als Allsätze verstanden. Induktives Arbeiten biete keinerlei Gewähr, daß die für den Einzelfall gewonnenen Befunde auch für eine größere Gesamtheit gelten."
Dazu kontern *qualitative Forscher* mit dem Argument, qualitativ gewonnene Ergebnisse zwar zu generalisieren - dies geschehe aber nicht, wie in der quantitativen Richtung, durch Verallgemeinerung, sondern durch *Typisierung.* "Ziel der Typisierung ist die *Identifikation eines Sets von sozialen Handlungsmustern* in einem Feld." Einerseits

---

[1]   vgl. Schnell, R., 1988, S. 147; Kriz, J., 1978, S. 84; Lamnek, S., 1988, S.140
[2]   Lamnek, S., 1989, S. 199; Die unterschiedlichen methodischen Hintergründe führten vor allem Anfang der 70er Jahre zu scharfen Auseinandersetzungen mit teilweise sehr 'eingefahrenen' Vorwürfen von "Datenhuberei" an die quantitativ orientierte Adresse der Sozialforscher, mit "Subjektivismus" an die vorrangig qualitativ orientierten Forschungsanhänger; vgl. dazu Hopf, Ch., 1982, S. 308; Vgl. auch Kap. 2/Abschnitt A (Die "Sackgasse" rein quantitativer Inhaltsanalyse).

geschieht das unter dem einschränkenden Verzicht auf Quantifizierung der Muster ("wieviele Personen sich gemäß einem Muster verhalten, ist nicht von Belang")[3] und andererseits gemäß der Tatsache, daß "...ein Muster ein wissenschaftliches Konstrukt ist, das in der empirischen Wirklichkeit nicht immer in allen Einzelheiten den Handlungsfiguren entspricht."

2. *Qualitativ inhaltsanalytischen Forschungsprogrammen* wird vorgeworfen, beliebig interpretativ vorzugehen - der Willkür sozusagen Tür und Tor zu öffnen. Forschungen im qualitativ inhaltsanalytischen Bereich würden *keine intersubjektive Überprüfbarkeit* ihrer Vorgangsweise bzw. Interpretationsergebnisse liefern.[4]

Die *qualitative Seite* argumentiert dagegen mit der sogenannten Triangulation - hier verstanden als 'Kontrollmechanismus' in der Auswertungs- und Interpretationsphase durch die Zusammenarbeit mehrerer Forscher. Zudem soll man es dem Forscher als kritisch denkendem und gewissenhaftem Zeitgenossen nicht absprechen, Interpretationen als richtig, angemessen oder stimmig beurteilen zu können. „Es wird also die prinzipielle *erkenntnislogische Ähnlichkeit von alltagsweltlichem Fremdverstehen und wissenschaftlich kontrolliertem Nachvollzug postuliert.* Dies steht in krassem Gegensatz zur Position des quantitativen approaches."[5]

Im folgenden werden die klassischen und jene spezifisch inhaltsanalytischen Gütekriterien erläutert, die helfen sollen, qualitative Ergebnisse hinsichtlich obiger Diskussionspunkte (aber auch jener in Kap. 2/Abschnitt A angeführten) bestehen zu lassen.

---

3   Es gibt durchaus Ansätze qualitativer Inhaltsanalysen, welche neben qualitativen auch quantitative Aspekte zulassen: vgl. Kap. 2.4./Abschnitt A (Qualitativ - quantitativ - qualitativ: Eine Sichtweise des Forschungsprozesses).

4   Koch/Witte/Witte führten (allerdings schon 1974) eine Untersuchung von Inhaltsanalysen aus dem Zeitschriftenbereich unter der Fragestellung durch, "...wie weit nicht allein Intuition und subjektive Überzeugung, sondern systematische Kontrolle der genannten Kriterien bei der Entwicklung und Anwendung des inhaltsanalytischen Kategoriensystems bedeutsam waren...". Sie kamen zum Schluß, daß die Nachvollziehbarkeit ('Regelgeleitetheit') der Kategorienauswahl und eine adäquate Datenauswertung im Hinblick auf das Untersuchungsziel allem Anschein nach intuitiv bzw. intersubjektiv nicht nachvollziehbar, erfolgte. Somit wurde meist keinerlei Aufschluß über das Zustandekommen der Ergebnisse gegeben: vgl. z.B. Koch, U./Witte, H./Witte, E.H., 1974, S. 178 ff. Der Forderung intersubjektiver Nachvollziehbarkeit wurde jedoch in jüngerer Zeit immer mehr nachzukommen versucht: vgl. z.B. die Entwicklung einer qualitativen Inhaltsanalyse nach Mayring, Ph., 1988 (vgl. Kap. 5/Abschnitt A).

5   Lamnek, S., 1989, S. 199

6.1. Klassische Gütekriterien

Zentrale und klassische Kriterien für die Güte von Forschungsprogrammen sind die Reliabilität (Zuverlässigkeit) und Validität (Gültigkeit). *Reliabilität* bedeutet "Reproduzierbarkeit von Ergebnissen unter den gleichen intersubjektiven Bedingungen" und beinhaltet die Forderung, daß andere Forscher "bei Anwendung desselben Erhebungsinstruments in Interaktion mit demselben Untersuchungsgegenstand zu demselben Ergebnis gelangen." *Validität* hingegen will eine Übereinstimmung der Ergebnisse mit dem, was mit der zugrundeliegenden Forschungsfrage tatsächlich gemessen werden sollte. Für qualitative Forschungsarbeiten bedeutet dies Validität in zweifacher Hinsicht: Zum einen gilt es, eine für das Untersuchungsziel geeignete Erhebungssituation und Erhebungsmethode und deren Evaluierung zu 'konstruieren', zum anderen setzt sie bei der Auswertung der erhobenen Daten an.[6] Die Hervorhebung dieser zwei Validitätsgesichtspunkte für die qualitative Forschung mag befremden: Auch traditionelle quantitative Forschung setzt Validität bei der Erhebung und Auswertung an - deren Evaluierung gilt jedoch in erster Linie der Datengewinnung und weniger der Interpretation: Da bei der Interpretation gültig gewonnener, quantitativer Daten meist keine frappierenden Interpretations- und Auswertungsprobleme auftreten, steckt deren Gültigkeitsgefährdung in erster Linie in der Erhebung. - In der qualitativen Sozialforschung verhält es sich umgekehrt: "Ist die Datengewinnung durch die Subjekt- und Betroffenheitsorientierung, durch reale Alltagssituation, durch Selbstdeutung etc. weniger gefährdet, so gelangen Auswertung und Interpretation voll und kritisch in den Blickpunkt". Hier werden größere Verzerrungsgefahren gesehen."[7]

Nichtsdestoweniger stellt sich auch bei qualitativen Forschungsprogrammen die Frage nach der Güte schon zu Beginn der Konzeption eines Forschungsdesigns und dessen

---

6   Volmerg, U., 1983, S. 124; In einer allgemeiner gehaltenen Definition verlangt Validität nach Kriz, daß "die gewählten Operationalisierungen den begrifflichen Merkmalsbereich hinreichend erschöpfend erfassen..., die Ergebnisse mit dem theoretischen Bezugsrahmen grundsätzlich in Einklang zu bringen sind, ...sie als Prognosekriterium für von der Theorie vorhergesagte...Phänomene dienen können". - Der Frage, wieweit die klassischen Definitionen von Reliabilität und Validität auch auf die qualitative Forschung - im speziellen auf die qualitative Inhaltsanalyse - zutreffen, wird in Kapitel 6.2./Abschnitt A (Spezielle inhaltsanalytische Gütekriterien) nachgegangen. Die klassischen Definitionen der Reliabilität und Validität werden in jenen Fällen, bei denen die Ergebnisse von einer Stichprobe auf eine Allgemeinheit geschlossen werden sollen, von verschiedenen Autoren um das Kriterium der Repräsentativität ergänzt: vgl. Kromrey, H., 1980, S. 214 ff.

7   Lamnek, S., 1988, S. 145; - Für eine Beurteilung der "Inhaltsvalidität" - dem Anspruch, daß wirklich alle Aspekte der zu untersuchenden Dimension Berücksichtigung fanden - existieren keine objektiven Kriterien. "Inhaltsvalidität sollte deshalb nicht als Validitätskriterium aufgefaßt werden, sondern als Idee, die bei der Konstruktion eines Instrumentes nützlich sein kann.": vgl. Schnell, R., 1988, S. 152

(theoretischem) Vorfeld: So stellt sich beispielsweise die Frage, fremde Untersuchungsergebnisse mit ähnlichem oder gleichem Untersuchungsgegenstand heranzuziehen:[8]
Wilson zeigt auf, daß Forscher - abgesehen von "lehrbuchmäßigen Idealisierungen der
'wissenschaftlichen Methode' " - zwei Hauptgesichtspunkte für eine pragmatisch orientierte Beurteilung einer fremden Arbeit nennen: Die innere und die äußere Stimmigkeit.[9]

Innere Stimmigkeit bedeutet Harmonisierung zwischen Untersuchungsdaten und verwendeten Methoden mit ihrer Deutung: Wurde die Stichprobe richtig angelegt? Hat der
Forscher das von ihm Berichtete auch wirklich wahrgenommen? Sind die Beobach-
tungen/Interpretationen des Forschers vertrauenswürdig - hat er verstanden was vor sich
ging?... - Bei der *äußeren Stimmigkeit* hingegen stellt sich die Frage, ob die Ergebnisse
mit dem harmonisieren, was an fremden Untersuchungen über die eigene
Forschungsfrage schon bekannt ist. (Mitunter geht ein Forscher bei der Frage der
Stimmigkeit auch so weit, sich die Vergleichbarkeit von Ergebnissen anzusehen, die einer
anderen geistigen Tradition entsprungen sind.)

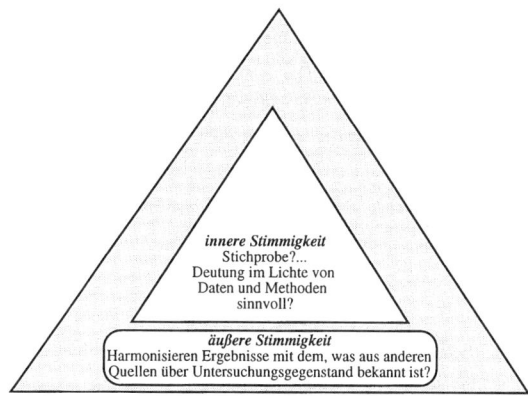

Abb. 28: Stimmigkeit von Forschungsergebnissen

---

8   Vgl. Mayring, Ph., 1988, S. 93: Mayring spricht in diesem Zusammenhang von der
    Berücksichtigung der Validität eines sogenannten "Außenkriteriums".
9   Wilson, P., 1982, S. 502 f.; Es könnte z.B. eine 'runde' historische Untersuchung vorliegen, deren
    Ergebnissen nach heute jedoch andere Verhältnisse herrschen müßten... - Selbstverständlich kann
    keine Übereinstimmung eigener mit anderen Untersuchungsergebnissen gefordert werden, vielmehr
    muß das empirische Material, welches anders gedeutet wurde, verarbeitet werden können. Das soll
    nicht dazu führen, daß Teile der Daten unterdrückt und Gegebenheiten wegargumentiert werden
    müssen. (S. 503) Die meisten Forscher geben sich jedoch in herkömmlichen methodologischen
    Diskussionen mit der Annahme zufrieden, daß die richtige Methode allein schon brauchbare
    Ergebnisse geliefert habe. Aspekte der äußeren Stimmigkeit werden kaum oder gar nicht
    berücksichtigt. (S. 503)

Neben innerer und äußerer Stimmigkeit wird in der qualitativen Sozialforschung auch von externer und interner Gültigkeit gesprochen: Externe Gültigkeit beinhaltet den Wirklichkeitsgehalt von Untersuchungsdaten, "die unter Anwendung bestimmter Erhebungsmethoden in einer bestimmten Erhebungssituation gewonnen werden." Interne Gültigkeit hingegen fordert Reliabilität im Sinne intersubjektiver Überprüfbarkeit.[10]

Auch in der traditionellen Sozialforschung wird - allerdings mit etwas anderem Bedeutungsinhalt - zwischen externer und interner Gültigkeit unterschieden: Interne Gültigkeit bezieht sich dabei auf den "Zusammenhang von Theorie bzw. Begriff und Operationalisierung". Externe Gültigkeit beschreibt den Zusammenhang "...zwischen Operationalisierung und tatsächlicher Realitätserfassung."[11]

Hohe Zuverlässigkeit bedeutet "intersubjektive Erfahrbarkeit im Gegensatz zu raum-zeitlich singulärer und individueller Erfahrung zu garantieren" - Gültigkeit hingegen, "die Verbindung zwischen realer Erfahrung und gängigen Kommunikationsprozessen" zu gewährleisten. "Jene Realität, die sich nur durch individuelle (z.B. geniale) Fähigkeiten Einzelner erschließen läßt, hat für die Community so lange keine Bedeutung, bis diese die betreffenden Phänomene nachvollziehen kann (Reliabilität) oder zumindest die reproduzierbaren Ergebnisse in ihren Auswirkungen als handlungsrelevant akzeptiert werden (Validität)."[12] Hohe Reliabilität bildet die Voraussetzung für Validität. Die Reliabilität ist umso höher, je mehr die Variabilität von Alltagsphänomenen hinsichtlich störender Einflüsse aufgedeckt werden kann bzw. solche "Störfaktoren" eliminiert werden können. Gleichlaufend mit deren Ausschaltung wird auch der "praktisch-relevante Aspekt der Validität" beeinflußt.[13]

Krippendorf kritisiert die mögliche Zirkularität von Validitätskonzepten: Besitzt der Inhaltsanalytiker kein direktes Wissen über den Untersuchungsgegenstand, kann er nichts über die Validität seiner Resultate berichten. Hat er jedoch einiges Wissen über den Kontext seines Datenmaterials und benutzt er dieses Wissen zur Entwicklung analytischer Konstrukte, kann dieses Wissen nicht länger unabhängig von seiner Untersuchung betrachtet und deshalb auch nicht zur Validierung seiner Ergebnisse herangezogen werden. Gesetzt den Fall, der Forscher schafft es, sein Wissen über den Untersuchungsgegenstand unabhängig von seiner Untersuchung zu halten, so zeichnet

---

10   Volmerg, U., 1983, S. 124
11   Lamnek, S., 1988, S. 146
12   Kriz, J., 1978, S. 85
13   Lisch, R./Kriz, J., 1978, S. 87

die Anstrengung, dieses durch das Material zu erschließen, als überflüssig und kann bestenfalls einen Fall zur Generalisierung des Untersuchungsverfahrens liefern.[14]

Als (partieller?) Ausweg aus solcher Zirkularität bleibt der gewissenhafte Versuch der Erfüllung spezifisch-inhaltsanalytischer Gütekriterien, dem jedoch auch vor positiver geartetem Hintergrund begegnet werden kann: "Die Komplexität der Validierung qualitativer Forschung beruht ... nicht so sehr auf der Schwäche der qualitativen Methoden, sondern gerade im Gegenteil auf ihrer außerordentlichen Stärke, den Charakter der Untersuchungsgegenstände zu reflektieren und zu konzeptualisieren - kurz, auf ihrer Fähigkeit, die soziale Wirklichkeit zu erfassen."[15]

Aus allgemeinen Überlegungen zur qualitativen Forschung können einige übergreifende Gütekriterien identifiziert werden:[16]

Verfahrensdokumentation
Im Gegensatz zu quantitativen Methoden ist das Vorgehen für ein qualitativ orientiertes Forschungsprogramm spezifisch auf den zu untersuchenden Gegenstand bezogen. Die verwendeten Methoden werden speziell für diesen Gegenstand entwickelt. Um den Forschungsprozeß für andere rekonstruierbar zu machen, muß diese Entwickung und Differenzierung der ausgewählten Methode(n) in Bezug auf eine Explikation des Vorverständnisses und den Datengewinnungs-, Aufbereitungs- und Auswertungs-hintergründen dokumentiert werden.

Argumentative Interpretationsabsicherung
Interpretationen lassen sich - im Gegensatz zu quantitativ orientierten Operationen - nicht beweisen. Trotzdem sollten Kriterien für eine Qualitätseinschätzung interpretativer Teile gefunden werden. Interpretationen müssen (vor allem dort wo 'Brüche' auftreten) argumentativ begründet und in sich schlüssig sein. Die Suche nach Alternativdeutungen und deren Widerlegung kann als wichtiges Argument für eine Geltungsbegründung von Interpretationen sein.

Regelgeleitetheit
Einerseits muß qualitative Forschung offen gegenüber ihrem Gegenstand bleiben und gewährleisten, geplante Analyseschritte situativ zu modifizieren - andererseits soll die

---

14   vgl. Krippendorf, 1980, S. 156
15   Kvale, St., 1991, S. 429
16   vgl. auch Mayring, Ph., 1990 b, S. 103 ff.

Analyse eine klare und schrittweise Vorgangsweise sicherstellen.[17] Regelgeleitetheit stellt damit eine Gratwanderung zwischen 'akribischem Vorgehen um jeden Preis' und jeglichem Fehlen systematischen, schrittweisen Vorgehens dar.

Nähe zum Gegenstand

Gegenstandbezug - die Nähe zum Gegenstand - ist Leididee eines jeden Forschungsprogrammes. Ihre Verwirklichung wird durch möglichst nahe Anknüpfung an die soziale Wirklichkeit - der 'Alltagswelt' - der Beforschten versucht zu gewährleisten. Im Gegensatz zum Experiment legt qualitative Forschung ihren Fokus auf spezifische, soziale Gegebenheiten. Diese starke Anlehnung an die (gegenstandsbezogenen) Interessen der 'beforschten Subjekte' soll einen möglichst engen und offenen Bezug zu ihnen ermöglichen (Täuschung im Labor versus natürliche Lebenswelt).

6.2. Spezielle inhaltsanalytische Gütekriterien

Zurück zum Zusammenhang zwischen Validität und Reliabilität: Ein sehr zuverlässiges Instrument muß noch lange nicht gültig sein. - Bei einer Inhaltsanalyse ohne klar definiertem Kategoriensystem und äußerst abweichender Kodierarbeit mehrerer am Auswertungsprozeß beteiligter Kodierer kann durch tiefere und genauere Beschreibung der Kategorien und deren Zuordnungsdefinitionen Abhilfe geschaffen bzw. ein größeres Maß an Nachvollziehbarkeit 'erzwungen' werden. Trotzdem gewährleistet diese erzwungene Reliabilität noch keine Validität in dem Sinne, daß tatsächlich mit den Zuordnungen im Kategoriensystem jene Phänomene erfaßt werden, die es zu erfassen gilt.[18]

Bezogen auf die Reliabilität der Untersuchungsergebnisse einer qualitativen Inhaltsanalyse drängt sich die Frage auf, was denn unter Volmergs Reproduzierbarkeit unter den "gleichen intersubjektiven Bedingungen"[19] verstanden werden soll. Einer engen

---

[17] Vgl. Mayrings Ablaufmodelle für die inhaltsanalytischen Techniken der Zusammenfassung, Explikation und Strukturierung und deren kritische Analyse in Kap. 5/Abschnitt A.

[18] Vgl. Kriz, J., 1978, S. 85; Die "Inhaltsvalidität" versucht zu gewährleisten, daß die Ergebnisse 'plausibel' sind und die ausgewählten Indikatoren das zu untersuchende Merkmal hinreichend vollständig abbilden. Zudem kann sich die Frage stellen, ob die gefundenen Ergebnisse annähernd oder großteils den bisherigen Erfahrungen der Scientific Community entsprechen: vgl. Lisch, R./Kriz, J., 1978, S. 101.

[19] Volmerg, U., 1983, S. 124

Auslegung der Wiederholbarkeit unter gleichen Bedingungen kann vielleicht in der Physik nachgekommen werden. Bei qualitativen Fragestellungen scheint es schon deshalb nicht sinnvoll zu sein, weil der Forscher durch seinen ersten 'Forschungseingriff' den Untersuchungsgegenstand in seiner sozialen Veränderbarkeit - und auch vom zeitlichen Wandel her gesehen - beeinflußt haben wird. Die Forderung nach "gleichen intersubjektiven Bedingungen" würde einschließen, daß die Interviewsituation mit allen ihr eigenen außersubjektiven Komponenten (z.b. Räumlichkeit, Geräuschkulisse, Helligkeit), aber auch allen Einflüssen auf Beziehungsebene - beispielsweise im offenen Interview zwischen Forscher und Interviewtem (z.b. Stimmung, Laune, 'interpersoneller Informationsstand', Sympathie/Antipathie) - im Vergleich mit der 'Urerhebung' dieselbe geblieben ist. Diesem Anspruch ist nicht gerecht zu werden - dementsprechend müßten vor einer 'Reproduktion' spezifischer Kriterien definiert werden, unter welchen Umständen von gleichem Interviewumfeld, gleicher 'Chemie' (Sympathie, Antipathie...) zwischen Untersucher und Untersuchtem und deren individuellem Entwicklungsstand ausgegangen werden kann. - Die Diskussion erinnert an eine indische Fabel: Ein indischer Fürst läßt einen Elefanten in einen dunklen Raum bringen. Seine hervorragendsten Wissenschaftler wurden zu einem jeweils anderen Körperteil des Tieres geführt. "Einer betastete das Bein und sagte, dieses Wesen sei wie ein Baum. Ein anderer betastete das Ohr und sagte, dieses Wesen sei wie ein großes Blatt einer Lotusblüte. Ein anderer beschäftigte sich mit dem Schwanz des Elefanten und kam also zu dem Schluß, der Elefant habe das Wesen eines Aales. Diesem widersprach der Erforscher des Rückens, dem der Elefant das Wesen eines Walfisches zu haben schien. Über soviel Dummheit und Ignoranz konnte der Erforscher des Rüssels nur lachen. Für ihn war klar, daß der Elefant einer Schlange gleich sei. Voller Trauer über die Geistesgestörtheit seiner Kollegen wandte sich der Philosoph des Stoßzahnes ab, hatte er doch erkannt, daß der glatte elfenbeinige Charakter dieses Wesens ein untrügliches Zeichen der Göttlichkeit dieses Wesens war. Als dann der Narr mit der Laterne auftauchte, war die Diskussion komischerweise noch längst nicht beendet. Einzelne Diskutanten forderten ihn auf, sich doch bitte seiner dummen positivistischen Argumente zu enthalten und das Licht wieder auszuknipsen."[20]

Auch ist die sogenannte *"split-half-reliability"* nur selten auf den qualitativen Bereich übertragbar. Sie geht vom klassischen Kriterium der Konsistenzprüfung aus: Das verwendete Forschungsinstrument oder das Material wird in zwei Hälften geteilt und die Konsistenz der Einzelergebnisse verglichen. Es entstehen zwei Angriffspunkte: Bei

---

20   Anmerkung des Übersetzers, in: Ornstein, R., 1989, S. 168

jedem Teilen ist die Wahrscheinlichkeit der Entstehung zweier ungleicher Hälften groß. Und: Würde 'optimal' gearbeitet, könnte man sich die Untersuchung der zweiten Hälfte sparen. Spezifisch auf den qualitativen Bereich bezogen bedeutet das, daß "...der Umfang der Materialstichprobe wie auch der Umfang des Instrumentes (der Kategorien) meist so bestimmt wird, daß in einzelnen Teilen zentrale, das Gesamtergebnis verändernde Erkenntnisse auftauchen können."[21] Abhilfe gewährleistet am ehesten, die gesamte analytische Arbeit unter Mithilfe mehrerer Personen zu machen und deren Resultate dann miteinander zu vergleichen (Interkoderreliabilität).

"Man weiß, was andere wissen, man meint, was andere meinen,
man meint zu wissen, was andere zu wissen meinen, usw." [22]

6.2.1. Kommunikative Validierung

Unter diesem Validierungsaspekt wird die Feedback-Schleife zurück zum Beforschten subsumiert: Die Interpretationen werden den Betroffenen nochmals vorgelegt, diskutiert und auf diese Weise evaluiert, inwieweit diese sich in den Interpretationen wiederfinden.[23] Dieses Wiederfinden subjektiver Bedeutungsstrukturen kann natürlich nicht das einzige Gütekriterium sein - vielmehr dürften qualitative Ergebnisse darüber hinaus auch Mythen, Ideologien, Stereotypen der Untersuchten aufdecken (sofern diese sich von subjektiven Erkenntnisstrukturen der Betroffenen trennen lassen). - Anhand welcher Indikatoren die Stimmigkeit zwischen Untersuchungsergebnis und kommunikativen Interaktionsresultaten geprüft und eine eventuelle Rückkehr in einen erneuten Analyseprozeß entschieden wird, bleibt allerdings offen.[24]

Zur Bewußtmachung unserer selektiven Wahrnehmungsaspekte und als Entwicklungsmöglichkeiten kommunikativer Validierung scheinen folgende Aspekte überlegenswert:[25]

---

21   vgl. Mayring, Ph., 1990, S. 101 und 1988, S. 94
22   Merten nennt diese Aussage "virtuelles Kommunikationssystem"- in: Saldern, M.v., 1989, S. 17.
23   vgl. Mayring, Ph., 1990 b, S. 105 mit Verweis auf Klüver, J., 1979 und Heinze, Th./Thielmann, F., 1982
24   Lamnek, S., 1988, S. 152
25   Vgl. Lamnek, S., 1988, S. 152 f.; Erkenntnis wird aus philosophischer Sicht "...nicht als Interaktion mit einer nichtmenschlichen Wirklichkeit, sondern als Dialog zwischen Personen verstanden". Innerhalb der Sozialwissenschaften werden Interpretationen v.a. in der Psychoanalyse und in der Systemevaluation im Dialog entwickelt. Kvale unterscheidet "psychoanalytische Interpretationen" (Zusammenhang historischer und narrativer Wahrheit), "historische Wahrheit" (als

⇨ Einbeziehen zusätzlicher Personen/Situationen in den Forschungsprozeß,

⇨ Ergänzung um weitere Mitglieder der scientific community,

⇨ Auswechslung von Forscher und/oder Untersuchten,

⇨ Suche nach 'Negativ-Fällen', d.h. Fällen (Interviews oder Interviewstellen), die der gefundenen Interpretation widersprechen.

Durch eine Erweiterung der Ergebnisse um solche 'Negativ-Fälle' sollen - um dem 'Realitätscharakter' einer Untersuchung näher kommen zu können - Überlegungen des Forschers, der Dialog zwischen mehreren Forschern bzw. zwischen Forscher(n) und Untersuchten im Rückkoppelungsprozeß angeregt werden.

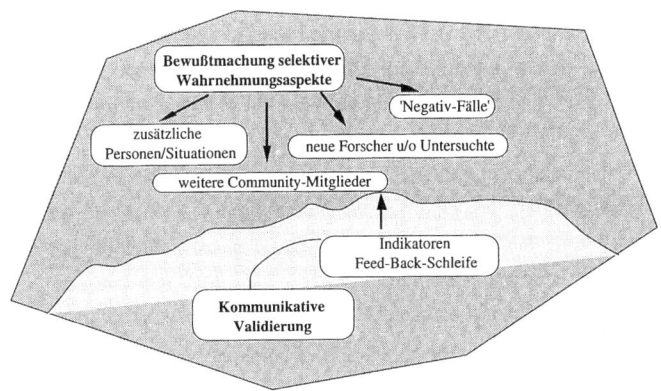

Abb. 29: Erweiterungsmöglichkeiten kommunikativer Validierung

6.2.2. Triangulation

Einige wichtige Überlegungen finden keine Berücksichtigung, wenn man von einer Definition der Triangulation als Gedankenkonstrukt multimethodischer Vorgangsweise ausgeht, welche weitergehendere Erkenntnisse in der Breite und/oder Tiefe der Ergebnisse gewährleisten soll:[26]

Bezug dienen objektive Ereignisse der Patientenerfahrung) und "narrative Wahrheit" (Entstehung im Verlauf einer Therapie als Deutungsangebot, eine sogenannte 'good story'): Kvale, St., 1991, S. 429
26 vgl. Lamnek, S., 1988, S. 240 f.

⇨ Geht die Untersuchung von der falschen Fragestellung aus bzw. fehlt ein ausreichender theoretischer und konzeptioneller Hintergrund, kann sowohl unimethodisches als auch multimethodisches Vorgehen nutzlos sein.

⇨ Multimethodisches Vorgehen darf nicht zur "forschungs- und finanzierungs-taktischen Modeerscheinung" degradiert werden. Die verwendeten Methoden müssen dem Forschungsgegenstand angemessen sein.

⇨ Intersubjektiver Reproduzierbarkeit des Untersuchungsprozesses wird durch multimethodisches Vorgehen zunehmend schwieriger.

⇨ Je nach Fragestellung kann unimethodische Vorgangsweise angemessener und sinnvoller sein.

Resultate einer Triangulation als Mehrfacherhebung durch qualitative und quantitative Methoden kann zu sehr heterogenen, divergierenden Ergebnissen führen. Es scheint schon deshalb nicht angebracht, auf diese Weise entscheiden zu wollen, welches der beiden Ergebnisse (qualitativ oder quantitativ) besser ist.[27]

Fromm verbindet mit dieser Form der Verfahrenskombination "Mißtrauen in die eigenen Methoden", und hofft, daß quantitative und qualitative Ansätze sich "in ihrer je begrenzten Leistungsfähigkeit ergänzen". Leider kommt er zum Schluß, daß es häufig allein bei dieser Hoffnung bleibe. - Positiveren Grundtenor vermitteln hingegen Hammersley/Atkinson und postulieren bei sinnvoller Anwendung erfolgreiche Triangula-tion: "Triangulation is not a simple test... What is involved in triangulation is not the combination of different kinds of data *per se,* but rather an attempt to relate different sorts of data in such a way as to counteract various possible threats to the validity of our analysis."[28]

Neben dieser bestimmten Form der Triangulation, dem "between-method-approach, ...when different methods are applied to the same subject in explicit relation to each other"[29] - der Auswertung des gleichen Datenmaterials mit verschiedenen, qualitativen und quantitativen Methoden - kann Triangulation durchaus auch auf andere Aspekte erweitert bzw. vertieft werden:

---

27 vgl. z.B. Köckeis-Stangl., E., 1980

28 vgl. Garz, D./Kraimer, K., 1991, S. 19; Garz/Kraimer zitieren Fromm, M., 1990, S. 474 sowie Hammersley, M./Atkinson, P., 1983, S. 199; Fromm argumentiert - so Garz/Kraimer - aus einer quantitativen Position heraus: Aus einseitiger Perspektive sehe er nur "die 'Hoffnung der qualitativen Forschung' auf a) 'härtere' Befunde, b) 'verallgemeinerungsfähigere' (!) Ergebnisse und c) vermehrte Anerkennung und Förderung. Er sieht nicht, daß auch quantitativ orientierte Forscher ihre Hoffnungen in einen solchen Methodenverbund setzen; z.B. auf a) 'dichte' Beschreibungen, b) gehaltsvolle Darstellungen und c) (ebenfalls) vermehrte Anerkennung in der scientific community.": Garz, D./Kraimer, K., 1991, S. 27 f.

29 Fielding, N.G./Fielding, J.L., 1986, S. 25

↪ Triangulation als sinnvolle Kombination qualitativer und/oder quantitativer Methoden (ohne qualitative oder quantitative Doppelerhebung);

↪ Mehrere Auswerter (z.B. verschiedenen Ausbildungs- und/oder methodischen Hintergrunds) bzw. Know-How weiterer Mitglieder der scientific community erweitern das Erkenntnispotential - können die Seitenstäbe des Triangels zu vollständigem Klang bringen;

↪ Triangulation gerichtet auf unterschiedliche Datenquellen, theoretischen Vorannahmen (und/oder methodischen Konstrukten). Erweitertes Erkenntnispotential liegt im Vergleich der Resultate, den jeweiligen Stärken und Schwächen gemachter Überlegungen.

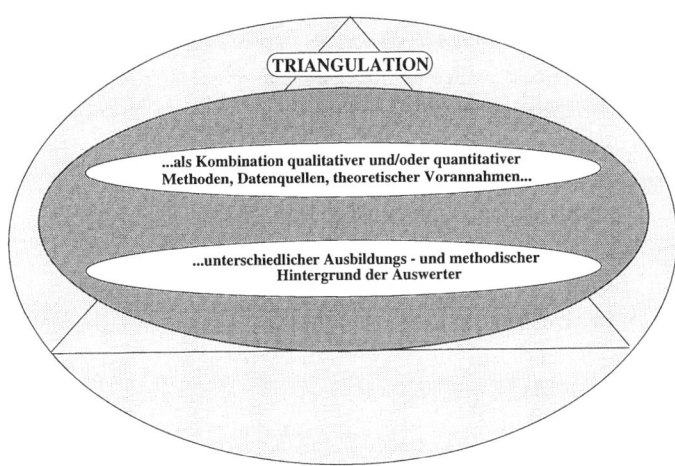

Abb. 30: Triangulation

Fließen die angeführten Punkte zur Triangulation für ein anstehendes Forschungsvorhaben konstruktiv in die Überlegungen zur Methodenkombination (Auswerter, Theoriekonstrukte, Methoden) ein, kann 'multidimensionales' Vorgehen - trotz aller möglichen Reservationen, umfassenderes Erkenntnispotential - vor allem beim Einsatz zusätzlicher qualitativer Methoden - bieten.

Ein Vater sagte zu seinem Sohn, der alles doppelt sah:
„Mein Sohn, du siehst zwei, wo nur eines ist. "
„Wie soll das möglich sein?" erwiderte der Junge.
„Wenn das so wäre, würde ich da oben vier Monde sehen anstatt zwei.[30] "

6.2.3. Interkoderreliabilität

Interkoderreliabilität bezieht sich auf den Grad der Übereinstimmung hinsichtlich vorgegebener Beurteilungsdimensionen (Kategorien) verschiedener, am Auswertungsprozeß beteiligter Koder.[31] Das Kategoriensystem wird somit von mehreren Personen, bezogen auf denselben Inhalt, verwendet. - Das meistverwendete Maß für die Interkoderealibilität "ist der Prozentsatz oder der relative Anteil der Analyseeinheiten, die von zwei Kodern jeweils in dieselbe Kategorie eingeordnet wurden." Einige Autoren beschäftigen sich ausführlich mit der Entwicklung mathematischer Formeln zur Bestimmung eines Koeffizienten für Interkoderreliabilität. Bei der Berechnung sollte jedoch nicht nur die herkömmlich beobachtete Übereinstimmmung zweier Koder, sondern auch die Zufälligkeit übereinstimmender Zuordnungen Berücksichtigung finden.[32]

Bezogen auf unterschiedliche Kodierungen lassen sich verschiedene Fehlerquellen identifizieren, z.B.

⇨ fehlerhafte oder unklare Kategorien,[33]

⇨ unterschiedliche kognitive Muster Textverarbeitungsprozesse ('Einordnungsstrukturen') der Koder,[34]

⇨ mehrdeutige Anweisungen und/oder unvollständiger, ungenauer Kodierleitfaden,

---

30　Ornstein, 1974, S. 36
31　Vgl. z.B. Schnell, R., 1988, S. 376; Kriz, J., 1978, S. 85; Herkner, W., 1974, S. 176; Mayring, Ph., 1988, S. 94 und 1985, S. 207; Lange, B./Willenberg, H., 1989, S. 183; - Bezüglich Beurteilungsdimensionen vgl. das vorgestellte Beispielmaterial zur skalierenden Strukturierung (Kap. 5.5.4./Abschnitt A, v.a. Schritt 5 und 6) mit dem Materialdurchlauf anhand eines Kodierleitfadens.
32　Vgl. Herkner, W., 1974, S. 177 f.; Mayring, Ph., 1988, S. 97 ff., Lange, B./Willenberg, H., 1989, S. 183 f.; Krippendorf hat einen sehr gebräuchlichen Koeffizienten vorgelegt, der sowohl die tatsächliche Übereinstimmung als auch die Zufälligkeit einer Übereinstimmung mehrerer Koder berücksichtigt: vgl. Krippendorf, K., 1980, S. 133 ff. Ein Beispiel für die Vorgangsweise zur Bestimmung der Kodererübereinstimmung läßt sich bei Lange, B./Willenberg, H., 1989, S. 183 f. nachvollziehen.
33　vgl. Holsti, O.R., 1969, S. 135 ff.; Kriz, J., 1978, S. 85; Rust, H., 1981, S. 172 ff.
34　Der Koder muß "subtile, aber wichtige Bedeutungsunterschiede" erfassen und "irrelevante" vernachlässigen können: Herkner, W., 1974, S. 176.

⇨ ungenügende Einschulung und unzureichender Erfahrungsaustausch der Auswerter,[35]

⇨ komplexes Analysematerial,

⇨ 'Schlampigkeitsfehler', Unkonzentriertheit, usw. der Kodierer.

Neben Interkoderreliabilität wird auch von der *Intrakoderreliabilität* gesprochen: Ein Koder erzielt nach seiner ersten Verkodung nach einem gewissen zeitlichen Abstand übereinstimmende Werte (zeitlich-intraindividuelle Urteilsstabilität).[36]

Doch auch bei einem sehr guten Wert der Inter- und Intrakoderreliabilität darf nicht auf die 'Brauchbarkeit' eines Kategoriensystems geschlossen werden. Seine 'Brauchbarkeit' kann sich höchstens auf den Aspekt 'ausreichender' Übereinstimmung mehrerer, spezifisch geschulter Kodierer beziehen, nicht jedoch auf ein 'brauchbares' Kategoriensystem im Sinne der Erfassung aller für die Forschungsfrage wesentlichen Aspekte.

Eine - allerdings sehr schwierige Variante einer Evaluation der Koderreliabilität - bestünde in einer neuerlichen Dekodierung fertiggestellter Kodierungen. Dabei scheint es - je nach Umfang des bearbeiteten Datenmaterials - sinnvoll,

⇨ bei geringer Datenmenge entweder einen größeren zeitlichen Abstand zwischen Kodierung und Dekodierung verstreichen und die Evaluierung durch dieselben Koder machen zu lassen oder

⇨ bei größeren Datenmengen und mehreren am Verkodungsprozeß beteiligten Personen den einzelnen 'Erst-Kodern' jeweils Datenmaterial anderer 'Erst-Koder' zur Dekodierung zu überlassen.

Kriterien für diese Überprüfung von Koderreliabilität und der hiebei angestrebten Resultate müssen situativ - je nach Rahmenbedingungen, Untersuchungsgegenstand, Ressourcen usw. - erarbeitet werden.

Zusammenfassende Hauptansatzpunkte für eine möglichst hohe Inter- bzw. Intrakoderreliabilität sind (ist) eine Verbesserung des Kategoriensystems (unklare,

---

35 Herkner, W., 1974, S. 176, verweist auf frühe Untersuchungen von Kaplan und Goldsen (1949), welche zeigten, daß die Interkoderreliabilität durch Training erheblich gesteigert werden kann. "Andererseits zeigten Spiegelmann, Terwilliger und Fearing (1953), daß die bloße, ungezielte Diskussion der Auswertungskategorien keine Reliabilitätssteigerung bringt." - Von guten Erfahrungen mit gezielter Diskussion im Sinne einer Urteilskonvergenz der Gruppe ("approximativem Abstimmungsverfahren") bei Nichtübereinstimmungen berichten Lange, B./Willenberg, H., 1989, S. 184 und Bos, W./Straka, G.A., 1989, S. 212.

36 Intrakoderreliabilität findet sich z.B. bei Herkner, W., 1974, S. 176 und Schnell, R., 1988, S. 376

mangelhafte Kategorien werden durch neu identifizierte und definierte ersetzt) und/oder eine bessere Kenntnis über bzw. Schulung der Koder auf das zu verwendende Kodiersystem.

THEORETISCHER TEIL

ABSCHNITT B

Mind-Mapping

II. Mind-Mapping

Vielleicht würden wir gut daran tun, den Plan zu verlieren, die Karte
wegzuwerfen, vom Motorrad abzusteigen, einen seltsamen Hut
aufzusetzen, dreimal scharf zu bellen und dann, schmal aussehend, gelb
und schmutzig, davonzutrotten, durch die Wüste und hinauf in die
Wälder... Wir sind in einem rationalen Dilemma, einer Situation des
Entweder-Oder, wie sie von der binären Computerdenkweise
wahrgenommen wird, und weder das Entweder noch das Oder ist ein Ort,
wo Menschen leben können...
Ich habe die Wahl eines Großinquisitors.
Wirst du Freiheit ohne Glück oder
Glück ohne Freiheit wählen?
Ich denke, die einzig mögliche Antwort ist: Nein."

(LeGuin, U.K.)

1. BrainLand: Land unseres Denkens und Handelns...

Gestatten Sie einen metaphorischen Einstieg:[1] Stellen Sie sich vor, es gäbe BrainLand - einen Raum besonderer Ressourcen und Fähigkeiten, ein Land nahezu unbegrenzter Möglichkeiten des Denkens und Handelns. Die Einwohner von BrainLand, die Brainländer, sind stolz auf die Mannigfaltigkeit ihres Landes voll verschiedener Formen, Farben und landschaftlicher Strukturen. Ein bedeutender Stamm der Brainländer lebt in der linken, ein anderer in der rechten Hälfte von BrainLand. Doch jeder lebt sehr gerne für sich alleine... Brainländer der linken und rechten BrainLand-Hälfte sind in ihrem Handeln, Denken und Tun sehr unterschiedlich - sie leben von ihrem Zugang zu Brainland her sozusagen in zwei Welten. Trotz alledem bringen sie sich Achtung entgegen, wissend, daß BrainLand sie alle braucht. Einziger Wermutstropfen: Die Machtverhältnisse sind alles eher denn klar. Je nach vorgegebenen Bedingungen für die Brainländer bringen verschiedenste Aufgaben, die an BrainLand herangetragen werden, auch ein unterschiedliches Maß an Aktivität und Machtausübung für die beiden Stämme mit sich. Denn: Jeder hat die ihm spezifischen Fähigkeiten. Des einen Schwächen können Stärken und/oder Ergänzungen des anderen mit sich bringen. Ein Ausnutzen der Schwächen des einen Stammes geschieht keineswegs aus Bosheit, sondern resultiert aus dem Hang zum Spezialistentum der verschiedenen Brainländer. So gesehen können sie sich als Gesamtheit ergänzen und eine optimale Symbiose in Groß-BrainLand bilden...

---

[1]   Die in diesem Kapitel verwendeten Metaphern: anlehnend an Beyer, M., 1993; Die Zeichnungen wurden entnommen aus: Oech, R.v., 1992

Dieses Wissen ist keineswegs neu - mangelndes Zusammenspiel der Brainländer ohne die meist notwendigen 'Auslöserituale' haben die sogenannten Hemisphärenforscher von BrainLand aufgebracht. Doch bald stellte sich heraus, daß die erforschten Brainländer - und hier in erster Linie die beiden Hauptstämme - wenn man es versteht mit ihnen umzugehen - weitaus flexibler und beweglicher agieren als man es sich bis dahin vorstellen konnte. Die beiden Hauptstämme sind - entgegen früherer Annahmen - unter geeigneten Rahmenbedingungen, sogar durchaus reisefreudig. Das allerdings immer nur unter der Voraussetzung, den richtigen Umgang mit ihnen gefunden zu haben.

Einer der frühen BrainLand-Abenteurer und -Forscher, der sich mit einem in vielen Bereichen vorwiegend in linearer Form praktizierten BrainLand-Zugang nicht abfinden wollte, war Tony Buzan. Seine etwas andere BrainLand-Fahrkarte soll eine Symbiose der Brainländer erleichtern und damit den geistigen Output - die Gesamtleistung der Brainländer - steigern. Buzan nannte sein auf Gesamt-BrainLand avisiertes Konzept *Mind-Mapping*.[2] - Nicht lange und sein Denk- und Zugangskonzept wurde von anderen aufgegriffen und weiterentwickelt. Aber auch parallel zu Buzan bildeten sich vor eben demselben Hintergrund neue Brainland-Zugänge. Man denke beispielsweise an mögliche Einflüsse des Neurolinguistischen Programmierens (NLP), Erkenntnisse aus der Lernpsychologie (z.B. Superlearning), Struktogramme und das '4-Quadranten-Modell',[3] Edu-Kinestetik (Edu-K), Erkenntnisse über gehirnchemische Prozesse vor ernährungs-wissenschaftlichem Hintergrund[4] und nicht zuletzt Zugänge über Musik,[5] Düfte, Aromen u.v.m. auf Arbeitsweise, 'Relax-Verhalten' und Teamwork der Haupt- und Nebenakteure einer BrainLand-Symbiose. Zu einigen der angeführten Punkte der Vollständigkeit halber einige Ausführungen:

---

[2]   Im Jahr 1974 erschien das erste Buch Buzans ("Use your Head"), indem er aktuelle Hirnforschungs-hintergründe verarbeitete und das sogenannte Mind-Mapping entwickelte. Das Buch kam 1984 im deutschsprachigen Raum mit dem Titel "Kopftraining" auf den Markt.

[3]   Die (allerdings nicht ausreichend validierte) Struktogramm-Analyse geht von der Drei-Komponenten-Struktur unseres Gehirns, anlehnend an McLean, aus (Stamm-, Zwischen- und Großhirn). Über Fragebogen wird ein grafisch dargestelltes '3-Hirne-Dominanz-Profil' gewonnen, welches Hilfe-stellung zur Bewußtmachung spezifischer Verhaltensprofile anbieten soll. Struktogramme kommen seit einigen Jahren in vielen Unternehmen und verhaltensorientierten Trainings zum Einsatz. Allmählich wird das Struktogramm vom angeblich validierten und differenzierteren Instrument 'HDI' (Herrmann Dominanz Instrument) abgelöst, welches in seinem '4-Quadranten-Modell' die aus der Hirnforschung stammenden Modelle von Sperry und MacLean (allerdings ohne Stammhirn-Berücksichtigung) kombiniert und weltweit schon über eine Million Mal über Fragebogen eingesetzt wurde: vgl. z.B. Peschanel, F.D., 1993, S. 79 ff. und S. 167 ff.; Struktogramm: vgl. Wagner, H., 1988

[4]   vgl. Ausführlicheres bei Holler, J., 1992

[5]   vgl. dazu z.B. die Ausführungen von Calvin, W.H., 1993, S. 295 ff.: Manches spricht für eine "'Tiefenstruktur' der Musik, die biologisch im Gehirn verankert ist, so wie man auch für die Tiefengrammatik der Sprachen eine Basis im Gehirn erschlossen hat. Weshalb haben unsere Gehirne

⇨ John Grinder, Richard Bandler, Leslie Cameron-Bandler und Judith DeLozier gelten als Entwickler des *Neurolinguistischen Programmierens (NLP)*. NLP ist ein neues Modell menschlicher Kommunikation und menschlichen (Veränderungs-)Verhaltens - Verhaltensmuster sollen erkannt, gegebenenfalls verändert werden. Ausgangspunkt ihrer Arbeit bildeten Analysen kommunikativer Arbeit bekannter Therapeuten wie Virginia Satir, Milton H. Erickson und Fritz Perls. Ziel war es, das Geheimnis erfolgreicher Kommunikatoren aufzudecken und damit Kommunikation mit anderen, aber auch den Umgang mit sich selbst zu verbessern. Und tatsächlich: Sie fanden eine hinter erfolgreicher Kommunikation stehende Systematik, und sahen es als ihre Aufgabe, diese zu studieren und im weiteren - für diejenigen, welche sich mit ihr auseinandersetzen - erlernbar zu machen. Die Quintessenz ihrer Analysen begründet somit das Neurolinguistische Programmieren: Erfolgreiche Kommunikatoren verstehen es, den Gesprächspartner bei seinen Vorstellungen und Wünschen - seiner individuellen Strukturiertheit - 'abzuholen' und versuchen sich dabei kongruent in Körpersprache, Stimme bzw. Stimmlage, Wortwahl bzw. Worten ihres Gesprächspartners zu verhalten. NLP bildet eine Kombination der Neurophysiologie des Menschen, der Linguistik und menschlicher Verhaltensprogramme. - In jüngerer Zeit kam es zu einer systematischen Weiterentwicklung des NLP-Konzeptes weg vom ursprünglich spezifisch therapeutischen Zugang von Bandler, Ginder u.a. hin zu praktischer Umsetzbarkeit auch in anderen Lebensbereichen.[6] - Dazu einige kritische Anmerkungen: "Die bloße Technik, ohne ein tragendes und tragfähiges therapeutisches Bündnis - und das setzt eine integrierte und differenzierte Therapeutenpersönlichkeit voraus -, die Technik allein wird eine dauerhafte therapeutische Wirkung nicht erbringen. Sie muß im Prozeß eingesetzt werden. Nicht die Technik bestimmt den Prozeß, sondern die Verlaufsdynamik der Therapie bestimmt die Wahl und den Einsatz der Technik. Die Verwendung des NLP setzt deshalb gediegene Kenntnisse einer dynamisch und systematisch ausgerichteten Psychotherapie voraus, das nämlich waren die Grundlagen von Satir, Perls und Erickson."[7]

---

diese Vorliebe für die kleine Terz und für komplexe musikalische Muster, obwohl es eine evolutionäre Anpassung für solche musikalische Muster nicht gibt?" (S. 301)

[6] Siehe beispielsweise Bachmann, W., 1990; Laborde, G.Z., 1990; Weiterführende Literatur beschäftigt sich mit integrativen Kombinationen neuer 'Denkstrategien': z.B. Dilts, R.B., 1992 (Dilts gründete als NLP-Experte gemeinsam mit Todd Epstein eine NLP-Universität im kalifornischen Ben Lomond.); Beyer, M., 1993 und 1992 (Beyer beschäftigt sich als Trainerin für kybernetische Mind&Brain-Strategien mit einer Integration von Mind-Mapping, Superlearning sowie NLP.); Peschanel, F.D., 1993 (Peschanel beschäftigt sich mit dem Phänomen Konflikt und umsetzbarer Konfliktlösungsmöglichkeiten vor dem Hintergrund des NLP.)

[7] Bandler, R./Grinder, J., 1981, S. 8; - Die Forderung nach einem ethisch-moralisch überlegten Umgang ist durchaus begründet: Leider gibt es seit dem Aufgreifen von NLP, gerade für Führungskräfte- und Verkäufertrainings, auch Tendenzen, die einer gewissenhaften, positiven Umsetzung aus geschilderter Therapeutensicht zuwiderlaufen.

⇨ Der bulgarische Arzt und Psychologe Losanow entwickelte die sogenannte *Suggestopädie*. (Darauf basierend wurde weltweit der Lernansatz des Superlearning - v.a. durch das gleichnamige Buch von Ostrander und Schroeder - bekannt.) Die Suggestopädie basiert auf einem ganzheitlichen didaktischen Ansatz (Musik-Aktiv- und Passiv-'Konzerte' ausgerichtet nach 'gehirnfreundlichen' Lern-Takt-Frequenzen, Lernkarteien, unterschiedlicher schriftlicher Verarbeitung des Lernstoffes, Umgang mit Farben, bildhaften Assoziationen zur Hebung des Erinnerungsvermögens, Überwindung sprachlicher Monotonie u.v.m.) und strebt danach, neuere und bessere Lernmöglichkeiten durch verschiedenartigste Zugänge zu unserem Gehirn und seiner individuellen 'Strukturiertheit' anzubieten.[8] - Seit Mitte der 80er Jahre läuft im Fürstentum Liechtenstein ein erfolgreicher Schulversuch mit dieser Unterrichtsmethode. Es konnte festgestellt werden, daß der suggestopädisch vermittelte Schulstoff von den Schülern außerordentlich gut verarbeitet und behalten wird. Durch die methodisch bedingte tiefere 'Verankerung' des Stoffes und das große Engagement, hatten die Schüler auch noch nach fast einem Jahr den gesamten Stoff präsent.

---

8   Musik des Barock (va. mit den Largosätzen) und der Klassik mit Rhythmen von ungefähr 60 Anschlägen/Min. - in etwa unserem Herzrhythmus entsprechend - werden als Hintergrundmusik beim Lernen eingesetzt (z.B. Vivaldis 'Vier Jahreszeiten', Musik von Händel, Bach, Corelli, Telemann, Mozart...).

⇨ *Edu-Kinestetik (Edu-K)* wurde in den letzten 15 Jahren von Paul Dennison, basierend auf Erkenntnissen der Angewandten Kinesiologie und neuester Gehirn-forschungshintergründe begründet. Gemeinsam mit seiner Frau Gail entwickelte er Brain-Gym - eine Art 'Gehirngymnastik' zur Verbesserung der Koordination der zwei Gehirnhälften - die Bewegungsmuster im Gehirn neu 'bahnt' und damit beispielsweise eine Verbesserung der Aufnahme- und Konzentrationsfähigkeit bei Kindern und Erwachsenen erzielt. Brain-Gym beschäftigt sich im Speziellen etwa mit der Bestimmung und Verankerung von Zielen sowie Aktionsbalancen für positive Einstellungen, das Hören, Sehen, Schreiben und die Körperbewegung. Der Schwerpunkt kinestetischer Bewegungsabläufe liegt bei einer Überkreuzung der (Körper-)Mittellinie (Bilateralität), von der angenommen wird, daß sie unsere linke und rechte Gehirnhälfte mit der jeweils anderen Körperseite verbindet und koordiniert.[9] 'Fehlkommandos' und '-steuerungen' in unserem Gehirn werden durch spezifische Testverfahren identifiziert und geeignete Bewegungsabläufe und energetische Blockaden 'gelöscht'.[10]

Forschungsergebnisse an der Universität von Wisconsin zeigten schon in den 60er Jahren signifikante "Zusammenhänge zwischen der Entwicklung einer normalen Gehirnfunktion, normaler sozialer Fertigkeiten und Bewegung". Harry Harlow und später sein Kollege Bill Mason führten mehrere Versuche mit jungen Affen durch. Es stellt sich heraus, daß ein entscheidender Faktor zur Entwicklung normaler Gehirne und der Fähigkeit sozialer Zusammenarbeit Bewegung ist. - Bewegung wirkt sich auf den Vestibularapparat des Innenohrs, unseres Gleichgewichtsorganes, aus. Bewegen wir uns, senden unsere Haarzellen des Innenohrs Signale ans Kleinhirn. "Das Vestibularorgan, das in der Jugend durch viele äußere Reize stimuliert wird, verkalkt und versteigt, sobald wir uns immer ruhiger und würdevoller bewegen." Auch der Neurophysiologe James Prescott glaubt an einen Zusammenhang zwischen

---

9   Vgl. dazu die Ausführungen zur Asymmetrie des Gehirns und den geschichtlichen Überblick von Springer, S.P./Deutsch, G., 1993, S. 15 ff.; Vgl. auch Abb. 34, Kap. 1.2./Abschnitt B (Mind-Mapping);

10 Beispiele für weiterführende Literatur: Dennison, P.E., 1988; Dennison, P.E./Dennison G., 1988 und 1989; Die Kinestetik ist in den letzten Jahren an verschiedenen österreichischen Schulen, v.a. über eine Verarbeitung im Sportunterricht zum Thema geworden. - Minister Scholten (Bundes-minister für Unterricht und Kunst) initiiert derzeit eine stärkere Verbreitung der Kinestetik an Österreichs Pflichtschulen und setzt Maßnahmen für eine gezielte und weiterführende Informa-tionspolitik für Lehrer und Schüler.

Vestibularapparat (damit unserem Bewegungsverhalten) und sozialem Verhalten. Wilder Penfield entdeckte, ebenfalls im Bewegungszusammenhang, den sogenannten "motorischen Homunkulus", der jene Gehirnregionen darstellt, die für die Motorik bestimmter Körperregionen zuständig zeichnen...[11]

Die Meinungen der BrainLand-Forscher, wie denn nun Gedanken, Prozesse, Veränderungen... in BrainLand funktionieren, gingen und gehen noch immer auseinander: Die einen gehen vorwiegend vom sogenannten '2-Hemisphären-Modell' (linke und rechte Hirnhemisphäre) aus, die anderen vom '3-Schichten-Modell' (der Teilung unseres Gehirns in Stamm-, Zwischen- und Großhirn mit seinen unterschiedlichen Entwicklungsstufen und Funktionen auf Verhalten und Intellekt), eine weitere Richtung stellt das 'Multimind'-Konzept dar. Ornstein, Vordenker dieser Richtung, ortet in seinem Modell unseren Geist nicht als ein-, zwei- oder dreidimensional, sondern multidimensional. Brainland besteht aus und arbeitet mit unendlich vielen Systemen. Der Umgang mit dieser Multidimensionalität, man könnte auch von Bewußtseinsentwicklung sprechen, bedeutet die gezielte Steuerung der vielen Teilgeiste in unserem Multimind. Wir dürfen ein mentales System unser eigen nennen, welches eine Vielzahl verschiedendster, einander teils widersprechender kleiner Geiste, vereint und im Konfliktfalle gemanagt werden soll. Multimind kombiniert Erkenntnisse der Psychologie und Sozialpsychologie sowie der Neurowissenschaften.

---

11   Holler, J., 1992, S. 173 ff.; vgl. auch die Ausführungen zu motorischen und sensorischen Hirnarealen in Springer, S.P./Deutsch, G., 1993, S. 250 ff.

Großteils basiert unser heutiges Wissens über BrainLand auf Erkenntnissen der letzten zehn Jahre. Trotz unterschiedlicher Zugänge haben die meisten Ansätze und Modelle jedoch eines gemeinsam: Alle BrainLand-Aktivitäten beruhen auf der Brückenfunktion einer Vielzahl unterschiedlichster BrainLand-Gehilfen in den verschiedenen Arealen und Kulturkreisen ihres Landes...

1.1. Eine BrainLand-Legende

Unter BrainLand soll hier die rechte und linke BrainLand-Hälfte (Hemisphären des Neo-Kortex oder Neuhirns), Teile des Stammhirns (Reptilienhirn) und des Zwischenhirns (lymbisches System) verstanden werden:

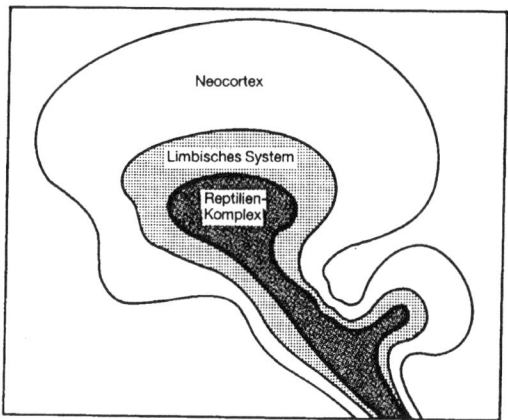

Abb. 31: Gehirnaufbau nach McLean
(in: Peschanel, F., 1990, S. 42)

Nach McLean entwickelte sich unser Gehirn in verschiedenen zeitlichen Abständen:

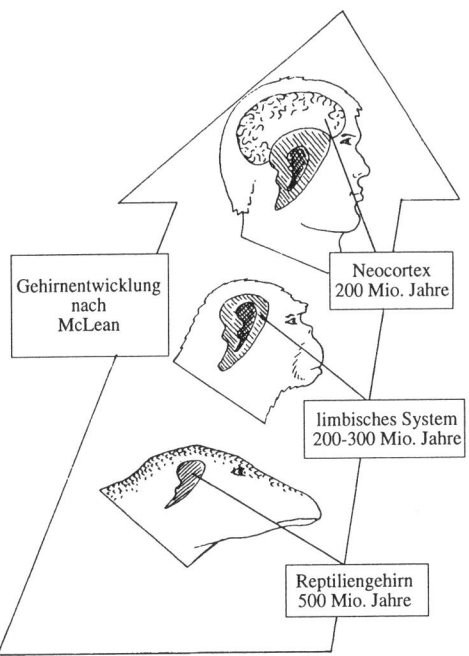

Abb. 32: Zeitliche Gehirnentwicklung nach McLean
(in: Holler, J., 1991, S. 49)

Rechts- und Linkshirnies - "kleine 'Chaoten', die das 'Hirnen' ermöglichen" - können als Teile eines sogenannten links- bzw. rechtshirnigen Denkprozesses gesehen werden, je nach BrainLand-Hälfte, in der sie gerade aktiv sind. In diese Betrachtungsweise soll eine neuere BrainLand-Forschungssicht einfließen: Gedankliche Impulse sind räumlich in keiner Weise determiniert - Denken zirkuliert holistisch.[12]

---

12   Beyer, M., 1993, S. IX

Was bedeutet holistische Hirnsichtweise?

Holistisch leitet sich aus dem griechischen Wort (holos) ab und bedeutet ganz, völlig, gänzlich.[13] Bei dieser ganzheitlichen Hirnsichtweise sind somit gedankliche Impulse (elektromagnetische Felder) an keinen Platz im Hirn gebunden - zirkulieren holistisch.

Diese Sichtweise erscheint zu eng, denn jeder von uns grenzt Erkenntnisse und vor allem Gefühle keineswegs nur auf das Gehirn ein, sondern empfindet gesamtkörperlich. Ein Beispiel dafür ist das 'schlechte Gefühl im Bauch'. Ein modularer Hirnaufbau, wie ihn Gazzaniga[14] sieht, ist jedenfalls ebenso zu eng. Sheldrake[15] hingegen spricht von morphogenetischen und morphologischen Feldern. Diese Sichtweise wird dem griechischen Wort "holisthos" gerecht[16], welches etwa mit 'ganzheitlich gleitend' übersetzt werden könnte.

Ein Gesamtkörperbezug sollte jedenfalls mit unserem Denken (und Fühlen) in Zusammenhang gebracht werden. Musik beispielsweise nehmen wir in jeder einzelnen Körperzelle wahr, ebenso Licht und jede andere Schwingung. Unser Körper ist offenbar hinsichtlich der Informationsverarbeitung in formgebende bzw. -entstehenlassende (morphogenetische) Felder strukturiert - somit wird auch die Form zum Logos. Denn anders ist auch das Wunder embryonaler Entwicklung[17] nicht erklärbar.

Jede Körperzelle ist somit Empfänger und Sender zugleich. Sie ist nicht nur Resonanz-, sondern auch Sonanzkörper. Diese On-Line-Phänomenologie ist es, die es so schwierig macht, chaotisches Entstehen zu harmonisieren (etwa einen kranken Körper gesunden zu lassen).

Soziologisch betrachtet bedeutet diese Sicht, daß unsere Gedanken und Gefühle keineswegs auf unseren Körper beschränkt sind, sondern auch unserer Umwelt, vor allem über die Gefühle, zugänglich sind. C.G. Jung spricht in anderem Zusammenhang vom kollektiven Unbewußten.[18]

Nur so scheint es erklärbar, warum sehr oft zu gleicher Zeit an verschiedenen Orten der Welt die gleichen Erfindungen gemacht werden, die dann meist zu einer sogenannten 'Zeitenwende' führen. Doch auch die Gruppendynamik dürfte auf diese nicht körpergebundenen Sonanz- und Resonaz-Phänomene zurückzuführen sein.

---

13 vgl. Gemoll, W., 1954, S. 539
14 vgl. Gazzaniga, M., 1989, S. 144 ff.
15 vgl. Sheldrake, R., S. 261
16 vgl. Gemoll, 1954, S. 538
17 vgl. Calvin, W., 1993, S. 167
18 vgl. Holler, J., 1991, S. 328 ff.

Jene Sicht der Dinge ist es also, warum diese ganzheitlichen Multiphänomene einer offenen Systemdarstellung bedürfen. Mechanistische Tabellen, wie sie etwa Mayring verwendet, werden dem nicht gerecht. Ein möglicher Weg (von wahrscheinlich vielen anderen) ist das offene Speichersystem des Mind-Mapping.

Die abschließende BrainLand-Legende liefert ergänzend einen Überblick über BrainLand-Teile, ihre Bewohner und Aufgaben:

BrainLand	das Gehirn. Vordergründig beschränkt auf die beiden Hemisphären des Neo-Kortex (sog. linke & rechte Hirnhälfte). Desweiteren die tiefer-liegenden Bereiche des Stammhirns und des lymbischen Systems.
Hirnies	metaphorisch: die Gedanken, Nervenzellen - chemo-elektrisch gesteuert -, die gerade in den betreffenden Arealen aktiv sind. Kleine "Chao-ten", die das "Hirnen" ermöglichen.
Hirnen	auch denken, erweitert zu einem Gesamtbegriff für das Speichern, Ablegen, Zuordnen, Finden und Koordinieren von Gedanken.
Minds	nach Robert Ornstein, MultiMind: es sind unter-geordnete Denkinstanzen, die für jeweilige Ge-dankenprozesse oder Denkarbeiten verantwortlich sind.
Links-Hirnies	Teile des Denkprozesses, die mit den sogenannten linkshirnigen Prozessen beschäftigt sind.
Rechts-Hirnies	entsprechend für die rechte Hirnhälfte.
Holantrophen	ausgehend von der Interpretation, daß alle Ner-venzellen die Arbeitsweisen aller Areale beherr-schen und durchführen. Die gedanklichen Impulse sind an keinen festen Platz gebunden sondern zirkulieren holistisch.
Corpus Callosum, Creativer Corridor, Concentration & Creativity	Nervenstrang, der beide Hirnhälften verbindet und für Übertragung der chemo-elektrischen Impulse und somit für eine ganzheitliche Inan-spruchnahme aller Hirnareale sorgt.
Lymben	verantwortliche Instanzen, die Prozesse im lym-bischen Teil des Gehirns erfüllen. Sie bewachen gerne das Tor zum Unbewußten und den verbor-genen Gefühlen und Schätzen. Hier ist die Zen-trale der ältesten Verhalten, wie Triebe, Gefühle und der einfachsten Reaktionsmuster, wie instink-tives Schreck- und Fluchtverhalten. Ihnen ist der Geruch lieb; Gedanken passieren besser mit Ge-rüchen kombiniert. Hier entstehen auch Urteils-schemata und Vorurteilsprogramme.
Stamm-Hirnies	Sie sind die Stimmungsmacher und regeln das Überleben. Sie regeln die Körperfunktionen und wachen auf die Einhaltung sämtlicher, uns not-wendigen Vorgänge, die uns am Leben erhalten. Hormonregulierung, Stoffwechsel, Temperatur oder Schlafrythmus werden von den Stamm-Hir-nies überwacht und koordiniert. Sie geben sich als unsere "Revierhüter" im täglichen Leben aus.
Psych-Hirnies	die Hirnies, die sich mit dem Teil von BrainLand befassen, in dem das psychische Verhalten ent-steht, beeinflußt und gesteuert wird. Psych-Hir-nies sind "scharf" auf häufige Glückszustände und produzieren dann ihrerseits freigiebig Mengen von körpereigenen Doping- und Immunstoffen.

Abb. 33: 'BrainLand-Legende'
(nach: Beyer, M., 1993, S. IX)

1.2. Rechts- und Linkshirnies - unterschiedliche Modalitäten

"Die Großhirnrinde unseres Gehirns besteht aus zwei spiegelbildlichen Hälften, deren Äußeres nicht darauf hindeuten läßt, daß tiefgreifende funktionale Unterschiede zwischen beiden bestehen." Die beiden Hemisphären sind durch einen 'Datentransfer' (Corpus Callosum), bestehen aus 200 Millionen Nervenfasern, miteinander verbunden. Aus der Abbildung folgt, daß der größte Teil des rechten Auges, des rechten Ohres und der rechten Körperseite mit der linken Gehirnhälfte korrespondiert. Dasselbe gilt spiegelverkehrt für die rechte Hemisphäre.[19]

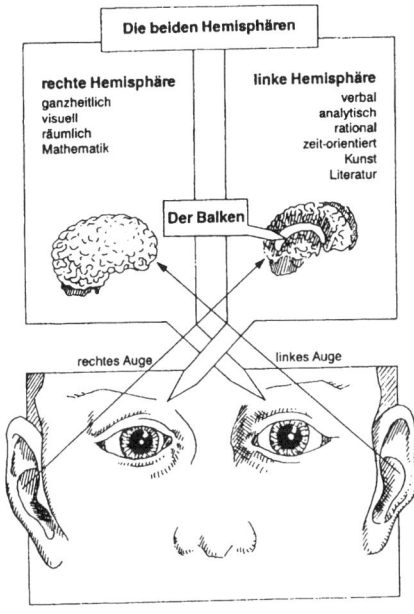

Abb. 34: Zusammenhang Hemisphären und Körperseiten
(in: Holler, J., 1991, S. 43)

---

[19]   Holler, J. 1991, S. 43

Aufgrund des vernunftorientierten Denkens in unserer Gesellschaft kann davon ausgegangen werden, daß die meisten Menschen weitgehend linkshemisphärisch dominiert sind.[20] Verschiedene Arbeiten (z.B. der Psychologen Silbermann und Weingärtner vom amerikanischen National Institute of Mental Health) führten jedoch zum Schluß, daß Funktionen und Arbeitsweise rechter und linker Hemisphäre wesentlich komplexer sind, als zunächst angenommen wurde. Beispiele:[21]

⇨ Wahrscheinlich können beide Hemisphären Eindrücke gefühlsmäßig deuten, vermutlich bedarf es dazu jedoch gewisser Vorarbeit in der rechten Hemisphäre.

⇨ Es fiel auf, daß bei rechtshirniger Verletzung oft die Gemütsverfassung der Betroffenen beeinträchtigt war, eine Schädigung der linken Hemisphäre öfter mit der des Intellekts einherging.

⇨ Die rechte Hirnhälfte galt lange als 'Ort der Träume', weil Bildhaftes und Emotionelles der rechten Hemisphäre zugeordnet waren. Untersuchungen von Greenberg und Farah ergaben hingegen, daß in nahezu allen Fällen, in denen eine Störung des Traumerlebens der Betroffenen auftrat, auch eine Störung in der linken, und überraschenderweise fast nie in der rechten Hirnhälfte, vorlag.

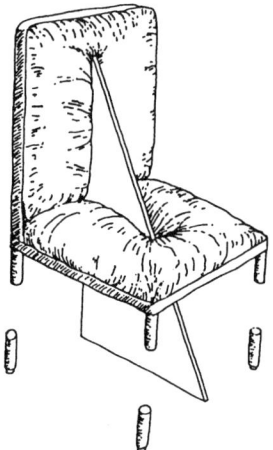

---

20 Geht man von der Entstehung der griechischen Schrift aus, die dazu veranlaßt hat - anstatt wie bisher von rechts nach links - nun von links nach rechts zu schreiben, könnte ein Umkippen der Hemisphärendominanz vor ca. 2600 Jahren von rechts nach links vermutet werden. Vgl. Holler, J. 1991, S. 47; Vgl. dazu auch die Ausführungen zur sogenannten Zweikammer-Kultur aller bekannten Zeitalter vor 1500 v. Chr. in: Holler, J., 1991, S. 426 f.
21 Vgl. Holler, J., 1991, S. 44 f.

Schon zu Beginn der 60er Jahre wurde das Wissen um die Unterschiedlichkeit und die Funktionsweisen der rechten und linken Hemisphäre - v.a. durch Untersuchungsreihen von Sperry[22] und Gazzaniga an sogenannten Split-Brain-Patienten mit schwerster Epilepsie, denen die Hauptnervenbündel (Corpus callosum) zwischen linker und rechter Hirnhälfte als letzte Möglichkeit einer (zumindest partiellen) Krankheitslinderung durchtrennt wurden - populär.

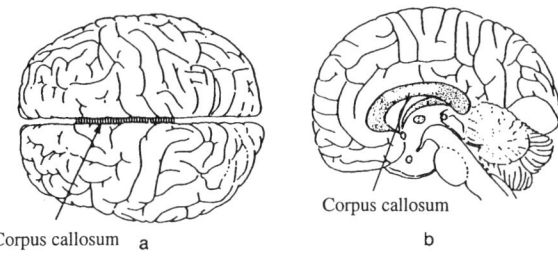

Corpus callosum a   b

Abb. 35: Corpus Callosum
(in: Peschanel, F., 1990, S. 25)

Quintessenz einer langen Untersuchungsserie war die Erkenntnis, "...daß die Hemisphärenspezialisierung kein Alles-oder-Nichts-Phänomen darstellt, sondern eher auf einem Kontinuum angesiedelt ist. Neuere Arbeiten mit Split-Brain-Patienten zeigen, daß jede Gehirnhälfte fähig ist, viele Arten von Aufgaben zu lösen, daß sie sich aber in Vorgehensweise wie auch Leistungsfähigkeit oft von der anderen Hemisphäre unterscheidet. Beinahe alle menschlichen Verhaltensweisen umfassen jedoch mehr als nur die 'Spezialgebiete' einer Gehirnhälfte und greifen auf das zurück, was beide Hemisphären gemeinsam leisten." - Als zentraler und tiefgreifendster Unterschied zwischen beiden Hirnhälften bei Split-Brain-Patienten erweist sich dabei immer wieder die Sprache.[23]

Gerade in der oben angesprochenen Sprachwissenschaft zeigt sich die Wichtigkeit hemisphärischen Verhaltens. Die rechte Hirnhälfte bedient sich in der Regel einer bildhaften konkreten Sprache. Linkshemisphärische Dominanz zeigt sich eher in einer

---

22 Sperry erhielt 1981 für seine umfangreichen Untersuchungsreihen zum Thema Steuerungsmechanis-
     men des Großhirns hinsichtlich der Motivations- und Handlungsfunktion den Nobelpreis für
     Medizin. Auch Gazzaniga, sein Schüler, hat auch später sehr interessante weitere Arbeiten zum
     Thema geliefert: z.B. Gazzaniga, M.S., 1989
23 Springer, S.P./Deutsch, G., 1993, S. 63; - Gazzaniga u.a. gehen soweit, zu behaupten, daß alle
     anderen Unterschiede der beiden Hirnhälften auf diese verbale Asymmetrie zurückzuführen sind.

abstrakten und bildarmen Sprachwahl. Poesie verlangt uns einen hohen Aufmerksam-
keitslevel der rechten Hälfte ab, Mathematik mit ihrer sprachlichen Abstraktion eher den
der linken Hemisphäre.[24]

Hirnies sind - vereinfacht ausgedrückt - Gedanken oder chemo-elektrisch gesteuerte
Nervenzellen, die in den verschiedenen verfügbaren BrainLand-Arealen aktiv werden. Je
nach ihrer BrainLand-Herkunft unterscheiden wir Rechts- und Linkshirnies.[25] - Wie
schon im metaphorischen Einstieg erwähnt, können sich die beiden BrainLand-Stämme
ergänzen. Auch die landschaftliche Gestaltung in beiden BrainLand-Hälften unterscheidet
sich. Das Terrain der Linkshirnies ist geradlinig, übersichtlich, präzise und 'aufgeräumt'.
Landschaftsgestaltung, Wege usw. sind linear-ordentlich - Verspieltes, Ausschmücken-
des und Verzierendes verpönt. Diese überschaubare Strukturiertheit hat natürlich ihre
Bewandtnis: "...die linken Brainländer verfügen über ein mangelhaftes Orts- und
Raumgedächtnis. Insofern sind ihre Routen und Wege mit Zahlen benannt, ähnlich denen
von New York." Ihr Verhalten ist der Form und dem 'Klima' ihrer Umgebung in Links-
BrainLand angepaßt: "So sind Fakten-Sätze zu hören, reduziert auf wenige Worte oder
Ziffern, und die Aufzählung von Ordnungszahlen... Die Links-Hirnies sind eifrig
murmelnd dabei, die Ordnung in ihrem Landesteil zuverlässig aufrechtzuerhalten."[26]
Pünktlichkeit wird hochgehalten - Genauigkeit, Detailplanungen sind ihre Zier. Und: Die
Hingabe zu dieser Berufung wird pflichtbewußt und emotionsfrei hingenommen. Für
Gefühlsbetontheit fehlt ihnen bei ihren übernommenen Arbeiten Zeit und auch Interesse.
Sie sind konservativ - ja und sogar eitel: Sie wissen genau um ihre Tüchtigkeit und
wägen ihre Leistungsstärke für Gesamt-BrainLand rational ab. Die chaotische
Lebensphilosophie mit dem bunten und fröhlichen Treiben ihrer Nachbarn - der
Rechtshirnies - mit denen sie v.a. beim Corpus Callosum immer wieder in Kontakt
kommen, grenzt für sie immer wieder an Kulturschock und -streß. Obwohl sie
selbstverständlich nie mit den Nachbarn tauschen wollen, sind sich beide - Links- wie
Rechtshirnies - darüber im klaren, nur in gegenseitiger Aufgabenverteilung für die
Aufrechterhaltung von BrainLand selbst und der darunter liegenden Gebiete wirklich
sorgen zu können. Die schon früher erwähnte BrainLand-Symbiose scheint also in
Ordnung zu sein. Nach wie vor einzig strittiger Punkt sind die Machtverhältnisse in
BrainLand. Das hat natürlich, gerade in unseren Breiten, seinen spezifischen Grund:

---

24 Vgl. Holler, J., 1991, S. 44
25 Der griechische Philosoph Hippokrates war vermutlich um 400 v. Chr. einer der ersten, der von
     zwei Gehirnhälften mit unterschiedlichen Funktionen ausging. - Zu unterschiedlichen (Informa-
     tions-)Verarbeitungsprozessen in beiden Hemisphären: vgl. Springer, S.P./Deutsch, G., 1993. Sie
     stützen sich in ihren Ausführungen v.a. auf Untersuchungen von Gazzaniga mit Split-Brain-
     Patienten (vgl. auch Gazzaniga, M.S., 1989).
26 Beyer, M., 1993, S. 2

Unsere Aufgabenstellungen und Arbeitsbedingungen kommen der Lebensphilosophie der Linkshirnies in den meisten Fällen entgegen und fordern ihnen eine leichte bzw. manchmal sogar eindeutige Überaktivität gegenüber den Rechtshirnies ab. Leider zählen die Linkshirnies Ausdauer und Konzentrationsfähigkeit nicht zu ihren Tugenden - sie sind kurzfristig schnell überfordert, bauen unüberwindbare regionale Blockaden auf, die einen weiteren Datenzugriff meist unmöglich machen. Oft liegt das an ihrem Ehrgeiz, alles bis ins kleinste Detail und übergenau anzugehen. Sie verlieren sich gleichermaßen im kleinsten Mosaiksteinchen und verlieren damit wohl oder übel auch den Überblick. Genau das ist der springende Punkt für den Spott ihrer Nachbarn, den Rechtshirnies: Die belächeln die Detailkrämerei, die Gehetztheit und den niedrigen Streßlevel der Linkshirnies und schlagen ihnen mitleidig vor, doch lieber nicht so viel nachzudenken, nicht alles so 'tierisch' ernst zu nehmen und so genau zu überprüfen.

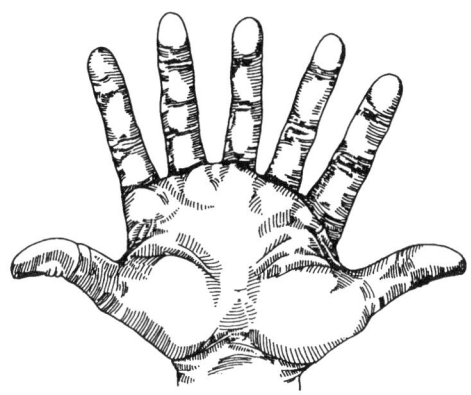

Vielleicht, so meinen sie, würde es auch helfen, wenn ihre Nachbarn versuchten etwas globaler zu denken und zu sehen - manche sprechen dann von der sogenannten Helikopterfähigkeit. Auch sollten ihre links lebenden Nachbarn endlich beginnen etwas langfristiger zu denken, und dazu - obwohl es ihnen wahrscheinlich ganz und gar nicht in den Kram paßt - auch mal über den Zaun zu ihnen herüberzublicken. Hinter dem Zaun nämlich findet sich das ergänzende Gegenteil von Links-BrainLand: verschiedenste landschaftliche Ausgestaltungen, formen- und kontrastreich, ohne jegliche Sturheit stupid-linearer Wegeinteilungen und Geordnetheit in allen nur denkbaren Lebenslagen. Die Schlüsselqualifikation von Rechts-Brainländern liegt im sehr schnellen und global orientierten Erfassen von Problemen und Kreieren von Lösungsvarianten. Leider gehen sie dabei für den Geschmack ihrer Nachbarn etwas zu chaotisch vor, gestalten ihre Ergebnisse so unübersichtlich, daß ein Weiter- und Mitarbeiten der Links-Hirnies vielfach ad absurdum geführt wird. Denn: Der Umgang mit Improvisation und Kreativität, fehlende Systematik und ohne linear-kausale Gedankenverarbeitung und -hierarchie ist für Linkshirnies mit ihrer konträren Arbeitsweise sehr schwer. - Rechts denkt man in Mustern, speichert und verarbeitet Informationen in Assoziationsfeldern und Sinneseindrücken, plant langfristige Projekte, zeigt eine bewundernswerte Fähigkeit räumlichen Denkens... - Intuition, Phantasie und 'Lernversuche' werden großgeschrieben. Dabei werden Daten für die Zwischenlagerung 'geleant', abgespeckt, und bei Abruf wieder mit den verbundenen Assoziationen versehen. "Die Rechts-Hirnies ziehen ihre Energie aus dem Beobachten, Abwandern oder Erfinden von Ornamenten und Figuren. Das Leben in räumlichen Bildern erfüllt sie mit Verzückung." Die Synergien zwischen Rechts- und Links-Brainländern ist Traum beider Teile. Doch wie soll man sich arrangieren? Wer kann eine Projektleitung übernehmen? Womit soll begonnen werden?...[27]

---

[27]   vgl. Beyer, M., 1993, S. 2 ff. - Die Ausführungen zu den unterschiedlichen Modalitäten unserer rechts- und linkslebenden Brainländer gelten für die meisten von uns. Bei einem kleineren Teil zeigen sich dieselben Modalitäten gegenverkehrt. - Wir müssen davon ausgehen, daß Dominanz prinzipiell zwischen rechts und links wechseln kann. Manche Personen treffen dabei in ihrem Hirn die Wahl, bevorzugt linksdominant bzw. rechtsdominant zu agieren. Die Vorstellung, daß sich ein Mensch mehr auf die eine Hemisphäre verläßt als auf die andere, nennt man Lateralität oder - direkt aus dem Englischen übersetzt - 'Hemisphärizität'.

Das Dilemma mit der Kreativität:
Im Rückblick ist jede brauchbare kreative Idee ganz logisch.
(Willis Harmon)

2. Denken à la Mind-Mapping

Vermutlich geht es auch Ihnen so: Mind-Mapping als kreative Idee Buzans, basierend auf den Hintergründen der Gehirnforschung, erscheint ganz *logisch* - umso mehr als es ja auch so einfach aussieht...

...Logisch, daß er darauf kommen mußte. Das Ganze ist ja wahrlich nicht neu. Wir haben uns daran gewöhnt, unsere Gedanken in Worte und Sätze zu kleiden. Indem wir diese dann aufschreiben, können wir die grundlegenden Gedanken bei erneutem Durchlesen wieder mobilisieren. Diese Form der Informationsverarbeitung dient dem Gros der Menschen allerdings erst seit kurzer Zeit... Sehr lange hat sich der Mensch bei der Aus-Formulierung, Koordination und Abrufung von Gedanken ausschließlich auf sein Gehirn verlassen. Etwa galt der griechische Lyriker Simonides (500 v. Chr.) als Meister der Technik stundenlangen Redens und Vortragens - Lehrsätze und Zitate miteingeschlossen - ohne den Gebrauch eines Manuskriptes. Seine Schüler wurden in erster Linie darin trainiert, mit allem Gesagten bildhafte Vorstellungen zu verbinden. Dabei stellten sie sich einen Raum vor - beispielsweise das Innere eines ihnen bekannten Tempels. "Bei der gedanklichen Vorbereitung ihrer Rede gestalteten sie die Worte, Sätze und Zitate zu bildhaften Vorstellungen aus und 'plazierten' sie in der Phantasie an einer Stelle des Tempelsaales - beispielsweise an einer Säule, im Gewölbe oder auf den Treppenstufen. Mit Hilfe der Phantasie versetzten sich die Schüler dann zu Beginn ihrer Rede wieder in das Innere des Tempels und wie auf einem geistigen Rundgang betrachteten sie während des Vortrages ihre zuvor aufgehängten, abgelegten und abgestellten Bilder." - Jedes Bild konnte von Simonides´ Schüler beliebig betrachtet werden: Entweder gesamthaft oder als einzelne Bilder oder einzelne Komplexe des Tempelinneren nach Gutdünken kombiniert oder ausgetauscht oder konzentriert auf ein bestimmtes Detail.[28] - Wir sehen - Simonides´ Vorgehen war die klassische Kombination sprachlichen und bildhaften Denkens und damit eine sehr zielführende BrainLand-

---

[28]   vgl. Kirckhoff, M., 1990; Vgl. auch Arten von Mind-Maps in Kap. 2.3./Abschnitt B (Vielfältige Anwendungsmöglichkeiten). Auch im letzten Jahrhundert v. Chr. verfaßten die Meister der Rhetorik (Cicero, Quintilianus, der Verfasser des Ad Herennium) bemerkenswerte Anleitungen für eine starke Ausprägung visuellen und verbalen Erinnerns und gingen dabei gleich oder ähnlich wie Simonides und seine Schüler vor. Vgl. dazu Holler, J., 1991, S. 309, zitiert nach Houston, J., Basel 1984.

Symbiose, die sich das Mind-Mapping und die verschiedenen Richtungen, welche sich mit der Verbesserung unserer Gedächtnisleistung befassen, zunutze machen.

Unsere 'Hemisphärenkommunikation' verbessert sich dadurch, daß unsere Linkshirnies mit Namen, Bezeichnungen, sprachlichen Gedanken konfrontiert - die Rechtshirnies durch Bilder, die Art der Darstellung schlechthin und gegebenenfalls durch Symbole ins Spiel gebracht werden. Und als Spiel im wahrsten Sinne des Wortes erscheint es ihnen allemal - endlich haben sie Gelegenheit mit allem Können und aller Kreativität aus überwiegend praktizierten, weniger interessanten Strukturen auszubrechen - sich sogar hie und da ohne Hindernisse gegenseitig zur Hand gehen... Linkshirnies sprechen und Rechtshirnies gestalten! You see, things are in progress...

2.1. Wider die alten Zöpfe...
Synthese bildhaften und sprachlichen Denkens

Durch Mind-Mapping läßt sich die neue BrainLand-Kultur durch "Ausdrucksmittel und -formen, in denen die vielen parallelen, sprunghaften, aber auch paradoxen Prozesse und Ergebnisse eines Prozeßaugenblickes 'eingefroren' oder porträtiert werden", erfüllen.[29]

---

[29]   Beyer, M., 1993, Voranmerkung

Schon sehr früh stößt man immer wieder auf Ansätze, die gewährleisten sollen, gedankliche Bilder, die beim Lesen oder Schreiben entstehen, zu sortieren. Der katalanische Philosoph Llull (ca. 1232 - 1316) beispielsweise arbeitete an der Entwicklung dementsprechender Methoden. Er verwendete ein System, welches ihm für die Koordinierungsmöglichkeiten von Begriffen, Worten und Bildern dienen und Zusammenhänge als Baum darstellen sollte (vergleichbar etwa mit der noch heute gängigen Stammbaumdarstellungen). In dieser Verwendung visuell erweiterter Ausdrucksmöglichkeit eines Baumes mit seinen Wurzeln, Verzweigungen, Ästen und Blättern, könnte durchaus als einer der geschichtlichen Vorläufer des Mind-Mappings betrachtet werden.[30]

Was ist Mind-Mapping und wie funktioniert es?

Mind-Mapping ist ein Denkmuster, mit dessen Hilfe ein abgeschlossener Themenkreis klarer definiert, Inhaltliches übersichtlich zu Papier gebracht werden kann. Der große Vorteil ist, auch umfangreiche Informationen visuell übersichtlich strukturieren und Zusammenhänge festhalten zu können. - Angepaßt an nicht-lineare Strukturen unseres Gehirns legen wir ein 'Map' unserer durchaus sprunghaften Gedankengänge an: Wie auf einer Landkarte springen wir von unserem zentralen Thema, dem Zentrum der Hauptidee, weiter auf wichtige Gedanken und Erkenntnisse, die in frappantem und primärem

---

30   vgl. Kirckhoff, M., 1990, Einleitung

Zusammenhang zum Hauptgedanken stehen und bildhaft direkt von der Hauptidee als Hauptzweige weggehen, weiter zu den Einzelgedanken, die wir wieder als 'Untergliederung' zu den Hauptzweigen gefunden haben, retour zu den Hauptzweigen, wieder zu Einzelheiten, die wir in den Verzweigungen ganz außen immer wieder anbringen, zurück zu den Hauptästen, bringen Symbole und Verbindungen durch Pfeile u.v.m. an...

Die Hauptzweige oder -äste können dabei aus 'augendekorativen' Gründen und dementsprechender Überschriftbedeutung in Großbuchstaben - die Nebenzweige und -äste der Übersichtlichkeit halber klein geschrieben werden. Auf diese Weise werden Links- und Rechtshirnies angeregt, in gedanklichen Hierarchien zu denken und sich darin zurechtzufinden.[31]

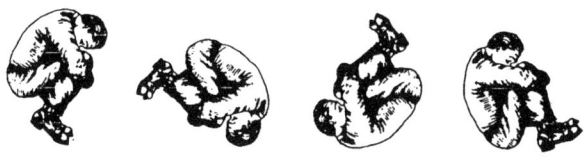

Auch Buzans feine englische Art, nur ein Wort oder nur einen Begriff pro Linie (Haupt- und Nebenäste) zu gestatten, hat sicherlich einigen 'denkdisziplinären' Wert und hilft uns, Gedanken präzise und treffend auszurichten. Allerdings gibt es Sprachen, die eine derartige Reduktion nicht immer zulassen und für einen Begriff zwei oder mehr Worte verwendet werden müssen.

Die englische Sprache ist von der Sinnhaftigkeit her eher eine auditive, deren Aussprache und Rechtschreibung oft ziemlich differieren. "Engländer benötigen zum Erkennen und Dechiffrieren von geschriebenen Wörtern ein klares optisches Bild. Wohl aus diesem Grund bevorzugen sie die Schriftdarstellung durch große Blockbuchstaben. Die deutsche Sprache tendiert vom Typ her eher zum Visuellen. Unser Auge ist gewohnt und trainiert, diverse Schriftausprägungen blitzschnell zu erfassen."[32]

Ideen werden um das Zentrum, die Hauptidee, gruppiert, weitere Gedanken verzweigen sich - ausgehend von ihrer Wichtigkeit für das bearbeitete Thema - immer weiter nach außen. Quintessenz dieses Vorgehens: Abrufung und Sondierung von Informationen

---

31   vgl. Beyer, M., 1993, S. 68
32   vgl. Beyer, M., 1993, S. 67 f.

erfolgen wesentlich schneller als in linearer Form.[33] Und da auf diese Art nicht erst nach ähnlichen Erfahrungspunkten neu gesucht werden muß, ist das Speichern neuer Informationen leichter möglich. Die Netzstruktur der Denkmuster ist nach außen hin offen und ermöglicht auch in fortgeschrittenem Stadium des Mind-Maps ein kontinuierliches Anknüpfen und Erweitern durch neue Ideen und Details.

"Viele Gedankenfelder oder Schlüsselwörter begegnen sich, formieren sich zu neuen Komplexen zusammen, lösen sich auf, bündeln sich zu neuen, eigenen Mind-Maps oder gehen als unwichtige und vorläufig letztrangige Endglieder irgendwo unter."[34]

Brainlandoptimales Vorgehen wird durch den Reiz unserer Augen erwirkt, die - entsprechend unserer BrainLand-Neurologie - die weichen und runden Linien eines Mind-Maps 'abfahren'.

Anwenden läßt sich Mind-Mapping somit überall dort, wo Ideen produziert, Gedanken systematisiert aufgezeichnet werden sollen. Mind-Maps sind somit beinahe universell einsetzbare Hilfsmittel zur Visualisierung komplexer Sachverhalte (z.B. Planungen, Konzepte, Manuskriptunterlagen, Aufbereitung von Lernstoff, Moderationen u.v.m.).[35] Überall, wo es erforderlich erscheint, können Symbole, Farben und unterschiedliche Schriftgrößen als visuelle Hinweise verwendet werden. - Einige Beispiele sollen symbolische Varianten wiedergeben:

---

33   Bei Anwendung des Mind-Mapping als Brainstorming sind die brauchbarsten Ideen schon innerhalb von etwa sechs Minuten abgerufen: Vgl. Beyer, M., 1993, S. 27
34   Beyer, M., 1993, S. 22
35   Ausführlicheres findet sich in Kap. 2.4./Abschnitt B (Vielfältige Anwendungsmöglichkeiten)

⇨ Pfeile decken Verbindungen und Wechselbeziehungen zwischen verschiedenen, in Zusammenhang stehenden Begriffen und Gedankenfelder auf.

⇨ Verschiedene Satzzeichen (z.b. Ausruf- und Fragezeichen) und geometrische Figuren ermöglichen, zueinander Gehöriges erfaßbar zu machen, hervorzuheben und Aufmerksamkeit anzuzeigen.

⇨ Ziffern oder Buchstaben identifizieren Prioritäten und Reihenfolge.

⇨ Je nach Verwendungszweck scheint es angebracht, terminliche Hinweise anzubringen.

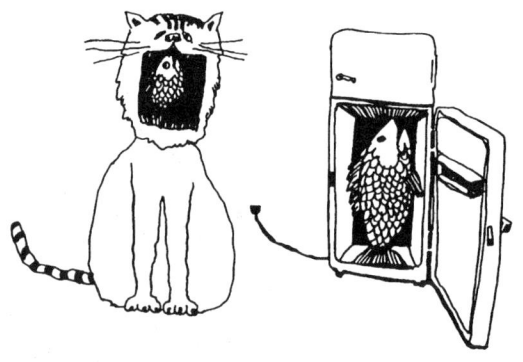

Ein exzellentes Beispiel visuell ansprechender Aufbereitung eines Leitbildes mit einer Vielzahl an Symbolen und (im Original) in farblicher Aufbereitung bietet die OWL AG in Buchs (CH):

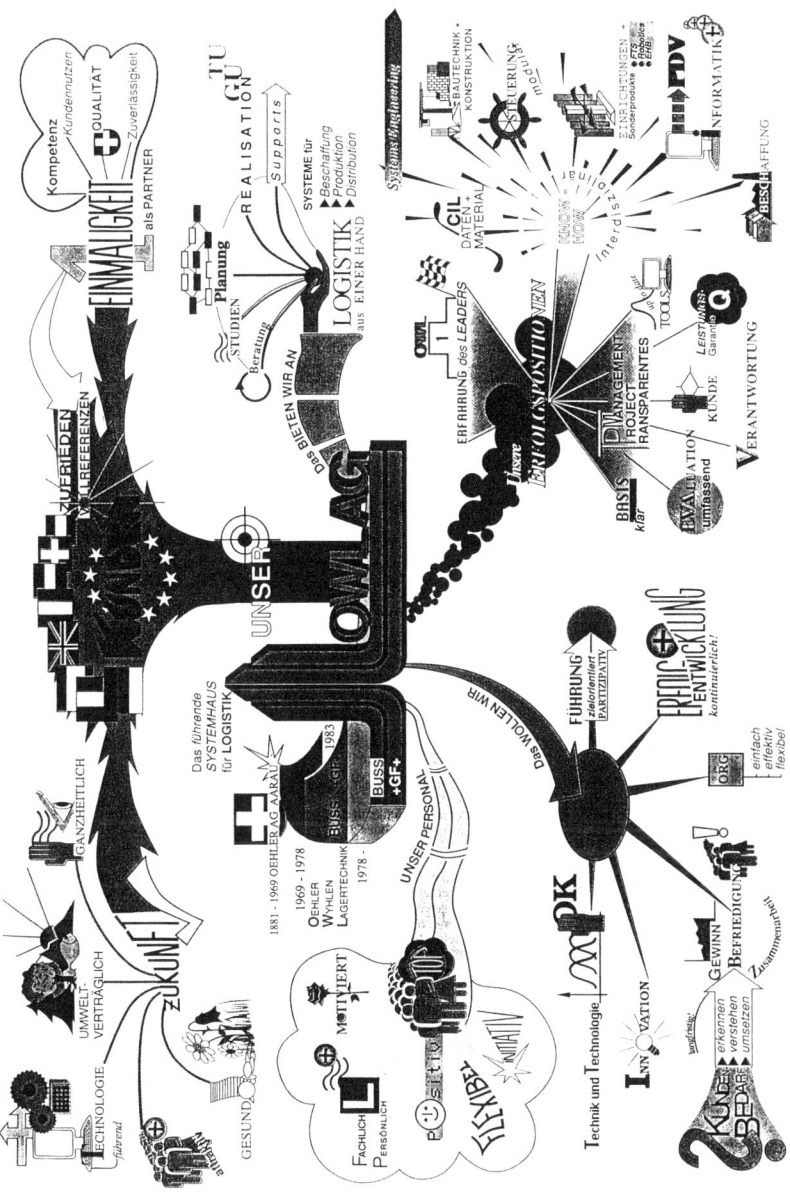

2.2. Alten Wein in neue Schläuche?... Linearität contra Netzwerke?

"Der ganze Hof füllte sich mit weichen, malvenfarbenen Schatten, aus denen der unbewegte Kopf des Knaben Lucanus wie ein gelber Herbstmond hervorleuchtete. Diodorus sah das feine Profil und dachte: Er sieht aus wie einstmals Iris. Bisher hatte er sich für Kinder, von seiner Tochter Rubria abgesehen, nicht besonders interessiert; zwar wünschte er sich einen Sohn, stellte sich ihn aber stets nur als Soldaten und Erben vor. Nun jedoch starrte er, in dem bunten Zwielicht die Augen anstrengend, Lucanus an; wieder klopfte sein Herz heftig und wurde voll von Zärtlichkeit. (1)

Der Knabe saß in reglosem Schweigen und blickte unverwandt auf das langsam im Dunkel verschwindende Viereck von Rubrias Fenster. Er trug eine dünne, weiße Tunika; die langen, alabasterhellen Beine hatte er untergeschlagen. In seinen Händen lag ein großer Stein, merkwürdig geformt und gefärbt, in dem matten Licht glänzend. Die ganze Haltung des Knaben war die eines hingegeben Betenden; aber er bewegte sich nicht. Seine rosa Lippen standen offen, und die Augenhöhlen waren von seltsamer Bläue gefüllt. Es war, als horchte er. Und Diodorus, abergläubisch wie alle Römer, beobachtete ihn mit einer Art flackernder Angst; seine Haut prickelte. (2)

Plötzlich sagte er laut: 'Das bist ja du, Lucanus.'

Der Junge schrak nicht zusammen. Er rührte sich nur ein wenig und kehrte sein verzücktes Gesicht Diodorus zu. Er sprang nicht auf; er saß weiter da, den Stein in den Händen. Es war, als kenne er den Tribunen überhaupt nicht.

Diodorus wollte eben wieder, diesmal in strengerem Tone, etwas sagen, als der Knabe lächelte, ihn offenbar erst jetzt wirklich bemerkend. 'Ich habe für Rubria gebetet', sagte er; und seine Stimme war die der jungen Iris. (3)

Der Tribun ging um das Rund der Schale herum, zögerte, kauerte sich dann auf die Fersen und blickte mit ernster Miene den Knaben an, der in so völliger Entspannung und Verzauberung vor ihm saß. Diodorus hatte nach seiner Rückkehr aus Antiochia das schwere soldatische Gewand abgelegt; er trug eine lose weiße Tunika, die mit einfachem silberbeschlagenem Leder gegürtet war. Unter dem dünnen Stoff zeichnete sich sein gebräunter Körper vierschrötig und fest ab, und an seinen kräftigen Beinen wölbten sich die Muskeln. Er schlang die starken Arme um die Knie und betrachtete Lucanus, der ihm mit schlichter Heiterkeit zulächelte. (4)

Der Knabe hatte weder Scheu noch Angst vor dem Tribunen. Er blickte in das stolze, strenge und düstere Adlergesicht so ruhig, als wäre es das Gesicht seines Vaters. Weder das energische, vorspringende Kinn noch die durchdringend scharfen, schwarzen Augen unter den mächtig gewölbten schwarzen Brauen jagten ihm Schreck ein. Diodorus dagegen wurde sich, als er plötzlich dem Ebenbild des einst geliebten jungen Wesens gegenübersaß, mit Unbehagen seines eigenen massigen Rundkopfes mit dem steifen, kurzgeschnittenen, glanzlosen Haar bewußt und der rohen Wuchtigkeit seines beherrschten Körpers.

In diesem Hof hatte der Knabe nichts zu suchen, dachte Diodorus unwillkürlich. Und dann schämte er sich, da ihm Iris einfiel. Aber was hatte der Junge gesagt? 'Ich habe für Rubria gebetet.' Die beiden Kinder waren Spielgefährten, so wie seinerzeit er und Iris.

Diodorus milderte seine knarrende Stimme: 'Für Rubria betest du, Junge? Ach, sie kann deine Gebete brauchen, die arme Kleine.'

'Ja, Herr' erwiderte Lucanus ernsthaft. (5)

'Zu welchem Gott betest du?' fragte der Tribun. Gewiß waren die Götter, dachte er, den Gebeten unschuldiger Kinder besonders zugänglich; und sein Gram ließ etwas nach.

Lucanus antwortete: 'Zu dem Unbekannten Gotte.'

Die dunklen Augenlider des Tribunen zuckten überrascht.

Der Knabe fügte hinzu: 'Mein Vater hat mich gelehrt, daß Er überall ist und in allen Dingen.' Mit schlichter Gebärde hielt er Diodorus den merkwürdigen Stein hin. 'Den habe ich heute gefunden; er ist sehr schön. Glaubst du, Herr, daß der Unbekannte Gott jetzt hier ist und mich hört?' " [36] *(6)*

Nach Aristoteles (ca. 350 v. Chr.) erfolgt unser Erinnerungszugang über einen individuellen "Grundbestand an Schlüsselbildern". Er war der Meinung, daß Gedanken in der Phantasie bewußt oder unbewußt zu Bildern werden. Seiner Auffassung nach konnte jeder zu einem späteren Zeitpunkt die zuvor 'abgespeicherten' Bilder abrufen und beliebig rekonstruieren. Zudem sollen sich ähnelnde Bilder in verschiedenen, aber vergleichbaren Zusammenhängen, immer wieder abberufen werden können.[37]

Zunächst werden jedoch, ausgehend von Aristoteles´ These von "Schlüsselbildern", sogenannte Schlüsselwörter des Mind-Mapping genauere Betrachtung erfahren:

Stellen Sie sich vor, Sie müßten sich nach langer Zeit an obigen Textausschnitt über 'Diodorus und Lucanus' erinnern.
Ein Versuch, Hauptideen und deren Verzweigungen zur Begegnung der beiden - für die jeweils eingezeichneten Textteile (1) bis (6) - zu finden:

---

36   Caldwell, T., 1959, S. 23 f.
37   vgl. Kirckhoff, M., 1990, Einleitung

Teil (1):

Hauptidee:	Lucanus (Knabe) und Diodorus (Tribun) im Hof
Verzweigungen:	Diodorus:
	Iris
	Tochter Rubria
	Wunsch nach Sohn
	Zärtlichkeit für Lucanus
	Lucanus:
	unbeweglich
	Aussehen wie Iris

Teil (2):

Hauptidee:	Lucanus
Verzweigungen:	schweigend
	Blick auf Rubrias Fenster
	Tunika
	Stein in Händen
	betend
	horchend
Hauptidee:	Diodorus
Verzweigung:	römischer Aberglaube

Teil (3):

Hauptidee:	Diodorus redet Lucanus an
Verzweigungen:	Lucanus betend für Rubria

Teil (4):

Hauptidee:	Diodorus
Verzweigungen:	betrachtet Knaben
	soldatisches Gewand
	gebräunter Körper
	muskulös

Teil (5):

Hauptidee:	Lucanus
Verzweigungen:	keine Angst
	keine Scheu

Hauptidee: Diodorus
Verzweigungen: Unbehagen über eigenes Aussehen
                    Ablehnung
                    Scham
                    Gebet für Rubria?

Teil (6):
Hauptidee: Der Unbekannte Gott
Hauptidee: Lucanus
Verzweigungen: Gebet
                    Stein an Diodorus
                    Gegenwart Gottes?

Nun, wie kommen Sie mit dieser Einteilung in Hauptideen und Verzweigungen zur Begebenheit zurecht? - Vermutlich wird Ihnen die Auswahl obiger Wörter als Hauptideen und Verzweigungen - zumindest teilweise - nicht sehr brauchbar erscheinen.

Stellen Sie sich bitte vor, Sie würden meine 'Wort-Kurzfassung' in einigen Jahren nochmals ansehen und müßten sich, ohne den Gesamttext lesen zu können, an dessen Inhalt erinnern... Ihre Assoziationen würden sich wahrscheinlich in viele Richtungen zerstreuen - wahrscheinlich nur wenige in Richtung 'tatsächlichem Inhalt der Geschichte'.

Warum?

Hauptideen und Verzweigungen können zum Zeitpunkt des Niederschreibens recht gute Schlüssel sein, sich aber leider für ein späteres Abrufen möglichst vollständiger Erinnerung als unbrauchbar erweisen. - Diese, Buzans These, macht es notwendig, sich der Differenzierung sogenannter erinnernder und kreativer Schlüsselwörter zuzuwenden: Wie auch Aristoteles vor geraumer Zeit, geht Buzan davon aus, daß ein erinnerndes Schlüsselwort in sich eine Vielzahl von Bildern vereint, die bei späterem Abruf wieder erscheinen. Kreative Wörter hingegen sich wesentlich allgemeiner gehalten als erinnernde, meist sehr eindrucksvoll und visuell orientiert. Ein kreatives Wort könnte man sich als Zentrum einer großen Zahl nach außen gerichteter Pfeile, oder anders ausgedrückt: Assoziationen, vorstellen. "Wörter wie 'sickern' oder 'bizzar' sind besonders einprägsam, bringen aber nicht unbedingt ein spezielles Bild hervor." [38]

---

38   vgl. Buzan, T., 1990, S. 86 ff.

Jedes Wort hat natürlich zudem eine Unmenge unterschiedlicher Bedeutungszuweisungen
- vergleichbar einem Ring mit vielen Haken. Jedes Wort ist demnach in der Lage, sich
unter Umständen mit anderen Wörtern und Begriffen zu verhaken. Auf diese Weise neu
entstehende Wortpaare können allerdings, im Gegensatz zu den Ursprungswörtern, verschiedene Bedeutungsinhalte annehmen.[39] - Neue Untersuchungen mit einem PET-
Scanner (Positronen-Emissions-Tomographie) machen verschiedene Teile des Gehirns -
aktiviert von einem einzigen Wort - gleichzeitig sichtbar. Hört der Untersuchte ein anderes Wort, werden wieder andere Teile im Gehirn über den Scanner sichtbar. Dies wird
deshalb so sein, weil wir für unser Wortverständnis oder einfach zum Abrufen verstehen-
der Wörter, Informationen aus unserem Gesamt-Brain-Map abrufen. "Ein Wort kann so
etwas wie ein Brennpunkt für unterschiedliche Teile/Bereiche des neuronalen Systems
sein. Auch teilen wir per Sprache mit, auf welche Weise und wie wir unsere innere
Landkarte errichtet haben - ob vorwiegend mit Bildern, ob vorwiegend mit Klängen und
Sprache, oder vorwiegend mit kinästhetischen, d.h. gefühlsmäßigen Eindrücken."[40]

Wir müssen demnach davon ausgehen, daß jede Person ihr Leben anders erfährt, kogni-
tiv anders strukturiert ist und damit auch andere Bedeutungsinhalte assoziieren wird bzw.
kann.

Doch zurück zu Buzan: Meist pickt unser Geist für Hauptideen und Verknüpfungen
Naheliegendes heraus - kann dabei aber durchaus "falsche" gedankliche Wege
beschreiten:

Abb. 36: 'Falsche' gedankliche Wege
(nach: Buzan, T., 1990, S. 92)

---

39   vgl. Buzan, T., 1990, S. 90 f.
40   Peschanel, F.D., 1993, S. 297; Mit den Unterschieden visueller, auditiver und kinästhetischer
      Zugänge wird im Neurolinguistischen Programmieren (NLP) gearbeitet; Ein sehr gutes Buch zur
      Aufdeckung unterschiedlicher Wahrnehmungsmöglichkeiten des Denkens, Lernens und Kommuni-
      zierens: Markova, D., 1993.

Erinnernde Schlüsselwörter zu Lucanus´ und Diodorus´ Begegnung allerdings würden uns gezwungen haben, Assoziationen und Verknüpfungen in die "richtige" Richtung anzustellen. Wir würden so auch in die Lage versetzt, auch nach geraumer Zeit, die Gegebenheiten und deren Sinn nachvollziehen zu können:

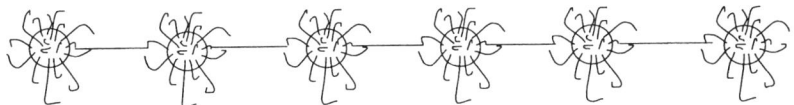

Abb. 37: Assoziationen in die 'richtige' Richtung
(nach: Buzan, T., 1990, S. 92)

Halten wir uns vor Augen, wie normalerweise unsere Standardnotizen geartet sind: Strukturen, Linien, Listen, ganze Sätze und Satzgruppen prägen die Art unserer Aufzeichnungen. Da in unseren Zeilen- und Wortteppichen linearer Form, die vorwiegend unsere Linkshirnies aktivieren, von einhundert nur um die zehn Wörter Informationsgehalt für unsere Assoziationen und Gedankenbilder haben und der Rest 'Ballast' ist[41] - sollte uns 'neues', mind-map-artiges und kürzeres Vorgehen leichtfallen, denn die Zeit, die wir für das Niederschreiben, das spätere Durchlesen des 'Ballastes' und das Suchen von Schlüsselwörtern in unserem Schreibfluß aufwenden, könnte sinnvoller genutzt werden. Ebenso verstreicht einiges an Zeit, bis wir jeweils wieder beim Durchlesen auf eines unserer Schlüsselwörter stoßen. Sie sind zudem räumlich getrennt und jede Beschäftigung mit 'Ballastwörtern' vermindert unsere korrekte Verbindung richtiger Assoziationen zwischen gefundenen Schlüsselwörtern.

Durch die lineare Form der meisten unserer Notizen, Bücher usw. wird unsere Augenmuskulatur über Gebühr beansprucht. Die Augenmuskeln sind eine der stärksten Muskeln im menschlichen Körper. Verkrampfungen, Sehschwächen und Kopfschmerzen können wir mitunter auch dadurch entgegenwirken, daß wir uns möglichst dem Anblick natürlicher Linien und Umrissen aussetzen. Im Mind-Map sollte es - wie auch in der Natur - keine harten Linien und Kanten geben. Arbeiten wir mit weichen Linien, können wir Gesamt-BrainLand am ehesten ansprechen. Lineal-lineare Mind-Map-Linien rufen am ehesten noch Linkshirnies auf den Plan. Aber auch die fühlen sich so nicht besonders wohl: Sie fragen sich, warum diese Geschichte mit dem Mind-Mapping 'gekrampft'

---

41   vgl. Beyer, M., 1993, S. 28 und Buzan, T., 1990, S. 93

wird. Listen- und Zeilenvorgaben würden ihnen wahrscheinlich ehrlicher vorkommen...[42]

Zum Abschluß nochmals die wichtigsten Punkte zu Standardnotizen, Schlüsselwörtern
und Mind-Maps:[43]

42   vgl. Beyer, M., 1993, S. 77 f.
43   Buzan, T., 1990, S. 116

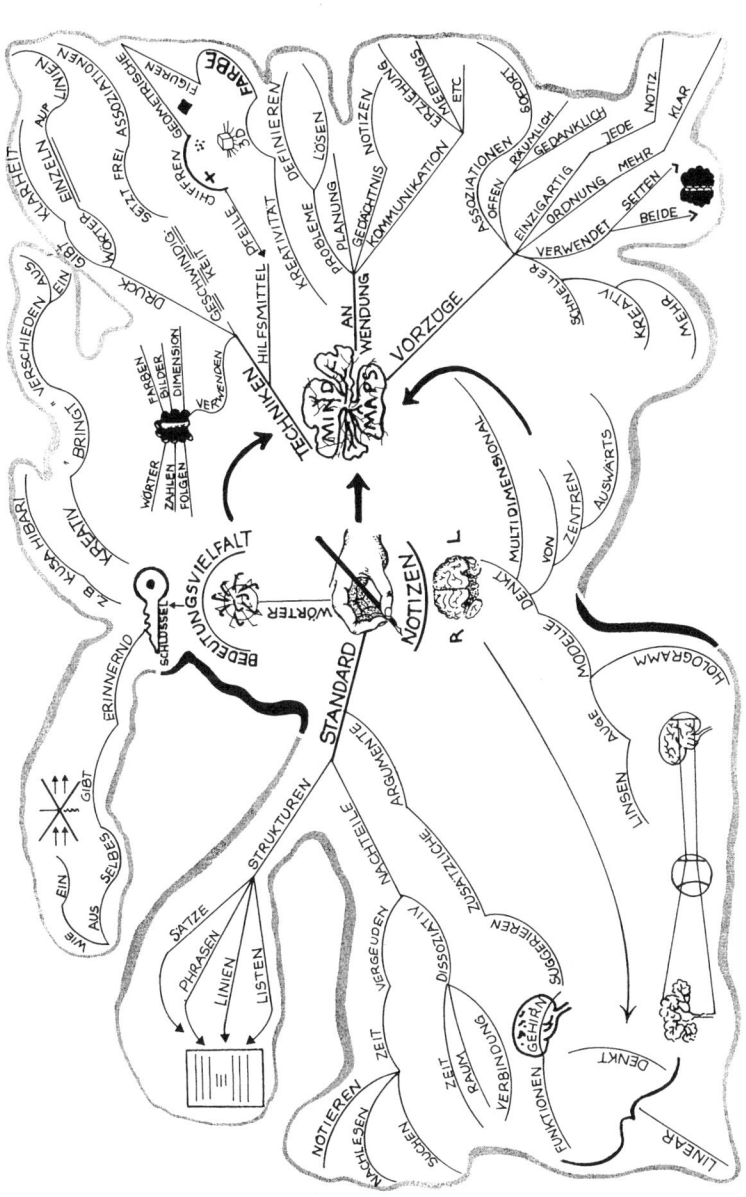

2.3. Vielfältige Anwendungsmöglichkeiten

Mind-Maps können unterschieden werden in

⇨ Mind-Map-Kreationen spontaner Art und augenblicklichen Eingebungen folgend,
    mit denen individuell vorhandene Kreativressourcen subjektiven Ausdruck finden
    können - die sogenannte aktive Seite zu Beginn einer Arbeitsphase (z.B. individuel-
    les Brainstorming, Planungen von Büchern, Artikeln und Reden),

⇨ Maps, die entsprechende Aufgabenstellungen und Ziele vorgeben - sogenannte
    passive Formen (z.b. protokollieren, Projektübersichten darstellen, bearbeiten von
    Artikeln und Büchern) - und

⇨ interaktives Mind-Mapping, spezifisch angewandt in einer besonderen Form der
    Moderation, Konferenzmodellen und beispielsweise in der Szenarien-Entwick-
    lung.[44]

Das interaktive *Konferenzmodell* mit seinen sechs Phasen kann für nahezu alle
projekthaften Gruppenarbeiten verwendet werden:[45]

In einer ersten Phase, der Startphase, wird die Problemstellung, Projekt bzw. Aufgaben-
stellung definiert und klar umrissen.

In der zweiten versuchen alle Teilnehmer ein Mini-Map anzulegen. D.h., sie zeichnen in
einem individuellen Mini-Map ihren momentanen, individuellen Wissensstand zum
Thema auf. Dieses Brainstorming mit sich selbst sollte individuell und ohne Kommen-
tare, Gespräche und Diskussionen erfolgen. - Jeder erarbeitet zunächst sein ganz
persönliches Wissen, kann gleichgewichtiges Kreativrecht geltend machen.
Auch bei komplexen Themen benötigt dieser Schritt der Mini-Map-Erstellung nicht mehr
als eine Viertelstunde.
Dem Mini-Map können nun gemeinsame Zielfindungsfragen folgen. Z.B.:
Was soll mit Projektplanung erreicht werden?
Wieviel Energie sind wir bereit einzusetzen (persönlich, finanziell, zeitlich)?
Bis wann soll die Arbeit abgeschlossen sein?
Woran merken wir, daß das Projekt erfolgreich war?

---

[44] vgl. Marwitz, K., 1993, S. 235 f.
[45] vgl. dazu die Ausführungen von Beyer, M., 1993, S. 72 ff. und Marwitz, K., 1993, S. 236 ff.

Auch in der nächsten, dritten Phase, zurück zu altbewährten Brainstorming-Regeln: In die verschiedenen, bis jetzt entstandenen Maps wird, allerdings kritiklos, von allen Beteiligten Einsicht genommen. Auf diese Weise bekommen alle einen Überblick über individuelle Wünsche, Erwartungen und den Informationsstand. Und ganz nebenbei werden die eigenen Brainländer durch die unterschiedlich gearteten Darstellungen angeregt, Inhalte modifiziert und Neues kreiert.

Bei entsprechender Nachbearbeitung im eigenen Map (Phase 4) werden fremde 'Kreationen' andersfarbig angelegt. Dies geschieht einerseits, um einen besseren Überblick gewährleisten zu können, andererseits, um nicht fremdes Gedankengut einfach als Eigenes zu implementieren.

In der fünften Konferenz-Phase werden die individuell gesammelten und ergänzten Informationen in ein sogenanntes Maxi-Mind-Map auf Zuruf integriert.
Im Unterschied zu den meisten anderen Moderationsmethoden kann dieses Vorgehen extravertiertes Verhalten Einzelner (Lautstärke bei Wortmeldungen usw.) und damit

schnelle '(pseudo)konsensuale' Lösungen im Gruppenprozeß verhindern und auch die Einbindung introvertierter Persönlichkeiten gewährleisten. Im herkömmlichen Moderationsprozeß wird letztlich immer durch Stimmenvergabe ein Ergebnis (ohne kreative Besonderheiten) 'zusammengestrichen', mit dem dann auch selten alle zufrieden sind. Im geschilderten Konferenzmodell ist das Maxi-Mind-Map nach außen offen und bietet auf diese Weise Platz für alle Beiträge. Für 'Kritisches' wird ein separater Zweig verwendet. In der sechsten Phase wird das Maxi-Mind-Map erörtert und diskutiert.

Für die abschließende Endphase erscheint es sinnvoll, abgeleitete Projektformulierungen, Ergebnisse, Verteilung anliegender Aufgaben und das weitere Vorgehen in einem Ergebnis-Map festzuhalten. - Beim nächsten Treffen kann dann das Ergebnis-Map als Einstieg dienen.[46]

Resumée Beyers nach langjähriger Konferenz-Modell-Erfahrung: "Immer mehr wird sich für euch per Mind Map das Projekt verdichten. Ein auf den ersten Blick absurder Prozeß findet währenddessen in euch, für euch und mit euch statt: Anfangs strebtet ihr in euren Gedanken nach außen und ihr ließet das Ausgangsthema sich ausbreiten in eine große Vielfalt von Komponenten. Dann kam die Sondierungsphase, in der auch keine weiteren, neuen Ideen notwendig waren. Die nachfolgende Sammlung und Zusammenstellung bedeutete die Fixation auf ein Paradigma. Um den fraktalen und dynamischen Prozeß folgelogisch zu utilisieren, bewegtet ihr euch von den Randdaten zurück, hinein in eine Komprimierung. Ihr habt damit BrainLand-Strukturen abgebildet."[47]

Hier die Umsetzung des Ablaufes des Konferenzmodells in Mind-Mapping-Form:[48]

---

[46] Um sich die motivationalen Aspekte des Neurolinguistischen Programmierens (NLP) zunutze zu machen, können Vor-Erlebnisse und Visualisierungen überall dort in den verschiedenen Phasen eingesetzt werden, wo es dem Moderator im Sinne eines 'Motivationsschubes' sinnvoll erscheint.

[47] Beyer, M., 1993, S. 77

[48] Beyer, M., 1993, S. 75

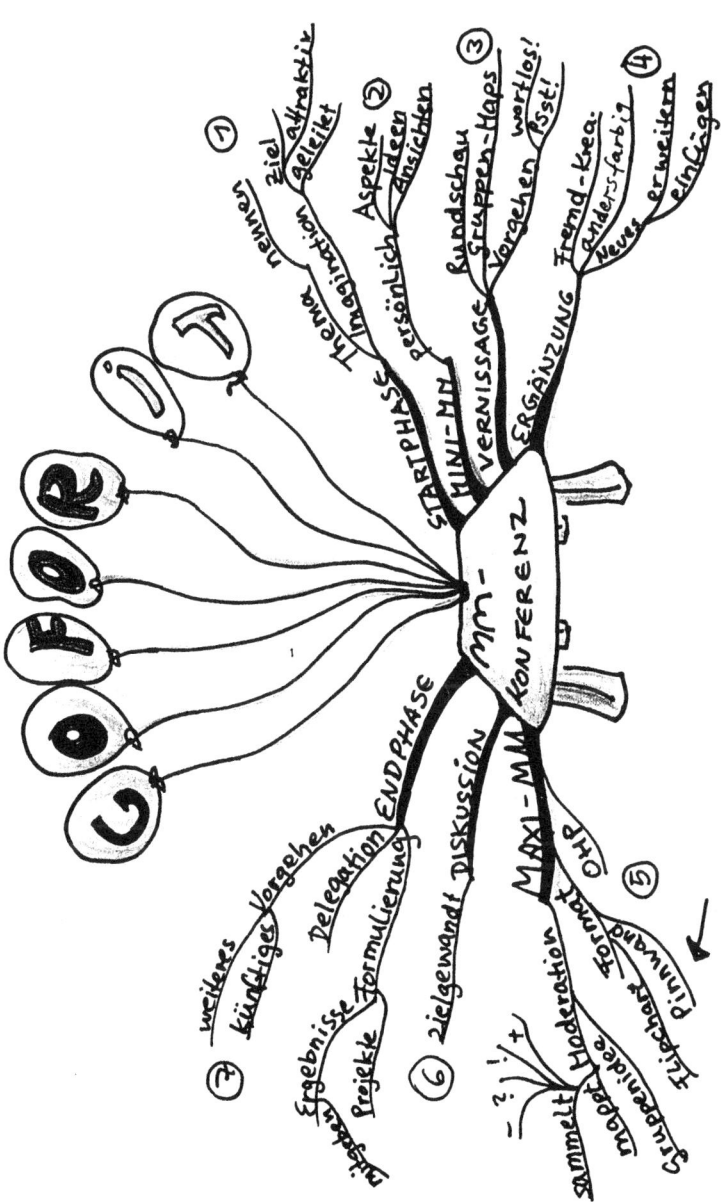

Eine Form spontanen oder zielorientierten Mind-Mappings könnte auf den eingangs erwähnten Lyriker Simonides zurückgehen, der es meisterhaft verstand, bildhaftes mit sprachlichem Denken anhand der Tempeleinrichtung zu verbinden... - Stellen Sie sich vor, Sie wären beispielsweise im Amraser Schloßpark. Suchen Sie sich eine zentrale Stelle als Zentrum des zu mappenden Themas. Ausgehend von diesem geistigen, aber auch landschaftlichen Map-Zentrum, gehen Wege, liegt ein Teich... - sind Mind-Map-Routen, denen Sie entlangdenken. Zwischendurch machen Sie sich an markanten, Ihnen auffallenden Stellen dieser Routen (z.B. einem besonderen Baum, einem Kiesbehälter, einer Liegewiese) Ihre jeweiligen Gedanken bewußt - 'verankern' sie auf diese Weise. - Bei nächster Gelegenheit, zu der Sie Ihre Park-Map-Routen wieder (geistig oder physisch) durchwandern, werden Sie sich wieder ziemlich genau an alle ihre Gedanken vom ersten Mal erinnern...

Der vielfältigen Anwendung verschiedener aktiver und passiver Mind-Map-Formen sind nahezu keine Grenzen gesetzt... - Grenzen setzen wir uns am ehesten selbst.

Ein Schlußgedanke...
Würde ein Japaner eines unserer Mind-Maps als großes Schriftzeichen identifizieren? -
Hätte er mit seiner anders gearteten Denkorganisation Bedarf an dieser Synthese
bildhaften und sprachlichen Denkens? Wäre auch für ihn Mind-Mapping ein Werkzeug,
um die verschiedenen Areale BrainLands synergetisch nutzen zu können?[49]

---

[49]   Beyer, M., 1993, S. 26

EMPIRISCHER TEIL

Um die Anonymität jenes Unternehmens, für das diese Untersuchung durchgeführt wurde, zu wahren, wurden die im folgenden Teil auftauchenden Firmenbezeichnungen, Namen von Mitarbeitern und sonstige firmenspezifische Hinweise geändert bzw. unkenntlich gemacht.

Die Ausführungen in diesem empirischen Teil richten sich thematisch auf den Ablauf der erfolgten qualitativen Untersuchung im Rahmen der im theoretischen Teil dieser Arbeit vorab gesetzten Schwerpunkte. Die Wiedergabe des theoretischen Hintergrundes für gewählte inhaltliche Kriterien zum Projektthema "Beziehungsqualität" im Unternehmen wird aus diesem Grund im wesentlichen vernachlässigt.

1. Entstehung und Zielsetzung des Projektes

Die erste Kontaktaufnahme mit dem Unternehmen erfolgte im April 1989. Ergebnis der Gespräche war es, im thematischen Bereich der Personalentwicklung ein an aktuelle Erfordernisse des Unternehmens angepaßtes Projekt durchzuführen.

Laufende Aktivitäten in der Führungskräfteentwicklung und damit zusammenhängende Schwerpunkte bzw. Kritikpunkte zum Unternehmensleitbild führten zunächst zu folgender globaler Projekt-Zielsetzung:

Erarbeitung der "Beziehungsqualität" im Unternehmen - des 'Miteinanders' -, unter Berücksichtigung des Leitbildes und derzeitiger thematischer Schwerpunkte im Unternehmen infolge der Trainings zur Führungskräfteentwicklung.
Darauf aufbauend sollte die Einschätzung der Relevanz zielgruppenspezifischer Ansatzpunkte für die Arbeit mit Gruppen von Führungskräften in der Personalentwicklung für die geplante Fortsetzung des Entwicklungsprogrammes besser eingeschätzt werden können.

Zu Beginn des Projektvorhabens erarbeitete ich nach einer ersten Dokumentenanalyse und einigen Gesprächen mit Mitarbeitern aus der Personal- und Organisationsabteilung ein Paper als Diskussionsgrundlage für weitere Gespräche. - Es beinhaltet meine Intention, ein Projekt durchführen zu wollen, welches von der Unternehmensleitung und meinen primären Ansprechpartnern in der Personalabteilung getragen wird und im Sinne der aktuellen Unternehmensentwicklung Relevanz für weitere Maßnahmen und Ansatzpunkte zeitigt. Im Paper werden weiters erste Überlegungen zu möglichen Zielgruppen, thematischen Rahmenkriterien, Hintergründen einer untersuchungsspezifischen Leitbildanalyse und zu methodischen Vorgehensvarianten vorgestellt. (Ein Teil des Leitbildbezuges wird aufgrund der Unternehmensanonymität nicht wiedergegeben.) - Die abstrakte "Unternehmens-Allegorie" zum Schluß soll einige Gedanken und Eindrücke zum Unternehmen verdeutlichen, die ich bis dahin gewonnen hatte...

GESPRÄCHSGRUNDLAGE VOM 7. MAI 1990

BETRIFFT: GEPLANTES PROJEKT IM BEREICH
            PERSONALENTWICKLUNG

UNTERSUCHUNGSGEGENSTAND:

DIE BEZIEHUNGSQUALITÄT

"DAS MITEINANDER"

IN DER LUX AG

DIESE UNTERSUCHUNG FÜHRT ZU <u>BEWEGUNG</u>.

DINGE BEKOMMEN <u>ÖFFENTLICHKEITSCHARAKTER</u>.

DIESE UNTERSUCHUNG SETZT EIN <u>SIGNAL DER UNTERNEHMENSLEITUNG</u>, DASS GEWOLLT WIRD, ÜBER BESTIMMTE THEMEN ZU SPRECHEN.

JE GRÖSSER JETZT DIE SPANNUNG IST, DESTO MEHR BEWEGUNG WIRD DIE UNTERSUCHUNG NACH SICH ZIEHEN.

NACH DIESER DURCHGEFÜHRTEN UNTERSUCHUNG MÜSSEN <u>MASSNAHMEN</u> GESETZT WERDEN. ANSONSTEN KANN MAN VON SELBSTMORD DER GLAUBWÜRDIGKEIT AUF OFFENER BÜHNE SPRECHEN.

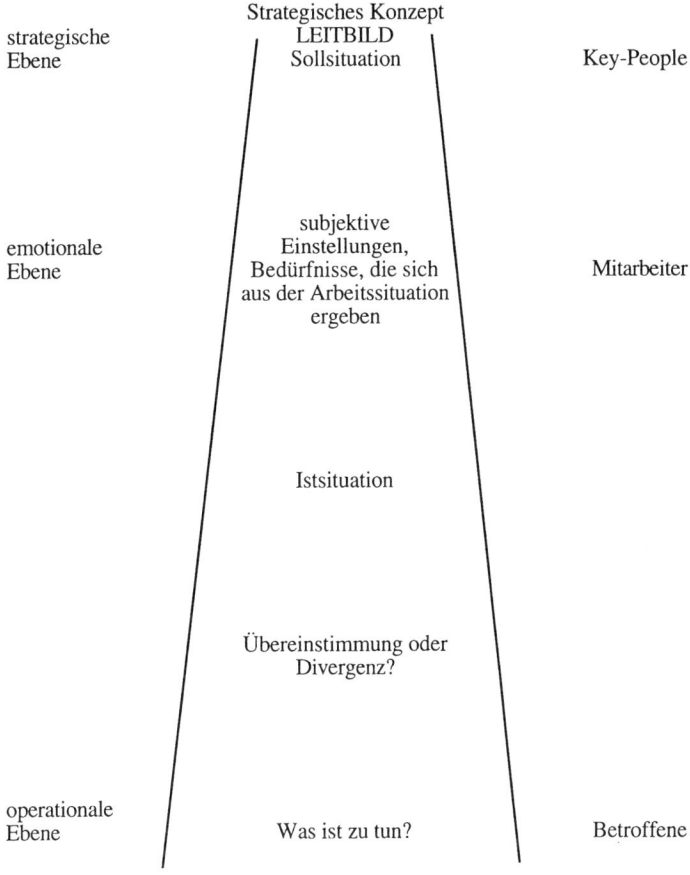

strategische
Ebene

Strategisches Konzept
LEITBILD
Sollsituation

Key-People

emotionale
Ebene

subjektive
Einstellungen,
Bedürfnisse, die sich
aus der Arbeitssituation
ergeben

Mitarbeiter

Istsituation

Übereinstimmung oder
Divergenz?

operationale
Ebene

Was ist zu tun?

Betroffene

Untersuchungsziel: Ansatzpunkte für aktuelle
"PE-Hebel" finden (zielgruppenspezifisch)
Methode: Gruppeninterview, Einzelinterview,
Fragebogen

WER SOLL DABEI ANGESPROCHEN WERDEN?...

... ALLE, DIE DAS "MITEINANDER" IN DER LUX AG ANGEHT!

ES GEHT UM BEZIEHUNGEN ZWISCHEN

* VORGESETZTEN UND MITARBEITER,
* MITARBEITERN UND MITARBEITERN,
* VORGESETZTEN UND VORGESETZTEN,
* ABTEILUNGEN UND ABTEILUNGEN,
* ...

... UND DARUM, WIE SICH DIESE BEZIEHUNGEN GESTALTEN.

AUSSENBEZIEHUNGEN DES UNTERNEHMENS (KUNDEN, LIEFERANTEN,...) WERDEN HIER NICHT UNTERSUCHT.

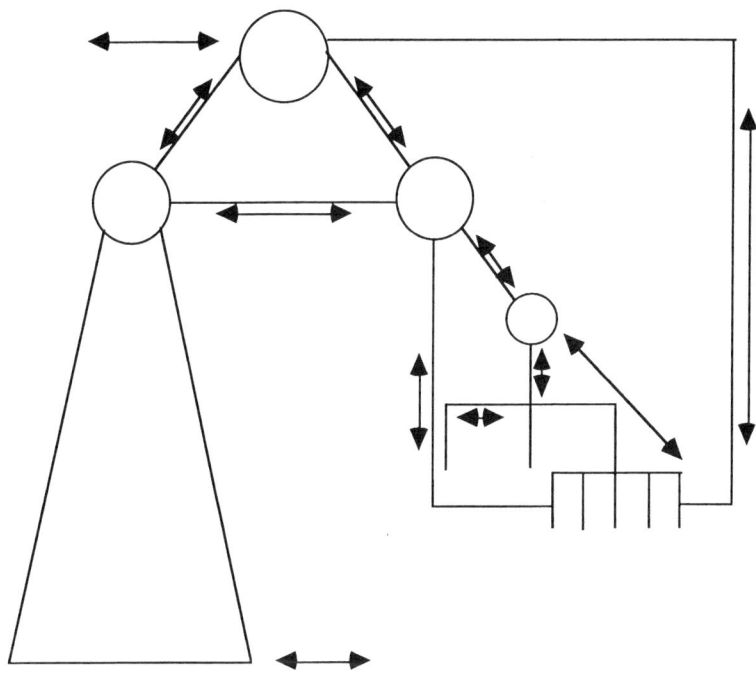

... BEZIEHUNGEN ZWISCHEN...

MÖGLICHE RELEVANTE KRITERIEN FÜR DIE
BEZIEHUNGSQUALITÄT IN DER LUX AG...

... *EINFLUSS*
"WIE WIRD MAN BEI LUX FÜHRUNGSKRAFT?"
"WIE WIRD MAN BEI LUX MÄCHTIG?"
"WER HAT BEI LUX MACHT, WER NICHT?"
"WAS SIND AUSWIRKUNGEN VON MACHT BEI LUX?"

... *INFORMATION/KOMMUNIKATION*
"WELCHE SPIELREGELN DES INFORMIERENS/KOMMUNIZIERENS
GIBT ES BEI LUX?"
"WER KOMMUNIZIERT MIT WEM IN WELCHER FORM?"
"WIE GEHT MAN BEI LUX MIT INFORMATIONEN UM?"

... *KONFLIKTE*
"WIE WIRD BEI LUX MIT KONFLIKTEN UMGEGANGEN?"
"WAS SIND URSACHEN FÜR KONFLIKTE?"
"WELCHE ART(EN) VON KONFLIKTMANAGEMENT GIBT ES BEI
LUX?"
"WER IST FORMELL/INFORMELL IM KONFLIKT MIT WEM?"

... *MOTIVATION*
"WAS SIND MOTIVATOREN BEI LUX?"
"WER MOTIVIERT WEN?"
"WIE WEIT BEEINFLUSST DAS GELEBTE FÜHRUNGS-
VERSTÄNDNIS DIE MOTIVATION DER MITARBEITER?"

... *ENTSCHEIDUNGEN*
"WER TRIFFT WELCHE ART VON ENTSCHEIDUNGEN?"
"WANN WIRD WER EINBEZOGEN?"
"ENTSCHEIDET DER ZUFALL...?"

FRAGEN, DIE SICH AUS DEM
L E I T B I L D
FÜR DAS "MITEINANDER" IM UNTERNEHMEN ERGEBEN...

"HAT DAS VORHANDENSEIN DES LEITBILDES DAS MITEINANDER BEI
LUX GEFÖRDERT UND VERBESSERT?"

"WELCHE ZIELSETZUNGEN DES LEITBILDES HABEN BESONDERE
WIRKUNG AUF DIE BEZIEHUNGSQUALITÄT IM UNTERNEHMEN?"

"WIE HAT SICH DIE FESTSETZUNG DES KOOPERATIVEN FÜHRUNGS-
VERSTÄNDNISSES AUF DAS MITEINANDER BEI LUX AUSGEWIRKT?"

"KANN BEI LUX VON KOOPERATIVEM MITEINANDER GESPROCHEN
WERDEN?"

"WIE VERHÄLT SICH EIN VORGESETZTER/MITARBEITER, DER POSITIV
AUF EINE GUTE BEZIEHUNGSQUALITÄT BEI LUX EINWIRKT?"

...

ZIELGRUPPEN...

A) TOP-MANAGEMENT

B) UNTERNEHMENSLEITER-EBENE

C) ABTEILUNGSLEITER

D) MEISTER

E) SCHICHTFÜHRER, VORARBEITER

F) MITARBEITER (ALLER HIERARCHIESTUFEN)

*UM DIESE ZIELGRUPPEN ZU ERFASSEN, STEHEN VERSCHIEDENE
VARIANTEN DES UNTERSUCHUNGSABLAUFES ZUR
VERFÜGUNG...*

U N T E R S U C H U N G S D E S I G N

... *DOKUMENTENANALYSE*
(ANDERE UNTERSUCHUNGEN, AKTIVITÄTEN IN DER FÜHRUNGS-
KRÄFTEENTWICKLUNG, LEITBILD-PROZESS, SEMINARE...)

... *EINZELINTERVIEWS*

(TEIL)STANDARDISIERT
MIT DEM TOP-MANAGEMENT UND
SCHLÜSSELPERSONEN IM UNTERNEHMEN

... *GRUPPENINTERVIEWS (-DISKUSSIONEN)*

... *SCHRIFTLICHE BEFRAGUNG*

STICHPROBENMÄSSIG
OHNE DIE PERSONEN, DIE MIT EINZEL-
INTERVIEWS ERFASST WERDEN

VARIANTE I

EINZELINTERVIEWS MIT A

* GRUPPENINTERVIEWS MIT B, C, D, E
  (ERFASSUNG DER FÜHRUNGSKRÄFTE)

* SCHRIFTLICHE BEFRAGUNG VON F
  (STICHPROBE)

VARIANTE II

* EINZELINTERVIEWS MIT A, B UND STRATEGISCH
  WICHTIGEN SCHLÜSSELPERSONEN IM UNTERNEHMEN
  (BEZOGEN AUF DIE LEITBILD-ERSTELLUNG)

* GRUPPENINTERVIEWS MIT JUNGEN, KÜRZLICH
  EINGESTIEGENEN MITARBEITERN
  (MATURANTEN/AKADEMIKER)   "SUBKULTUR: INSEL"?

* SCHRIFTLICHE BEFRAGUNG
  DER FÜHRUNGSKRÄFTE UND MITARBEITER,
  DIE DURCH EINZELINTERVIEWS UND
  GRUPPENINTERVIEWS NICHT ERFAßT WERDEN
  (STICHPROBE)

VARIANTE III

* EINZELINTERVIEWS MIT A, B, C, D UND E

* GRUPPENINTERVIEWS SIEHE VARIANTE II (ODER WEGLASSEN)

* SCHRIFTLICHE BEFRAGUNG VON F

VARIANTE IV...

M E T H O D I S C H E S . . .

... UM EIN "ZWEISEITIGES" BILD DER BEZIEHUNGSQUALITÄT
BEI LUX ZU BEKOMMEN, SOLLEN MEINUNGEN,
EINSTELLUNGEN,... VON FÜHRUNGSKRÄFTEN UND DEREN
MITARBEITERN ERHOBEN WERDEN.

... PRO GRUPPENDISKUSSION IST EIN UMFANG VON CA. SECHS
PERSONEN GEPLANT (DURCHFÜHRUNG IM HAUS, VIDEO-AUF-
ZEICHNUNG)

... IM IDEALFALL WERDEN PRO HIERARCHIEEBENE ZWEI
DISKUSSIONSGRUPPEN MIT VERSCHIEDENEN TEILNEHMERN
GEBILDET.

... FÜR DIE DURCHFÜHRUNG DER GRUPPENDISKUSSION(EN),
EVT. DER EINZELINTERVIEWS (JE NACH UMFANG) UND IN
DER AUSWERTUNGSPHASE IST DIE MITHILFE EINES ZWEITEN
EXTERNEN/PARTNERS ERFORDERLICH.

... SEHR WICHTIG BEI DER DURCHFÜHRUNG EINES DERARTIGEN
PROJEKTES IST DIE INFORMATIONSPOLITIK. AUS
ERFAHRUNGSWERTEN GEHT HERVOR, DASS V.A. VOR UND
WÄHREND DER UNTERSUCHUNG DIE MITARBEITER ÜBER DAS
PROJEKT INFORMIERT SEIN MÜSSEN ("PHANTASIEN"-
REDUKTION, VERRINGERUNG VON WIDERSTÄNDEN). DAS
BEDEUTET JEDOCH NICHT, DASS DIE PHASE NACH
FERTIGSTELLUNG DER UNTERSUCHUNG OHNE INFORMATION DER
MITARBEITER BLEIBEN DARF. HIER IST EINE
(GROB)INFORMATION ÜBER DIE GEWONNENEN ERGEBNISSE
NOTWENDIG (Z.B. DURCH EINBERUFUNG EINER
SITZUNG MIT ALLEN INTERESSIERTEN, EINSICHTNAHME
IN DIE ERGEBNISSE, DISKUSSIONEN...).

WARUM GERADE DIESE UNTERSUCHUNG?

...WEIL   SIE EINE ERGÄNZUNG ZUM NÄCHSTEN GEPLANTEN
PROJEKT DARSTELLT UND ALS AUSGANGSPUNKT
FÜR WEITERE AKTIVITÄTEN IN DER FÜHRUNGS-
KRÄFTE-ENTWICKLUNG DIENT.

...WEIL   SIE IM UNTERNEHMEN AUFBRUCHSTIMMUNG UND
DYNAMIK BEWIRKT.

...WEIL   SIE EINE INVESTITION INS (ZUKUNFTS)POTENTIAL
MITARBEITER BEDEUTET.

...WEIL   SIE INDIVIDUAL- UND ORGANISATIONSLERNEN
FÖRDERN KANN.

...WEIL   SIE DEN MITARBEITERN ZEIGT,
DASS MAN SICH FÜR SIE INTERESSIERT.

...WEIL   SIE IMSTANDE MACHEN SOLLTE, ZIELGRUPPENSPEZIFISCH
PE-MASSNAHMEN ABZULEITEN.

...WEIL SIE WURZEL DER VERÄNDERUNG SEIN KANN.

Ein etwas anderer Exkurs...

. . . i n   d i e

L U X - A L L E G O R I E

* *DIE WOLKE DES UNTERNEHMENSKONZEPTES*

Strategische Ziele sind von Natur aus hoch gesteckt. - Weiche Begriffe,
anpassungsfähig... Wer auf diesen Wolken steht, hat eine gute Fernsicht, sein
Horizont *muß* größer sein. Allerdings sind die Wolken schwer greifbar. Sie sind
zu erkennen, aber wo fangen sie an, wo enden sie genau?

An Wolken kann man sich zeitweise orientieren - wenn sie nicht gerade Sturmfetzen
sind.

Wolken können aber auch verdammt weit weg sein: Cirrus (Federwolke) in der letzten
Atmosphärenschicht (10 km).

Wenn jemand vom anderen behauptet, er habe einen gewissen Nimbus, meint er dann
die Regenwolke (=Nimbus)?

Am prächtigsten anzusehen sind die Gewitterwolken (=Kumulonimbus): Manche
bäumen sich auf wie eine Kobra. Wenn man den Kopf sehen will, kann man vor
lauter den Kopf zurückbiegen rückwärts auf den Boden fallen.

Wolkengebilde schützen vor allzu stechender Sonne.

Am liebsten sind mir Wolken, die die Sonne einrahmen.

Auf Wolken schwebend werden Heilige abgebildet.

* *DIE VIER AUF EINER WOLKE**

Sie halten jeder einen Wolkenzipfel und schütteln Regen heraus: Auf daß es wachsen und gedeihen möge!

Die "heilige" Vier: In welcher der vier Jahreszeiten befindet man sich, streben die vier Räder beim Vierradantrieb in dieselbe Richtung...?

* *SATELLITENWÖLKCHEN*

Auf kleinen Nebenwolken befinden sich "Unterheilige". Sie beobachten die Vorgänge auf der Mutterwolke, basteln an ihrer eigenen, versuchen abzudocken, Einfluß auf's Geschehen zu nehmen...

Manchmal rufen sie den "Oberheiligen" was zu.

Sie entfernen sich, bilden eigene Gruppen, werden vom Wind wieder auseinandergerissen; einige sind der Sonne näher, einige haben eine andere Flughöhe...

* *AUS WOLKEN...*

...strömt Regen, prasselt Hagel, donnern Blitze, rieselt es, wird saurer Regen "ausgeschwitzt".

...kann man Luftschlösser bauen.

* *DRUNTEN AUF DER ERDE...*

...steht ein Wald mit kleinen Sümpfen. Es handelt sich um einen kleinen Mischwald mit mancherlei Getier: Wölfe, Füchse, Dachse, Meister Petz, Schlangen, Borkenkäfer, viele Hasen, Wildschweine, u.a.

---

*   Die Vier im Top-Management...

Wenn man genau hinsieht, erkennt man verschiedene Wäldchen.

Und wenn man sich in der Botanik auskennt, sieht man kranke Bäume. Sollen die in einem gesunden Wald den Gesunden nicht das Licht wegnehmen und gefällt werden?

Ein Jungwald gedeiht prächtig, ein anderer hat noch fast gar nichts an Größe dazugewonnen. - Was soll man mit dem letzten tun: verkaufen, schlägern, intensiver oder anders pflegen?

Manche Leute sind wie "die Axt im Wald".

* WAS MAN NICHT SIEHT UND DOCH WEISS

Jede Pflanze hat ihre Wurzeln tief im Erdreich (lat. <u>humus</u>; der gleiche Wortanfang wie <u>hum</u>anitas = die Menschlichkeit).

Die Wurzeln sieht man nicht, aber wenn sie gekappt werden, stirbt die Pflanze.

Wenn Bäume krank werden, ist oft der saure Regen daran schuld. Wurzeln saugen das lebenspendende Wasser auf.

2. Methodenauswahl

Nach eingehender Diskussion und Berücksichtigung der Unternehmensspezifika mündete das im Paper angeführte globale Untersuchungsdesign (Dokumentenanalyse, Einzelinterviews, Gruppeninterviews, schriftliche Befragung) und die Einschätzung der verschiedenen spezifischen Vorgehensvarianten in folgende Untersuchungsschritte:

Schritt 1:

Weitere eingehende Dokumentenanalyse[1], eine Analyse der Ergebnisse von Aktivitäten in der Führungskräfteentwicklung sowie die Reflexion des vollzogenen Leitbildentstehungsprozesses; Teilnahme an Führungen im Unternehmen;

Schritt 2:

Generierung eines Leitfadens für Einzelinterviews zum Thema "Beziehungsqualität" unter Berücksichtigung gewonnener Hintergründe aus den Aktivitäten in Schritt 1 und entsprechender theoretischer Fundierung;

Schritt 3:

Pretest des Interviewleitfadens durch Experteninterviews im Unternehmen (Führungskräfte) und außerhalb des Unternehmens (Universitätsprofessor und -assistenten, Unternehmensberater und Personalentwickler), um die Verständlichkeit der angesprochenen Themen und der im Leitfaden verwendeten Sprache ("unternehmensspezielle" Ausdrucksweisen), die an die Analyse des Leitbildes und an vorherige Führungskräftetrainings anknüpft, zu überprüfen. (Die ober(st)en und mittleren Führungskräfte des Unternehmens hatten eine großangelegte Seminarreihe nahezu ausnahmslos "durchlaufen" und verschiedene Begriffe, die in den Trainings zu für spezifische Verhaltensweise im Unternehmen entwickelt und verwendet wurden, internalisiert.)

Die unternehmensexternen Experteninterviews beschäftigen sich mit dem Gesprächsaufbau und dem thematischen Hintergrund des Leitfadens.

---

[1] Zu diesem Zweck mußten vorhandene Seminarunterlagen verschiedener Trainings (z.B. Fragebögen) noch einer vertiefenden Auswertung unterzogen werden. Meine gewonnenen, weiterführenden Auswertungsergebnisse erfolgter Trainings wurden vor ihrer weiteren Verwendung auf ihre 'Stimmigkeit' hin mit den Ansprechpartnern in der Abteilung für Personalentwicklung durchgesprochen und evaluiert...: Vgl. die Ausführungen zur 'Stimmigkeit' verwendeter Unterlagen, die in die Ausgangssituation einer Untersuchung einfließen in Kap. 6.1./Abschnitt A (Klassische Gütekriterien).

Schritt 4:
Durchführung von Einzelinterviews mit dem (durch die Probeinterviews im Pretest abgeänderten) Interviewleitfaden als Hintergrund. Die Repräsentativität der Ergebnisse soll durch eine geeignete Stichprobe der Untersuchungsgesamtheit gewährleistet sein. Als Zielgruppen werden das Top-Management und Führungskräfte auf Bereichsleiter- und Abteilungsleiterebene angesprochen.

Schritt 5:
Auswertung der in den Einzelinterviews gewonnenen Daten.

Schritt 6:
Präsentation und Diskussion der Ergebnisse.

Flankierende Erfordernisse:
⇨ geeignete Informationspolitik aller Beteiligten (Betriebsrat, involvierte Führungskräfte...);
⇨ Committment der Unternehmensleitung und der Ansprechpartner in der Personalabteilung für die Durchführung dieser Untersuchung.

Warum gerade diese Vorgehensweise und nicht eine der im Paper angeführten Design-Varianten?

Als zusätzliche Varianten (neben Einzelinterviews) wurden zunächst Gruppeninterviews und eine schriftliche Befragung teils kombiniert in Erwägung gezogen. Der Verzicht auf Gruppeninterviews und eine schriftliche Befragung liegt darin begründet, daß eine gültige Vergleichbarkeit bezüglich Umfang, Detailliertheit und vor allem thematischer Ausdrucksmöglichkeit von schriftlichen standardisierten Ergebnissen mit Einzelinterviews (von bis zu 3 Stunden) vermutlich nur sehr schwer erreicht werden kann. Die anfängliche Absicht, Fokusgruppeninterviews durchzuführen, mußte aufgrund des sehr heiklen thematischen Rahmens der Untersuchungsinhalte wieder verworfen werden. (Zu diesem Schluß kam ich nach der 'Probe am eigenen Leib' - als Teilnehmer an Fokusgruppeninterviews zum Thema Käuferentscheidungsverhalten im Marketing).
Die aktuelle Situation im Unternehmen war zum Zeitpunkt des Untersuchungsbeginns von großer Unruhe durch die kürzlich stattgefundene Unternehmensstruktur-Untersuchung einer Beratergruppe geprägt: Etliche Führungskräfte bangten um ihren weiteren Verbleib in ihrem angestammten Tätigkeitsbereich im Unternehmen. Und durch eine

Reihe kürzlich stattgefundener Führungskräftetrainings war Bewegung und merkliche Unruhe im Unternehmen entstanden. Vorhandene Unruhe und Unsicherheit sollten nicht noch durch multimethodisches, 'undurchsichtiges' Vorgehen genährt werden...

Warum wurden nur die ersten drei Führungsebenen involviert?

Das schon etliche Zeit vor diesem Projekt gestartete, großangelegte Personalentwicklungskonzept zur Führungskräfteentwicklung bezog sich auf die ersten drei Führungsebenen im Unternehmen. Für die Führungskräfte dieser drei Führungsebenen sollte, aufbauend auf diese Untersuchung, die Relevanz und Möglichkeit weiterer zielgruppenspezifischer Aktivitäten geprüft werden.

Für die nicht involvierten Führungsebenen des (operativen) Produktionsbereichs war die Umsetzung eines adäquaten Personalentwicklungskonzeptes ab Herbst desselben Jahres geplant. Die Ergebnisse der vorliegenden Untersuchung sollten dafür mögliche Anknüpfungspunkte liefern.

Das Auge sagte eines Tages:"Ich sehe hinter diesen Tälern
im blauen Dunst einen Berg. Ist er nicht wunderschön?"
Das Ohr lauschte und sagte nach einer Weile:
"Wo ist ein Berg, ich höre keinen."
(K. Gibran)

2.1. Einzelinterviews

Vorab ein paar Worte zum Unternehmenshintergrund und den Zielgruppen der Einzelinterviews:

Das Unternehmen mit insgesamt etwa 2000 Mitarbeitern teilt sich in vier große Unternehmensbereiche - gekennzeichnet durch die Unterstellungsverhältnisse der vier Führungskräfte im Top-Management - auf. (Einer dieser vier Führungskräfte untersteht neben einem größeren Hauptunternehmensbereich noch ein kleinerer, der in der Untersuchung stichprobenmäßig repräsentativ erfaßt und in der Auswertung als Exkurs zum größeren unterstellten Hauptunternehmensbereich dieser Führungskraft erfaßt wird.) Das Stammwerk des Unternehmens befindet sich in Österreich. Da Mitarbeiter ausländischer Produktionsstätten und Niederlassungen und deren Führungskräfte nicht an die Aktivitäten der Personalabteilung bzw. Personalentwicklung des Stammwerkes in Österreich angegliedert sind - ihre Ausbildung und Entwicklung dezentral organisiert ist - wurden sie nicht in die Untersuchung involviert.

2.1.1. Stichprobe

Um eine Stichprobe aus der Grundgesamtheit (GS) ziehen zu können, wurden die in die Untersuchung involvierten Zielgruppen

⇨ GS Top-Management: 4,
⇨ GS Bereichsleiterebene: 13,
⇨ GS Abteilungsleiterebene: 57,

erfaßt, die Top-Mangement-Ebene gesamtheitlich in die Untersuchung einbezogen und aus den nächsten Ebenen folgende Stichprobe (ST) gezogen:

⇨ ST Bereichsleiterebene: 12,
⇨ ST Abteilungsleiterebene: 21.

Bei der Stichprobenziehung wurden die vier Hauptunternehmensbereiche nach dem Unterstellungsverhältnis der vier Top-Management-Führungskräfte und der Anzahl in den Hauptunternehmensbereichen beschäftigten Zielgruppen berücksichtigt. In zwei der vier Hauptunternehmensbereiche wurde aufgrund der etwas unterschiedlich geregelten Unterstellungsverhältnisse die Abteilungsleiterebene nochmals in Abteilungsleiterebene 1 und 2 untergliedert. - Aus der Bereichsleiterebene wurde nach Hauptunternehmens-bereichen eine Zufallsstichprobe gezogen. Auf Abteilungsleiterebene wurden Führungs-kräfte der Abteilungsleiterebene 1 zufällig ausgewählt. Für die Stichprobe der Abteilungs-leiterebene 2 wurden in den beiden 'tiefer' strukturierten Hauptunternehmensbereichen die zufällig ausgewählten Führungskräfte der Ebene Abteilungsleiter 1 herangezogen und aus deren jeweils unterstellten Führungskräften der Abteilungsleiterebene 2 eine weitere Zufallsstichprobe gezogen. Damit wurde gewährleistet, daß jeweils unterstellte Führungskräfte der Abteilungsleiterebene 1 stichprobenmäßig berücksichtigt und 'beide Seiten' (direkte Vorgesetzten-Mitarbeiter-Beziehung) erfaßt wurden. Zwei

Hauptunternehmensbereiche wurden aus diesem Grund nach Top-Management-Ebene, zweite (Bereichsleiter) und dritte Führungsebene (Abteilungsleiter) - die beiden anderen Hauptunternehmensbereiche nach Top-Management-Ebene, zweite (Bereichsleiter), dritte (Abteilungsleiter 1) und vierte (Abteilungsleiter 2) Führungsebene unterteilt.

2.1.2. Interviewleitfaden

Im Interviewleitfaden werden jene Themenbereiche und Inhalte erfaßt, die in jedem Einzelinterview abgedeckt werden sollten. Die Entwicklung des Interviewleitfadens erfolgte in einem längeren Prozeß:

Für seine erste Generierung wurden die in der vorgestellten Gesprächsunterlage angeführten Kriterien (Einfluß, Information/Kommunikation, Konflikte, Motivation, Entscheidungen) herangezogen und mit Inhalten des Leitbildes (vorrangig Aussagen zum Führungsverhalten) und aktuellen Ergebnissen stattgefundener Führungskräftetrainings kombiniert. - Weil in den ersten Fassungen des Leitfadens zu einem größeren Teil auch Zitate des Leitbildes übernommen wurden, werden seine Dimensionen aus Gründen der Unternehmensanonymität nur sehr global wiedergegeben:

Einstieg:
⇨ Begrüßung und Vorstellung
⇨ Zielsetzung der Untersuchung mit Bezug auf Erstkontaktbrief und telefonische Terminvereinbarung nochmals umreißen
⇨ Hinweis auf Anonymität
⇨ Vorstellung des Interviewpartners: Tätigkeitsbereich, persönliche Geschichte im Unternehmen (Werdegang), Vision (persönliches Ziel) zum Start im Unternehmen - evt. Realitätsbezug...
⇨ Erlaubnis der Bandaufnahme des Gespräches?

Themenkomplexe:
⇨ Kommunikation/Konfliktverhalten (Ablauf von Sitzungen, Umgang miteinander: Komponenten und Rahmenbedingungen, Phantasien der Kommunikation in Führungsebene unter und über der befragten Führungskraft, Bezug zu Mitarbeitern auf gleicher Ebene; spezifisches Zitat aus Leitbild und thematische Erarbeitung)

⇨ Führung (spezifisches Zitat aus Leitbild vorrangig bezogen auf Sachebene des Führungsverhaltens: Umgang mit Zielen/Aufgaben, Kompetenzen, Verantwortlichkeit, Delegation und Kontrolle; spezifisches Zitat aus Leitbild vorrangig bezogen auf Beziehungsebene - "Herz" im Unternehmen; Führungsverhalten der vorgesetzten Führungskraft; Umgang mit Anerkennung)

⇨ Laufbahn (Sicht allgemeiner Kriterien und Komponenten unternehmerischer Laufbahnentwicklung)

⇨ Teamarbeit/Entscheidungsverhalten (spezifisches Leitbildzitat und Erarbeitung)

Abschluß:
⇨ Größte Chance/schönstes Erlebnis im Unternehmen?

Dieser erste Leitfaden wurde in vier Probeinterviews (Dauer: jeweils 1,5 bis 3 Stunden) erstmals getestet. Die Probeinterviews wurden auf Band aufgenommen und wörtlich transkribiert. Die Fragestellungen und Antworten wurden genau analysiert und Verbesserungen abgeleitet. Die Reflexion betraf beispielsweise die Länge bzw. Kürze und psychologische Hintergründe von Fragestellungen, die Verständlichkeit und Relevanz von Fragen und Leitbildzitaten, die Art der Fragestellungen und die Berücksichtigung psychologisch gesehener Reaktionen des Interviewpartners, den partiell unterschiedlichen Umgang mit Fragestellungen von Führungskräften aus verschiedenen Ebenen... In die Erstellung eines weiteren evaluierten Leitfadens flossen auch Themen, die von den Führungskräften in den Probeinterviews immer wieder angesprochen wurden, als separate Inhalte mit ein.

Nach weiteren sechs Probeinterviews und partieller Änderung umfaßte der 'endgültige' Interviewleitfaden folgende Dimensionen:

Einstieg
Begrüßung; Vorstellung; Unklarheiten zur Zielsetzung der Untersuchung vorab geschickten Brief? Anonymitätshinweis und Erlaubnis der Aufnahme des Gesprächs auf Diktiergerät; Kurzerklärung des Frageleitfadens in seinen Themenkomplexen; Vorstellung der Führungskraft (Tätigkeitsgebiet im Unternehmen, Länge der Unternehmenszugehörigkeit);

Im Brief, den Sie bekommen haben, ist von 'gutem Miteinander' die Rede... Was müßte für Sie stimmig sein, damit man davon reden könnte?

(begleitende Skizze)

Was müßte passen, damit man von einem 'guten Miteinander' zwischen einem Mitarbeiter und seinem Vorgesetzten reden könnte? - Welche Spielregeln, glauben Sie, müßten da gelten? *(Eigenbezug)*

Welche Spielregeln gelten tatsächlich? *(oben genannte Spielregeln durchgehen... - Realitätsbezug)*

Welche Spielregeln innerhalb eines Teams *(z.B. in einer Abteilung zwischen Chef(s) und Mitarbeitern/zwischen Mitarbeitern)* müßten für ein 'gutes Miteinander' gelten? *(Teambezug)*

Welche gelten in der Realität? *(Realitätsbezug)*

Leitbildzitat[2] zum Führungsverhalten im Unternehmen (Zitat ist sehr allgemein gehalten)...

Was heißt das (...) für Sie?

Weitere Frage zum spezifischen Eigenbezug...

Was könnte man verbessern (bezieht sich auf Leitbildzitat)?

Welche Bedürfnisse orten Sie bei Mitarbeitern, die das (...) notwendig machen?

Leitbildzitat zur kooperativen Führung im Unternehmen...

Was verstehen Sie darunter? / Was heißt das für Sie?

Wann, glauben Sie, ist kooperative Führung sinnvoll? / Ist sie immer sinnvoll?...

(gestützt: Situationen)

(Wird Ihre Vorstellung von kooperativer Führung bei Lux gelebt?) *(Realitätsbezug)*

Nach welchen Kriterien.../wie..., glauben Sie, können Mitarbeiter bei Lux Karriere machen/befördert werden? *(gestützt: Situation)*

Situation, daß jemand ins Unternehmen einsteigt...: Wie wird seine Karriere aussehen, von was wird sie abhängig sein?

Welche Qualifikationen sollte dieser Mitarbeiter (für eine Beförderung) mitbringen?

Welches Verhalten sollte jemand zeigen?

Welche Persönlichkeit/Charaktereigenschaften sollte die Person sein/haben?

(Skizze)

Wenn man sich die Aufgaben(zuteilung), Kompetenzen und die Übertragung von Verantwortung/den Umgang mit Verantwortung ansieht:

---

2   Vorkommende Leitbildbezüge im Leitfaden werden aus Gründen der Anonymität hier und im folgenden nicht wiedergegeben.

Wie sollte Ihr 'Traummitarbeiter'/'Traumchef', bezogen auf diese drei Punkte sein?
Wie würde es bezüglich Zielvereinbarungen zwischen Ihnen und Ihrem 'Traumchef'/
'Traummitarbeiter' aussehen... Gibt es welche? - Wie kommen Sie zustande?

Fällt Ihnen neben den Themen Aufgaben, Kompetenzen, Verantwortung und Zielverein-
barungen noch etwas ein, was für Ihr Verhältnis zwischen Ihnen (einem Mitarbeiter/
Vorgesetzten) und Ihrem (seinem) 'Traummitarbeiter'/'Traumchef' wichtig sein könnte?
(evt. schon partiell oder ganz abgedeckt durch Angesprochenes in Richtung:
Wie verhält man sich als ein 'guter' Vorgesetzter/Mitarbeiter bei der Lux AG?
Welche Eigenschaften sollte man haben/welches Verhalten zeigen?
Erwartungen an einen guten Vorgesetzten/Mitarbeiter/Kollegen?)

Wie, vermuten Sie, klappt Ihrer Meinung nach der Informationsfluß zwischen
...   den verschiedenen Abteilungen bei der Lux AG?
...   den Unternehmensbereichen?
...   den Führungskräften in Ihrer Führungsebene mit der nächsthöheren/der
       nächstfolgenden?
...   Ihren Ihnen unterstellten Mitarbeitern zur nächstfolgenden Führungsebene?
...   dem Top-Management und der nächsten Führungsebene?
...   *- (Eigenbezug, Realitätsbezug, Phantasien...)*

Glauben Sie, kann die Lux AG dazu beitragen, (Ihre) (gestellte(n)) berufliche(n) Ziele,
die Sie/jemand in Ihrem/seinem Leben haben/hat, zu verwirklichen?
Was, finden Sie, könnte Lux beitragen, damit Ihre/diese Ziele (besser/schneller) erreicht
werden können?
(falls keine Aussagen zur Bindung ans Unternehmen...)

Im Herbst ist eine Fortsetzung der Führungskräfteentwicklung geplant.. Wenn Sie das
Weiterbildungsbudget dafür hätten/dafür verantwortlich wären: Mit welchen Führungs-
kräften/welcher Gruppe von Führungskräften... würden Sie das Programm starten?
(Hinweis: keine Namen; eher: Funktionen, Bereiche, Abteilungen, Personengruppen)
Welche Themen müßten in Ihrem Konzept/Ihrem Programm/Ihren Seminaren ange-
sprochen werden? Welche Qualifikationen müßte man vermitteln?
Was für einen Trainer würden Sie auswählen? Wie müßte er sein? *(Typ, Persönlichkeit,
Eigenschaften, Verhaltensweisen...)*
Welchen Ort würden Sie für Aktivitäten wählen? *(unternehmensintern/-extern...)*
Wenn Ihr Führungskräftetraining ein voller Erfolg ist: Was hat sich im Unternehmen
geändert - was ist jetzt anders?

Müßte zusätzlich zu Seminaren/den genannten (gesetzten) Aktivitäten noch etwas getan werden?

Wenn sie an die Aufgaben der Zukunft im Unternehmen denken:
Welche Anforderungen an eine Führungskraft, glauben Sie, bestehen im Jahr 2000?

Stellen Sie sich bitte Spiele und (oder) Sportarten vor...: Welches Spiel oder welche Sportart paßt Ihrer Meinung nach zu Lux?

Wenn Sie an Ihre bisherige Zeit bei der Lux AG denken: Was war das Schönste, das sie erlebt haben? Wie kam es dazu?

Abschluß

Dieser Interviewleitfaden diente als Grundlage für 37 Einzelinterviews, deren Inhalte schließlich in die Untersuchungsergebnisse einflossen. - Seine Anwendung erfolgte marginal verschieden, je nach angesprochener Ebene (beispielsweise konnten nicht alle oben angeführten Fragen für die Interviews mit dem Top-Management übernommen werden...).

Für den Leitfaden wurde darauf geachtet, unternehmensgebräuchliche Begriffe zu verwenden - der sprachlichen 'Unternehmenswelt' und 'Lebenswelt' der Interviewten im Unternehmen möglichst nahe zu kommen. Im Leitfaden wurden beispielsweise Inhalte übernommen, die in großangelegten Führungskräfteseminaren der ersten Führungs-ebenen entwickelt wurden und mit denen auch in Zukunft - im Zuge weiterer Führungs-kräfteentwicklung weitergearbeitet werden würde (z.B. der Begriff 'Spielregeln').

Die angesprochenen Fragen und deren Inhalte wurden bewußt so ausgewählt und verwendet, daß sie Zusammenhänge, 'Kontrollmöglichkeit' bzw. Ergänzungen zu jeweils Angesprochenem aufzeigten. - Einige Beispiele:

⇨ Bezug von Spielregeln zwischen 'gutem' Mitarbeiter/Vorgesetzten (bzw. von Spielregeln allgemein für 'gutes Miteinander') zu
...genannten Inhalten des Verständnisses kooperativen Führungsverhaltens,
...dem weiteren Leitbildzitat zum Führungsverhalten/-verständnis,

...dem Fragenkomplex zu Aufgaben, Kompetenzen, Verantwortung, Zielsetzungen (jeweils Vergleich der Realitätsbezüge);

⇨ Bezug des Informationsflusses im Unternehmen zu

...Spielregeln für 'gutes Miteinander' in den verschiedenen, angesprochenen Dimensionen sowie

...zu den Leitbildzitaten betreffend das Führungsverständnis/-verhalten;

⇨ Bezug der beruflichen Ziele bzw. Bindung ans Unternehmen

...zu Spielregeln für 'gutes Miteinander' (...) und

...individueller Einschätzung der Weiterbildungsbedarfsanalyse (...);

⇨ Bezug des Spiels oder der Sportart (als Synonym für das Unternehmen/das Zusammenleben im Unternehmen) zu

...identifizierten Spielregeln,

...Aussagen zum Führungsverhalten/-verständnis,

...dem Informationsfluß im Unternehmen,

...der Einschätzung des Weiterbildungsbedarfes (...);

2.1.3. Ablauf und Dramaturgie

Die Einzelinterviews erfolgten anlehnend an die Dramaturgie des problemzentrierten Interviews:[3]

⇨ Der *Aufbau* und die *Thematik* der Interviews (Interviewleitfaden) wurde aufgrund neu erscheinender Erkenntnisse (hier basierend auf den Probeinterviews) *mehrfach modifiziert.*

⇨ Interessierende thematische Felder wurden durch möglichst *offene Fragestellung* abzudecken versucht. Wie auch beim narrativen Interview stand hier der Versuch, den Interviewpartner (durch Techniken *nicht-direktiver Gesprächsführung*[4]) zum Sprechen, Erzählen und Erläutern von Gesagtem (Ad-Hoc-Fragen) anzuregen.

⇨ Der *Interviewleitfaden* wurde in den Interviews, je nach aktuellem Gesprächsverlauf und schon Angesprochenem, inhaltlich *flexibel gehandhabt.* Er diente als Gedankenstütze für das gesamte Spektrum anzusprechender Themen.

⇨ Für eine spätere Transkription wurden die *Interviews* auf Tonträger *aufgezeichnet.*

---

3   vgl. Kap. 4.1.2./Abschnitt A (Das problemzentrierte Interview)
4   vgl. Kap. 4.2./Abschnitt A (Gesprächsführungstechniken vor dem Hintergrund Rogers')

⇨ Unmittelbar nach jedem Interview wurde ein *Postskript* (Teil des Forschungs-
tagebuches) über das prozeßhafte Umfeld des Interviews angelegt. Es gibt
Aufschluß über allgemeine, räumliche und zeitliche Umstände des Interviews, vor,
während und nach dem Interview wahrgenommene Interaktionen, nonverbale
Verhaltensweisen, Eindrücke...

*Vom Propheten Mohammed wird folgende Begebenheit berichtet: Der Prophet kam mit
einem seiner Begleiter in eine Stadt, um zu lehren. Bald gesellte sich ein Anhänger seiner
Lehre zu ihm: 'Herr! In dieser Stadt geht die Dummheit ein und aus. Die Bewohner sind
halsstarrig. Man möchte hier nichts lernen. Du wirst keines dieser steinernen Herzen
bekehren.' Der Prophet antwortete gütig: 'Du hast recht!' Bald darauf kam ein anderes
Mitglied der Gemeinde freudestrahlend auf den Propheten zu: 'Herr! Du bist in einer
glücklichen Stadt. Die Menschen sehnen sich nach der rechten Lehre und öffnen ihre
Herzen deinem Wort.' Mohammed lächelte gütig und sagte wieder: 'Du hast recht!' 'Oh,
Herr', wandte da der Begleiter Mohammeds ein: 'Zu dem ersten sagst du, er habe recht.
Zu dem zweiten, der genau das Gegenteil behauptet, sagst du auch er habe recht.
Schwarz kann doch nicht weiß sein.' Mohammed erwiderte: 'Jeder Mensch sieht die Welt
so, wie er sie erwartet. Wozu sollte ich den beiden widersprechen. Der eine sieht das
Böse, der andere das Gute. Würdest du sagen, daß einer von den beiden etwas Falsches
sieht, sind doch die Menschen hier wie überall böse und gut zugleich. Nichts Falsches
sagte man mir, nur Unvollständiges."*[5]

2.1.4. Reflektierendes...

Die Einstiegsphase der Interviews war auf Beziehungsebene in erster Linie vom Thema
der Anonymität - dem Erfordernis einer anonymen Behandlung der auf Tonträger
aufzuzeichnenden Interviewdaten - geprägt. Leider hatten einige Führungskräfte in
diesem Zusammenhang hinsichtlich früherer Beratertätigkeiten im Unternehmen schlechte
Erfahrungen gemacht: Nach sogenannten 'anonymen' Untersuchungen von Externen im
thematischen Bereich der Personalentwicklung wurden, im Regelfall im Verlauf
auftauchender Konflikte - 'anonyme Ergebnisse' von Mitarbeitern der Personalabteilung
auch schon dazu verwendet, unangenehme Mitarbeiter bei ihren Vorgesetzten
anzuschwärzen und ihre Karrieremöglichkeiten im oder (beispielsweise bei einem
bevorstehenden Arbeitsplatzwechsel) außerhalb des Unternehmens zu behindern. Einige
(wenige) für diese Untersuchung ausgewählte Führungskräfte waren diesbezüglich
'gebrannte Kinder'...

---

[5]   Peseschkian, N., 1979, S. 28

Diese genannten Rahmenbedingungen gehabten Umgangs mit dem Thema Anonymität machte es notwendig, den Betroffenen Führungskräften zu Beginn des Interviews die weitere Verarbeitung der Daten genau zu erklären:

➪ Aufnahmebänder werden von mir keinesfalls außer Hand gegeben,

➪ verbleiben zu keiner Zeit im Unternehmen,

➪ werden nicht in der Firma transkribiert,

➪ das Transkriptionsmaterial bleibt immer unternehmensextern und

➪ wird extern, ohne eine Zusammenarbeit mit Ansprechpartnern aus der Personalabteilung ausgewertet,

➪ für die Auswertung werden Interviewaussagen gruppenspezifisch zusammengefaßt bzw. so wiedergegeben, daß keine Rückschlüsse auf den Sprecher möglich sind.

Die 'Aufwärmphase' und die Entwicklung eines 'Vertrauenslevels', der vorab für ein solches Gespräch notwendig ist, dauerte bei einigen Führungskräften bis zu einer halben Stunde. Erst dann erfolgte der Einstieg in die spezifischen Themen der Untersuchung...

Die Gestaltung der Interviews zielt partiell (dort, wo es die Möglichkeit gab) auf Hintergründe der nicht-direktiven Gesprächsführung.[6] Die Anwendung ihrer Techniken (aktives Zuhören, Paraphrasieren und Verbalisieren emotionaler Inhalte[7]) sollte dabei helfen, auf der Beziehungsebene die Voraussetzungen für die inhaltliche Überzeugung zu schaffen, über Dinge sprechen zu können, über die der Interviewte sonst eher nicht reden würde (denken wir hier nochmals an das eingangs erwähnte Thema Anonymität), die ihn beschäftigen und bewegen. Gerade die durch den Leitfaden abzudeckenden Themen die aufgrund ihrer Intimität (z.B. Aussagen über Begebenheiten der aktuellen Beziehung zum Vorgesetzten) mit Ängsten verbunden sind, eigneten sich in Teilsequenzen der Interviews für die nicht-direktive Gesprächsführung. Eingeschränkt wurde ihre Anwendung allerdings durch die Verwendung des Interviewleitfadens und das Erfordernis, darin enthaltene Inhalte - wenn notwendig auch direktiv - ansprechen zu wollen. Ich stieß durchaus auch auf Führungskräfte, die von sich aus gerne reden[8] - zum Teil den Eindruck erweckten, froh zu sein, jemanden gefunden zu haben, der ihnen zuhört und sie wichtig nimmt. In diesen Interviews führte der partielle Einsatz nicht-direktiver Techniken (v.a. die des aktiven Zuhörens und Verbalisierens emotionaler Inhalte) zu sehr langen Redesequenzen, die von Zeit zu Zeit wieder direktiv 'eingebremst' werden mußten...

---

6   vgl. Kap. 4.2./Abschnitt A (Gesprächsführungstechniken vor dem Hintergrund Rogers')
7   vgl. Kap. 4.2.3./Abschnitt A (Aktives Zuhören), Kap. 4.2.4./Abschnitt A (Paraphrasieren) sowie
      Kap. 4.2.5./Abschnitt A (Verbalisieren emotionaler Inhalte)
8   In der Psychotherapie gibt es den Begriff des 'neurotischen Erzählers', der eine Geschichte nach der
      anderen erzählt...: vgl. Bude, H., 1985, S. 333

Einher mit dem Gesprächsführungshintergrund Rogers' ging der Versuch, auf die
jeweilige Körpersprache und die sprachliche Ausdrucksform des Interviewten (z.b.
verwendete Wortwahl oder schnelles bzw. langsames Reden) einzugehen - zum Teil
sogenannten 'Rapport'[9] herzustellen. Dieser prozeßhafte Ablauf mit seinen Intentionen,
Reaktionen und Eindrücken wurde im jeweiligen Interview-Postskript, mit dem Ziel
festgehalten, ihn in für die interpretative Auswertung der Daten in Erinnerung zu
behalten.

Rückblickend können (zumindest für den überwiegenden Teil der Interviews) verschiedene Argumente für die (partielle) Anwendung nicht-direktiver Gesprächsführungs-
haltung zusammengefaßt werden:

⇨ In einer entstandenen Atmosphäre, die dem Interviewten zeigt, daß Ungereimtheiten
   nicht zerpflückt und Inkonsistenzen nicht angeprangert werden - der notwendige
   'Vertrauenslevel' aufgebaut wird - fällt es ihm leichter, offen zu reden und weniger
   zu 'taktieren'. (Bei einigen Führungskräften gewann ich das Gefühl, daß wenig
   Gesprächsbasis mit dem eigenen Vorgesetzten vorhanden war, und die
   Interviewsituation Gelegenheit bot, aufgestaute Probleme und Anliegen
   loszuwerden. Ich bezeichne diesen Hintergrund als 'Jammerkasten-Syndrom'.) Ein
   Vorteil nicht-direktiver Gesprächshaltung war jedoch in diesem Zusammenhang, daß
   es dem Interviewten aufgrund der Akzeptanz, die ihm entgegengebracht wurde,
   leichter fiel, sich - ohne dem Zwang des 'Gesicht-Wahrens' oder 'Ich-
   Bestätigungsprinzips' folgen zu müssen - sich auch eigenes Verhalten kritischer zu
   äußern.
⇨ Als Interviewerin hatte ich, gerade bei längeren Redesequenzen des
   Gesprächspartners, Zeit zur Beobachtung des Geschehens. (Dieses Beobachten und
   'auf sich Wirken lassen' von Gesagtem darf allerdings nicht dazu führen, den roten
   Faden der abzudeckenden Interviewthemen zu verlieren...)
⇨ Der Interviewte entwickelt mehr Eigeninitiative und -aktivität als bei direktiver
   Haltung.

Ein Angelpunkt nicht-direktiver Haltung und - kritisch ausgedrückt: deren unter-
schwelliger Gesprächssteuerung - liegt im entsprechend positiven, annehmenden, offenen Menschenbild, das dem Gegenüber (mit möglichst wertfreiem Verständnis)
entgegengebracht werden sollte. Selbstverständlich gab es in der konkreten Interview-

---

9   Der 'Rapport' stammt aus dem Neurolinguistischen Programmieren (NLP) und ist Ausdrucksform
    für ein 'Gleichgeschaltet-Sein' auf sprachlicher und körpersprachlicher Ebene.

situation auch Führungskräfte, die mir weniger sympathisch waren - die sogenannte 'Wellenlänge' weniger stimmte. ... In solchen Fällen nicht-direktiver Gesprächshaltung mit ihrem annehmenden Hintergrund unbedingt folgen zu wollen, wäre unehrlich. Denn dann könnte man - im wahrsten Sinne des Wortes - von 'Techniken' und deren Instrumentalisierung sprechen.

2.2. Informationspolitik im Projektablauf

Die laufende Informationspolitik aller im Projekt Involvierten wurde schon im anfänglichen 'Committment' zwischen Auftraggeber und -nehmer als unbedingt erforderliche Maßnahme eines erfolgreichen Projektablaufes festgehalten und vom Unternehmen aus jede diesbezügliche Hilfestellung zugesagt.

Die erste Kontaktaufnahme mit Führungskräften erfolgte schriftlich und sollte, unter Rücksichtnahme auf die 'unternehmensübliche Sprache', über Zielsetzung und Hauptinhalte des Projektes informieren:

Betrifft: "Die Beziehungsqualität bei Lux"

Sehr geehrter Herr ...!

Sie sind Führungskraft bei Lux.
Sie kennen das Leitbild von Lux.
Sie haben sich damit beschäftigt.

Was würden Sie sagen:
Stimmt das, was im Leitbild über das "Miteinander" bei Lux gesagt wird mit der gelebten
"Beziehungsqualität" bei Lux überein?

Genau dieser Frage möchte ich mit der Untersuchung der

"Beziehungsqualität" bei Lux

auf den Grund gehen. Denn:

Das Leben bei Lux ist der Prüfstein der Worte.

Und dieses Leben umfaßt alle Beziehungen zwischen Ihnen und Ihren Mitarbeitern.

Im Leitbild ist die gewollte <u>Sollsituation</u> dargestellt. Ihre subjektiven Einstellungen und Bedürfnisse, die sich aus der Arbeitssituation und Ihrem persönlichen Umfeld ergeben, stellen die <u>Istsituation</u> dar. Ein Vergleich zwischen "Soll" und "Ist" bringt <u>Übereinstimmung oder Abweichung</u> - und damit die Frage: <u>Was ist zu tun?</u>

Eines ist sicher ...

... Diese Untersuchung führt zu Bewegung.

... Sie setzt ein Signal für die Unternehmensleitung, über bestimmte Themen zu sprechen.

... Dinge bekommen Öffentlichkeitscharakter.

Und:
Nach dieser Untersuchung müssen Maßnahmen gesetzt werden. Ihre Mitarbeit in diesem Projekt liefert wichtige Grundlagen für das folgende Führungskräfte-Entwicklungsprojekt, das im Oktober 1990 starten wird.

Doch vorher würde mich Ihre Meinung zur "Beziehungsqualität" bei Lux interessieren. Erlauben Sie mir, mit Ihnen zwischen dem 25. Juni und dem 15. Juli ein persönliches Gespräch zu diesem Thema zu führen? Die Dauer würde sich auf ca. 1 1/2 Stunden belaufen.

Darf ich Sie ab Mittwoch, den 20.6. wegen eines eventuellen Termins anrufen?
Etwas liegt mir besonders am Herzen:
Die Untersuchung wird von mir als "Externe" im Rahmen einer Dissertation durchgeführt
und ich versichere Ihnen, daß alle Ihre Aussagen in unserem Gespräch nur im Grobzu-
sammenhang mit anderen Gesprächen mit Führungskräften an die Personalentwicklungs-
Abteilung weitergegeben werden. - Das Schließen auf Einzelmeinungen wird durch diese
Vorgehensweise verhindert.

Und trotzdem werden Sie sich vielleicht jetzt fragen:

"... Und warum gerade diese Untersuchung?"

...   *weil sie Wurzel der Veränderung sein kann.*

...   *weil es dazu wichtig ist, Ihre Meinung zur "Beziehungsqualität" bei Lux zu kennen.*

...   *weil sie imstande machen sollte, Maßnahmen abzuleiten.*

...   *weil der Führungsstil an die Menschen bei Lux angepaßt werden soll. Doch dazu*
       muß man wissen, wie es im zwischenmenschlichen Bereich bei Lux läuft.

Zum Schluß möchte ich mich Ihnen kurz vorstellen:

Ich bin Studentin der Betriebswirtschaftslehre in Innsbruck und mache im Rahmen
meiner Dissertation das oben beschriebene Projekt auf Einladung der Unternehmens-
leitung und meiner Ansprechpartner in der Personalabteilung.

Ich hoffe, ich konnte Sie für eine Zusammenarbeit gewinnen und freue mich auf ein
persönliches Gespräch.

Mit freundlichen Grüßen

Ulrike Hugl

Dieser ersten schriftlichen Kontaktaufnahme folgte, wie im Brief angesprochen, ein telefonisches Gespräch folgenden Inhalts:

⇨ Bestätigung des Brieferhaltes,

⇨ Erläuterung des Projektes und Angabe involvierter Zielgruppen,

⇨ Einverständnis als Gesprächspartner zur Verfügung zu stehen,

⇨ Vereinbarung hinsichtlich Termin und Ort des Gespräches (in den Büros oder Besprechungsräumen der Führungskräfte),

⇨ Zusage einer nochmaligen Terminbestätigung kurz vor dem vereinbarten Gesprächstermin.

Alle Gespräche fanden - jeweils auf eigenes Verlangen der Führungskräfte - in deren Büros, oder - in Fällen, wo mehrere Mitarbeiter in einem Raum untergebracht waren - in einem ungestörteren Besprechungszimmer oder einem anderen freien Büro statt. Dieser Umstand bot mir (neben schon getätigten Werksbesichtigungen) weitere Gelegenheit, die unterschiedlichen Räumlichkeiten und Unterbringungen (die Führungskräfte waren, je nach Tätigkeitsbereich, in unterschiedlichen Gebäuden untergebracht) auf mich wirken und durch die Aufzeichnung der Eindrücke im Postskript für eine spätere Auswertung einfließen zu lassen.

Jede Kontaktaufnahme mit involvierten Führungskräften erfolgte ausschließlich mit mir persönlich und sollte den anonymen Umgang mit gewonnenen Daten von mir als Externe unterstreichen.

In jedem Gespräch wurde die jeweilige Führungskraft ausdrücklich auf ein Feed-Back der Untersuchungsergebnisse hingewiesen. Dessen spezifische Form und der genaue Zeitpunkt blieben allerdings zu diesem Zeitpunkt noch offen. - Um über den Fortgang des Projektes zu informieren und um zu gewährleisten, daß die Führungskräfte nicht das Gefühl gewannen, der Untersuchungsablauf sei 'eingeschlafen', nahm ich, in zwei- bis dreimonatigem Abstand, telefonischen oder persönlichen Kontakt mit ihnen auf und informierte sie kurz über den zeitlichen, momentanen Stand der Auswertung.

Die Schlußpräsentation und Diskussion der Ergebnisse hinsichtlich der Relevanz einer zielgruppenspezifischen Ansprache der Führungskräfte nach Führungsebenen bzw. Unternehmensbereichen erfolgte in Anwesenheit aller Führungskräfte und Mitarbeiter der Personalabteilung. Es wurde vereinbart, die Ergebnisse für unmittelbar bevorstehende Workshops mit Führungskräften durch die Personalentwickler zu verwenden und den zuständigen Trainern einer nun folgenden Phase weiterer Führungskräfteseminare als Ausgangsmaterial zur Verfügung zu stellen.

Für das Feed-Back an die involvierten Führungskräfte wurde eine schriftliche Variante gewählt:

Betrifft: "Beziehungsqualität bei..."

Sehr geehrter Herr...!

Sie erinnern sich an die Untersuchung zur "Beziehungsqualität bei Lux"?

Es ging um das erlebte "Miteinander" im Unternehmen im Vergleich zur gewollten Soll-situation in den Erläuterungen zum Leitbild. In die Untersuchung einbezogen waren - je nach Unternehmensbereich - Führungskräfte der ersten, zweiten, dritten und vierten Führungsebene (exkl. Produktionsbereich).

37 Führungskräfte der angesprochenen Führungsebenen wurden zufällig ausgewählt und persönlich in einem längeren Gespräch befragt. Dabei kamen beispielsweise folgende Themen zur Sprache:

* *"Spielregeln" einer guten Zusammenarbeit zwischen Vorgesetzten und Mitarbeitern,*
* *"Spielregeln" der Teamarbeit,*
* *Informationsverhalten,*
* *Karrierekriterien,*
* *Führungsverhalten und -verständnis (z.B. kooperative Führung) im Unternehmen und seinen Teilbereichen;*

Das umfangreiche Interviewmaterial liegt nun fertig ausgewertet vor. Ich übermittle Ihnen anbei einen kleinen Teil der Ergebnisse in Form zusammenfassender Bemerkungen zu den verschiedenen Unternehmensbereichen.

Sie interessieren sich für die detaillierten Ergebnisse?
Dafür setzen Sie sich bitte entweder mit mir in Verbindung (Tel. ...) oder nehmen Einsicht in die aufliegenden Unterlagen in der Abteilung für Personalentwicklung.

Auf diesem Weg möchte ich Ihnen und allen danken, durch deren engagierte Mitarbeit dieses Projekt ermöglicht wurde!

Mit besten Grüßen

Ulrike Hugl

Beilage: Untersuchungsergebnisse

Rückblickend stellte sich dieses Feed-Back Vorgehen als Fehler heraus: Der Personalchef hatte nach der Schlußpräsentation angeboten, meine vorbereiteten Feed-Back-Unterlagen zu kopieren und intern verschicken zu lassen. Erst viel später (einige Zeit nach dem Abschluß meiner Arbeit im Unternehmen) erfuhr ich durch Zufall, daß dies nie geschah - die Führungskräfte auch in keiner anderen Form über die Projektergebnisse informiert wurden.

In einem persönlichen Gespräch begründete der Personalchef die Unterlassung der Weiterleitung der Unterlagen an die Betroffenen mit zuviel 'Unruhe' wegen geplanter, großangelegter Umstrukturierungsmaßnahmen im Unternehmen. Es sei aber auf jeden Fall noch geplant gewesen... - Dieser Umstand war hintergründig sicher auch davon begleitet, daß meine beiden Hauptansprechpartner und Mitinitiatoren in der Abteilung für Personalentwicklung zum Zeitpunkt der Schlußpräsentation nicht mehr im Unternehmen arbeiteten und diese Untersuchung damit nicht 'das Kind' der neuen Mitarbeiter war.

Bleibt abschließend zu hoffen, daß die 'Informations-Frustrationsgrenze' der Mitarbeiter hoch genug ist, um weitere Projekte im Unternehmen nicht unter solchem Vorgehen leiden zu lassen.

2.3. Transkription

Für die Auswertung mußten die auf Band aufgezeichneten Interviews in Schriftform gebracht werden. Aus der sehr breiten Palette unterschiedlicher Möglichkeiten und Transkriptionsformen wurde für die Umsetzung eine einfache Variante gewählt. Ein Auszug aus dem umfangreichen Transkriptionsmaterial (700 Seiten):

$1
Wie schaut es mit dem Setzen von Zielen aus? Wie würden Sie sich Zielvereinbarungen wünschen?
$2
Auf die Gefahr hin, daß ich mir da damit das Leben nicht einfacher mache: Aber die Ziele müssen sicher konkreter werden und werden es auch werden. Ziele sind nicht nur für Vg wichtig, sondern auch für Ma, die sie operativ umsetzen, weil es die einzige Möglichkeit ist, Erfolg zu messen, sich am Erfolg wieder zu motivieren um weiterzukommen. Das ist ein Grundproblem des ganzen U heute und das ist Gott sei Dank sehr sehr schnell entdeckt worden aufgrund dieser Untersuchungen da von ..., daß wir gar nicht in der

Lage sind, unsere Ziele zu setzen, weil wir deren Erreichung gar nicht kontrollieren können. Die ersten Schritte waren deshalb einmal die Ressourcen zu erfassen, die Märkte zu segmentieren und dann versuchen, einfach die Fokussierung zu machen, welche Ressourcen passen oder mit welchen Ressourcen gehen wir in welche Segmente hinein. Daraus kann man dann schon Zahlen machen und dann kann man sich auch kontrollieren. Dann weiß man, welches Segment etwas bringt und wo ich sinnvoll meine Kräfte einsetze und wo nicht. Und dann ist das Feed-Back da. Wenn ich heute die Aufgabe kriege, die Abt um 30 % zu kürzen, weiß ich nicht, welche Aufgaben ich wegnehmen muß. D.h. ich weiß es schon, aus dem Bauch heraus, intuitiv kann ich mir schon etwas vorstellen, aber ich weiß es nicht aus Zahlen. Das kommt daher, weil wir eben unsere Leistungen sehr amorph über Globalziele verschmieren. Wir wollen überlegene ... machen, wir wollen qualifiziert wachsen, wir messen uns am Gewinn und solche Sprüche, die alle für sich schon Sinn machen, aber eben tolle Allgemeinplätze sind, aber die Zahlen? Ich habe da einmal ein Konzept geschrieben, bevor das mit ... losging, daß einer mir sagt: Wir wollen im Jahr 95 X Mrd. Schilling machen, und das bricht sich so auf: Wir wollen das in diesen und diesen Märkten mit diesem und diesem Produkt. Und das gibt es nicht. Und diese Ziele müssen gesetzt werden. Aus dem kann man dann top down die Dinge ableiten für die einzelnen Bereiche und kann sie dann einfach auch von unten nach oben gegenchecken, ob die Ressourcen da sind, ob es geht. Aber ich glaube, das ist auch ein wichtiger Prozeß da drin. Ziele sind konkret in der eigentlichen Formulierung nicht vorhanden. Sie wissen ja selber, wie leicht es ist, eine Absicht mit dem Ziel zu verwechseln. Das geschieht jeden Tag hier. Natürlich wollen wir Gewinn machen, wir wollen dort steigern. Aber ein Ziel ist erst konkret, wenn eine Zahl dort steht, ein Termin. Sonst ist es eben ein Verschmiertes oder eines, um das man sich eben gedrückt hat.

Alle Transkriptionen[10] wurden auf folgende Weise erstellt:

⇨ Für jede interviewte Führungskraft wurde statt des Namens zu Beginn des Transkriptes ein Interviewcode, der sich nach Datum und Uhrzeit des Interviews zusammensetzte, gewählt (z.B. & 11073).

⇨ Kommentare des Interviewten wurden jeweils mit $2 gekennzeichnet, jene der Interviewerin mit $1.

⇨ Etwaige Dialekteinfärbungen wurden verdeutlicht.

---

10   vgl. Kap. 4.3./Abschnitt A (Transkription der Interviewdaten)

⇨ In den Interviews häufig vorkommende Worte wurden abgekürzt (z.b. U für

Unternehmen, Abt für Abteilung, Vg für Vorgesetzter, Ma für Mitarbeiter, Sp für

Spielregeln)

Dieses sehr einfache Vorgehen gründet einerseits auf der Tatsache, daß ich selbst alle
Interviews führte, sie wörtlich transkribierte und auch auswerten würde und damit -
durch das Fehlen der Einschaltung anderer, nicht direkt an diesem Prozeß beteiligter
Personen - 'Informationserhalt' nicht durch ein detailliertes Transkriptionsystem
sichergestellt werden mußte. Andererseits war schon zum Zeitpunkt der Transkription
klar, daß die beiden zusätzlichen Auswerter auch Teile und Sequenzen, oder - wenn
erforderlich - ganze Interviews auf Band anhören würden und auf diese Weise direkteren
Einblick in die Art des Sprechens, die Lautstärke, den verwendeten Tonfall usw. der
Befragten gewinnen können als dies auch durch eine differenzierte und damit schwerer
lesbare Transkriptionsform der Fall sein könnte.

2.4. Auswertung der Interviewdaten

Die Auswertung der gewonnenen Interviewdaten vollzog sich in Anlehnung an die
qualitative Inhaltsanalyse nach Mayring[11] und die vorangestellten Überlegungen des
theoretischen Teils (Abschnitt A) zur Entwicklung einer qualitativen Inhaltsanalyse.[12]
Anstelle der von Mayring verwendeten tabellarischen Form der Ergebnisaufbereitung
wird hier jedoch eine inhaltsanalytische Auswertungsvariante mit Mind-Mapping[13]
vorgestellt.

---

[11] vgl. Kap. 5./Abschnitt A (Spezielle Techniken der qualitativen Inhaltsanalyse nach Mayring)
[12] vgl. Kap. 2./Abschnitt A (Die "Sackgasse" rein quantitativer Inhaltsanalyse), Kap. 3./Abschnitt A
       (Ansätze zur Konstruktion einer qualitativen Inhaltsanalyse aus "Nachbardisziplinen") und Kap.
       6./Abschnitt A (Gütekriterien qualitativer Inhaltsanalyse)
[13] vgl. Mind-Mapping/Abschnitt B

2.4.1. Triangulation oder "Drei in einem Boot"

Triangulation soll hier nicht verstanden werden als multimethodische Vorgehensweise im Sinne einer parallelen Auswertung oder (Mehrfach-)Erhebung von Interviewdaten in qualitativer *und* quantitativer Form. - Um Reliabilitätsansprüche der Untersuchung besser als bei alleiniger Auswertung gewährleisten zu könen, zielt Triangulation hier vertiefend auf eine Ausweitung des Datenauswertungsprozesses auf mehrere Personen.[14]

Rahmenbedingungen dieser Triangulationsform:
⇨   Die beiden zusätzlichen Auswerter wurden bewußt so ausgewählt, daß möglichst verschiedene Ausbildungshintergründe und Sichtweisen in den Prozeß einflossen: Einer der Auswerter war Universitätsassistent der Theologischen Fakultät, Angestellter einer Softwarefirma sowie Student der Germanistik und Rechts-wissenschaften. Der zweite Auswerter war als Angestellter einer Bank ausgebildeter Jurist und Betriebswirt.

⇨   Den beiden Auswertern wurden über den bisherigen Verlauf der Untersuchung (Methodenwahl und Begründung, Entwicklung der Interviewleitfäden und Hintergründe, Art der Transkription der gewonnenen Daten) und den theoretischen Auswertungshintergrund dieser Arbeit informiert. Zusätzlich erhielten sie alle bisher in die Entstehung des Leitfadens eingeflossenen Materialien bezüglich Aus-wertungsunterlagen stattgefundener Führungskräfteseminare im Unternehmen sowie allgemeine Firmeninformationen (Tätigkeitsfeld und hierarchische Struktur des Unternehmens, Broschüren, Leitbild).

Das Aufgabenfeld der zusätzlichen Auswerter umfaßte
⇨   in einer ersten Phase das Sichten und Durchlesen aller Interviewdaten,
⇨   in einer zweiten die Mithilfe für die Kategorienbildung,
⇨   in einer dritten zunächst die gemeinsame, dann alleinige Zordnung der Interviewmaterialstellen auf das gewonnene Kategorienschema und (partielle) Mithilfe bei der Erstellung der Mind-Maps,
⇨   in einer vierten die Evaluation der Mind-Maps und der 'linear verschrifteten' Ergebnisse und Interpretationslinien.

---

14   vgl. die Vorschläge zu erweiternden und vertiefenden Aspekten der Triangulation in Kap. 6.2.2./Abschnitt A (Triangulation);

Der gesamte Prozeß der Zusammenarbeit war dabei geprägt von Einzelarbeitsphasen der Auswerter und sukzessiver gemeinsamer Zusammenführung und Diskussion gewonnener Ergebnissequenzen.

2.4.2. Zusammenfassung mit Mind-Mapping

In Anlehnung an Mayrings zusammenfassendes inhaltsanalytisches Ablaufmodell[15] wird im folgenden dessen Umsetzung - anstelle linearer, tabellarischer Form - mit Hilfe des Mind-Mapping demonstriert:

Schritt 1: Bestimmung der Analyseeinheiten
In einem ersten Schritt bilden die einzelnen Interviews, im zweiten Schritt die Gesamtheit aller Interviews Kontext- und Auswertungseinheit. Kodiereinheit ist im vorliegenden Fall jede Aussage einer Führungskraft zum Erleben und Bewerten der wahrgenommenen, 'gelebten' Dimensionen der 'Beziehungsqualität', des 'Miteinanders', im Unternehmen (später im Kategoriensystem verschiedenen, entsprechenden Themenkomplexen zuordenbar). Im speziellen erfolgt eine Differenzierung nach den im Interviewleitfaden angesprochenen 'Grobdimensionen'. (Im Gegensatz zu Mayrings Interviewzugang ist in der vorliegenden Untersuchung der Datenerhebungsprozeß als strukturierter einzuschätzen und zeigt deshalb erhöhte Relevanz für ein Vorgehen nach 'Grobdimensionen' des Leitfadens.)

Mayring differenziert weiters in die Schritte 2 bis 6, die hier zunächst inhaltlich wiedergegeben und weiter unten für die Umsetzung im Mind-Map nachvollzogen werden:

Schritt 2: Paraphrasieren der inhaltstragenden Textstellen (Z1-Regeln)
durch eine (so dies aufgrund der Länge und Inhalts einer Aussage erforderlich ist) Zerlegung von Interviewkommentaren in zwei oder mehr Paraphrasen: Interviewaussagen werden, durch Streichung ausschmückender, sich wiederholender Inhalte in eine Kurzform gebracht (Z1-Regeln der Paraphrasierung).

---

15   vgl. die vertiefenden Erläuterungen in Kap. 5.1./Abschnitt A (Zusammenfassung als inhalts-
     analytische Technik)

Schritt 3: Bestimmung des angestrebten Abstraktionsniveaus - Generalisierung der Paraphrasen unter diesem Abstraktionsniveau (Z2-Regeln)
Das Abstraktionsniveau wird dahingehend festgelegt, daß nach Möglichkeit allgemeine Äußerungen eines Interviewten zu einer bestimmten Dimension (bei Mayring: dem 'Praxisschock') zusammengefaßt werden und die in Schritt 2 gewonnenen Paraphrasen auf das festgelegte Abstraktionsniveau generalisiert werden (Z2-Regeln der Generalisierung).

Schritt 4: Reduktion durch Selektion, Streichen bedeutungsgleicher Paraphrasen (Z3-Regeln)

Schritt 5: Reduktion durch Bündelung, Konstruktion, Integration von Paraphrasen auf dem angestrebten Abstraktionsniveau (Z4-Regeln)

Schritt 6: Zusammenstellung der neuen Aussagen als Kategoriensystem

<u>Ausgehend vom Ablauf der Schritte 2 bis 6 von Mayring wurde für die Zusammen-fassung mit Mind-Mapping folgender Weg abgeleitet:</u>

Mayring gewinnt durch seinen Arbeitsablauf der Schritte 1 bis 6 sein zusammenfassendes Kategoriensystem, welches infolge am Ausgangsmaterial rücküberprüft wird (Schritt 7).
Im hier zugrundeliegenden Projekt wurde (parallel zu Mayring's Schritt 1) - vor dem Hintergrund 'triangulativen' Vorgehens - als Ausgangssituation für weitere Auswertungsschritte, ein Kategoriensystem erstellt.
Das gesamte Interviewmaterial würde dafür von den drei Auswertern zunächst gesichtet und dann versucht, grobe Kategorien für eine Materialzuordnung zu finden. In der anschließenden Zusammenführung der gewonnenen Einzelergebnisse wurde in einem umfassenden Arbeitsprozeß - vor dem Hintergrund der Grobdimensionen des Leitfadens - ein Kategorienschema mit Hauptkategorien und Unterkategorien für das Ausgangsmaterial entwickelt. Rahmenbedingung für die Eruierung von Kategorien und jeweiligen Unterkategorien war die Forderung nach einer möglichst schlüssigen und durchgängigen Zuordenbarkeit des auszuwertenden Materials:

Kategorie (K) 1: Zusammenarbeit
Unterkategorie 1 A:
Vorgesetzter und unterstellter Mitarbeiter (Spielregeln)
⇨   Wunschvorstellung

⇨ Realitätsbezug

Unterkategorie 1 B:

Arbeit im Team (Spielregeln)

(Unternehmen als Spiel/Sport)

⇨ Wunschvorstellung

⇨ Realitätsbezug

Unterkategorie 1 C:

Informationsfluß

Kategorie 2: Karriere im Unternehmen

Unterkategorie 2 A:

Kriterien, Qualifikation, Verhalten, Persönlichkeit

Unterkategorie 2 B:

Bindung ans Unternehmen

⇨ Grad der Verwirklichung beruflicher Zielsetzungen

Kategorie 3: Führungsverständnis/-verhalten (Leitbildbezug)

Unterkategorie 3 A:

'Anpassung' des Führungsverhaltens an die Mitarbeiter im Unternehmen

(Leitbildbezug)

⇨ Vorstellungsinhalte

⇨ Realitätsbezug

Unterkategorie 3 B:

Kooperative Führung (Leitbildbezug)

⇨ Vorstellungsinhalte

⇨ Realitätsbezug

Unterkategorie 3 C:

Aufgaben/Kompetenzen/Verantwortung/Ziele

⇨ Wunschvorstellung

⇨ Realitätsbezug

Unterkategorie 3 D:

Zukünftige Anforderungen an Führungskräfte

Kategorie 4: Weiterbildung

Unterkategorie 4 A:

Weiterbildungsbedarfseinschätzung

⇨ Personen, Gruppen, Bereiche des Unternehmens

Unterkategorie 4 B:
Aktuelle(r) Weiterbildungsstand/-aktivitäten

Kategorie 5: Persönliche Erfolge

Im Vergleich zu Mayring's Abfolge entstand das Kategoriensystem hier in Schritt 1 (Mind-Mapping-Umsetzung). Diese Vorgangsweise hat folgenden Grund: Die Interviewleitfäden wurden in ihrer Probe- und jeweiligen Evaluierungsphase hinsichtlich der verschiedenen Fragedimensionen auf Schlüssigkeit und annäherungsweise Eindeutigkeit einer Antwortzuordnung geprüft und dementsprechend weiterentwickelt. Diese Vorarbeiten im Leitfadenpretest ebneten den Weg für die frühe Möglichkeit der Erstellung eines Kategoriensystems auf Grundlage des verwendeten Interviewleitfadens.

Die Zuordnung zu den gefundenen Kategorien erfolgte für die ersten beiden Unternehmensbereiche zunächst 'triangulativ' - die Kurzbezeichnungen für die Kategorienzuordnungen von Textstellen wurden direkt im Transkriptionsmaterial von jedem Auswerter einzeln vollzogen, gemeinsam verglichen und unklare Zuordnungen besprochen. In der nächsten Phase wurden die Mind-Maps zunächst von mir alleine erstellt und zu Interpretationen zusammengeführt - danach wiederum gemeinsam durchgesprochen und gegebenenfalls evaluiert.

Mayring's Schritte
Schritt 2, 3, 4 und 5
werden in den Mind-Maps zusammengezogen (wie es auch Mayring in seinem Ablaufmodell als Variante vorschlägt).
Ein Beispiel für Mayring's Paraphrasierung in erster Phase aus dem Interview einer Führungskraft (Code: 21773), dessen Inhalte später im Mind-Map in stark reduzierter Form wiedergegeben werden.[16] Die Aussagen beziehen sich auf Wunschvorstellungen einer Zusammenarbeit zwischen der Führungskraft und ihrem Vorgesetzten:[17]

---

[16] vgl. den Mind-Map-Teil zum Code 21773 im folgenden Kapitel 2.5./Empirische Umsetzung (Mind-Maps und Schlußinterpretation)

[17] vgl. Kategorie 1 (Zusammenarbeit) - Unterkategorie 1 A (Vorgesetzter und unterstellter Mitarbeiter - Wunschvorstellungen) des Kategoriensystems. - Das Ergebnis des Reduktionsprozesses dieser Aussage zu Unterkategorie 1 A findet sich auf dem ersten Mind-Map im folgenden Kap. 2.5./Empirischer Teil (Mind-Maps und Schlußinterpretation).

"Zuverlässigkeit wäre sicher eine Voraussetzung. Man soll sich auf die Meinung vom Vorgesetzten (Vg) verlassen können, daß er nicht morgen wieder eine andere Meinung hat und zu einer getroffenen Entscheidung steht. Das ist ganz ein wichtiger Punkt, daß ich mich z.B. auf Zusagen verlassen kann. Wichtig ist auch, daß die Informationen direkte Wege gehen und ich, wenn etwas ist, das nicht über andere erfahren muß und daß man Informationen auf jeden Fall weitergibt, egal ob sie für einen selbst günstig sind oder nicht. Es ist auch wichtig, daß ich den Vg überhaupt erreiche, wenn ich ihn brauche. Man sollte als Vg versuchen, die Fähigkeiten und Schwächen von einem Mitarbeiter (Ma) zu erkennen, damit man gezielt die Fähigkeiten unterstützen und födern kann. Ich erwarte von einem Vg auch, daß er fähig ist, mich zu motivieren. Wenn ich selber motiviert bin, kann ich auch meine Ma wieder motivieren. Das Menschliche muß passen. Ich wünsche mir, daß gute Vorschläge auch akzeptiert werden...."

Paraphrasierungen nach Mayring für diese Aussagen (Schritt 2 in seinem Ablaufschema):

Paraphrase Nr. 1:	"Zuverlässigkeit wäre Voraussetzung"
Paraphrase Nr. 2:	"sollte sich auf Meinung und Entscheidungen des Vg verlassen können"
Paraphrase Nr. 3:	"Informationen sollen direkte Wege gehen"
Paraphrase Nr. 4 :	"Informationen sollten nicht über andere (als Vg) erfahren werden"
Paraphrase Nr. 5:	"Informationen sollten unbedingt weitergegeben werden"
Paraphrase Nr. 6:	"wichtig, daß ich Vg erreiche, wenn ich ihn brauche"
Paraphrase Nr. 7:	"Vg sollte Fähigkeiten und Schwächen von einem Ma erkennen"
Paraphrase Nr. 8:	"Vg sollte Fähigkeiten unterstützen und fördern"
Paraphrase Nr. 9:	"Vg sollte fähig sein, mich zu motivieren"
Paraphrase Nr. 10:	"wenn ich selbst motiviert bin, kann ich auch Ma motivieren"
Paraphrase Nr. 11:	"Menschliches muß passen"
Paraphrase Nr. 12:	"gute Vorschläge sollten akzeptiert werden"

Derart gewonnene Paraphrasierungen würden, folgt man Mayring's Ablauf im vorgestellten Beispielmaterial, nach Festlegung des angestrebten Abstraktionsniveaus (Schritt 3), nochmalige Generalisierungs- und Reduktionsprozesse (Schritt 3: Z2-Regeln, Schritt 4: Z3-Regeln, Schritt 5: Z4-Regeln) in Einzelschritten durchlaufen.

Für Mayring's *Schritte 2 bis 5* wurde das Abstraktionsniveau in der hier vorliegenden Untersuchung *für die Umsetzung im Mind-Map* dahingehend festgelegt, daß durch den Reduktionsprozeß (Schrittfolgen aus der psychologischen Textverarbeitung: Z-Regeln 2,

3 und 4) eine Zusammenfassung auf eines, wenn notwendig, auf mehrere Worte erfolgte. Dieses Vorgehen galt dabei für die zusammenfassenden inhaltlichen Textstellen pro Kategorie und pro Interviewtem. Seinem ablaufreduzierenden Vorschlag zufolge brachte ein Zusammenziehen der Schritt 2 bis 5 für den angeführten und paraphrasierten Interviewabschnitt zu Kategorie 1 (Unterkategorie 1 A) folgende Äste im Mind-Map:

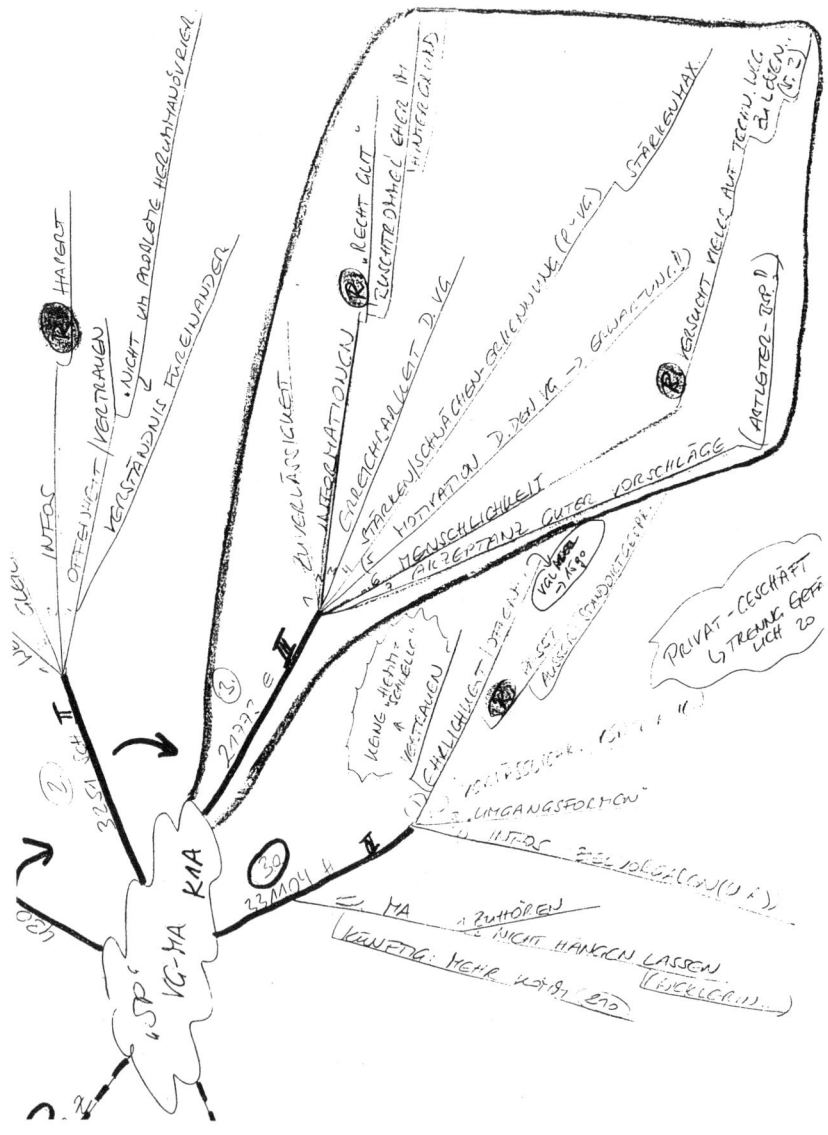

Parpaphrase 1 und 2 wurde nach dem Reduktionsprozeß zu 'Zuverlässigkeit', Paraphrase 3, 4 und 5 zu 'Informationen' (mit Realitätsbezug 'R'), Paraphrase 6 zu 'Erreichbarkeit des Vorgesetzten', Paraphrase 7 und 8 zu 'Stärken-/Schwächen-Erkennung (durch den Vorgesetzten) - Stärkenmaximierung', Paraphrase 9 und 10 zu 'Motivation durch den Vorgesetzten - Erwartung!', Paraphrase 11 zu 'Menschlichkeit' (mit Realitätsbezug 'R') und Paraphrase 12 zu 'Akzeptanz guter Vorschläge' (und wird erweitert um ein später angeführtes Beispiel eines Abteilungsleiters).

Im Gegensatz zu Mayring erfolgte eine, alle Interviews (eines auszuwertenden Teilbereichs) betreffende und übergreifende letzte Reduktion, erst zum Zeitpunkt der Überleitung der zusammengefaßten Ergebnisse der Mind-Maps hin zur Schluß-interpretation in wiederum 'linear-schriftlicher Form'.[18]

Für den letzten Interpretationsschritt wurde - neben den Mind-Map-Zusammenfassungen - auch nochmals das gesamte Interviewmaterial sowie die besprochenen Bänder und Postskripte herangezogen. Die Evaluierung und Diskussion der Ergebnisse wurde zu dritt durchgeführt. (Bei einem Umfang von 700 Seiten Transkriptionsmaterial ist dieses Vorgehen möglich. - Mayring hingegen ging in seinem Beispielmaterial von 20.000 Transkriptionsseiten aus. Ein nochmaliges Rückbeziehen der Schlußauswertung auf einen derartigen Datenumfang macht wenig Sinn und scheint unrealistisch.)

Mayrings Vorgehen wird in den Mind-Maps um wörtliche Reden in jenen Fällen erweitert, wo die Übernahme spezifischer sprachlicher Ausdrucksweisen als Gedanken-stütze dient und gängige unternehmens- oder bereichsübergreifend vorkommende Redewendungen (z.B. "an einem Strang ziehen") aufscheinen.

Die stark reduzierende Vorgangsweise (gedankliche Umsetzung der Paraphrasen und Reduktionsschritte auf das definierte Abstraktionsniveau) gründet auf
⇨ einem Vorschlag Mayring's, die Schritte 2, 3, 4 und 5 in einen Arbeitsschritt zusammenzuziehen,
⇨ dem spezifischen Hintergrund des Mind-Mapping, durch starke Reduktion des Ausgangsmaterials, prägnante und einprägsame Begriffe für eine visuelle, überblicksartige Darstellung zu finden,
⇨ auf dem relativ geringen Umfang des Transkriptionsmaterials dieser Untersuchung (ca. 700 Seiten), der Tatsache, daß die Daten 'überschaubar' waren und für die auf

---

18   vgl. Kap. 2.5./Empirischer Teil (Mind-Maps und Schlußinterpretation)

die Mind-Map-Zusammenfassungen folgende interpretative 'Folgeauswertung'
nochmals beides, das ursprüngliche Transkriptionsmaterial *und* die Mind-Maps
herangezogen wurden.

Der nochmalige Rückbezug auf das Gesamtmaterial resultiert auch aus der aufgezeigten
Arbeitsweise ausgehend von einem Kategoriensystem: Für jede Kategorie wurde ein
Mind-Map pro Unternehmensbereich erstellt und die Daten dann direkt - ohne weiteren
Zwischenschritt - 'triangulativ' in die interpretative Endauswertung mitübernommen.

Einzelheiten zur spezifischen Mind-Map-Umsetzung:

⇨ Pro Kategorie und Unterkategorien des Kategoriensystems (je nach Umfang des
Themenkomplexes) wurde je ein Mind-Map erstellt. Ausgangspunkt bildete immer
der entsprechende Unternehmensbereich, auf den die zusammenfassende
Auswertung zielte.

⇨ In jedem Mind-Map wurden die Aussagen aller Führungskräfte pro Unternehmensbereich zusammenfassend zur jeweiligen Kategorie (Unterkategorie)
bearbeitet.

⇨ Prägnante Kommentare oder solche, für die eine Paraphrasierung und Reduktion den
Sinnzusammenhang vermissen ließen, wurden zum Teil wörtlich wiedergegeben.

⇨ In jenen Kategorien, in denen Realitätsbezüge vorkamen (1 A, 1 B, 3 A, 3 B und 3
C) wurden diese direkt bei der entsprechend geäußerten (und fürs Mind-Map
reduzierten) Wunschvorstellung als 'R:...' berücksichtigt.

2.5. Mind-Maps und Schlußinterpretation

Im folgenden werden am Beispiel des kleinsten der vier Unternehmensbereiche die Mind-
Map-Umsetzung und die abgeleitete Schlußinterpretation vorgestellt.

(Die Mind-Map-Orginale sind farbig ausgeführt. So Sie Interesse haben, stelle ich sie Ihnen gerne zur
Verfügung. Meine Adresse: Ulrike Hugl, Institut für Verwaltungsmanagement, Universität Innsbruck,
Michael-Gaismair-Straße 11, A-6020 Innsbruck, Tel. 0512/507-7602, Fax. 0512/507-2848)

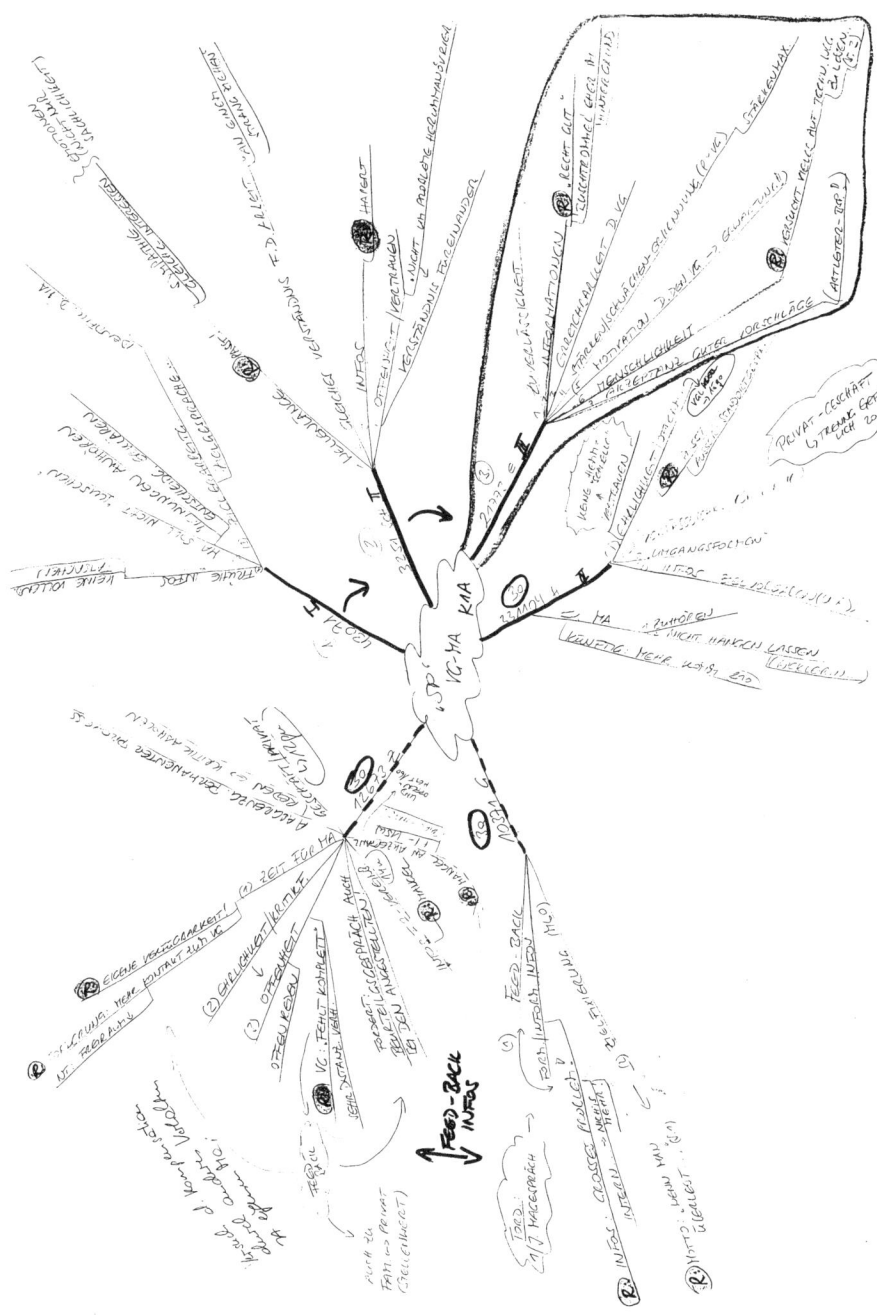

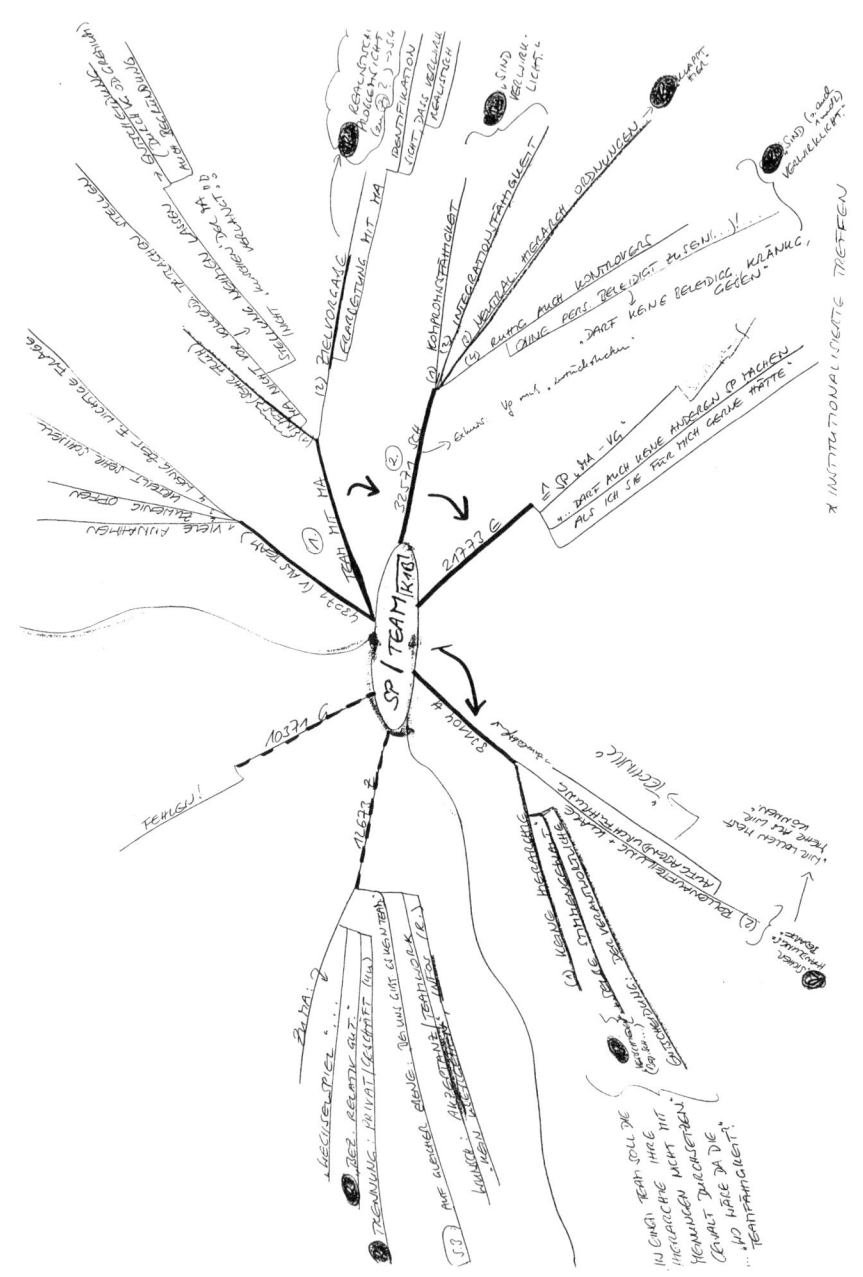

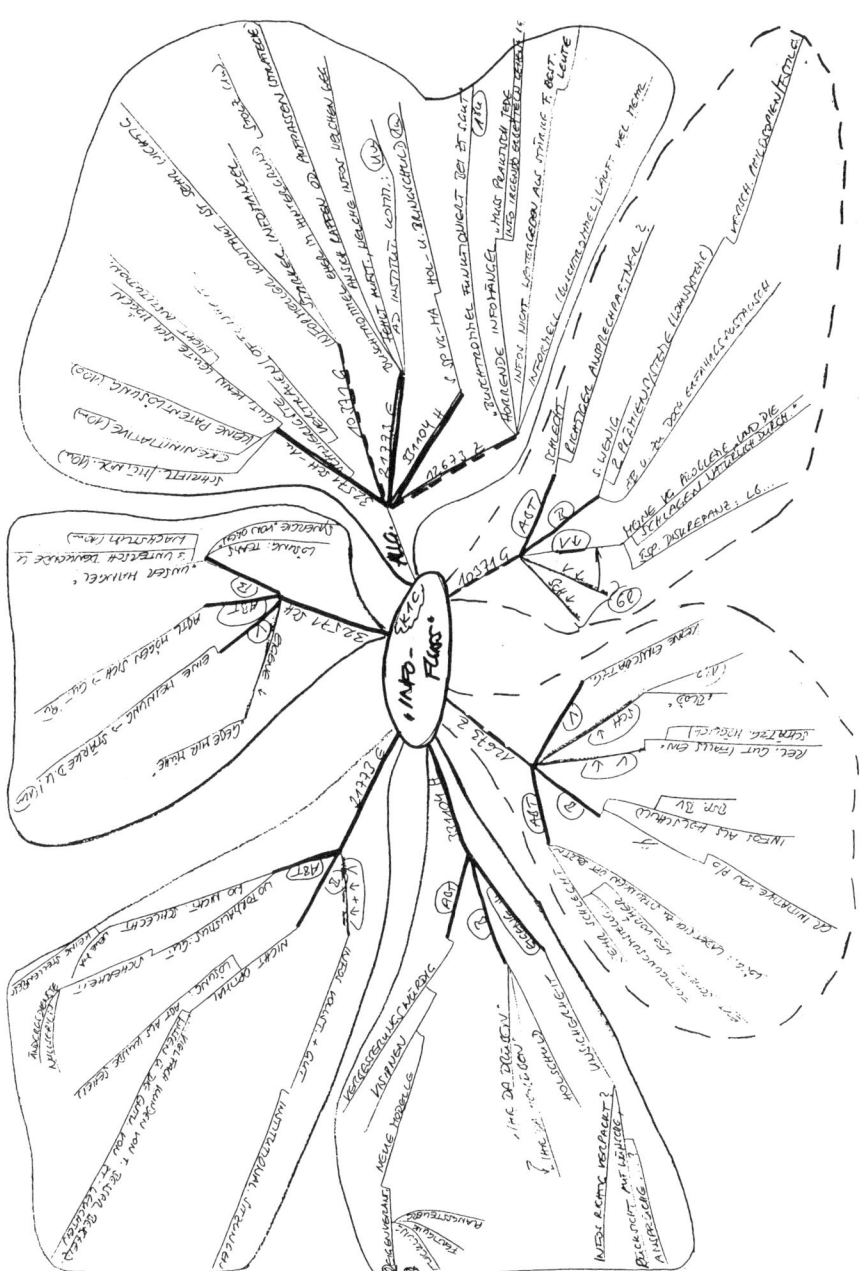

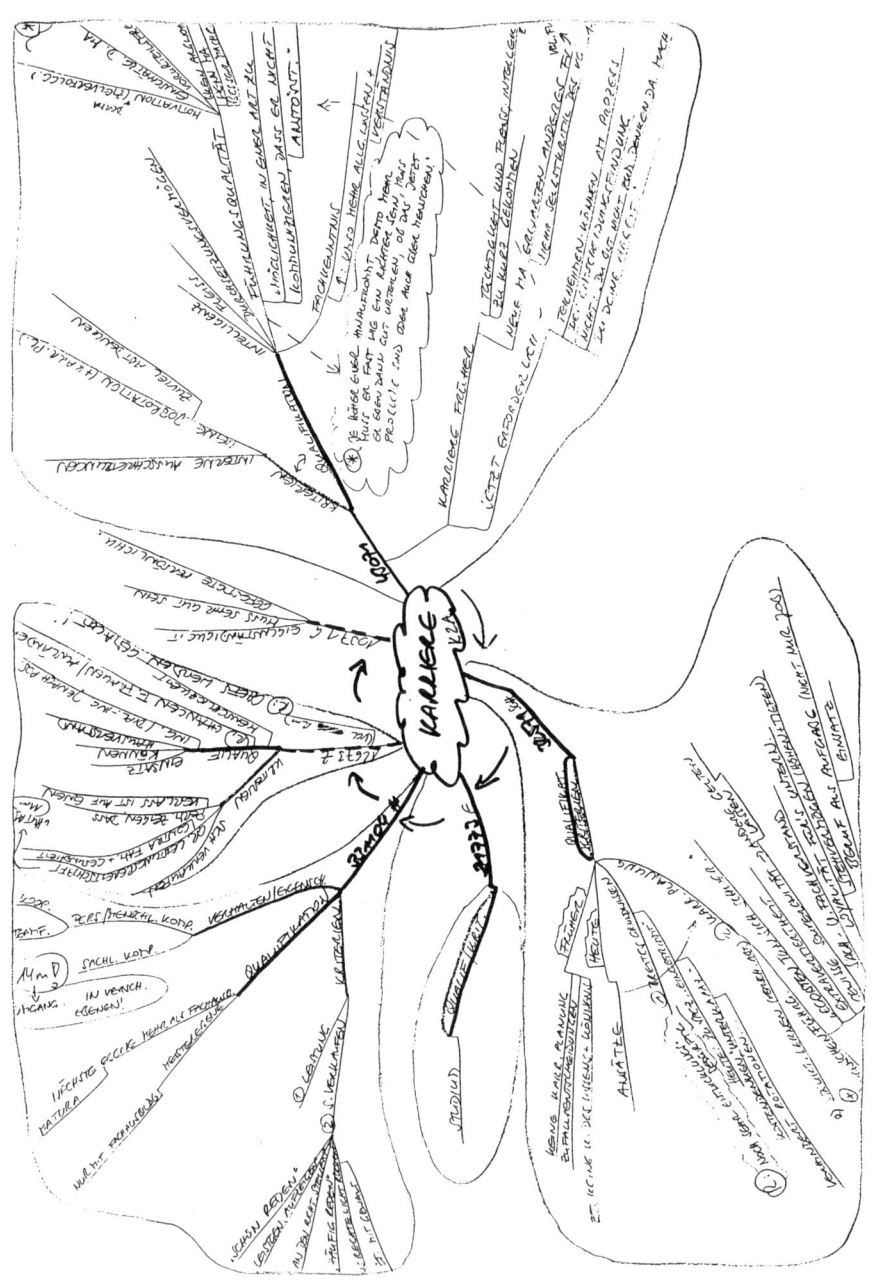

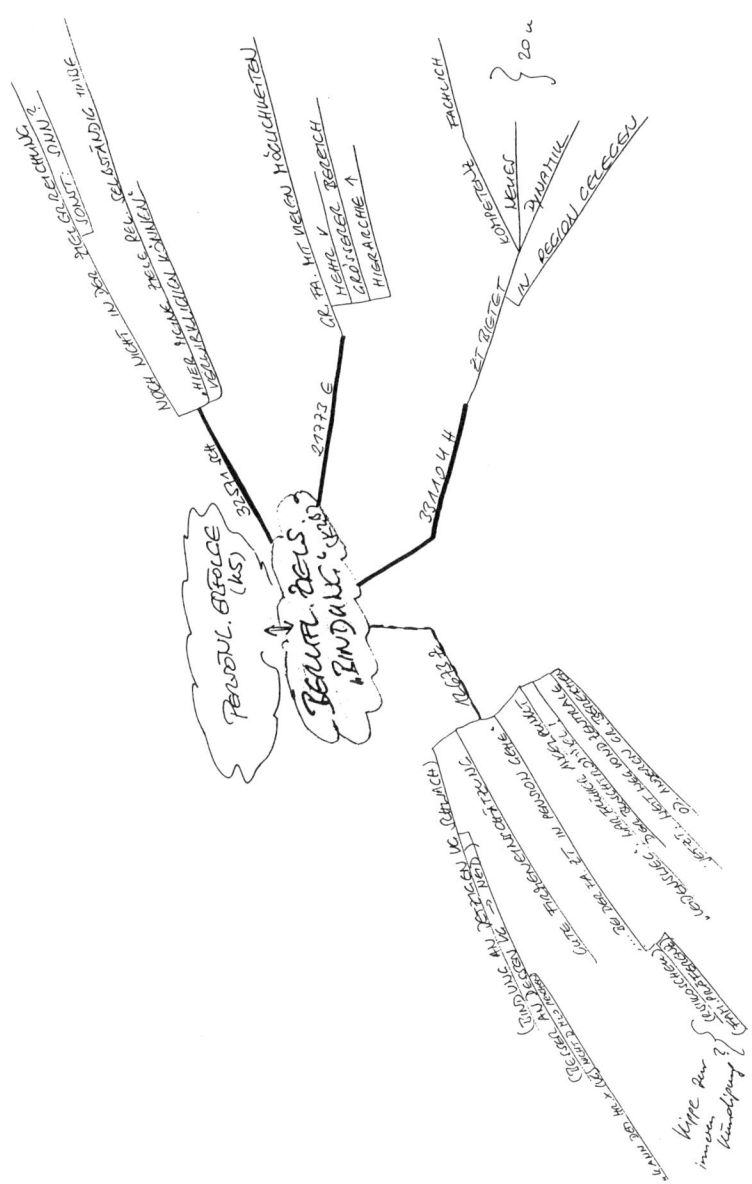

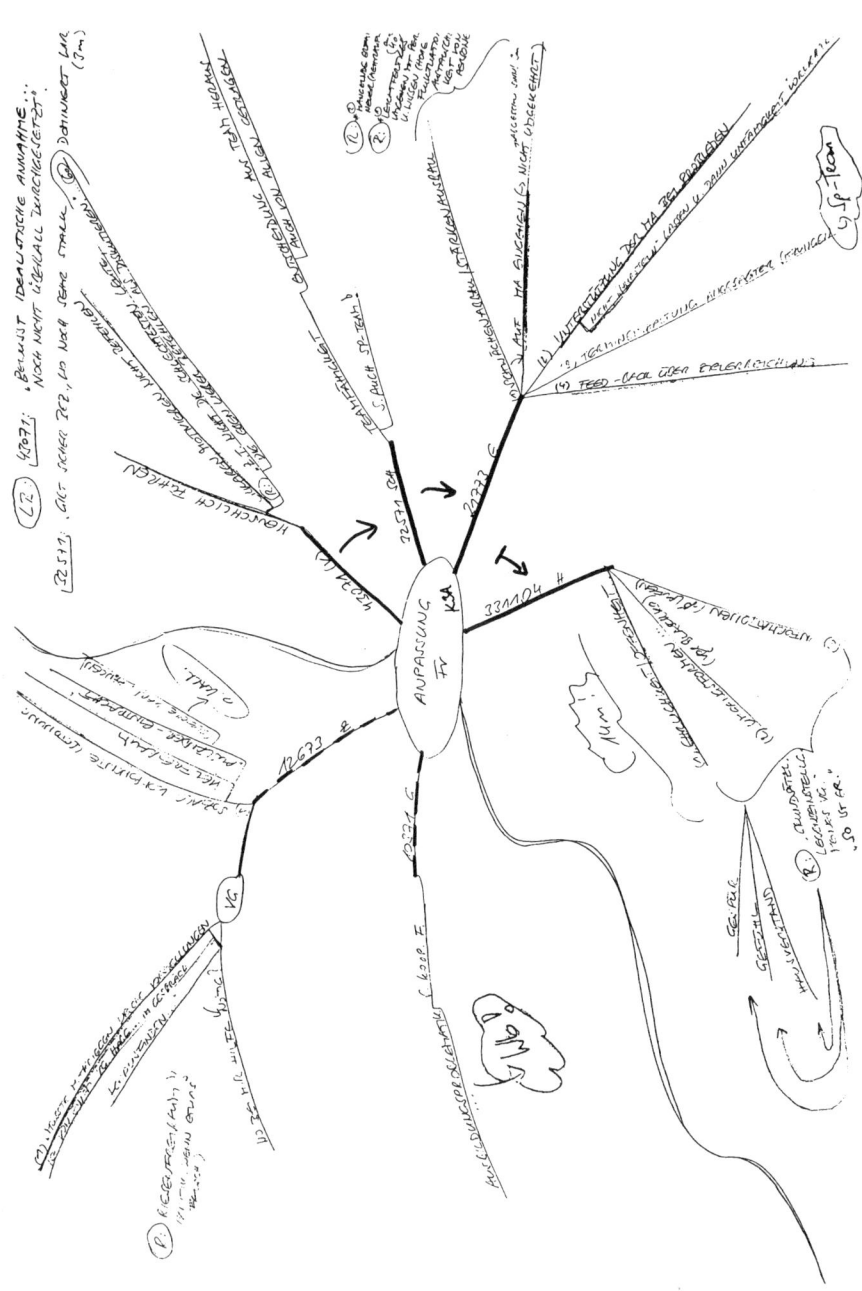

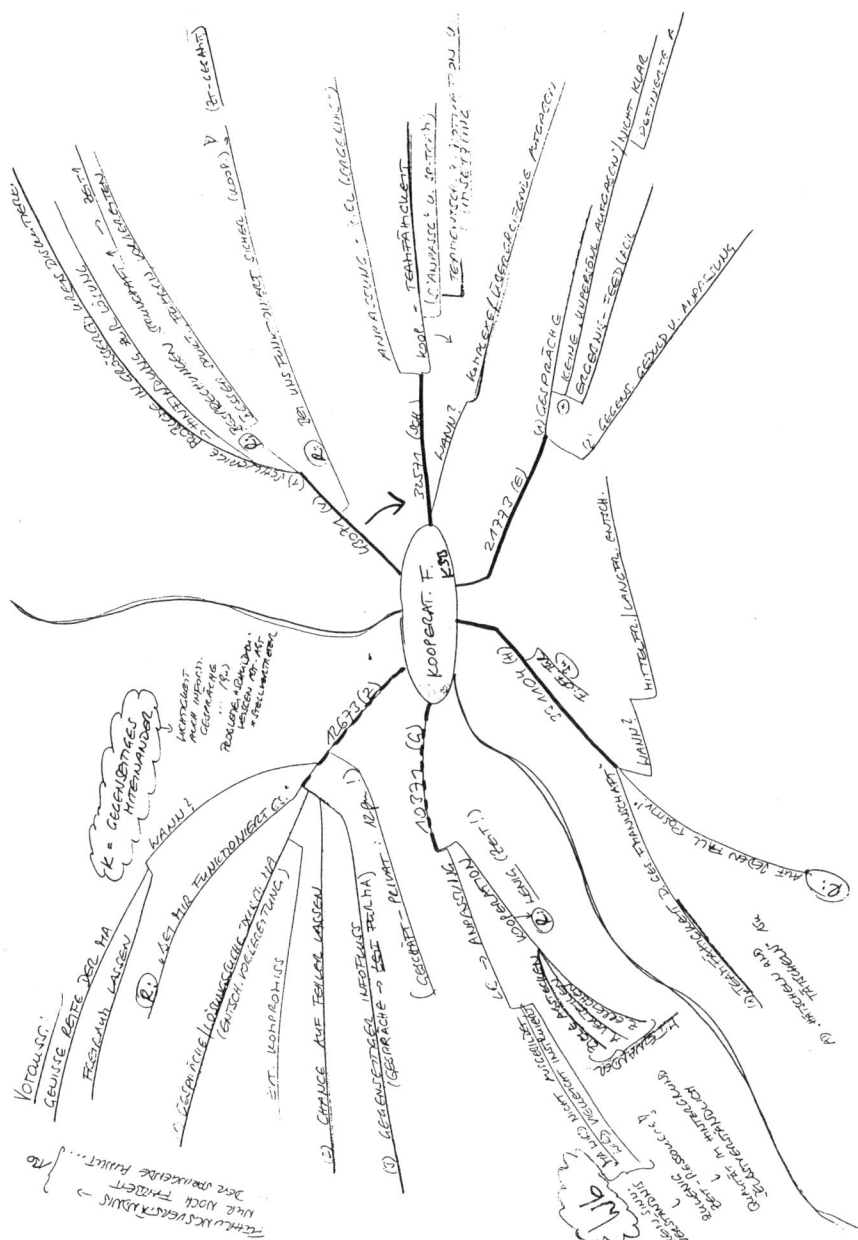

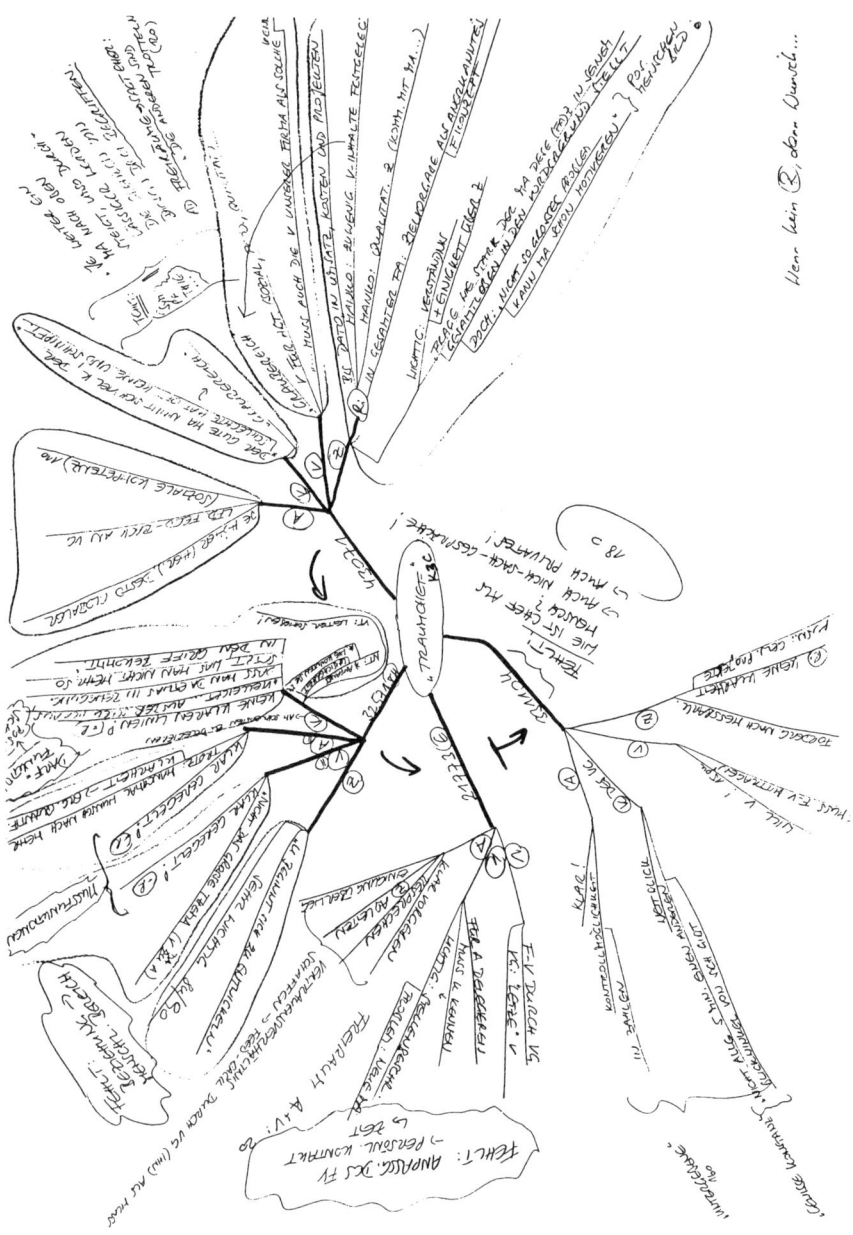

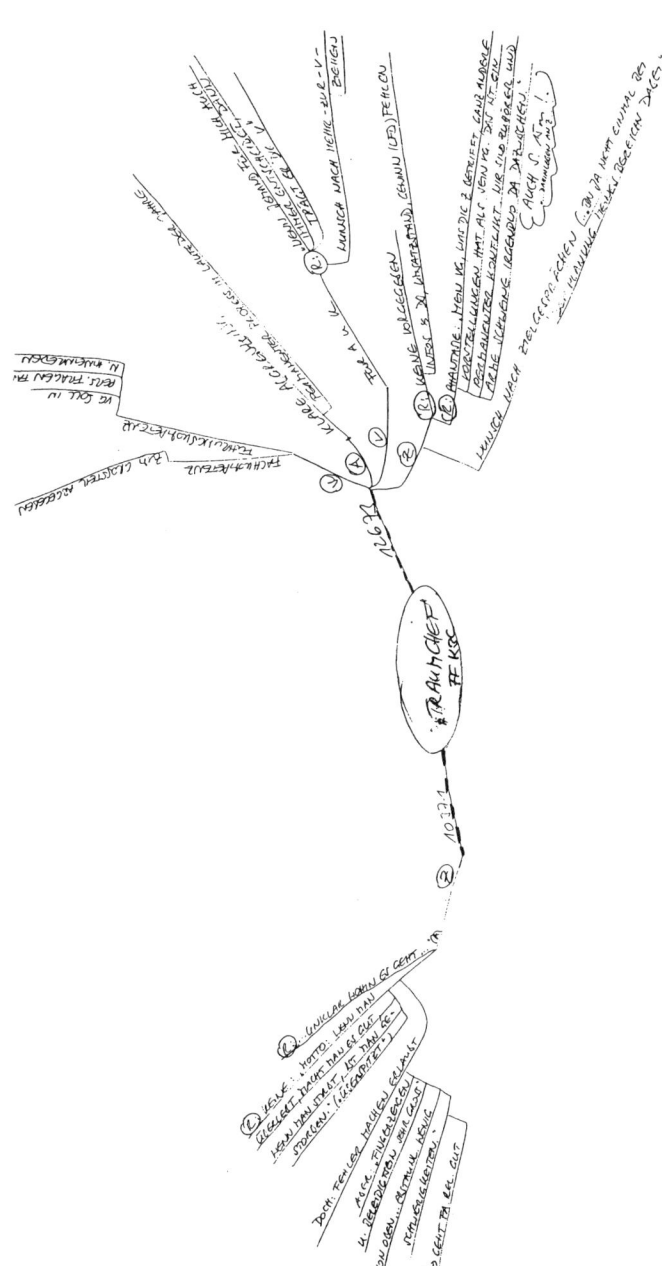

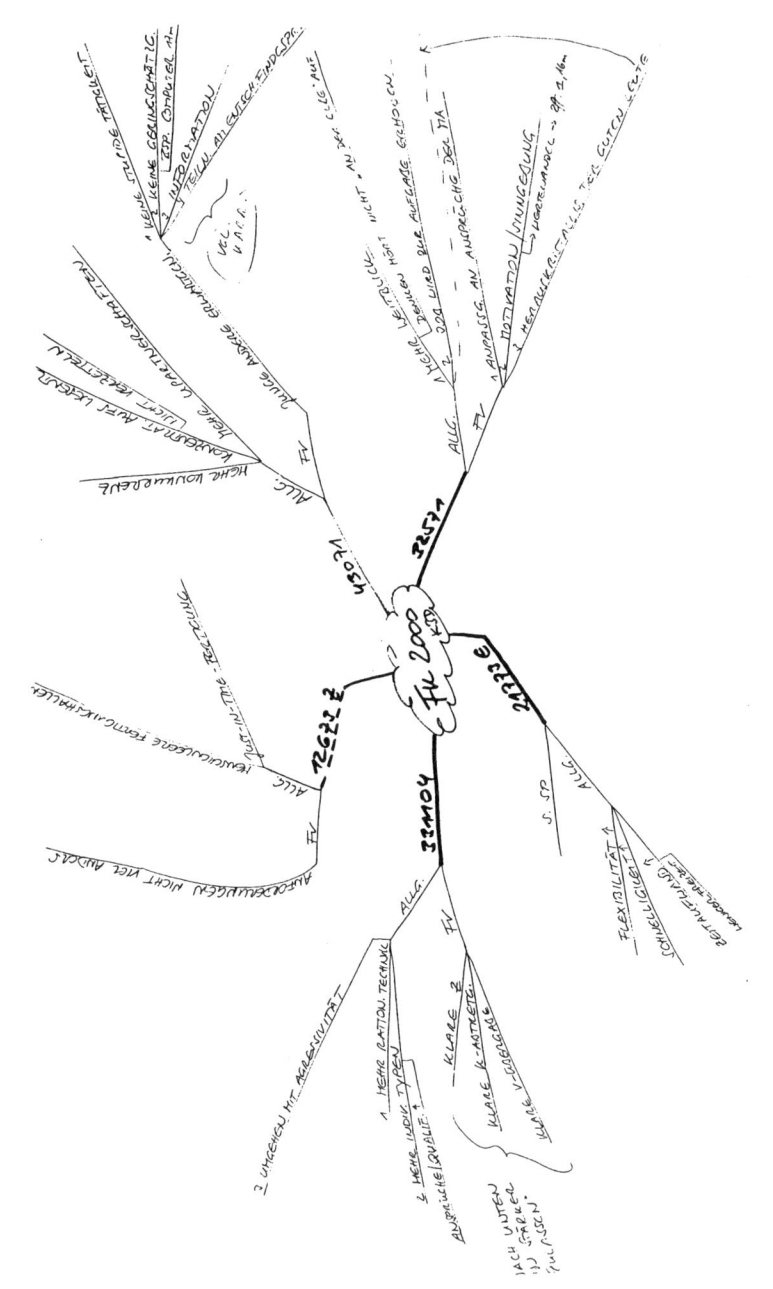

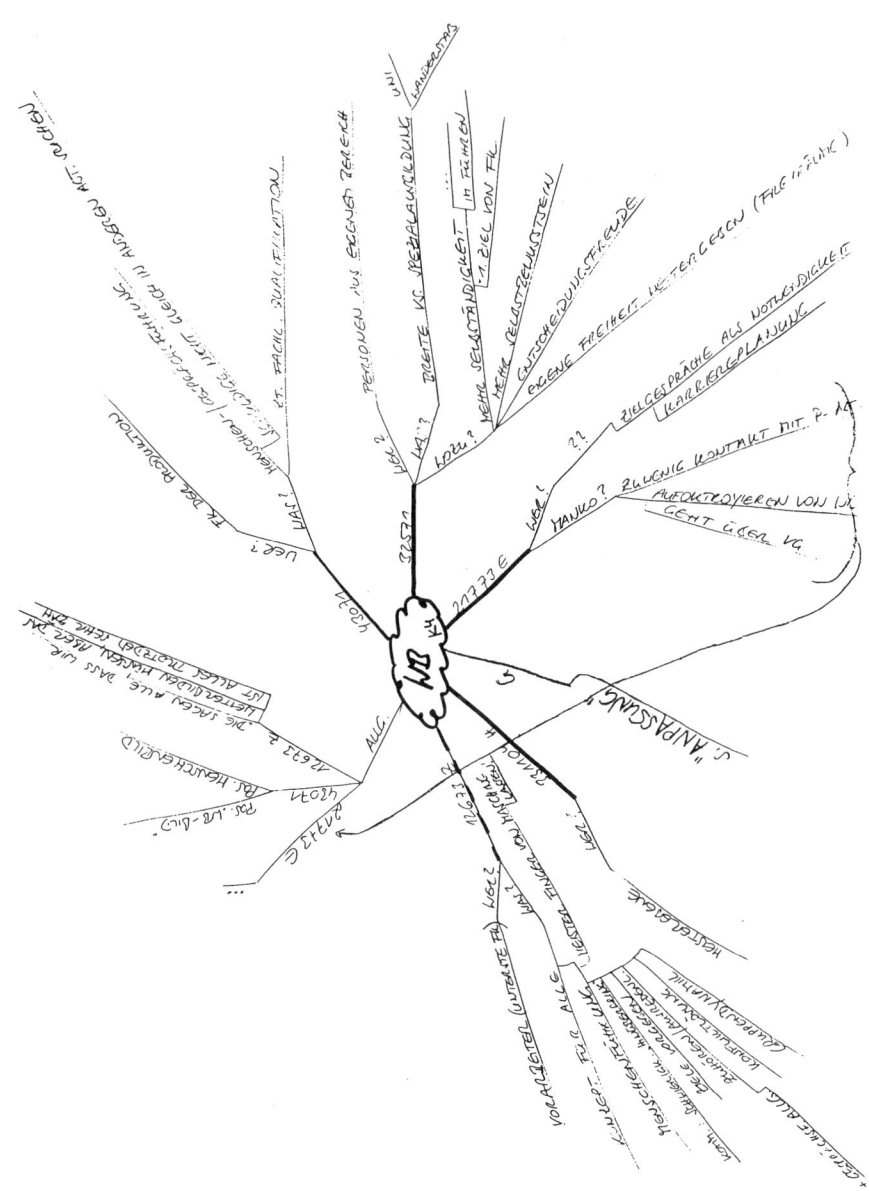

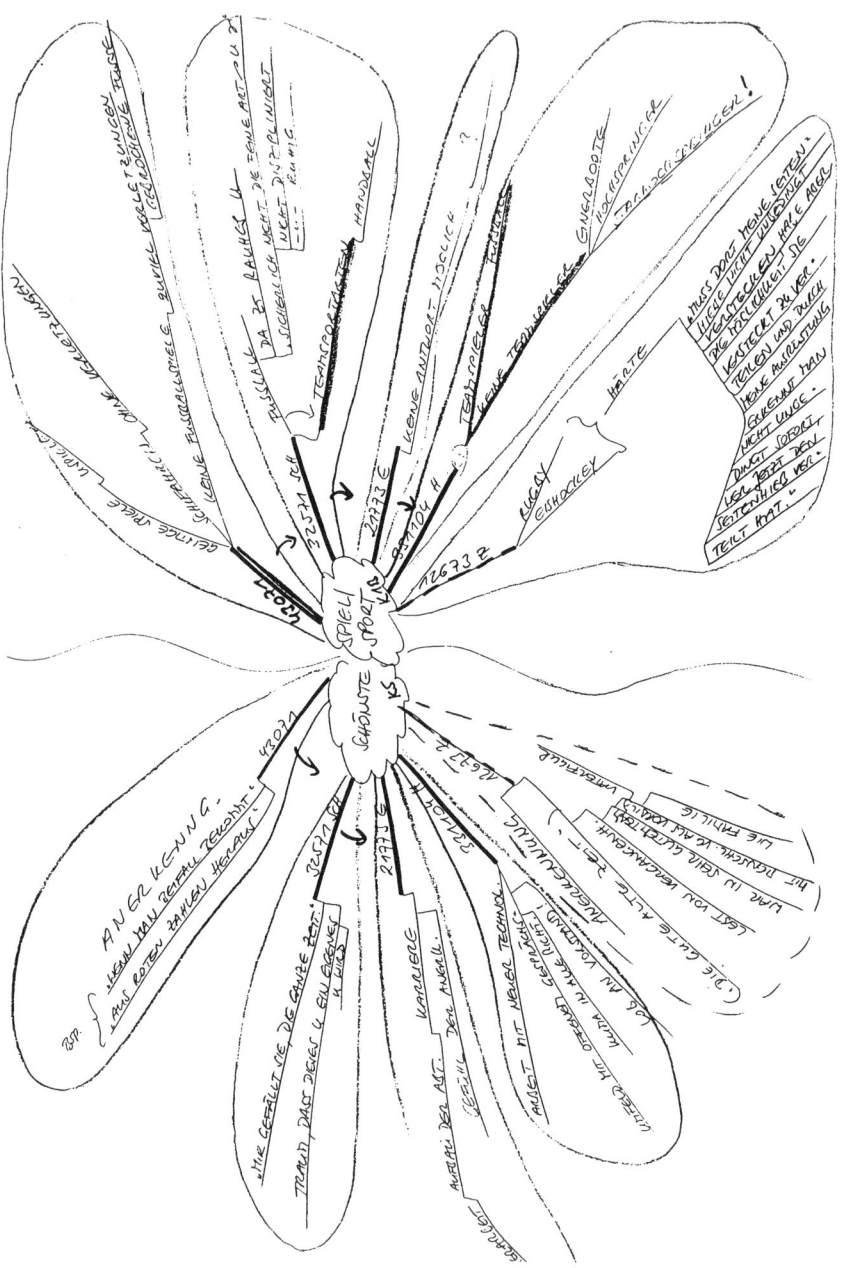

Bereichsmäßige Auswertung

Teil III:

UNTERNEHMENSBEREICH: ...

Befragt wurden Führungskräfte folgender Führungsebenen:

- erste Ebene (Interviewcode 43071)

- zweite Ebene (Interviewcode 3251)

- dritte Ebene (Interviewcodes 21773, 331104)

- vierte Ebene (Interviewcodes 12673, 10371)

Themenschwerpunkte der Auswertung

I. Spielregeln der Zusammenarbeit

1. "Wunsch-Spielregeln" zwischen Vorgesetztem und unterstelltem Mitarbeiter

1.1. Analyse und Interpretation der "Spielregeln" zwischen Vorgesetztem und unterstelltem Mitarbeiter

2. "Wunsch-Spielregeln" für die Teamarbeit

2.1. Das Unternehmen Lux als Spiel oder Sportart

3. Der Informationsfluß im Unternehmen

3.1. Zwischen den Abteilungen

3.2. Zwischen den Unternehmensbereichen

II. Karriere bei Lux

1. Kriterien, Qualifikationen, Verhalten, Persönlichkeit

2. Die Verwirklichung beruflicher Zielsetzungen im Unternehmen

III. Führungsverhalten/Führungsverständnis

1. Die ...*(Leitbildzitat zum Führungsverständnis)*...an die Menschen im Unternehmen

2. Kooperative Führung

3 .   Klarheit und "Freiräume" bezüglich Aufgaben,
        Kompetenz(en), Verantwortung und Zielen

4 .   Anforderungen an eine Führungskraft im Jahr 2000

IV.   Weiterbildung

V.   "Das Schönste" bis jetzt im Unternehmen

        "UB III"
        Zusammenfassende Bemerkungen

I. "Spielregeln" der Zusammenarbeit

1. "Wunsch-Spielregeln" zwischen Vorgesetztem und unterstelltem Mitarbeiter

Auf der folgenden Seite werden die von den Befragten genannten "Wunsch-Spielregeln" im Überblick dargestellt.

Zusammenfassend zeigen sich folgende Schwerpunkte:

- Gespräche

- Informationen

- Zuverlässigkeit

- Offenheit/Ehrlichkeit

Die Wichtigkeit der folgenden "Wunsch-Spielregeln" wird durch die Größe der Schrift und - sofern es möglich war - durch die Reihenfolge ihrer Anordnung unterlegt.

Gespräche

Beurteilungsgespräche
Zielvereinbarungsgespräche
Zeit (Erreichbarkeit) des Vorgesetzten
den Mitarbeiter bei Problemen nicht "hängen lassen"
Meinungen anhören / Entscheidungen erklären (Vorgesetzter)

Informationen

Zuverlässigkeit

Offenheit / Ehrlichkeit

Vertrauen

Kritikfähigkeit

Menschlichkeit

gleiche Wellenlänge

"am gleichen Strang ziehen"

Umgangsformen

Stärkenmaximierung beim Mitarbeiter

Motivation des Mitarbeiters

Akzeptanz und Annahme guter Vorschläge des Mitarbeiters

privates Kennen

1.1. Analyse und Interpretation der "Spielregeln" zwischen Vorgesetztem und unterstelltem Mitarbeiter

Auffällig ist, daß hier keine augenfälligen Polarisierungen der gewünschten "Spielregeln" zwischen den verschiedenen Führungsebenen erkennbar werden.

Eine vorsichtige Annäherung läßt höchstens vermuten, daß

- die Zeit des Vorgesetzten (seine Erreichbarkeit) für anfallende Probleme des Mitarbeiters, für Feed-Back- und "Zielgespräche" sowie

- ein erlebtes Informationsmanko (kurz- und mittelfristige Ziele, allgemeine Unternehmensentwicklung)

in der dritten und vierten Führungsebene mehr Wichtigkeit als in den oberen beiden erfahren.

Mehr Aufschluß über die oben angesprochenen Wertigkeiten vermittelt vielleicht der Realitätsbezug, den die Befragten im Zuge der ausgesprochenen "Wunsch-Spielregeln" machen.

Dritte und vierte Führungsebene

Gespräche,

v.a. in Form von Leistungs-Feedback und "Zielgesprächen" (Vereinbarung von Zielen bis laufende Zielerreichungreflexion) werden als Manko erlebt. Wobei hier eine Führungskraft der vierten Ebene abwägt zwischen ihrer Forderung nach mehr Kontakt mit dem Vorgesetzten und einem eventuell damit verbundenen Verlust des großen Freiraumes, den sie genießt. Tatsache bleibt, daß der direkte Vorgesetzte als zuwenig "berechenbar" erlebt wird. Seine menschlichen Reaktionsweisen, seine Grenzen in Bezug auf Kompetenzen, Zielpräferenzen usw. sind im grauen Bereich und bilden somit Nahrung für Unsicherheit, Phantasien und Interpretationen des Mitarbeiters. In der dritten Ebene wird der

Informationsfluß von oben,

wahrscheinlich durch seine Institutionalisierung, großteils als recht gut funktionierend erlebt. Einziges Manko bilden klar quantifizierbare Zielvorgaben. In der vierten Führungsebene hingegen kristallisiert sich der Mangel an Informationen verschiedenster Art als größeres Problem heraus. Als Manko wird auch der Mangel an Daten über zu erreichende Ziele und allgemeinere Informationen *("...es gibt nur die Firmenbroschüre, weiter nichts")* erlebt.

2. "Wunsch-Spielregeln" für die Teamarbeit

In Bezug auf Teamwork setzen die Interviewten drei Schwerpunkte, die Ihnen als "Wunsch-Spielregeln" der Zusammenarbeit wichtig erscheinen:

Ausschaltung hierarchischer Ordnungen

Kommt es zur Teamarbeit zwischen Mitarbeitern und deren Vorgesetzten, sollte die hierarchische Macht laut Organigramm ausgeschaltet und eine "Gleichstellung unter Kollegen" erreicht werden:

"In einem Team soll die Hierarchie ihre Meinungen nicht mit Gewalt durchsetzen...wo wäre da die Teamfähigkeit?"

Damit einhergehen sollte auch *"gleiche Stimmengewalt"* sowie eine klare Aufgabenzuweisung und das Sich-Verlassen-Können auf die Zuverlässigkeit der Aufgabendurchführung bis zum nächsten Zusammentreffen des Teams. Die Entscheidung zwischen möglichen, vom Team erarbeiteten und diskutierten Lösungsvarianten, soll demjenigen obliegen, der schlußendlich auch die Verantwortung zu tragen hat.

Zum Thema werden obige Punkte v.a. in den ersten drei Führungsebenen. Der in den Interviews vermittelte Realitätsbezug der befragten Führungskräfte läßt auf eine weitgehende Verwirklichung dieser Art der Zusammenarbeit schließen. Handlungsbedarf wird einzig bei der klaren Rollenzuweisung im Team und der Verläßlichkeit der Mitglieder im Hinblick auf die zeitlich fixierte Durchführung der zugeteilten Aufgaben konstatiert.

In der vierten Ebene wird von einer Führungskraft bemängelt, daß auf gleicher Stufe keine Teamarbeit stattfinde, Einzelkämpfertum vorherrsche.

Informationen

und Werte wie

die Akzeptanz des Einzelnen im Team, Kompromiß- und Integrationsfähigkeit,

bilden den zweiten und dritten der oben angesprochenen Schwerpunkte auf der Wunschliste der Teamarbeit der befragten Mitarbeiter.

Weiters wird attestiert, daß es *"ruhig auch einmal kontrovers zugehen darf...wobei es aber keine Beleidigungen und Kränkungen geben darf"*.
Nicht zuletzt sollte die Zielvorgabe der Teamarbeit klar umrissen sein.

2.1. Das Unternehmen Lux als Spiel oder Sportart

Mannschaftssportarten sind großgeschrieben - allerdings mit einer weit gestreuten Palette von Fuß- und Handball bis Rugby und Eishockey.

Rugby und Eishockey werden von einer Führungskraft der vierten Ebene von der derberen Seite her gesehen, denn in diesen Sportarten *"...muß man seine Seitenhiebe nicht unbedingt verstecken, hat aber die Möglichkeit, sie versteckt zu verteilen, und durch die Ausrüstung erkennt man nicht unbedingt sofort, wer jetzt den Seitenhieb verteilt hat."*

Auch im Zusammenhang mit Fußball verbindet eine obere Führungskraft Rauheit, denn Lux *"...ist sicher nicht die feine Art eines Unternehmens"*. Alles läuft *"nicht diszipliniert und nicht ruhig"* ab.

Weiters wird auch eine Zweiteilung der Lux-Mitarbeiter in *"Teamspieler (Fußball)"* und in *"keine Teamspieler, wie Einerbootfahrer und Stabhochspringer"* erlebt.

Von Einzelkämpfertum in den verschiedenen Führungsebenen ist mit einer Ausnahme nie die Rede.

In den Köpfen der Leute wird die Teamorientierung großgeschrieben und scheint großteils auch Früchte zu tragen.

3. Der Informationsfluß im Unternehmen

Erlebten Informationsmängeln versucht man entgegenzutreten. Das zeigt sich vorwiegend durch das sich Bewähren institutionalisierter Treffen. V.a. wird auf diesem Weg versucht, das Informationsbedürfnis der ersten, zweiten und dritten Führungsebene zufriedenzustellen.

In der vierten Ebene werden hingegen Mankos an (vermeintlich) Wissenswertem wesentlich stärker erlebt und thematisiert *("Ich muß jede Information praktisch erbetteln gehen.")*
Da organisatorisch festgelegte Formalismen hier scheinbar zuwenig greifen, ist informeller Kontakt, die sog. "Buschtrommel", von großer Bedeutung.

3.1. Zwischen den Abteilungen

Gegenseitige Sympathie der Abteilungsleiter, festgelegte und bewährte Formalismen (z.B. bei Nullserien) und die Vision, durch die Zusammensetzung eines Teams aus je einem Mitarbeiter aus Entwicklung, Fertigung und Planungssteuerung den Informationsfluß zu verbessern, lassen Lichtblicke erkennen.

Mankos werden v.a. in der Unkenntnis der "richtigen" Ansprechpartner und - nach der Einstellung mehrerer junger Mitarbeiter - im Fehlen von Stellenbeschreibungen, gesehen.

3.2. Zwischen den Unternehmensbereichen

Allgemein werden keine oder nur sehr wenig Berührungspunkte erkannt.

Aufgrund des starken Wachstums und des Aufeinanderprallens verschieden denkender Unternehmen in einem Unternehmen, wird die Kommunikation zwischen den Bereichen als großes Problem gesehen.

Informationen sind Holschulden und Polarisierungen wie "ihr da drüben" und "ihr da herüben" vereinfachen die Situation ganz und gar nicht.

"Vielfach wissen Kunden von uns besser Bescheid über die Entwicklung des Gesamtunternehmens und der anderen Bereiche als wir..." - Als möglichen Lösungsansatz denkt diese Führungskraft an eine stärkere Marketingorientierung innerhalb des Unternehmens, die gewährleisten soll, jeweils andere Unternehmensbereiche und Abteilungen als Kunden zu sehen.

II. Karriere bei Lux

1. Kriterien, Qualifikationen, Verhalten, Persönlichkeit

Es geht hier um Vorstellungsinhalte, die die Interviewten mit einer Karriere bei Lux, genauer mit den dazu erforderlichen Kriterien und Qualifikationen, dem Verhalten, der Persönlichkeit und den charakterlichen Eigenschaften, verbinden.

Es fällt auf, daß die

obersten Führungskräfte

des Bereichs das Thema "Karriere" von einem anderen Blickwinkel aus sehen als die Führungskräfte der nächsten Ebenen. - Hier geht es vorwiegend um

- Karriereplanung und Jobrotation und
- ein möglichst breites Basiswissen.

Bemängelt wird, daß aufgrund zu ausgeprägten Abteilungsdenkens, "strukturelles Lernen" im Sinne vom Wechsel innerhalb der Firma von einer Abteilung in die andere, von den vorhandenen Werten in den Köpfen der Führungskräfte her *"...noch sehr sehr entwicklungsbedürftig ist.".*

"Daß wir das noch nicht tun, das liegt ganz wesentlich am Abteilungsdenken, daß jemand nicht gerne einen gut eingearbeiteten Mann aus der Abteilung abgibt und sich dann mit einem 'Frischen' beschäftigt."

"Die Mitarbeiter werden noch zu sehr in irgendetwas Spezielles eingetrimmt, und dort sind sie dann perfekt und nicht mehr dort wegzukriegen, denn das gibt ein Mordsloch."

Natürlich spielt hier nach Meinung dieser Führungskraft auch das im Unternehmen vorhandene Kostenbewußtsein eine nicht unentscheidende Rolle, denn

"...Mitarbeiterflexibilität heißt letztendlich eine gewisse Überkapazität, mehr Einschulungen. Mehr Einschulung heißt geringere Produktivität und das bekomme ich nur durch Menge wieder kompensiert."

Eine Polarisierung zwischen "früher" und "heute" macht sich, obwohl einschränkend nur von Ansätzen für eine jetzige und künftige Karriereplanung die Rede ist, schon bemerkbar.

"Es gab bis vor kurzem...gar keine Ansätze, einem Mitarbeiter eine Karriere zu bieten...Das waren alles Zufallsentscheidungen."
Diese Führungskraft spricht vom früheren*"Hochsaugen"* geeignet erscheinender Mitarbeiter - leider war es z.T. jedoch keine *"Karriere des Wissens und Könnens".*

"Intellekt" ist in früheren Karrierepfaden leider meist auf der Strecke geblieben. Ausschlaggebend waren Tüchtigkeit und Fleiß. Diese Führungskräfte *"...schätzen dann enorm hoch, was sie bis jetzt geleistet haben, sind deswegen aber nicht mehr kritisch*

genug." Neue Mitarbeiter erwarten jedoch von der Führungskraft ein anderes Verhalten. Stupide Tätigkeiten, oder - auf den Wunsch eines Mitarbeiters nach einem Computer am Arbeitsplatz - Bemerkungen wie: *"Du kannst ihn ja eh nicht bedienen."* müssen der Vergangenheit angehören.

Für eine Karriere bei Lux *"...tun sich Egoisten schwer".*

Von der Persönlichkeit her soll der potentielle "Aufsteiger"
- eher extravertiert sein,
- eine gewisse Souveränität in dem Sinn besitzen, daß er auch andere gelten lassen kann,
- seine Mitarbeiter motivieren und im Sinne der Zielverfolgungen arbeiten können,
- Fachverstand und
- Loyalität für´s Unternehmen mitbringen,
- Stehvermögen und
- die Einstellung zu seinem Beruf als Aufgabe mit entsprechender Einsatzbereitschaft
  haben.

Doch damit nicht genug - es fehlen noch die Anforderungen an seine Führungsqualität, die allgemein umschrieben wird als *"...die Möglichkeit, mit einer Art zu kommunizieren, daß er nicht anstößt."*
Und: *"Je höher einer hinaufkommt, desto mehr muß er fast wie ein Richter sein, muß er eben dann gut urteilen können über Probleme und auch über Menschen."*

Aussagen wie *"Du bist nicht zum Denken da. Mach´du deine Arbeit!"* sollen passée sein und das Teilnehmen-Können am Prozeß der Lösungssuche und Entscheidungsfindung spielt eine immer wesentlichere Rolle.

Doch wie sieht man in der

dritten und vierten Führungsebene

das Thema Karriere?
Ein hohes Maß an Leistungsbereitschaft und "Sich-Verkaufen-Können" sind sehr bedeutende Kriterien, um auf der Karriereleiter höhere Sprossen zu erklimmen.
Zum "Sich-Verkaufen-Können" zählen nach Meinung einer oberen Führungskraft *"das Schön-Reden, Leistungen-Aufzeigen, Leistungen an den Richtigen stellen, häufig reden, ins rechte Licht rücken...z.T. mit Gewalt".*
Es ist ständig erforderlich zu zeigen, daß Verlaß auf einen ist.

Eigenständigkeit im Arbeiten und eine gefestigte Persönlichkeit bilden zusätzliche Eckpfeiler in der Anforderungsmatrix für Karrierewillige.

Als Karriere-Kriterien werden genannt:

- gefestigte Persönlichkeit
- Verläßlichkeit
- Fachwissen
- Hausverstand
- Eigenständigkeit im Arbeiten
- Kooperations- und Teamfähigkeit
- Studium (oder zumindest Matura)

Eine Führungskraft vertritt die Auffassung, daß Führungskräfte *"gemacht werden"*, d.h., der Mitarbeiter wird mitunter in eine Führungsposition hineingedrängt, für die er sich selbst nicht unbedingt als prädestiniert sieht.

Zum Schluß noch die Überlegung eines Befragten der dritten Ebene, die sich mit dem unterschiedlichen Umgang in den verschiedenen Hierarchiestufen beschäftigt.:
"Der Wind ist etwas rauher, je weiter man nach oben geht in der Karriereleiter; in der Direktheit, in der Unverfrorenheit Dinge sich an den Kopf zu werfen, die aber dann letztendlich nicht so streng gemeint sind. Man spricht dort eine etwas härtere Sprache als auf Meisterebene. Zwei Meister unterhalten sich meiner Meinung nach weicher, sanfter als zwei Geschäftsführer. Und das muß man abwägen, wenn man sagt: Das ist ein förderungswürdiger Mann. Verträgt er diesen etwas ungehobelteren Umgang?"

2. Die Verwirklichung beruflicher Zielsetzungen im Unternehmen

Die befragten Führungskräfte lassen durchwegs - auch wenn nicht immer alles mit rosaroter Brille gesehen wird - eine starke Bindung und Loyalität für Lux erkennen.

Sie zeichnen das Bild eines kompetenten und dynamischen Unternehmens, das sehr viel Neues und eine Fülle von Jobmöglichkeiten verspricht. Dem selbständigen Arbeiten im oberen Führungsbereich wird ebenfalls ein großer Pluspunkt zugeschrieben.

III. Führungsverhalten/Führungsverständnis

1. ...aus Leitbildzitat...[19]

...

...

...

Diese Äußerung im Leitbild wird als bewußt idealistische Annahme, die sich noch nicht überall durchgesetzt hat, erklärt. Sie hat sich v.a. dort noch nicht durchgesetzt, wo noch stark dominante Persönlichkeiten als Führungskräfte agieren und wo nicht ganz klar geworden ist, was allgemein unter dem Punkt ... im Leitbild zu verstehen ist. Gerade in der vierten Ebene sehe ich das Bemühen, sich mit der Thematik auseinanderzusetzen. Man versucht herauszufinden, was die "Oberen", die das Leitbild verfaßt haben, zum Ausdruck bringen wollten.

"Menschliches Führen" steht als Forderung im Mittelpunkt. Erklären, motivieren, "nicht befehlen" sind vordergründig. Teamfähigkeit - Entscheidungen aus dem Team heraus ableiten und damit sicherstellen, daß sie von allen Beteiligten getragen werden, wird als wichtig erachtet.

Auf den Mitarbeiter soll so gut als möglich eingegangen werden, was einerseits eine Stärken-/Schwächen-Analyse erfordert, um zu gewährleisten, daß der Vorgesetzte die Stärken des Mitarbeiters ausbauen helfen kann. Gleichzeitig soll er bei Problemen Unterstützung finden, d.h., den unterstellten Mitarbeiter nicht *"wursteln"* lassen und dann, wenn etwas schiefgelaufen ist, Unfähigkeit vorwerfen.
Das Fehler-Machen wird von den Befragten jedoch kaum thematisiert - und wenn, dann meist im positiven Sinn: Fehler-Machen ist erlaubt und wird als Lernchance gesehen. Zurückgeführt wird diese Werthaltung mitunter auf die Tatsache, daß es dem Unternehmen *"relativ gut geht"*.
Eine Führungskraft der dritten Ebene bemerkt allerdings ein *"leichtfertiges Umgehen mit Personal und Wissen"* und führt die *"horrende Fluktuation"* auf die Tasache zurück, daß es relativ einfach ist, auf dem Arbeitsmarkt beispielsweise HTL-Absolventen zu bekommen: Durch das Fehlen von Stellenbeschreibungen, die helfen würden, dem "Neueinsteiger" sein zukünftiges Aufgabengebiet besser zu definieren, kommt es, wenn nach einiger Zeit die Stelle von den Erwartungen her nicht dem tatsächlichen Aufgabengebiet entspricht, zu den angesprochenen Fluktuationen. Das führt in Folge zur laufenden Einstellung neuer Arbeitskräfte, was für die betroffenen Führungskräfte einen steigenden Mehraufwand der Einschulung dieser Mitarbeiter mit sich bringt.

---

[19] Aus Gründen der Anonymität wird dieser Punkt nur teilweise wiedergegeben.

Doch weiter zu den genannten Hauptkriterien, die eine ...*(Leitbildzitat)* des
Führungsverhaltens sicherstellen sollen:

Zu nennen ist das laufende Feed-Back über die Zielerreichung des Mitarbeiters.
Ehrlichkeit, Offenheit und Informationen, die "laufen müssen", bilden weitere Eckpfeiler
- zu bewerkstelligen mit Gespür, Gefühl und Hausverstand.

Weiters sollte es, nach der Aussage einer Führungskraft der vierten Ebene, für den
Vorgesetzten eine Selbstverständlichkeit sein, daß er initiativ wird und herauszufinden
versuchen muß, welche Vorstellungen der unterstellte Mitarbeiter vom Vorgesetzten hat.
Hier geht es v.a. um den gewünschten Freiraum und die allgemeine Berechenbarkeit der
überstellten Führungskraft.

2. Kooperative Führung

Was wird von den Interviewten mit dem kooperativen Führungsstil, wie er im Leitbild
vorkommt, verbunden? Welche Vorstellungsinhalte beherrschen den Unternehmens–
bereich? Wieweit werden sie verwirklicht?

Die erste, zweite und dritte Führungsebene

Unter dem Begriff der kooperativen Führung wird in erster Linie Teamfähigkeit
subsumiert. Entscheidungen sollen im Team durch die Suche verschiedener
Lösungswege vorbereitet werden. Natürlich gewährleistet diese Arbeit im Team auch ein
Mehr an Motivation und weniger eventuellen Änderungswiderstand bei der Umsetzung
von Entscheidungen.

Gespräche zwischen Mitarbeiter und Vorgesetztem, verbunden mit gegenseitiger Geduld,
klar definierten Aufgaben und Ergebnis-Feedback, werden als weitere Eckpfeiler
kooperativen Führens beschrieben.

Als sinnvoll wird kooperative Führung bei komplexen, mittel- und langfristigen Entscheidungen erachtet.

Die Führungskräfte der ersten drei Ebenen sehen die subsumierten Punkte als weitgehend
verwirklicht. Begründet wird dies beispielsweise mit dem sprunghaften Anstieg von
Besprechungen und dem damit verbundenen vermehrten Zeitaufwand. Ein Manko wird
jedoch noch in der Vorbereitung, Strukturierung und Führung von Sitzungen gesehen.

Die vierte Führungsebene

Hier wird im Gegensatz zu den oberen Führungsebenen kooperatives Führen als weniger
verwirklicht erlebt.

Zunächst ist jedoch in diesem Zusammenhang zu klären, welche Kriterien die Führungskräfte der vierten Ebene kooperativer Führung unterordnen:
* Entscheidungsvorbereitung durch Gespräche und somit Lösungssuche durch die
  Mitarbeiter,
* verbunden damit auch das Zulassen von Fehlern als Chance und

* gegenseitiges Fließen von Informationen zwischen Vorgesetztem und Mitarbeiter und damit auch
* Zeit für den Mitarbeiter
stehen im Vordergrund.

Kooperation wird als das "gegenseitige Miteinander" im Sinne von
* Ziele abstecken,
* Aufgaben verteilen und
* Ziele erreichen
definiert.

Diese Art der Kooperation mit dem Vorgesetzten wird jedoch, v.a. aus dem Mangel der Ressource "Zeit", als wenig verwirklicht erlebt.

In diesem kollegialen, eher "freundschaftlichen" Führungsstil macht sich für eine Führungskraft ein Dilemma bemerkbar:

"Freundschaft wird gerne als Führungsschwäche ausgelegt. Der Vorgänger hat riesige Probleme gehabt...Ihm ist die Freundschaft auf die Nase gefallen. Er war einfach auch zuwenig hart."

Einerseits also der Wunsch nach Kollegialität und Kooperation, wie sie oben beschrieben wurden, was jedoch ein (fast) freundschaftliches Verhältnis zwischen Vorgesetztem und Mitarbeiter mit sich bringen kann. Auf der anderen Seite in diesem Zusammenhang die Gratwanderung, als Führungskraft das richtige Maß an "Härte" im Umgang mit dem Mitarbeiter zu finden.

Auffallend in diesem Unternehmensbereich in allen Führungsebenen ist, daß Anerkennung, Lob und Motivation wenig thematisiert werden. Ebensowenig wird die Partizipation bei Entscheidungen für die Befragten als eklatanter Mangel erlebt (was für eine weitgehende Verwirklichung von Teamarbeit spricht).

3. Klarheit und "Freiräume" bezüglich Aufgaben, Kompetenz(en), Verantwortung und Zielen

Aufgaben

Der unbedingten Klarheit der Aufgaben, die vom Vorgesetzten her gegeben sein soll, wird große Wichtigkeit eingeräumt. Das Aufgabengebiet sollte klar abgegrenzt und in einem permanenten Prozeß im Laufe der Zeit immer wieder mit dem Vorgesetzten neu definiert werden.

An der zweiten Stelle steht die Forderung nach der "Quantifizierbarkeit" von übernommenen Aufgaben bzw. vereinbarten Zielen. Die Führungskräfte sprechen sich damit klar für mehr Verbindlichkeit und Ergebniskontrolle ihres Aufgabenfeldes aus.

Kompetenzen

"Der gute Mitarbeiter nimmt sich viel Kompetenz, der Schlechte hat oft keine und schimpft." So drückt sich eine obere Führungskraft des Bereichs aus und räumt damit auch einen permanenten "Graubereich" der Abgrenzung von Kompetenzen ein. Kompetenzen werden als am schwersten zu delegieren empfunden.

In Bezug auf das Nicht-Genau-Regeln-Wollen von Kompetenzen durch die Unternehmensleitung wird folgende Hypothese vertreten:
"Vielleicht...aus der Scheu heraus, daß man da etwas in Bewegung setzt, was man nicht mehr so in den Griff bekommt."
Als Vorteil wird dabei gesehen, daß Kompetenzen weiter hinausgeschoben werden können. Nachteilig ist jedoch v.a. Unsicherheit und der nachträgliche Tadel des Vorgesetzten: *"...Wie konnten Sie...?"*.

In der dritten Ebene wird vom Vorgesetzten eine *"gewisse Konstanz"*, d.h. *"...nicht alle fünf Minuten ein anderer Blickwinkel"* gefordert.

In der vierten Ebene wird zwischen Fach- und Führungskompetenz differenziert. Die Fachkompetenz soll zum Großteil an die Mitarbeiter abgegeben werden, was die Führungskompetenz betrifft, sollte der Vorgesetzte *"in Personalfragen fast nicht hineinreden"*.

Bei der

Verantwortung

gehen die Meinungen, was einen gewissen "Graubereich" betrifft, auseinander:

Der Vorgesetzte trägt die Veranwortung für Soziales, "Produktion" und Qualität in der Abteilung, die er leitet. Weiters sollte er auch die *"Verantwortung der Firma als solche"* kennen.

Auf der anderen Seite wird v.a. im oberen Führungsbereich die Übernahme an Verantwortung als klar geregelt empfunden und stellt *"nicht das große Thema"* dar.

Im Wunsch nach mehr Verantwortung ist sich jedoch das Gros der Befragten einig.

In der obersten Führungsebene wird, was das Setzen von

Zielen

betrifft, die Verwirklichung in den Bereichen Umsatz, Kosten und Projekten erkannt. Als Manko kann angeführt werden, daß Verantwortungsinhalte noch zuwenig festgelegt sind und bis dato keine qualitativen Ziele gesetzt werden (z.B. Kommunikation mit den Mitarbeitern...).
Als wichtig werden das Verständnis zwischen dem Vorgesetzten und dem Mitarbeiter und die Einigkeit über Zielsetzungen genannt.

Für eine andere obere Führungskraft sind Zielvereinbarungen *"ein ganz wichtiger Punkt, der sich aber auch erst hier im Unternehmen beginnt zu entwickeln. Das war also bisher null. Ziele gab es nicht. So viel wie möglich, so gut wie möglich!"* - Eine Ausnahme, betreffend die klare Vorgabe von Zielen, bilden vielfach Projektarbeiten.

Wie schon oben bei den "Aufgaben" genauer beschrieben, ist die Meßbarkeit von Zielen bzw. der Aufgabenerfüllung äußerst wichtig. Offenbar wünscht man sich die Quantifizierung von Zielen, um die Möglichkeit der Zurechnung von Erfolgen/Mißerfolgen zu gewinnen und diesbezüglich mehr "Durchgängigkeit" zu erreichen.

Im Gegensatz zu den oberen Führungsebenen, in denen man derzeit einer tatsächlichen Verwirklichung eines "zielorientierten Ansatzes" trotz gewisser Einschränkungen positiv gegenübersteht, ist der Realitätsbezug in der vierten Ebene wie folgt: *"Das sind für mich keine echten Zielvorgaben. Das ist ein Dahinleben an Zielen, die irgendwo von jemandem anderen ausgemacht worden sind."* Und: *"Es ist unklar, wohin es geht..."*

4. Anforderungen an eine Führungskraft im Jahr 2000

Bei der Einschätzung des zukünftigen Führungsverhaltens setzen sich schon vorher genannte Werte fort:

- Klare Zielsetzungen, damit verbunden eine klare Kompetenzabtretung und Verantwortungsübernahme;

- Die Einschätzung, daß junge Leute, die ins Unternehmen kommen, andere Erwartungen als zu früheren Zeiten mitbringen (*"...keine stupiden Tätigkeiten...keine Geringschätzung durch den Vorgesetzten...mehr Informationen...Teilnehmen am Entscheidungsprozeß..."*), und damit einhergehend

- die Anpassung an die höheren Ansprüche und an ein höheres Qualifikationsniveau der Mitarbeiter und

- Motivation und Sinngebung, um *"...Leute zu Höchstleistungen zu bringen, die guten Leute aus diesem Pool herauszuziehen..."*. Aufgrund des Wertewandels wird dies als eine schwierigere Aufgabe gesehen als in den Generationen vorher.

- Das Umgehen mit einer vermutlich zunehmenden Aggressivität, v.a. bei jungen Mitarbeitern,

- Zuverlässigkeit, mehr Informationen und die Erreichbarkeit des Vorgesetzten für den Mitarbeiter werden ebenfalls als bedeutend gesehen.

Allgemein wird für das Jahr 2000 gemutmaßt, daß

- ein Mehr an Konkurrenz vorhanden sein wird - dies bedingt die Konzentration auf das Wesentliche, man darf sich *"nicht verzetteln"*,

- es mehr Unternehmenspartnerschaften geben wird,

- die Flexibilität und Schnelligkeit, und damit verbunden der Zeitaufwand von Führungskräften steigen wird, was sich voraussichtlich nicht positiv auf die Freizeit auswirken wird,

- im Produktionsbereich mehr rationalisierende Technik und die *"Just-in-time-Fertigung"* kommen und es in schlimmster Konsequenz menschenleere Fabrikhallen geben wird.

IV. Weiterbildung

Es fällt auf, daß der Großteil der befragten Führungskräfte - vorausgesetzt es müßte eine Gruppe für das nächste Führungskräfte-Training gefunden werden - mit dem **Produktionsbereich** starten würde:

- Führungskräfte der Produktion allg.
  erlebte Schwächen in der *Menschenführung*, im Speziellen auch in der Gesprächsführung, und z.T. im fachlichen Bereich;

- Vorarbeiter als Führungskräfte
  erlebte Schwächen ebenfalls in der *Menschenführung*; im Speziellen in der Kommunikation mit den unterstellten Mitarbeitern (zuhören können, ausreden lassen, "Hinüberbringen" dessen, was gesagt werden soll), Ziele vorgeben, Konfliktlösungsstrategien, Kenntnisse der Gruppendynamik;

- Führungskräfte der Meisterebene

Eine Führungskraft würde Personen aus dem eigenen Bereich ausbilden. Sie wünscht sich eine breitere versus Spezialistenausbildung. Änderungen diesbezüglich wünscht sie sich schon im Ausbildungswesen der Universitäten. Begünstigt und bereichert würde eine gefächertere Ausbildung auch durch mehrmaligen Firmenwechsel der Mitarbeiter. Als Ergebnis dieser Wünsche würde sich ein Mehr an Selbständigkeit (z.B. im Führen), Selbstbewußtsein, und Entscheidungsfreude ergeben. Eigene erlebte Freiräume würden leichter an die unterstellten Mitarbeiter weitergegeben werden können.

Stimmungsbarometer zum Thema Weiterbildung:

- zu wenig Kontakt mit der Personalabteilung (sollten mehr Gespräche führen, welche Art von Weiterbildung im Sinne von Karriereplanung individuell erforderlich wäre);

- teilweises Über-den-Kopf-hinweg-*"Aufoktroyieren"* von Weiterbildungsmaßnahmen (entweder über den Vorgesetzten oder direkt durch die Personalabteilung);

- *"Die sagen alle, daß wir weiterbilden müssen, aber das ist alles trotzdem sehr zäh."*
- *"Hier wird nicht ausgebildet, hier wird vielleicht instruiert."* - Sinn und Verständnis für die Arbeit bleibt dabei auf der Strecke, weil aufgrund zuwenig Zeit-Ressource nicht richtig ausgebildet wird. Qualität im Hintergrund ist jedoch Selbstverständlichkeit.

V. "Das Schönste" bis jetzt im Unternehmen

Die Antworten der Befragten sind sehr verschieden und lassen keine auffällige Tendenz erkennen.

Was war das Schönste bis jetzt im Unternehmen?

- Anerkennung
  "Wenn man Beifall bekommt..." - etwas geschafft hat, was man sich vorgenommen hat (z.b. den selbständigen Aufbau einer Abteilung) und andere evt. dachten, man sei dazu nicht in der Lage;

- Das Arbeiten mit laufend neuer Technologie;

- Das offene Gesprächsklima in alle Richtungen (*"...ein Lob an das Topmanagement..."*);

- Der Traum, daß *"dieser Unternehmensbereich mehr Selbständigkeit gewinnt"*;

Zusammenfassende Bemerkungen

Teamarbeit nimmt in den Köpfen der Leute einen sehr hohen Stellenwert ein. Die Abgabe hierarchischer Macht laut Organigramm, "gleichberechtigte" Lösungssuche aller Teammitglieder und die Entscheidung dessen, der schlußendlich die Verantwortung zu tragen hat, bilden die Wunsch-Eckpfeiler gemeinsamen Arbeitens. V.a. in den ersten drei Ebenen des Bereichs überwiegt das Gefühl, die angeführten Punkte zu verwirklichen.

Informationsmängeln wird versucht durch die Bewährung institutionalisierter Treffen entgegenzutreten. Allein in der vierten Ebene werden Mankos an Wissenswertem stärker erlebt und thematisiert. Hier gewinnt die sog. *"Buschtrommel"* an Bedeutung.

Zwischen den Unternehmensbereichen werden von den Befragten keine oder nur sehr wenig Berührungspunkte erkannt. Informationen sind hier Holschuld und Polarisierungen wie "ihr da drüben" und "ihr da herüben" vereinfachen die Situation ganz und gar nicht. - Andererseits ist bei den Befragten in diesem Zusammenhang ein gewisser "Stolz" zu erkennen, in einem Unternehmensbereich zu arbeiten, der sich durch große Dynamik, Eigenständigkeit und einer gewissen "Andersartigkeit" abhebt.

Im gesamten Unternehmensbereich zeigt sich ein starkes Bemühen, sich konstruktiv mit dem Thema (kooperativer) Führung auseinanderzusetzen. "Menschliches Führen" steht als Forderung im Mittelpunkt. Erklären, motivieren, der Versuch "nicht zu befehlen", sind vordergründig. Die obig erwähnte Teamorientierung, Entscheidungen aus dem Team heraus abzuleiten und damit sicherzustellen, daß sie von allen Beteiligten getragen werden, wird als wichtig erachtet. Mankos werden in diesem Zusammenhang, wie schon beim Informationsfluß, großteils in der vierten Führungsebene erlebt.
Auffallend in diesem Unternehmensbereich ist, daß Anerkennung, Lob und Motivation wenig als "Jammerkasten" thematisiert werden.

Die Forderung nach Quantifizierbarkeit von übernommenen Aufgaben bzw. vereinbarten Zielen kommt klar zum Ausdruck. Die Führungskräfte sprechen sich sehr eigenverantwortlich für mehr Verbindlichkeit und Ergebniskontrolle ihres Aufgabenfeldes aus.

Allgemein ist bei den Führungskräften der großer Wunsch nach mehr Verantwortung zu erkennen.

Die befragten Führungskräfte zeigen eine starke Bindung und Loyalität für ihr Unternehmen. Lux bietet Kompetenz, Dynamik, viel Neues und eine Fülle von beruflichen Möglichkeiten. Dem selbständigen Arbeiten im oberen Führungsbereich wird ebenfalls ein großer Pluspunkt zugeschrieben.

Reflektierende Gedanken zur gewählten Umsetzung und
Entwicklungmöglichkeiten...

Der gedanklich-integrative Reduktionsprozeß der inhaltsanalytischen Schritte (2 bis 5) nach Mayring's Technik der Zusammenfassung stellt hohe Ansprüche an die Auswerter.

Die Nachvollziehbarkeit getätigter Reduktionsprozesse für die Integration und Umsetzung in den Mind-Maps sowie jener 'triangulativen' Schritte, die zu einer Überführung in die vertiefend-interpretative Auswertung linear-schriftliche Form mündet, ist äußerst komplex. Dies liegt vor allem darin begründet, daß diese beiden Prozesse gemeinsamer Auswertungsarbeit im Regelfall nicht protokolliert wurden. Es ist jedoch zu befürchten, daß auch eine 'absolute' Nachvollziehbarkeit durch Aufnahme, Transkription usw. erfolgter Zwischenprozesse nicht gewährleistet werden könnte.

Nachvollziehbarkeit eines erstellten Mind-Maps für Außenstehende kann sich auf den ersten Blick aufgrund der etwas 'andersartigen' und bis zu einem bestimmten Grad individuell unterschiedlichen Visualisierungsform als zunächst schwieriger als in linearer Variante erweisen. Auf den zweiten Blick müßten die Vorteile der Mind-Maps in ihrem überblickgenerierenden Charakter wiederum überwiegen.

Die hier angewandte Form der Zusammenfassung läßt, gerade in ihrer frühen Bildung eines Kategorienschemas Parallelen zu Mayring's Technik inhaltlicher Strukturierung zu.[20]

Die Verwendung des Mind-Mapping im Hinblick auf ein aufgestelltes Kategoriensystem läuft der ursprünglichen Intention in dieser Vorstrukturiertheit zuwider und kann hier als Kompromiß in Richtung 'annähernder Kreativität' gewertet werden. Verstärkt wird dieser Kompromiß durch die Einhaltung zusammenfassender Schrittfolgen.

---

[20]   vgl. Kap. 5.5.2./Abschnitt A (Inhaltliche Strukturierung)

Auch für den Fall, daß noch was offen bleibt...

...am Ende ein

"  "

Literaturverzeichnis

Allerbeck, K., Zur formalen Struktur einiger Kategorien der verstehenden Soziologie, KZfSS Jg. 34, 1982, 4, S. 665 - 676

Arbeitsgruppe Bielefelder Soziologen (Hg.), Alltagswissen, Interaktion und gesellschaftliche Wirklichkeit, 1 + 2, Opladen 1980, S. 80 - 146

Atteslander, P., Methoden der empirischen Sozialforschung, Berlin/New York 1975

Atteslander, P./Kneubühler, H.-U., Verzerrungen im Interview. Zu einer Fehlertheorie der Befragung, Opladen 1975

Aufenanger, S./Lenssen, M. (Hg.), Handlung & Sinnstruktur. Bedeutung und Anwendung der objektiven Hermeneutik, München 1986

Aufenanger, St., Qualtitative Analyse semi-struktureller Interviews - Ein Werkstattbericht, in: Garz, D./Kraimer, K. (Hg.), Qualitativ-empirische Sozialforschung: Konzepte, Methoden, Analysen, Opladen 1991

Bachmann, W., Das neue Lernen, Paderborn 1990

Ballstaedt, S.-P., Zur Dokumentenanalyse in der biographischen Forschung, in: Jüttemann, G./Thomae, H. (Hg.), Biographie und Psychologie, Berlin 1987, S. 203 - 216

Ballstaedt, S.-P./Mandl, H./Schnotz, W./Tergan, S.-O., Texte verstehen, Texte gestalten, München 1981

Banaka, W.H., Training in depth interviewing, Under the editorship of Wayne Holtzman, New York 1971

Bandler, J., Kommunikation und Veränderung - Die Struktur der Magie II, Paderborn 1989

Bandler, J., Metasprache und Psychotherapie - Die Struktur der Magie I, Paderborn 1990

Bandler, J., Reframing, Paderborn 1988

Bandler, R., Veränderung des subjektiven Erlebens. Fortgeschrittene Methoden des NLP, Paderborn 1990

Bandler, R./Grinder, J., Neue Wege der Kurzzeit-Therapie. Neurolingustische Programme, Paderborn 1981

Barton, A.H./Lazarsfeld P.F., Einige Funktionen von qualitativer Analyse in der Sozialforschung, in: Hopf, Ch./Weingarten, E. (Hg.), Qualitative Sozialforschung, Stuttgart 1979

Becker, J./Lißmann, H.-J., Inhaltsanalyse - Kritik einer sozialwissenschaftlichen Methode, in: Arbeitspapiere zur politischen Soziologie 5, München 1973

Berelson, B., Content Analysis in Communication Research, Glencoe (Ill.) 1952

Berelson, B., Content Analysis, in: Lindzey, G. (Hg.), Handbook of Social Psychology,

Vol. 1: Theory and Method, Vol. 2: Special Fields and Applications, London 1954, S. 488 - 522

Berger, P.L./Luckmann, T., Die gesellschaftliche Konstruktion der Wirklichkeit. Eine Theorie der Wissenssoziologie, Frankfurt a.m. 1969

Bernstein, A.J./Sydney, C.R., Das Dinosaurier-Syndrom. Vom Umgang mit sich und anderen schwierigen Kollegen, Zürich 1990

Bessler, H., Aussagenanalyse, Bielefeld 1970

Beyer, M., Brain Land. Mind Mapping in Aktion, Paderborn 1993

Beyer, M., Power Line, Paderborn 1992

Bierbaum, G. Mehr als Superlearning - Kreatives Lernen, München, k.w.A.

Bierhoff-Alfermann, D./Brandt, S./Dittel, A., Die Darstellung geschlechtstypischen Verhaltens in Märchen: Eine Inhaltsanalyse, in: Psychologie in Erziehung und Unterricht, 29. Jg., 1982, S. 129 - 139

Blumer, H., Der methodologische Standort des Symbolischen Interaktionismus, in: Arbeitsgruppe Bielefelder Soziologen (Hg.), Alltagswissen, Interaktion und gesellschaftliche Wirklichkeit, 1 + 2, Opladen 1980, S. 80 - 146

Blumer, H., Symbolic Interactionism. Perspective and Method, Englewood Cliffs 1969

Bogdan, R.C./Biklen, S.K., Qualitative Research for Education. An Introduction to Theory and Methods, Boston (Mass.) 1982

Bogumil, J./Immerfall, St., Wahrnehmungsweisen empirischer Sozialforschung zum (Selbst-)Verständnis des sozialwissenschaftlichen Erfahrungsprozesses, Frankfurt a.M./New York 1985

Bono de, E., Das spielerische Denken, Bern/München 1968

Bono de, E., Der Denkprozeß. Was unser Gehirn leistet und was es leisten kann, Reinbek 1975

Bos, W., Reliabilität und Validität in der Inhaltsanalyse. Ein Beispiel zur Kategorienoptimierung in der Analyse chinesischer Textbücher für den muttersprachlichen Unterricht von Auslandschinesen, in: Bos, W./Tarnai, Ch., Angewandte Inhaltsanalyse in Empirischer Pädagogik und Psychologie, Münster/New York 1989, S. 62 - 72

Bos, W./Tarnai, Ch. (Hg.), Angewandte Inhaltsanalyse in Empirischer Pädagogik und Psychologie, Münster/New York 1989, S. 1 - 47

Bos, W./Tarnai, Ch., Entwicklung und Verfahren der Inhaltsanalyse in der empirischen Sozialforschung, in: Bos, W./Tarnai, Ch., Angewandte Inhaltsanalyse in Empirischer Pädagogik und Psychologie, Münster/New York 1989

Bruner, J.S./Goodman, C.C., Value and Need as Organizing Factors in Perception, in: Journal of Abnormal and Social Psychology, 42, 1947, S. 33 - 44

Bude, H., Der Sozialforscher als Narrationsanimateur. Kritische Anmerkungen zu einer erzähltheoretischen Fundierung der interpretativen Sozialforschung, in: KZfSS, Jg. 37, 1985, S. 327 - 336

Buzan, T., Kopftraining. Anleitung zum kreativen Denken, München 1990

Buzan, T., Nichts vergessen, München 1991

Cadwell, T., Geliebter und berühmter Arzt, Wien/Berlin 1959

Calder, B.J., Focus Groups and the Nature of Qualitative Marketing Research, in: Journal of Marketing Research, Aug. 1977

Calvin, W.H., Die Symphonie des Denkens. Wie aus Neutronen Bewußtsein entsteht, München/Wien 1993

Castaneda, C., Die Lehren des Don Juan, (Fischer TB 1457), Frankfurt 1973

Cicourel, A.V., Methods and Measurement in Sociology, New York 1964

Cohn, R., Es geht ums Anteilnehmen...Perspektiven der Persönlichkeitsentfaltung, Freiburg/Basel/Wien, 1989

Cook, Th.D./Reichardt, C.S., Qualitative and Quantitative Methods in Evaluation Research, Beverly Hills/London 1979

Dahmer, H./Dahmer, J., Gesprächsführung. Eine praktische Anleitung, Stuttgart/New York 1992

Daniel, H.-D./Fisch, R. (Hg.), Evaluation von Forschung. Methoden - Ergebnisse - Stellungsnahmen, Konstanzer Beiträge zur sozialwissenschaftlichen Forschung, Bd. 4, Konstanz 1988

Dann, H.-D./Müller-Fohrbrodt, G./Cloetta, B., Sozialisation junger Lehrer im Beruf: "Praxisschock" drei Jahre später, in: Zeitschrift für Entwicklungspsychologie und Pädagogische Psychologie, 1981, Band XIII, Heft 3, S. 251 - 262

Dennison, P.E., Befreite Bahnen, Freiburg 1988

Dennison, P.E./Dennison, G., Brain-Gym. EK-Übungsanleitungen für zu Hause, Freiburg 1989

Dennison, P.E./Dennison, G., Das Handbuch der Edu-Kinestetik für Eltern, Lehrer und Kinder jeden Alters, Freiburg 1988

Diem-Wille, G./Pechar, H., Zur Vielschichtigkeit qualitativer Forschungsmethoden. Impression zum Workshop, in: Diem-Wille, G./Pechar, H. (Hg.), Qualitative Forschungsmethoden in den Sozialwissenschaften, Zeitschrift für Hochschuldidaktik, Sonderheft 12, 1988

Dijk, T. A. van, Macrostructures, Hillsdale 1980

Dilts, R./Bandler, R./Grinder/J. et al., Strukturen subjektiver Erfahrung. Ihre Erforschung und Veränderung durch NLP, Paderborn 1985

Dilts, R.B., Einstein. Geniale Denkstrukturen & Neurolinguistisches Programmieren,

Paderborn 1992

Ditfurth, H.v., Der Geist fiel nicht vom Himmel, Hamburg 1976

Dutfield, M./Eling, Ch., Gesprächsführung für Manager, Frankfurt a.M. 1993

Eberle, F./Maindok, H., Einführung in die soziologische Theorie, München/Wien 1984

Eckes, Th./Six, B., Prototypen und Basiskategorien zur alltagssprachlichen Kategorisierung von Objekten, Personen und Situationen, in: Luer, G. (Hg.), Bericht über den 33. Kongreß der Deutschen Gesellschaft für Psychologie in Mainz, Band 1, Göttingen 1982, S. 246 - 252

Ehlich, K./Switalla, B., Transkriptionssysteme. Eine exemplarische Übersicht, in: Studium Linguistik, 1, 1976, S. 78 - 105

Einstein, A., Aus meinen späten Jahren, Stuttgart 1979

Engel, A., Vorstoß zu den Quellen der Intelligenz, in: GEO Wissen, Nr. 3, 24.8.1992, S. 22 - 25

Fern, E.F., The Use of Focus Groups for Idea Generation: The Effects of Group Size, Acquaintanceship and Moderator on Response Quality, in: Journal of Marketing Research, Feb. 1982

Fielding, N.G./Fielding, J.L., Linking Data, Beverly Hills 1986, S. 25

Flick, U., Stationen des qualitativen Forschungsprozesses, in: Flick, U. et al. (Hg.), Handbuch qualitative Sozialforschung, München 1991, 148 - 173

Frey, D./Greif, S. (Hg.), Sozialpsychologie. Ein Handbuch in Schlüsselbegriffen, München/Weinheim 1987

Fromm, M., Zur Verbindung quantitativer und qualitativer Methoden, in: Pädagogische Rundschau, Nr. 44, 1990, S. 469 - 481

Fühlau, I., Die Sprachlosigkeit der Inhaltsanalyse. Linguistische Bemerkungen zu einer sozialwissenschaftlichen Analyse, Tübigen 1982

Fühlau, I., Untersucht die Inhaltsanalyse eigentlich Inhalte? Inhaltsanalyse und Bedeutung, in: Publizistik, Jg. 23, 1978, S. 7 - 18

Gardner, H., Dem Denken auf der Spur. Der Weg der Kognitionswissenschaft, Stuttgart 1989

Gardner, H.M., Der Aufstieg der Erkenntnis, in: Mensch Natur Gesellschaft, Jg. 9, 09/1992, S. 16 - 48

Gardner, M., Free Will Revisited, With a Mind-Bending Prediction Paradox by William Newcomb, in: Scientific American 229, 1973, Seite 104 - 109

Gardner, M., Reflections on Newcomb´s Problem: A Prediction and Freewill Dilemma, in: Scientific American 230, 1974, S. 102 - 108

Garz, D./Kraimer, K., Qualitativ-empirische Sozialforschung im Aufbruch, in: Garz, D./Kraimer, K., Qualitativ-empirische Sozialforschung. Konzepte, Methoden, Analysen,

Opladen 1991, S. 1 - 33

Gazzaniga, M.S., Das erkennende Gehirn. Entdeckungen in den Netzwerken des Geistes, Paderborn 1989

Geißler, K.A., Schlußsituationen. Die Suche nach dem guten Ende, Weinheim/Basel 1992

Gemoll, W., Griechisch-Deutsches Schul- und Handwörterbuch, München/Wien 1962

George, A.L., Quantitative and Qualitative Approaches to Content Analysis, in: Pool, I.d.S. (Hg.), Trends in Content Analysis, Urbana 1959, S. 7 - 32

Gerbner, G., Toward "Cultural Indicators": The Analysis of Mass Mediated Public Message Systems, in: Gerbner, G./Holsti, O.R./Krippendorff, K., Paisley, W.J./Stone, Ph.J. (Hg.), The Analysis of Communication Content, New York 1969, S. 123 - 132

Gerdes, K. (Hg.), Explorative Sozialforschung, Stuttgart 1979

Gerdes, K., Ausgewählte Beobachtungsberichte aus der Drogensubkultur, in: Gerdes, K. (Hg.), 1979, S. 121 ff.

Girtler, R., Methoden der qualitativen Sozialforschung. Anleitung zur Feldarbeit, Graz/Wien 1984

Glaser, B.G./Strauss, A.L., The Discovery of Grounded Theory. Strategies for Qualitative Research, Chicago 1967

Gordon, T., Managerkonferenz. Effektives Führungstraining, München 1989

Greenbaum, T.L., The practical Handbook and Guide to Focus Group Research, Massachusetts/Toronto 1988

Gross, P., Die unmittelbare soziale Beziehung als Problem sozialwissenschaftlicher Analyse, in: Soeffner, H.-G. (Hg.), Interpretative Verfahren in den Sozial- und Textwissenschaften, Stuttgart 1979

Grümer, K.-W., Beobachtung, Stuttgart 1974

Grunert, K.G./Bader, M., Die Weiterverarbeitung qualitativer Daten durch computer-unterstützte Inhaltsanalyse, in: Marketing, ZFP, Heft 4, 11/1986, S. 238 - 247

Grunow, D., Stichworte, in: Fuchs, W. et al. (Hg.), Lexikon zur Soziologie, Reinbek 1978

Habermas, J., Gegen einen positivistisch halbierten Rationalismus, in: Adorno, Th.W./Dahrendorf, R. et al., Der Positivismusstreit in der deutschen Soziologie, Darmstadt/Neuwied 1972

Hagmüller, P., Empirische Forschungsmethoden. Eine Einführung für pädagogische und soziale Berufe, München 1979

Hammesley, M./Atkinson, P., Ethnography. Principles in practice, London 1983

Harder, Th., Werkzeug der Sozialforschung, München 1974

Hartenstein, W.L., Grenzen der Standardisierbarkeit bei der Bewertung von

Forschungsergebnissen. Einige Überlegungen aus der Sicht der Wissenschaftstheorie, in: Daniel, H.-D./Fisch, R. (Hg.), Evaluation von Forschung. Methoden - Ergebnisse - Stellungsnahmen, Konstanzer Beiträge zur sozialwissenschaftlichen Forschung, Bd. 4, Konstanz 1988, S. 397 - 431

Hass, H., Der Hai im Mangement. Zur Biologie wirtschaftlichen Fehlverhaltens, Frankfurt 1990

Haußer, K., Die Entwicklung von Schülern als Produkt ihrer individuellen Behandlung durch den Lehrer, unveröffentlichte Diplomarbeit, München 1972

Haußer, K./Mayring, P., Berufsinteresse von Lehrern - Ein Vorschlag zur Operationalisierung, in: Psychologie in Erziehung und Unterricht, Jg. 29, 1982, S. 295 - 302

Heinze, Th., Qualitative Sozialforschung: Erfahrungen, Probleme und Perspektiven, Opladen 1987

Heinze, Th./Klusemann, H.-W./Soeffner, H.G. (Hg.), Interpretation einer Bildungsgeschichte. Überlegungen zur sozialwissenschaftlichen Hermeneutik, Bensheim 1980

Heinze, Th./Thiemann, F., Kommunikative Validierung und das Problem der Geltungsbegründung, in: Zeitschrift für Pädagogik, Nr. 28, 1982, S. 635 - 642

Helle, H.J., Verstehende Soziologie und Theorie der symbolischen Interaktion, Stuttgart 1977

Hellriegel, D./Slocum, J.W./Woodman, R.W., Organizational behavior, St. Paul 1986

Henne, H., Gesprächsanalyse - Aspekte einer pragmatischen Sprachwissenschaft, in: Wegner, D. (Hg.), Gesprächsanalysen, Hamburg 1977

Herkner, W., Inhaltsanalyse, in: Wieken-Mayser, M., Techniken der empirischen Sozialforschung, München 1974, S. 158 - 191

Hermanns, H., Narratives Interview, in: Flick, U. et al. (Hg.), Handbuch qualitative Sozialforschung, München 1991, S. 182 - 185

Hitzler, R., Dummheit als Methode. Eine dramatologische Textinterpretation, in: Garz, D./Kraimer, K. (Hg.), Qualitativ-empirische Sozialforschung: Konzepte, Methoden, Analysen, Opladen 1991

Hoffmann-Riem, C., Die Sozialforschung einer interpretativen Soziologie, in: KZfSS, 32, 1980, S. 339 - 372

Holler, J., Brain Food, München 1992

Holler, J., Das neue Gehirn, Südergellersen 1991

Holsti, O.R., Content Analysis for the Social Sciences and Humanities, Reading (Mass.) 1969

Hopf, Ch., Norm und Interpretation. Einige methodische und theoretische Probleme der Erhebung und Analyse subjektiver Interpretationen in qualitativen Untersuchungen, in: Zeitschrift für Soziologie, Jg. 11, Heft 3, 1982, S. 307 - 329

Hopf, Ch., Qualitative Interviews in der Sozialforschung. Ein Überblick, in: Flick, U. et al. (Hg.), Handbuch qualitative Sozialforschung, München 1991, S. 177 - 182

Hopf, Ch./Weingarten, E. (Hg.), Qualitative Sozialforschung, Stuttgart 1979

Houston, J., Der mögliche Mensch, Basel 1984

Howe, K.R., Against the Quantitative-Qualitative Incompatibility Thesis or Dogmas, in: Educational Researcher, 17 (8) 1988, S. 10 - 16

Howe, K.R., Two Dogmas of Educational Research, in: Educational Researcher, 14 (8), 1985, S. 10 - 18

Huber, G.L., Analyse qualitativer Daten mit Computerunterstützung: Das Software-Paket AQUAD, in: Bos, W./Tarnai, Ch. (Hg.), Angewandte Inhaltsanalyse in Empirischer Pädagogik und Psychologie, Münster/New York 1989, S. 269 - 285

Huber, G.L., Qualität versus Quantität in der Inhaltsanalyse, in: Bos, W./Tarnai, Ch. (Hg.), Angewandte Inhaltsanalyse in Empirischer Pädagogik und Psychologie, Münster/New York 1989, S. 1 - 47

Hübner, A., Philosophie des Geistes - Philosophie der Psychologie: Bericht über das IX. Internationale Wittgenstein Symposium, Kirchberg 1984, in: Mensch Natur Gesellschaft, Jg. 2, II/1985, S. 27 - 31

Jäger, S., Text- und Diskursanalyse. Eine Anleitung zur Analyse politischer Texte, Heft Nr. 7, Duisburger Institut für Sprach- und Sozialforschung e.V. (Hg.), Duisburg 1989

Johnson, G., In den Palästen der Erinnerung. Wie die Welt im Kopf entsteht, München 1991

Jüttemann, Gerd (Hg.), Qualitative Forschung in der Psychologie, Weinheim/Basel 1985

Kallmeyer, W./Schütze, F., Konversationsanalyse, in: Studium Linguistik, 1, 1976, S. 1-28

Kirckhoff, M., Mind Mapping, Berlin 1990

Kleining, G., Umriß zu einer Methodologie qualitativer Sozialforschung, in: KZfSS, Jg. 34, 1982, S. 224 - 253

Klüver, J., Kommunikative Validierung - einige vorbereitete Bemerkungen zum Projekt 'Lebensweltanalyse von Fernstudenten', in: Heinze, Th. (Hg.), Theoretische und methodologische Überlegungen zum Typus hermeneutisch-lebensgeschichtlicher Forschung, Werkstattbericht Fernuniversität Hagen, S. 69 - 84

Koch, J.J., Lehrer - Studium und Beruf. Einstellungwandel in den beiden Phasen der Ausbildung., Ulm 1972

Koch, U./Witte, H./Witte, E.H., Die Inhaltsanalyse als Meßinstrument. Methodenkritische Aspekte einiger Inhaltsanalysen von Publikumszeitschriften, in: Publizistik, 19. Jg., 1974, S. 177 - 184

Köckeis-Stangl, E., Methoden der Sozialisationsforschung, in: Ulich, D./Hurrelmann, K. (Hg.), 1980, S. 321 - 370

Köhler, R. (Hg.), Empirische und handlungstheoretische Forschungskonzeptionen in der

Betriebswirtschaftslehre, Stuttgart 1977

Kohli, M., 'Offenes' und 'geschlossenes' Interview: Neue Argumente zu einer alten Kontroverse, in: Soziale Welt, Zeitschrift für sozialwissenschaftliche Forschung und Praxis, 29, Heft 1, 1978, S. 1 - 25

Koolwijk, v. J., Unangenehme Fragen, Paradigma für die Reaktionen des Befragten im Interview, in: KZfSS, 21, 1969, S. 864 - 875

Koolwijk, v., J., Die Befragungsmethode, in: Koolwijk, v., J./Wieken-Mayser, M. (Hg.), Techniken der empirischen Sozialforschung, Band 4, Erhebungsmethoden: Die Befragung, München/Wien 1974

Koolwijk, v., J./Wieken-Mayser, M. (Hg.), Techniken der empirischen Sozialforschung, Band 3, Erhebungsmethoden: Beobachtung und Analyse von Kommunikation, München/Wien 1974

Kracauer, S., Für eine qualitative Inhaltsanalyse, in: Ästhetik und Kommunikation, 7. Jg., 1973, S. 53 - 58

Kracauer, S., Für eine qualitative Inhaltsanalyse, in: Mülder-Bach, v. I. (Hg.), Siegfried Kracauer, Schriften, Band 3, Aufsatz 240, Frankfurt am Main 1990, S. 338 - 351

Krippendorf, K., Content Analysis. An Introduction to its Methodology, London 1980

Krippendorff, K., Models of Massages: Three Prototypes, in: Gerbner, G./Holsti, O.R./Krippendorff, K., Paisley, W.J./Stone, Ph.J. (Hg.), The Analysis of Communication Content, New York 1969, S. 69 - 106

Kriz, J., Zuverlässigkeit und Gültigkeit, in: Lisch, R./Kriz, J., Grundlagen und Modelle der Inhaltsanalyse, Reinbek 1978, S. 84 - 104

Kromrey, H., Empirische Sozialforschung. Modelle und Methoden der Datenerhebung und Datenauswertung, Opladen 1980

Küchler, M., Qualitative Sozialforschung. Modetrend oder Neuanfang?, in KZfSS, Jg. 32, 1980, S. 373 - 386

Kuttner, H.G., Zur Relevanz text- und inhaltsanalytischer Verfahrensweisen für die empirische Forschung: Überlegungen zum theoretischen Bezugsrahmen der Inhaltsanalyse, Frankfurt 1981

Kvale, St., Validierung: Von der Beobachtung zu Kommunikation und Handeln, in: Flick, U. et al. (Hg.), Handbuch qualitative Sozialforschung, München 1991, S. 427 - 431

Laborde, G.Z., Kompetenz und Integrität, Paderborn 1990

Lamnek, S., Qualitative Sozialforschung, Bd. 1: Methodologie, München/Weinheim 1988

Lamnek, S., Qualitative Sozialforschung, Bd. 2: Methoden und Techniken, München/Weinheim 1989

Langner-Geißler, T./Lipp, U., Pinwand, Flipchart und Tafel, Hg.: Will, H., Beltz Weiterbildung 1991 (k.w.A.), S. 63 - 78

Lasswell, H.D., Propaganda-Technique in the World War, New York 1927

Lasswell, H.D., Why be quantitative?, in: Lasswell, H.D./Leites, N. et al., Language of Politics, Cambridge (Mass.) 1965

Lasswell, H.D./Leites, N. et al., Language of Politics, New York 1949 und Cambridge (Mass.) 1965

Lay, R., Führen durch das Wort, Frankfurt a.m./Berlin 1989

Lessing, L., New Age & Co. Einkauf im spirituellen Supermarkt, München 1993

Lewin, K., Werkausgabe, Bd. 1 (Hg.: Graumann, C.-F.), Wissenschaftstheorie I, Bern 1981

Lindzey, G. (Hg.), Handbook of Social Psychology, Vol. 1: Theory and Method, Vol. 2: Special Fields and Applications, London 1954

Lisch, R., Assoziationsstrukturenanalyse (ASA). Ein Vorschlag zur Weiterentwicklung der Inhaltsanalyse, in: Publizistik, 24. Jg., 1979, S. 65 - 83

Lisch, R./Kriz, J., Grundlagen und Modelle der Inhaltsanalyse, Reinbek 1978

Lissmann, U., Die computerunterstützte Inhaltsanalyse als Instrument der empirisch-pädagogischen Forschung, in: Bos, W./Tarnai, Ch. (Hg.), Angewandte Inhaltsanalyse in Empirischer Pädagogik und Psychologie, Münster/New York 1989, S. 241 - 251

Lueger, M./Schmitz, Ch., Das offene Interview. Theorie - Erhebung - Rekonstruktion latenter Strukturen, Hg.: Institut für Allgemeine Soziologie und Wirtschaftssoziologie an der Wirtschaftsuniversität Wien, k.w.A.

Lynch, D./Kordis, P., Delphin Strategien. Management Strategien in chaotischen Systemen, Fulda 1992

Maanen, van J. (Hg.), Qualitative Methodology, Beverly Hills 1983

Maanen, van J., Reclaiming qualitative Methods for Organizational Research: A Preface, in: Maanen, van J. (Hg.), Qualitative Methodology, Beverly Hills 1983

Mahl, G.F., Exploring Emotional States by Content Analysis, in: Pool, I.d.S., Trends in Content Analysis, Urbana 1959

Mandl, H. (Hg.), Zur Psychologie der Textverarbeitung. Ansätze, Befunde, Probleme, München 1981

Markova, Dawna, Die Entdeckung des Möglichen. Wie unterschiedlich wir denken, lernen und kommunizieren, Freiburg 1993

Marwitz, K., Lean Company: Der freie Blick auf die neue Unternehmens-Vision, Paderborn 1993, S. 234 - 245

Mathes, R., 'Quantitative' Analysen 'qualitativ' erhobener Daten? Die hermeneutisch-klassifikatorische Inhaltsanalyse von Leitfadengesprächen, in: ZUMA Nachrichten, 23, 1988, S. 60 - 78

May, R., Der Mut zur Kreativität, Paderborn 1987

Mayrhofer, W., Trennung von der Organisation: Vom Outplacement zur Trennungsberatung, Wien 1988

Mayring, Ph., Analyseverfahren erhobener Daten, in: Flick et al. (Hg.), Handbuch qualtiative Sozialforschung, München 1991 b, S. 209 - 213

Mayring, Ph., Einführung in die qualitative Sozialforschung, München 1990

Mayring, Ph., Psychologie, in: Flick et al. (Hg.), Handbuch qualtiative Sozialforschung, München 1991 a, S. 33 - 35

Mayring, Ph., Qualitative Inhaltsanalyse, in: Jüttemann, G. (Hg.), Qualitative Forschung in der Psychologie, Weinheim/Basel 1985, S. 187 - 211

Mayring, Ph., Qualtitative Inhaltsanalyse: Grundlagen und Techniken, Basel 1988

Mechsner, F., Wo das Chaos sinnvoll waltet, in: GEO Wissen, Nr. 3/1992, S. 120-133

Merten, K., Inhaltsanalyse. Einführung in Theorie, Methode und Praxis, Opladen 1983

Mertens, W., Symbolischer Interaktionismus, in: Frey, D./Greif, S. (Hg.), Sozialpsychologie. Ein Handbuch in Schlüsselbegriffen, München/Weinheim 1987, S. 81 - 87

Merton, R.K./Kendall, P.L., Das fokussierte Interview, in: Hopf, C./Weingarten, E. (Hg.), Qualitative Sozialforschung, Stuttgart 1979

Meuser, M./Nagel, U., ExpertInneninterviews - vielfach erprobt, wenig bedacht. Ein Beitrag zur qualitativen Methodendiskussion, in: Garz, D./Kraimer, K. (Hg.), Qualitativ-empirische Sozialforschung: Konzepte, Methoden, Analysen, Opladen 1991

Mohler, P.Ph., Zur Pragmatik qualitativer und quantitativer Sozialforschung, in: KZfSS, Jg. 33, 1981, S. 714 - 734

Mollenhauer, K./Rittelmeyer, Ch., Methoden der Erziehungswissenschaft, München 1977

Moser, H., Aktionsforschung als kritische Theorie der Sozialwissenschaften, München 1978

Moser, H., Methoden der Aktionsforschung: Eine Einführung, München 1977

Mühlfeld, C./Windolf, P./Lampert, N./Krüger, H., Auswertungsprobleme offener Interviews, in: Soziale Welt, 32, 1981, S. 325 - 352

Müller-Fohrbrodt, G., Cloetta, B., Dann, H.-D., Der Praxisschock bei jungen Lehrern. Formen, Ursachen, Folgerungen, Stuttgart 1978

Nagler, K./Reichertz, J., Kontaktanzeigen - Auf der Suche nach dem anderen, den man nicht kennen will, in: Aufenanger, S./Lenssen, M. (Hg.), Handlung & Sinnstruktur. Bedeutung und Anwendung der objektiven Hermeneutik, München 1986

Neges, G./Neges, R., Management-Training, Wien 1993

Neuberger, O., Miteinander arbeiten - miteinander reden! Vom Gespräch in unserer Arbeitswelt, Hg.: Bayrisches Staatsministerium für Arbeit und Sozialforschung, München

1981

Nigsch, O., Die Qualität der Quantität, in: Diem-Wille, G./Pechar, H. (Hg.), in: Zeitschrift für Hochschuldidaktik, Sonderheft 12: Qualitative Forschungsmethoden in den Sozialwissenschaften, 1988, S. 52 - 75

Nozick, R., Newcomb´s Problem and the Two Principles of Choice, in: Rescher N., (Hg.), Essays in Honor of Carl G. Hempel, Dordrecht 1970, S. 114 - 146

Oech, v.R., Denkanstoß. Ein Kreativitäts-Workshop, München 1992

Oetting, M., Paper zum Seminar 'Kommunikationsverhalten' vom 22. - 24.3.1990, Veranstalter: Patenschaftsmodell Innsbruck, Universität Innsbruck

Oevermann, U., Objektive Hermeneutik. Eine Methode soziologischer Strukturanalyse, Frankfrut 1989

Oevermann, U./Allert, T./Gripp, H./Konau, J.E./Krambeck, J./Schröder, E./Caesar, I./Schütze Y., Beobachtungen zur Struktur der sozialisatorischen Interaktion, in: Lepsius, M.R. (Hg.), Zwischenbilanz der Soziologie, Stuttgart 1976, S. 274 - 295

Oevermann, U./Allert, T./Konau, E., Zur Logik der Interpretationen von Interviewtexten: Fallanalyse anhand eines Interviews mit einer Fernstudentin, in: Heinze, Th./Klusemann, H.-W./Soeffner, H.G. (Hg.), Interpretation einer Bildungsgeschichte. Überlegungen zur sozialwissenschaftlichen Hermeneutik, Bensheim 1980, S. 15 - 69

Oevermann, U./Allert, T./Konau, E./Krambeck, J., Die Methodologie einer 'objektiven Hermeneutik', in: Zedler, P./Moser, H. (Hg.), Aspekte qualitativer Sozialforschung. Studien zu Aktionsforschung, empirischer Hermeneutik und reflexiver Sozialtechnologie, Opladen 1983, S. 95 -123

Oevermann, U./Allert, T./Konau, E./Krameck, J., Die Methodologie einer 'objektiven Hermeneutik' und ihre allgemeine forschungslogische Bedeutung in den Sozialwissenschaften, in: Soeffner, H.-G., Interpretative Verfahren in den Sozial- und Textwissenschaften, Stuttgart 1979, S. 352 - 434

Olson, J.C., Theoretical Foundations of Means-End Chains, in: Werbeforschung & Praxis, Folge 5, 1989

Ornstein, R.E., Die Psychologie des Bewußtseins, Köln 1974

Osgood, Ch., The Representational Model and Relevant Research Methods, in: Pool, I.d.S. (Hg.), Trends in Content Analysis, Urbana 1959

Patton, M., How to use qualitative methods in evaluation, Newbury Park 1987, S. 109 - 143

Peschanel, F., Linkshänder sind besser, München 1990

Peschanel, F.D., Phänomen Konflikt. Die Kunst erfolgreicher Lösungsstrategien, Paderborn 1993

Peseschkian, N., Der Kaufmann und der Papagei. Orientalische Geschichten als Medium der Psychotherapie, Frankfurt 1979, S. 28

Phillips, D., Aber the Wake: Post-Positivistic Educational Thought, in: Educational

Researcher, 12 (5) 1983, S. 4 - 12

Ploier, E., Gesprächsleitung. Rede- und Kommunikationshilfen in Beruf und Alltag, Linz 1989

Pool, I.d.S. (Hg.), Trends in Content Analysis, Urbana 1959

Postman, L./Bruner, J.S./McGinnies, E., Personal Values as Selective Factors in Perception, in: Journal of Abnormal and Social Psychology, 43, 1948, S. 142 - 154

Reichardt, C.S./Cook, Th.D., Beyond Qualitative Versus Quantitative Methods, in: Cook, Th.D./Reichardt, C.S., Qualitative and Quantitative Methods in Evaluation Research, Beverly Hills/London 1979

Reichertz, J., Objektive Hermeneutik, in: Flick, U. et al. (Hg.), Handbuch qualitative Sozialforschung, München 1991, S. 223 - 228

Reineke, W./Damm, F., Signale im Gespräch. Ein Kommunikationsleitfaden, Heidelberg 1989

Reschka, W., Das Interview als ein verbaler Interaktionsprozeß, in: KZfSS, 23, 1971, S. 745 - 760

Reynolds, T.J./Gutman, J., Laddering Theory, Method, Analysis, and Interpretation, in: Journal of Advertising Research, February/March 1988, S. 11 - 31

Richter, H., Grundsätze und System der Transkription - IPA (G)-PHONAI, Band 3, Tübingen 1973

Riedl, R., Ökologie und Ökonomie, in: Mensch Natur Gesellschaft, Jg. 9, 12, S. 28 - 33

Rischar, K., Erfolgreiche Mitarbeiterführung, Hamburg 1990

Ritsert, J., Inhaltsanalyse und Ideologiekritik. Ein Versuch über kritische Sozialforschung, Frankfurt 1975

Rogers, C.R., Die nicht-direktive Beratung. Counseling and Psychotherapy, Frankfurt a.M. 1985

Roth, L. (Hg.), Methoden erziehungswissenschaftlicher Forschung, Stuttgart/Berlin/Köln/ Mainz 1978

Rust, H., Inhaltsanalyse. Die Praxis der indirekten Interaktionsforschung in Psychologie und Psychotherapie, München 1983

Rust, H., Methoden und Probleme der Inhaltsanalyse. Eine Einführung, Tübingen 1981

Rust, H., Qualitative Inhaltsanalyse - begriffslose Willkür oder wissenschaftliche Methode. Ein theoretischer Entwurf, Publizistik, 25. Jg., 1980, S. 5 - 23

Sabel, H., Sprechen Sie mit Ihren Mitarbeitern, Bamberg 1993

Saldern, M.v., Kommunikationstheoretische Grundlagen der Inhaltsanalyse, in: Bos, W./Tarnai, Chr. (Hg.), Angewandte Inhaltsanalyse in Empirischer Pädagogik und Psychologie, Münster/New York 1989, S. 14 - 31

Schaeffer, M./Bachmann, A., Neues Bewußtsein - neues Leben. Bausteine für eine menschliche Welt, München 1988

Scheerer, H./Tarnai, Ch., Computerunterstützte Inhaltsanalyse von Verbalbeurteilungen in der Grundschule, in: Bos, W./Tarnai, Chr. (Hg.), Angewandte Inhaltsanalyse in Empirischer Pädagogik und Psychologie, Münster/New York 1989, S. 286 - 302

Scheuch, E.K., Das Interview in der Sozialforschung, in: König, R. (Hg.), Handbuch der empirischen Sozialforschung, Bd. 2, Stuttgart 1973

Schlögell, V., Computerunterstützte Textanalyse. Zum Beispiel: TEXTPACK, in: Bos, W./Tarnai, Ch. (Hg.), Angewandte Inhaltsanalyse in Empirischer Pädagogik und Psychologie, Münster/New York 1989, S. 252 - 268

Schmid, P.F., Personale Begegnung. Der personzentrierte Ansatz in Psychotherapie, Beratung, Gruppenarbeit und Seelsorge, Würzburg 1989

Schneider, W.L., Grenzen der Standardisierbarkeit bei der Bewertung von Forschungsergebnissen. Einige Überlegungen aus der Sicht der Wissenschaftstheorie, in: Daniel, H.-D./Fisch, R. (Hg.), Evaluation von Forschung. Methoden - Ergebnisse - Stellungsnahmen, Konstanzer Beiträge zur sozialwissenschaftlichen Forschung, Bd. 4, Konstanz 1988, S. 433 - 447

Schnotz, W./Ballstead, S.P./Mandl, H., Kognitive Prozesse beim zusammenfassen von Lehrtexten, in: Mandl, H. (Hg.), Zur Psychologie der Textverarbeitung. Ansätze, Befunde, Probleme, München 1981, S. 108 - 167

Schütze, F., Die Technik des narrativen Interviews in Interaktionsfeldstudien - dargestellt an einem Projekt zur Erforschung von kommunalen MachtstrukturenArbeitsberichte und Materialien Nr. 1. Fakultät für Soziologie, Bielfelde 1977

Schwäbisch, L./Siems, M., Anleitung zum sozialen Lernen für Paare, Gruppen und Erzieher, Reinbek, 1990

Seminarunterlagen von GfP, Mind-Map über Mind-Mapping

Sheldrake, R., Die Theorie der morphogenetischen Felder, in: Schaeffer, M./Bachmann, A., Neues Bewußtsein - neues Leben. Bausteine für eine menschliche Welt, München 1988

Simon, F.B., Meine Psychose, mein Fahrrad und ich. Zur Selbstorganisation der Verrücktheit, Heidelberg 1991

Smith, J.K., Quantitative versus Qualitative Research: An Attempt to Clarify the Issue, in: Educational Researcher, 12 (3) 1983, S. 6 - 13

Smith, J.K./Heshusius, L., Closing Down the Conversation: The End of the Quantitative-Qualitative Debate among Educational Researchers, in: Educational Researcher, 15 (1) 1986, S. 4 - 12

Soeffner, H.-G., Interpretative Verfahren in den Sozial- und Textwissenschaften, Stuttgart 1979

Spöhring, W., Qualitative Sozialforschung, Stuttgart 1989

Springer, S.P./Deutsch, G., Linkes rechtes Gehirn. Funktionelle Asymmetrien,

Heidelberg/Berlin/New York 1993

Stone, G.P./Farberman, H.A., Social psychology through symbolic interaction, New York/Chichester/Brisbane/Toronto 1981

Strauss, A.L., Grundlagen qualitatiaver Sozialforschung, München 1991

Tausch, R./Tausch, A.-M., Wege zu uns und anderen, Reinbek 1989

Templeton, J.F., Focus Groups, Chicago/Illinois 1987

Thomann, C./Thun, Sch. von, Klärungshilfe. Handbuch für Therapeuten, Gesprächshelfer und Moderatoren in schwierigen Gesprächen, Reinbek bei Hamburg 1992

Thun, Sch. v., Miteinander reden 2. Stile, Werte und Persönlichkeitsentwicklung. Differentielle Psychologie der Kommunikation, Reinbek bei Hamburg 1992

Titzmann, M., Strukturale Textanalyse. Theorie und Praxis der Interpretation, München 1977

Tolman, E.C., Cognitive Maps in Rats and Men, in: The Psychological Review, 1948, S. 189 - 208

Trend, M.G., On the Reconciliation of Qualitative and Quantitative Analyses: A Case Study, in: Cook, Th.D./Reichardt, C.S., Qualitative and Quantitative Methods in Evaluation Research, Beverly Hills/London 1979

Tuthill, D./Ashton, P., Improving Educational Research through the Development of Educational Paradigms, in: Educational Researcher, 12 (10) 1983, S. 6 - 14

Ulich, D./Haußer, K./Mayring, Ph./Strehmel, P., Kognitive Kontrolle in Krisensituationen: Arbeitslosigkeit bei Lehrern, Arbeitsbericht III, München 1982

Ulich, D./Haußer, K./Mayring, Ph./Strehmel, P./Kandler, M./Degenhardt, B., Psychologie der Krisenbewältigung. Eine Längsschnittuntersuchung mit Arbeitslosen, Weinheim 1985

Ulich, D./Hurrelmann, K. (Hg.), Handbuch der Sozialisationsforschung, Weinheim 1980

UPN Volksverlag (Hg.), Die Rede des Südseehäuptlings Tuiavii aus Tiavea, 1973, S. 54

Vester, F., Denken Lernen Vergessen, Stuttgart 1975

Vester, F., Leitmotiv vernetztes Denken. Für einen besseren Umgang mit der Welt, München 1991

Vester, F., Neuland des Denkens. Vom technokratischen zum kybernetischen Zeitalter, München 1988

Volmerg, U., Validität im interpretativen Paradigma. Dargestellt an der Konstruktion qualitativer Erhebungsverfahren, in: Zedler, P./Moser, H. (Hg.), Opladen 1983, S. 124 - 143

Waelder, R., Areas of Agreement in Psychotherapy, in: American Journal of Orthopsychiatry, Oktober 1940, o.w.A.

Wagner, D. (Hg.), Gesprächsanalysen, Hamburg 1977

Wagner, H.R., Struktogramm-Analyse, in: Management Enzyklopädie. Das Managementwissen unserer Zeit, Hg.: Gesellschaft zur Förderung Anwendungsorientierter Betriebswirtschaft und Aktiver Lehrmethoden in Fachhochschule und Praxis e.V., 8. Bd., Landsberg 1988, S. 3 - 18

Walker, R. (Hg.), Applied qualitative Research, Vermont (USA) 1985

Waples, D./Berelson, B./Bradshaw, F.R., What Reading Does to People, Chicago 1940

Watzlawick, P., Beavin, J.H., Jackson, D.D., Menschliche Kommunikation. Formen, Störungen, Paradoxien, Bern/Stuttgart/Toronto 1990

Watzlawick, P., Imaginäre Kommunikation, in: Ein Lesebuch für Philosophie, Natur- und Humanwissenschaften 1947 - 1981, München 1987, S. 313 - 323

Watzlawick, P./Weakland, J.H./Fisch, R., Lösungen. Zur Theorie und Praxis menschlichen Wandels, Bern/Stuttgart/Toronto 1988

Weinert, F.E., Kreativität, in: Mensch Natur Gesellschaft, Jg. 7, H. III, S. 42 - 56

Weymann, A., Bedeutungsfeldanalyse, in: Kölner Zeitschrift für Soziologie und Sozialpsychologie, Nr. 25, 1973, S. 761 - 776

Wiedemann, P.M., Erzählte Wirklichkeit. Zur Theorie und Auswertung narrativer Interviews, Weinheim 1986

Wilson, T.P., Qualitative 'oder' quantitative Methoden in der Sozialforschung, in: KZfSS, Jg. 34, 1982, S. 487 - 508

Witzel, A., Das problemzentrierte Interview, in: Jüttemann, G. (Hg.), Qualitative Forschung in der Psychologie, Weinheim 1985, S. 227 - 256

Witzel, A., Verfahren der qualitativen Sozialforschung. Überblick und Alternativen, Frankfurt 1982

Wörterbuch der Publizistik, München 1969

Young, J.Z., Philosophie und das Gehirn, Basel/Boston/Berlin 1989

Zedler, P./Moser, H. (Hg.), Aspekte qualitativer Sozialforschung. Studien zu Aktionsforschung, empirischer Hermeneutik und reflexiver Sozialtechnologie, Opladen 1983

Zuschlag, B./Thielke, W., Konflikt Situationen im Alltag, Stuttgart 1992

Zwirner, E./Bethge, W., Erläuterungen zu den Texten. Lautbibliothek der deutschen Mundarten, Göttingen 1958

nbf neue betriebswirtschaftliche forschung

Betriebswirtschaftlicher Verlag Dr. Th. Gabler GmbH, Postfach 15 46, 65005 Wiesbaden

nbf neue betriebswirtschaftliche forschung

Betriebswirtschaftlicher Verlag Dr. Th. Gabler GmbH, Postfach 15 46, 65005 Wiesbaden

nbf neue betriebswirtschaftliche forschung

Betriebswirtschaftlicher Verlag Dr. Th. Gabler GmbH, Postfach 15 46, 65005 Wiesbaden